Sylvie Thonak,
Gerd Theißen

Militärseelsorge

Heidelberger Studien zur Praktischen Theologie

herausgegeben von

Prof. Dr. Wolfgang Drechsel
Prof. Dr. Johannes Eurich
Jun.-Prof. Dr. Annette Haußmann
Prof. Dr. Fritz Lienhard
Prof. Dr. Christian Möller
Prof. Dr. Heinz Schmidt
Prof. Dr. Ingrid Schoberth
Prof. Dr. Helmut Schwier

Band 25

LIT

Sylvie Thonak, Gerd Theißen

MILITÄRSEELSORGE

Das ungeliebte Kind protestantischer Friedensethik?

LIT

∞

Gedruckt auf alterungsbeständigem Werkdruckpapier entsprechend
ANSI Z3948 DIN ISO 9706

Bibliografische Information der Deutschen Nationalbibliothek
Die Deutsche Nationalbibliothek verzeichnet diese Publikation in der Deutschen Nationalbibliografie; detaillierte bibliografische Daten sind im Internet über http://dnb.dnb.de abrufbar.

ISBN 978-3-643-14785-1 (br.)
ISBN 978-3-643-34785-5 (PDF)

Verlagskontakt:
Fresnostr. 2 D-48159 Münster
Tel. +49 (0) 2 51-62 03 20
E-Mail: lit@lit-verlag.de http://www.lit-verlag.de

Auslieferung:
Deutschland: LIT Verlag, Fresnostr. 2, D-48159 Münster
Tel. +49 (0) 2 51-620 32 22, E-Mail: vertrieb@lit-verlag.de

Militärseelsorge – das ungeliebte Kind protestantischer Friedensethik?

Konzepte und Probleme

Sylvie Thonak / Gerd Theißen

Wir widmen diesen Band
der Forschungsstätte der Evangelischen Studiengemeinschaft
in Heidelberg.
In ihr wurde eine Friedensethik konzipiert,
die beides für notwendig hält:
ein pazifistisches Engagement für den Frieden
und bis auf weiteres eine militärische Verteidigungsfähigkeit.

Viele haben an dieser komplementären Friedensethik mitgearbeitet.

Wir nennen nur einige von ihnen:
Günter Howe, Carl Friedrich von Weizsäcker, Georg Picht,
Heinz Eduard Tödt, Hans-Richard Reuter, Ulrich Duchrow,
Gerhard Liedke, Wolfgang Lienemann, Klaus von Schubert,
Gerta Scharffenorth, Christine Lienemann-Perrin,
Ines-Jacqueline Werkner.

Wir sind besonders Wolfgang Huber
als Lehrer und Kollegen verpflichtet.
Von seinen Beiträgen zu Friedensethik, Menschenrechten
und zur Rechtsethik haben wir viel gelernt.

Inhaltsverzeichnis

Vorwort

Sylvie Thonak

Die Beschäftigung mit den Themen Gewaltprävention, Krieg und Frieden hat in meiner persönlichen und beruflichen Biografie eine lange Tradition. Seit meiner Kindheit habe ich erfahren, wie massiv Kriegstraumatisierungen auch Nachgeborene und ihre Familien im Alltag sogar Jahrzehnte nach Ende des Zweiten Weltkriegs belasten können. Bei meinem ehrenamtlichen Engagement in meiner Zeit als Jugendliche und junge Erwachsene in der Kinder- und Jugendarbeit und in verschiedenen Friedensgruppen während meiner Schul- und Studienzeit sowie später in der Erwachsenenbildung habe ich gerade in christlichen Kreisen an der Basis viele Auseinandersetzungen um friedensethische Fragen miterlebt. Besonders spannend war und ist es, wenn im ehrenamtlichen Mitarbeiterkreis (ehemalige) Zivildienstleistende und (ehemalige) Soldaten miteinander in Streitgespräche kommen, was für die zahlenmäßige Minderheit der Soldaten in solchen kirchlichen Gruppen nicht immer einfach war und ist. Während meines Studiums in Heidelberg waren im Blick auf friedensethische Fragen verschiedene Einflüsse prägend: Ein zeitgeschichtliches Seminar zum Streit um die Wiederbewaffnung der Bundesrepublik Deutschland und den Militärseelsorgevertrag bei Adolf Martin Ritter war richtungsweisend dafür, mich nicht nur in ökumenischen Basisinitiativen, sondern auch akademisch mit diesen Themen auseinanderzusetzen. Grundfragen der Ethik studierte ich bei Wolfgang Huber. In meiner Studienzeit erschien sein zusammen mit Hans-Richard Reuter verfasstes Buch „Friedensethik“ (1990), das ich in diesem Zusammenhang las. Als Lehrerin an einem Gymnasium nehme ich den Auftrag unserer Landesverfassung in Baden-Württemberg, die Jugend zur „Friedensliebe“ zu erziehen (Art. 12, Verfassung des Landes Baden-Württemberg vom 11.11.1953, www.landtag-bw.de) sehr gerne wahr, sowohl in außerunterrichtlichen Projekten zur Gewaltprävention als auch im Unterricht. Friedensethische Fragen sind Bestandteil meines Unterrichts. Bei angehenden Abiturientinnen und Abiturienten waren und sind friedensethische Überlegungen oft auch mit Gewissensfragen verschränkt im Blick auf Überlegungen für die Zeit nach dem Abitur, ob ein Zivil- oder Bundesfreiwilligendienst, ein FSJ oder Wehrdienst vorstellbar ist – auch nach Aussetzung der Wehrpflicht. Da mein Gymnasium im Einzugsbereich mehrerer (z.T. auch ehemaliger) Bundeswehrstandorte liegt, unterrichte ich auch einige Kinder von Soldaten bzw. in den Abiturklassen Lebenspartner/innen von Soldaten, was immer wieder dazu führte und führt, dass Abiturient(inn)en Themenvorschläge aus den Bereichen Krieg und Frieden, Gewaltprävention und Friedensethik, Seelsorge im Strafvollzug und Militärseelsorge für die Präsentationsprüfungen im mündlichen Abitur einreichen. Bei externen Prüfungsvorsitzenden, die dann die Themen auswählen und den Abiturient(inn)en zuweisen, habe ich oft eine große Aufgeschlossenheit gegenüber friedensethischen Themenvorschlägen, aber auch eine gewisse Hilflosigkeit im Blick auf Themen im Umfeld der Militärseelsorge erlebt. Warum es spannend und notwendig ist, sich mit dem innerkirchlich und gesellschaftlich umstrittenen Thema Militärseelsorge zu befassen, sei hier kurz umrissen:

1. Militärseelsorge ist kirchlicher Dienst an Menschen, meist jungen Männern, von denen nicht alle bildungsprivilegiert sind. Sie werden einerseits in vielen Kirchengemeinden kaum wahrgenommen und, wenn sie wahrgenommen werden, haben sie oft einen schweren Stand. Andererseits agieren sie aber im Auftrag der staatlichen Gemeinschaft auf einem ethisch heiklen Feld. Wenn Kirche Menschen in kritischen Lagen begleiten will, darf sie sich hier nicht heraushalten.
2. Sie ist ein herausragendes, staats- und religionsrechtlich hochkomplexes Beispiel für die Kooperation von Kirchen und Religionsgemeinschaften auf der einen Seite und dem Staat auf der anderen Seite. Bei allen (!) Partnern wird hier ihre Pluralitäts- und Demokratietauglichkeit getestet und ihre Fähigkeit, Kritik zu äußern, mit Kritik umzugehen und ggf. ihre dringende Reformnotwendigkeit anzuerkennen. Ein solches stressanfälliges Modell ist für alle eine große Herausforderung.
3. Hier wird die Evangelische Kirche in Deutschland mit ihrer eigenen finsteren Vergangenheit des Nationalprotestantismus und der Militär- und Kriegsverherrlichung konfrontiert – damit könnten die Abwehrhaltungen einiger kirchlicher Insider zusammenhängen. Der deutsche Nationalprotestantismus ist überwunden, ein ‚Nationalpazifismus' könnte eine wünschenswerte internationale Ächtung des Krieges derzeit wohl eher nicht herstellen. Gegenwärtig geboten ist eine ökumenische Friedensethik ohne Diskriminierung von Pazifisten und Soldaten, die mit wechselseitigem Respekt und friedensliebend gemeinsam beraten, was dem Frieden dient.

Meinem Mitautor und neutestamentlichen Lehrer Gerd Theißen danke ich von Herzen für viele Jahre mit anregenden Diskussionen und für die Ermutigung zu den in diesem Sammelband enthaltenen Artikeln. Mein Dank gilt ferner dem LIT-Verlag für die Betreuung des Manuskripts und den Herausgebern für die Aufnahme des Bandes in die „Heidelberger Studien zur Praktischen Theologie".

Technischer Hinweis zu einigen Hyperlinks: Einige meiner Artikel wurden bereits früher publiziert; sie beziehen sich in Link-Angaben auf online abgerufene Quellen, die zum Zeitpunkt meiner Recherche bzw. der Erstveröffentlichung öffentlich zugänglich waren. Internetauftritte und dort veröffentlichte Inhalte verändern sich ständig. Bedingt durch die teilweise oder komplette Überarbeitung verschiedener häufig zitierter Internetauftritte wie z.B. der Internetpräsenz der EKD (www.ekd.de), des Bundesministeriums der Verteidigung (www.bmvg.de) und der Bundeswehr, wo auch die Internetauftritte der evangelischen und der katholischen Militärseelsorge enthalten sind (www.bundeswehr.de), sind einige von mir online abgerufene Quellen inzwischen nicht mehr abrufbar. Dies gilt analog auch für einige Quellenangaben bisher noch nicht veröffentlichter Artikel. Die Hyperlinks zum Zeitpunkt meiner Recherchen bleiben in diesem Band als Quellenangaben mit Abrufdatum erhalten, auch wenn die zitierte Internetpräsenz inzwischen verändert wurde, und dadurch nicht mehr alle Inhalte zugänglich sind.

Tübingen am 6. Sonntag nach Trinitatis 2020

Sylvie Thonak

Vorwort

Gerd Theißen

Warum setzt sich ein Neutestamentler der Nachkriegsgeneration mit dem Thema Soldaten und Pazifisten auseinander und tritt für beide ein? Als ich in den frühen 1960er Jahren bei meiner Musterung zum Wehrdienst mitteilte, dass ich Theologie studiere, war klar, dass ich kaum eingezogen würde. Theologiestudierende wurden damals oft davon „verschont", um die Zahl der Kriegsdienstverweigerer gering zu halten. Ich wurde 1943 mitten im Krieg geboren. Bomben zerstörten bald nach meiner Geburt mein Elternhaus, wobei zwei Menschen ums Leben kamen. Wir Kinder waren mit unserer Mutter vorher evakuiert worden. Meinen Vater sah ich zum ersten Mal Ende 1949, als er aus russischer Kriegsgefangenschaft zurückkehrte. Ein Drittel meiner Klassenkameraden hatte ihren Vater im Krieg verloren. Als Abiturthema wählte ich das Thema „Krieg und Frieden". Später erlebte ich 1978–1980 in Dänemark den Schatten der Besatzungszeit. Den Vater eines Kollegen hatten die Nazis ermordet, weil er sie in Predigten offen kritisiert hatte. Bei Mietfragen half mir ein Mitbewohner, der als Junge zusammen mit anderen Juden in einer nächtlichen Rettungsaktion über den Sund nach Schweden gebracht worden war. Zum 6. Juni 1994, dem 50. Jahrestag des D-Days, an dem 1944 die alliierten Truppen in der Normandie gelandet waren, wurde ich an das Westminster College in Cambridge zu einem Vortrag über „Gospels and Church Politics" eingeladen.

Das hier vorgelegte Buch ist Ergebnis eines jahrelangen Nachdenkens über Krieg und Frieden, vor allem aber eines intensivierten Austauschs über dieses Thema in den letzten 15 Jahren.

Dieser Austausch hat eine Vorgeschichte. Bei Lehrveranstaltungen an der Universität Heidelberg vor ca. 30 Jahren wurde ich hin und wieder durch eine aufmerksame Hörerin mit kritischen Fragen konfrontiert. Auf dem Weg nach Hause kam ich meist zu der Erkenntnis, dass ihre Kritik berechtigt war. So lernte ich Sylvie Thonak kennen. Ihre Analyse- und Kritikfähigkeit bewies sie wissenschaftlich in einer religionspädagogischen Dissertation an der Universität Münster: „Religion in der Jugendforschung. Eine kritische Analyse der Shell Jugendstudien in religionspädagogischer Absicht", 2003 (vgl. die positive Rezension in ThLZ 2006, 330–332). Darin zeigt sie, wie in diesen empirischen Studien das Thema Religion einseitig behandelt und erst wieder ernstgenommen wurde, als es durch Migration aus islamischen Ländern stärker ins Bewusstsein trat. Als Oberstudienrätin an einem Gymnasium beschäftigte sie sich viel mit Gewaltprävention auf dem Schulweg und in öffentlichen Verkehrsmitteln. Ihre Initiativen wurden mit Preisen vom Land Baden-Württemberg ausgezeichnet. Ihre kritische-konstruktive Auseinandersetzung mit der Militärseelsorge stieß nicht sofort auf ebenso viel Zustimmung. Auf ihren Aufsatz: „Evangelische Militärseelsorge und Friedensethik. Eine Problemanzeige", EvTh 72 (2012) 220–238, reagierten die Vertreter der Militärseelsorge gespalten, protestantische Spitzenvertreter mit scharfer Kritik, die katholische Seite zum Teil zustimmend.

Die diesem Aufsatz folgenden Auseinandersetzungen haben mich nachdenklich gemacht. Ich berichte nur von einer bezeichnenden Episode: Der Konvent der Friedensbeauftragten einer evangelischen Landeskirche lud S. Thonak zusammen mit einem Vertreter der Militärseelsorge zu einer Podiumsdiskussion ein. Doch der zuständige Militärdekan wollte nicht, dass ein Vertreter der Evangelischen Militärseelsorge mit ihr in diesem Konvent diskutiert. Daraufhin planten die Veranstalter zwei getrennte Vorträge. Jetzt machte die Militärseelsorge zur Bedingung, dass S. Thonak beim Vortrag ihres Vertreters nicht anwesend sein dürfe. Friedensstiftender Diplomatie gelang es auszuhandeln, dass sie teilnehmen durfte, aber unter der Bedingung, dass sie sich nicht an der Diskussion beteiligte. Damals ging mir auf, dass sich die Militärseelsorge manchmal wie ein „ungeliebtes Kind der protestantischen Theologie" verhält. Es trotzt, boykottiert und schadet sich selbst. Es scheint der Militärseelsorge leichter zu fallen, sich von Radikalpazifisten abzugrenzen als sich mit einer Position auseinanderzusetzen, die sie grundsätzlich bejaht, aber an sie kritische Fragen stellt, um notwendige Reformen anzuregen. Dieses Buch will helfen, dass wir in Theologie und Kirche in diesem Punkt vernünftig kommunizieren.

Inzwischen wurden S. Thonaks Analysen und Reformthesen, die in diesem Buch gesammelt sind, zumindest von Teilen der evangelischen Militärseelsorge als Gesprächsbeitrag akzeptiert. Auch Verantwortliche in der EKD haben sich damit beschäftigt. Bei diesen Auseinandersetzungen war den Konflikt- und Gesprächspartnern in der Militärseelsorge nicht bewusst, dass ich die meisten Artikel von S. Thonak bereits in ihrer Entstehungsphase mit ihr diskutiert und sie dabei beraten habe. Sie interessierten mich schon deswegen, weil ich seit Anfang der 1980er Jahre Vorträge zur Friedensethik des Neuen Testaments halte. Die drei Aufsätze dazu, die in diesem Buch veröffentlicht sind, sind im Austausch mit S. Thonak entstanden oder in ihrer Endfassung von ihr beraten worden.

Die Schwierigkeiten des Gesprächs zwischen der evangelischen Militärseelsorge und anderen Gruppen in der Kirche mache ich mir gerne an folgender Anekdote klar: Meine Frau wanderte vor langer Zeit einmal mit einem mit ihr verwandten Offizier, der die Bundeswehr in den 1950er Jahren mit aufgebaut hatte und an der Führungsakademie der Bundeswehr arbeitete, in der nordelbischen Landschaft. Es war ein wunderbarer Tag. Sie dachte: Wie schön ist es hier! Ihr Begleiter aber rief: „Was für eine tolle Deckungslandschaft!" So geht es uns oft. Ein Soldat sieht scharfsinnig einen potenziellen Angriff, wo andere friedlich vor sich hin träumen. Wir nehmen dieselbe Realität wahr, aber deuten sie unterschiedlich. Wichtig ist, dass wir uns darüber verständigen. Die hier gesammelten Aufsätze wollen dazu beitragen.

Ich danke Michael Rainer vom LIT-Verlag für sein Interesse an diesem Buch, meinen Heidelberger Kolleginnen und Kollegen für die Aufnahme des Buches in die „Heidelberger Studien zur Praktischen Theologie".

Heidelberg am 6. Sonntag nach Trinitatis 2020

Gerd Theißen

Einleitung

Sylvie Thonak / Gerd Theißen

Der Protestantismus hat in seiner Einstellung zu Krieg und Frieden in den letzten 150 Jahren eine tiefgehende Transformation erlebt: Vor 1945 war er ein Nationalprotestantismus, der den Krieg mehrheitlich bejahte. Pazifisten waren Außenseiter. Das änderte sich nach 1945. Der Bruderrat der Bekennenden Kirche beschloss am 8. August 1947 das Darmstädter Wort, das sich in seiner zweiten These zur Abkehr vom Militarismus bekennt:

> Wir sind in die Irre gegangen, als wir begannen, den Traum einer besonderen deutschen Sendung zu träumen, als ob am deutschen Wesen die Welt genesen könne. Dadurch haben wir dem schrankenlosen Gebrauch der politischen Macht den Weg bereitet und unsere Nation auf den Thron Gottes gesetzt. – Es war verhängnisvoll, daß wir begannen, unseren Staat nach innen allein auf eine starke Regierung, nach außen allein auf militärische Machtentfaltung zu begründen. Damit haben wir unsere Berufung verleugnet, mit den uns Deutschen verliehenen Gaben mitzuarbeiten im Dienst an den gemeinsamen Aufgaben der Völker.[1]

Auch wenn die Stimme des Bruderrates nach 1945 zunächst die Stimme einer Minderheit war, gibt sie eine Linie des Protestantismus wieder, die zunehmend Gehör und Zustimmung fand. Der deutsche Protestantismus folgte damit einer Tendenz in der Ökumene. Die Gründungsversammlung des Ökumenischen Rates der Kirchen 1948 in Amsterdam lehnte die Lehre vom gerechten Krieg für das Atomzeitalter ab und verkündigte: „Krieg soll nach Gottes Willen nicht sein“.[2] Aber auch in der allgemeinen Öffentlichkeit wuchs das Verständnis für Menschen, die den Krieg ablehnten. Die Erfahrungen des Zweiten Weltkriegs führten zur Aufnahme eines Rechtes auf Kriegsdienstverweigerung in das Grundgesetz der Bunderepublik Deutschland von 1949: „Niemand darf gegen sein Gewissen zum Kriegsdienst mit der Waffe gezwungen werden.“[3]

Als die Bundesrepublik Deutschland 1955 der NATO beitrat, war das deshalb für den Protestantismus eine Zerreißprobe. Die Wiederbewaffnung Westdeutschlands in einer Zeit des Kalten Kriegs und einer atomaren Bewaffnung der Großmächte rief zusammen mit der Notwendigkeit, sich von der eigenen militaristischen Vergangenheit abzuwenden, einen protestantischen Pazifismus auf den Plan. Auf der anderen Seite standen alle diejenigen, die im Ost-West-Konflikt

—————

[1] Das Darmstädter Wort wurde von Karl Barth und Hans Joachim Iwand formuliert. Text: https://www.heiligenlexikon.de/Literatur/Darmstaedter_Wort.html.

[2] Vgl. dazu: Die erste Vollversammlung des ökumenischen Rates der Kirchen, Tübingen/Stuttgart 1948, 116. Dazu Wolfgang Huber/Hans-Richard Reuter, Friedensethik, Stuttgart 1990, 161.

[3] Grundgesetz für die Bundesrepublik Deutschland vom 23. Mai 1949 (abgekürzt GG): https://www.gesetze-im-internet.de/gg/art_4.html; Art. 4, Abs. 3 GG.

angesichts der Bedrohung durch totalitäre Regime im Osten militärische Abschreckung für notwendig hielten, um durch ein Gleichgewicht der Kräfte den Frieden zu bewahren. Eine intensive friedensethische und friedenspolitische Auseinandersetzung spaltete den Protestantismus.

Diese Spaltung wurde durch den „Vertrag der Bundesrepublik Deutschland mit der Evangelischen Kirche in Deutschland zur Regelung der evangelischen Militärseelsorge“[4] vom 22. Februar 1957 zunächst vergrößert. Obwohl im Militärseelsorgevertrag die alleinige *inhaltliche* Direktionsgewalt der Kirche für die Seelsorge in der Bundeswehr festgeschrieben worden war und die Soldatenseelsorge – zumindest in der rechtsverbindlichen Theorie – eine historisch einmalige Autonomie gegenüber politischen und militärischen Zwecksetzungen erlangt hatte,[5] wirkte die Einrichtung einer evangelischen Militärseelsorge auf Pazifisten teilweise so, als wolle die Kirche wie in vergangenen Zeiten wieder Waffen segnen. Es gelang aber, durch die „Heidelberger Thesen“ aus dem Jahr 1959 eine Brücke zwischen den konträren Positionen zu bauen,[6] obwohl diese Thesen von keiner evangelischen Kirche offiziell beschlossen worden waren. Sie führten ein ethisches „Komplementaritätsprinzip“ ein, das besagt: Beide Positionen sind in der Gegenwart aufeinander angewiesen. Man kann die eine Position mit gutem Gewissens nur dann vertreten, wenn andere Menschen die entgegengesetzte Position praktizieren. Sie sind *komplementär.* Dabei wurden bewusst Atomwaffen einbezogen. Die Drohung mit Atombomben und die Bereitschaft zum Krieg sollten freilich nur vorläufig als legitim gelten, um durch Abschreckung den Frieden zu erhalten. Kriegsdienstverweigerung galt in diesen Thesen als das deutlichere Zeichen für den Frieden. Insofern enthalten die Heidelberger Thesen eine Asymmetrie. Erst als man später aus dem Komplementaritätsprinzip dieser Thesen die Formel vom „Friedensdienst mit und ohne Waffen“ (1967) ableitete, entstand eine Symmetrie: Beide Positionen erschienen jetzt als gleichwertig[7] – so auch in der ersten Friedensdenkschrift der EKD „Frieden wahren, fördern und erneuern“

———————

[4] Vertrag der Bundesrepublik Deutschland mit der Evangelischen Kirche in Deutschland zur Regelung der evangelischen Militärseelsorge: BGBl 1957 II S. 702 ff; VMBl 1957 S. 757, abgekürzt: MSV.

[5] Zur Umsetzung dieser rechtlichen Bestimmungen vgl. insbesondere Jens Müller-Kent, Militärseelsorge im Spannungsfeld zwischen kirchlichem Auftrag und militärischer Einbindung, Hamburg 1990.

[6] Diese Thesen waren in der Forschungsstätte der Evangelischen Studiengemeinschaft (FEST) in Heidelberg entwickelt worden. Carl Friedrich von Weizsäcker hat dabei mitgewirkt. Die wichtigsten Thesen seien hier zitiert: „These 8: Die Kirche muss die Beteiligung an dem Versuch, durch das Dasein von Atomwaffen einen Frieden in Freiheit zu sichern, als eine heute noch mögliche christliche Handlungsweise anerkennen. These 9: Für den Soldaten einer atomar bewaffneten Armee gilt: Wer A gesagt hat, muss damit rechnen, B sagen zu müssen; aber wehe den Leichtfertigen! These 10: Wenn die Kirche überhaupt zur großen Politik das Wort nimmt, sollte sie den atomar gerüsteten Staaten die Notwendigkeit einer Friedensordnung nahe bringen und den nicht atomar gerüsteten raten, diese Rüstung nicht anzustreben.“ Vgl. Günter Howe (Hrsg.), Atomzeitalter. Krieg und Frieden, Forschungen und Berichte der Evangelischen Studiengemeinschaft 17, Berlin 1959.

[7] So der Deutsche Evangelische Kirchentag 1967 in Hannover.

von 1981. Sie spricht sich nicht für einen Vorrang der Kriegsdienstverweigerung aus.

Dennoch war diese „komplementäre Friedensethik“ nicht überall Konsens. Der Reformierte Bund in Deutschland erklärte in seinem Moderamen von 1982: „Das Bekenntnis zu Jesus Christus und die Friedensverantwortung der Kirche“ angesichts der atomare Rüstung den *status confessionis*. Die Ablehnung des Krieges wurde zur Glaubensfrage. Damit widersprach sie den Heidelberger Thesen und der in ihnen vertretenen Komplementarität unterschiedlicher Wege. Die hier vertretene Position ist ein „Nuklearpazifismus“: Danach lässt die atomare Rüstung keinen Ermessenspielraum für andere Entscheidungen zu. Die atomare Bewaffnung wird als Mittel der Abschreckung abgelehnt.[8]

Eine neue Phase der Diskussion begann, als die DDR 1989 zusammenbrach und die östlichen Bundesländer Teil der Bundesrepublik Deutschland wurden. Damals kam es zu keiner grundsätzlichen Debatte über die Regeln des Zusammenlebens von Ost und West, die unmittelbare Auswirkungen auf den Wortlaut unserer Verfassung gehabt hätte: Das Grundgesetz wurde nicht daraufhin durchgeforstet, ob angesichts der Aufnahme der neuen Bundesländer Änderungen notwendig seien. Für die ostdeutschen evangelischen Kirchen war die Militärseelsorge in der Bundeswehr hingegen ein Stein des Anstoßes. Sie hatten in kritischer Distanz zum Staat und Militär gelebt und mit einer Parteidiktatur prägende negative Erfahrungen gemacht. Zu Zeiten der DDR war die evangelische Seelsorge an den „Bausoldaten“, die den Waffendienst in der „Nationalen Volksarmee“ (NVA) verweigerten, bei den Jungmännerwerken der Kirchen angesiedelt.[9] Sollten die evangelischen Kirchen in Ostdeutschland jetzt eingebunden werden in staatliche Strukturen, die ihnen womöglich auf „sanftem“ Wege die Freiheit nahmen, die sie sich unbedingt bewahren wollten? Anfangs waren die Militärgeistlichen aus den östlichen Gliedkirchen der EKD – anders als ihre westdeutschen Kollegen – keine Bundesbeamten auf Zeit, sondern Beamte der EKD. Im Zusammenhang mit der Aufnahme der neuen Bundesländer führte die Übertragung und Anwendung des Militärseelsorgevertrags auch auf die ostdeutschen Gliedkirchen der EKD allerdings nicht zu Strukturveränderungen. Im ostdeutschen Protestantismus wurde ein Modell von Soldatenseelsorge diskutiert, das deutlich unabhängiger von staatlichen Strukturen sein sollte: Anstelle einer staatlich finanzierten und in staatliche Strukturen eingebundenen Militärseelsorge sollte Evangelische Soldatenseelsorge im Nebenamt als Teil eines Dienstauftrags für Gemeindepfarrerinnen und Gemeindepfarrer in der Mitte von Kirche und Gesellschaft verankert

---

[8] Vgl. These V. des Moderamen: „Im Glaubensgehorsam gegen Jesus Christus sagen wir: Auch für staatliche Machtmittel gibt es eine durch das Gebot des Herrn gesetzte Grenze, die nicht überschritten werden darf. Massenvernichtungsmittel sind keine angemessenen und notwendigen Machtmittel, mit denen ein Staat potentielle militärische Gegner abschrecken und im Kriegsfall bekämpfen darf.“ (vgl.https://www.reformiert-info.de/Das_Bekenntnis_zu_Jesus_Christus_und_die_Friedensverantwortung_der_Kirche-230-0-56-7.html)

[9] Vgl. Friedemann Stengel, Frieden, Militär und Kirche in der DDR, in: Angelika Dörfler-Dierken (Hrsg.), Reformation und Militär. Wege und Irrwege in fünf Jahrhunderten. Im Auftrag des Zentrums für Militärgeschichte und Sozialwissenschaften der Bundeswehr, Göttingen 2019, 257–266, S. 262.

werden. Prinzipiell wurde 2002 in einer Protokollnotiz zur Auslegung des Militärseelsorgevertrages[10] auch angestrebt, solche kirchengemeindlich verankerten (Teilzeit-) Dienstaufträge in geringer Anzahl nicht auszuschließen, um die ostdeutschen Gliedkirchen zu gewinnen. Umgesetzt wurde dieses Projekt jedoch nicht in großem Stil, eher wurden nebenamtliche Stellen abgebaut. Neben finanziellen Gründen wurde auch das Argument angeführt, nebenamtliche Soldatenseelsorger könnten nicht in den Auslandseinsatz, weil sie in den Gemeinden fehlten.

Auf der Synode der EKD 2002 wurde das Erste Kirchengesetz zur Änderung des Kirchengesetzes zur Regelung der evangelischen Militärseelsorge in der Bundesrepublik Deutschland[11] beschlossen. Dieses Kirchengesetz bezog sich auf das Kirchengesetz zur Regelung der evangelischen Militärseelsorge in der Bundesrepublik Deutschland vom 8. März 1957. Es war nur ein neues Kirchengesetz, keine Revision des Staatskirchenvertrags vom 8. März 1957. Dieser wurde nur durch eine Protokollnotiz interpretiert. Insgesamt blieb im Großen und Ganzen strukturell alles beim Alten, nur, dass sich der Begriff „evangelische Seelsorge in der Bundeswehr“ neben dem traditionellen Begriff „evangelische Militärseelsorge“ einbürgerte.

Eine neue Situation ergab sich durch die Weiterentwicklung der militärischen Aufgaben der Bundeswehr auf der einen Seite sowie der im Rahmen des gesellschaftlichen Wandels weiterentwickelten pazifistischen Friedensaktivitäten auf der anderen Seite. Seit 1990 wurde die Bundeswehr auch in Auslandsmissionen eingesetzt, um Frieden durchzusetzen und zu sichern. Manchmal gingen solche Einsätze in Kriege über. 1999 wurde ein verfassungs- und völkerrechtlich umstrittener Einsatz im Kosovokrieg als „humanitäre Intervention“ gerechtfertigt. Der Einsatz in Afghanistan (seit 2001/2) begann als Friedensmission, verwickelte aber die Bundeswehr immer mehr in einen Krieg. Die meisten Auslandseinsätze dienen jedoch eindeutiger dem Frieden. Gleichzeitig wurde 2011 die allgemeine Wehrpflicht „ausgesetzt“. Die Bundeswehr wurde faktisch eine Freiwilligenarmee. Das begünstigt eine Tendenz, eine eigene Binnenmentalität zu entwickeln, die sich gegenüber der Gesellschaft abkoppelt. Ein Generalinspekteur der Bundeswehr hatte gewiss nicht Unrecht, wenn er 1996 feststellte: „Der mit einer Freiwilligenarmee häufig verbundene Verzicht auf Pluralität kann zu einem Verlust an geistiger Vitalität führen.“[12] Umgekehrt hat sich auch der Pazifismus weiterentwickelt. Er bestand nie ausschließlich in Kriegsdienstverweigerung, sondern in vielfältigen Aktionsformen, die mit gewaltfreien Mitteln den Frieden sichern

---

[10] Siehe Ines-Jacqueline Werkner, Soldatenseelsorge – eine Reform vor ihrem Scheitern. Der ostdeutsche Sonderweg der evangelischen Soldatenseelsorge (1990–1996), 2002; vgl. www.frieden-schaffen.de (eingesehen am 01.04.2013). Dies., Angst vor dem Bundestag. Nach anfänglichem Widerstand akzeptieren Ostdeutschlands Protestanten den Militärseelsorgevertrag, in: Zeitzeichen. Evangelische Kommentare zu Religion und Gesellschaft 3 (2002) 15–16.

[11] http://ekd.de/synode2002/beschluesse_militaerseelsorge.html (Zugriff am 1.5.2011).

[12] https://www.das-parlament.de/2011/03/Innenpolitik/33075519-311926 (Zugriff am 30.4.2020).

wollen. Entwicklungshilfe durch Staaten, Kirchen und gesellschaftliche Bewegungen sind aktive Friedensarbeit. Durch Erfahrungen mit krisengeschüttelten Gesellschaften wuchs dabei manchmal das Verständnis für militärische Interventionen. Die „humanitäre Intervention“ im Kosovo wurde z.B. auch von Spitzenpolitikern der Partei der Grünen mitgetragen, obwohl es unter den Grünen starke pazifistische Strömungen gibt. Durch diese Entwicklung wurde das „Komplementaritätsprinzip“ der Friedensethik differenziert. Es umspannt nicht nur wie in den 1950er Jahren die Gegensätze: Militärdienst auf der einen, Kriegsdienstverweigerung auf der anderen Seite, sondern umfasst innerhalb des Militärdienstes Friedenseinsätze, innerhalb des Pazifismus aktive Friedenshilfe in Staaten mit Verständnis dafür, dass deren Stabilität manchmal auch militärisch gesichert werden muss.

Kriegsdienstverweigerung und Militärseelsorge sind zwei „Kinder“ des Protestantismus nach 1945. Der Pazifismus ist für viele das Lieblingskind, die Militärseelsorge eher ein Stiefkind. Die Kommunikation zwischen diesem „Stiefkind“ und seinen „Eltern“, dem Protestantismus, ist manchmal schwierig. Nicht selten entsteht der Eindruck, viele Vertreter der evangelischen Militärseelsorge vor allem in deren Spitzenpositionen würden sich am liebsten nur von Radikalpazifisten abgrenzen, sich aber nur ungern mit Vertretern moderater Positionen auseinandersetzen – verständlicherweise besonders dann nicht, wenn diese mit Recht Fehlentwicklungen und Schwachstellen differenziert kritisieren. Die hier vorgelegten Aufsätze vertreten insgesamt moderate Positionen. Sie bejahen, dass zumindest zurzeit eine Demokratie wehrhaft sein muss, v.a. angesichts der aktuellen weltpolitischen Lage. Sie haben großen Respekt vor den individuellen Gewissensentscheidungen sowohl von Pazifisten als auch von Menschen, die sich zur Ausübung des Soldatenberufs und der damit verbundenen Bereitschaft entscheiden, Schuldübernahme zu riskieren. Sie befürworten die kirchliche Aufgabe zur Seelsorge an Soldaten ausdrücklich. Sie üben aber aus einer wertschätzenden Position gerade deshalb in einigen Punkten deutliche Kritik. Verständlicherweise riefen daher einige der hier in leicht überarbeiteter Form erneut veröffentlichten Aufsätze von Sylvie Thonak im Zusammenhang ihrer Erstveröffentlichung bei einigen Vertretern der evangelischen Militärseelsorge am Anfang heftige Ablehnung und teilweise äußerst bizarre Reaktionen hervor. Das wurde zwar ausgeglichen durch manche Zustimmung, auch wenn sie am Anfang nur diskret geäußert wurde. Erst im Laufe der Zeit wurde diese begrenzte Zustimmung deutlicher.

Die im Folgenden gesammelten Aufsätze betrachten im Rahmen der „Heidelberger Thesen“ verschiedene Positionen in der Friedens- und Militärethik als komplementär, sind aber überzeugt, dass man diese komplementäre Friedensethik weiterschreiben muss. Vor allem muss man sich offen eingestehen, wenn sie mit der Realität kollidiert, wenn z.B. in friedensethischen Diskussionen oder Entwürfen eine durchsetzungsfähige internationale Friedensordnung vorausgesetzt wird, die es so noch nicht gibt. Die Realität wird nicht vor unserer Gesinnung kapitulieren, und selbst wenn die Gesinnung noch so überzeugend ist. Aber richtig ist auch: Es wäre eine noch größere Katastrophe, wenn unsere Gesinnung vor der Realität kapituliert. Die Aufsätze wurden aus einer Position der Unabhängigkeit von Bundeswehr, Militärseelsorge und Kirche formuliert. Die Verfasserin der meisten Beiträge, Sylvie Thonak, ist Oberstudienrätin im baden-württembergischen Schuldienst. Sie unterrichtet evangelische Religion, Psychologie und informationstechnische Grundbildung an einem Gymnasium. Gerd Theißen ist Hochschullehrer im Fach Neues Testament. Beide kennen sich, seitdem Sylvie Thonak in Heidelberg studiert hat. Er hat sie aufgefordert und ermutigt, ihre Beobachtungen und Gedanken zur Militärseelsorge zu veröffentlichen. Alle Texte sind Ergebnis eines mehrjährigen Austauschs zwischen beiden Verfassern. Im Folgenden geben wir einen kurzen Überblick über die einzelnen Beiträge.

Die ersten drei Beiträge sind eine exegetische Grundlegung für eine gegenwärtige christliche Friedensethik. Es sind historische Studien zu biblischen Aussagen über Soldaten, Krieg und Frieden. Sylvie Thonak behandelt in einer exegetischen Studie das Bild der Soldaten im lukanischen Doppelwerk (im Lukasevangelium und in der Apostelgeschichte), Gerd Theißen in einer sozialgeschichtlichen Studie die Kriegserfahrungen und Friedenskonzepte im Urchristentum und in einer historisch-psychologischen Studie das Problem von Aggressivität und Aggression im Urchristentum. Sie zeigen, dass friedensethische Ansätze im Neuen Testament nicht in einer friedlichen Nische entstanden sind, die von Kriegen unberührt war, oder dass unrealistische Vorstellungen von Aggressionsfreiheit diese Texte bestimmen. Wir begegnen im Neuen Testament vielmehr realen Soldaten, realen Kriegen und realen aggressiven Phantasien. Die neutestamentlichen Schriften wurden besonders durch den Jüdischen Krieg 68–70 n.Chr. mehr geprägt, als es auf den ersten Blick aussieht. Ihre Aussagen über den Frieden setzen sich zwar nur selten direkt mit diesem Krieg auseinander, sind dafür aber indirekt sehr viel mehr von ihm bestimmt, als es bisher gesehen wurde.

Es folgen acht Beiträge von Sylvie Thonak zur gegenwärtigen Struktur und Praxis der Militärseelsorge. Sie sind von dem Anliegen bestimmt, die Militärseelsorge nicht zu einer *ecclesiola in ecclesiam* werden zu lassen. Denn dann droht immer die Gefahr, dass sie eine *ecclesiola extra ecclesiam* wird. Alle Institutionen neigen dazu, ein eigenes Binnenleben zu entfalten. Die Seelsorge an Soldaten aber darf sich auf keinen Fall gegenüber der Kirche verselbständigen, d.h. der Kontrolle von synodal legitimierten Gremien entziehen und die Auseinandersetzung mit kritischen Strömungen in der Kirche vermeiden.

Der abschließende Beitrag von Gerd Theißen will die historische Arbeit und gegenwartsorientierte Ethik verbinden. Er zeigt, wie die moderne christliche Friedensethik auf einer Kombination von alttestamentlichen Friedensutopien mit neutestamentlichem Friedenshandeln beruht, die erst in der modernen Zeit entstand. Denn die alttestamentlichen Friedensutopien waren mit keiner Anweisung für menschliches Verhalten verbunden, den neutestamentlichen Mahnungen zur Gewaltlosigkeit und Feindesliebe fehlte die Verbindung mit einer umfassenden politischen Friedensvision. Vorläufer eines Komplementaritätsprinzips zwischen Pazifismus und Soldatentum begegnen zwar schon vor der modernen Zeit. Aber erst in der Gegenwart wurde ein komplementäres Handeln angesichts der atomaren Waffentechnik eine innere Notwendigkeit.

Sylvie Thonak behandelt im ersten Beitrag: (1) „Soldaten im lukanischen Doppelwerk: Vom Frieden auf Erden und im Himmel zum Frieden in der Gemeinde“ das Bild der Soldaten im Lukasevangelium und in der Apostelgeschichte. Gerade hier wird den Menschen „Frieden auf Erden“ verheißen. Das ist mehr als ein Wunschbild. Denn das Lukasevangelium ist überzeugt, dass der Jüdische Krieg mit der Zerstörung Jerusalems hätte vermieden werden können, hätte man auf die Botschaft Jesu gehört. Gerade im lukanischen Doppelwerk begegnen positiv dargestellte Soldaten: der Hauptmann von Kapernaum und der Centurio Cornelius. Es bleibt eine offene Frage: Sucht das lukanische Doppelwerk den verheißenen Frieden auf Erden nur in der Gemeinde, weil in ihr Juden und Nichtjuden zusammenfinden? Oder hält es an der Erwartung eines umfassenden politischen Friedens fest? In jedem Fall aber bringt das lukanische Doppelwerk eine Wertschätzung von Soldaten zum Ausdruck, die man in manchen Kreisen des gegenwärtigen Protestantismus vermisst. Seelsorge an Soldaten setzt solch eine Wertschätzung der Person voraus. Gerade Menschen, die immer zweifach gefährdet sind – physisch als Opfer von Gewalt, moralisch als Verursacher von Gewalt zur Gefahrenabwehr, brauchen das Angebot einer auf Respekt basierenden Begleitung, die zur selbst-kritischen Reflexion des eigenen Tuns anregt.

Der folgende Beitrag von Gerd Theißen: (2) „*Kriegserfahrung und Friedensbotschaft im Urchristentum*" zeigt, dass das Urchristentum zwar in einer relativ friedlichen Zeit entstand, in der die Pax Romana Hoffnungen auf ein friedliches Leben berechtigte. Aber gerade in dieser Zeit wurde es von einer kurzen Weltkrise erschüttert, dem Jüdischen Krieg, der mit Nachfolgekriegen und Aufständen in den Provinzen zusammenfiel. Die Friedensvorstellungen des Neuen Testaments sind daher sehr viel mehr durch eine Auseinandersetzung mit realen Kriegserfahrungen und Kriegsbefürchtungen entstanden, als der Exegese bisher bewusst war. Diese Friedensaussagen widersprechen den Tendenzen, die zu diesem Krieg führten. Das kann man schon bei Jesus beobachten. Seine Friedensbotschaft ist im Zentrum seiner Verkündigung begründet: Die Gottesherrschaft beginnt schon jetzt in Koexistenz mit dem Römischen Reich und sie kommt ohne Krieg. Etwa zehn Jahre vor dem Jüdischen Krieg reist Paulus nach Jerusalem mit einem Traum von einer Versöhnung von Juden und Heiden, der sich in einer Öffnung des Tempels für Nichtjuden vollenden soll. Er will damit genau den Konflikt überwinden, der später zum Ausbruch des Jüdischen Krieges führte. Nach diesem Krieg entwirft einer seiner Schüler im Epheserbrief ein Bild vom Frieden in der Gemeinde als Gegenbild zur Pax Caesaris im Römischen Reich. Ein Bewunderer des Paulus verkündigt im lukanischen Doppelwerk den „Frieden auf Erden" mit Motiven des schon jetzt beginnenden Goldenen Zeitalters und vertritt dabei die Überzeugung: Hätte man auf die Botschaft Jesu gehört, so hätte der Jüdische Krieg vermieden werden können. In anderer Weise reagiert das Johannesevangelium auf diese Kriegserfahrung: Es verkündigt einen Frieden, der nicht von dieser Welt ist – als Gegenbild zum Frieden, den die Welt gibt. Dieser Friede ist ein Kontrast zur brüchigen Pax Romana. Die Friedenskonzepte des Neuen Testaments entstanden zwar in einer relativ friedlichen Zeit, aber setzen sich in ihr gerade mit realen Kriegen auseinander.

Ein weiterer Beitrag von Gerd Theißen: (3) „*Aggression und Aggressionsbearbeitung im Neuen Testament*" soll zeigen, dass die Friedensgedanken des Neuen Testaments von „normalen" Menschen entwickelt wurden, die wie alle anderen Menschen voll Aggressivität waren, aber sie nicht in Aggression umsetzen wollten. Wir finden in ihrer Ethik eine scharfe Verurteilung von Aggression, in ihrer Theologie eine Zunahme von aggressiven Vorstellungen und im Kult einen Ausgleich zwischen beidem. Die Bergpredigt verurteilt selbst innere Aggressivität, die sich noch nicht in Aggression geäußert hat. Die Theologie rückt die Kreuzigung Jesu in den Mittelpunkt und deutet sie mit dem Bild eines damals schon lange überholten grausamen Rituals als Menschenopfer, das alle Menschen vor einem Strafgericht rettet. Die zentrale kultische Handlung, das Abendmahl, vereint beides in einer beeindruckenden Weise: Das Verzehren von Blut und Leib Christi ist ein sehr atavistischer Ausdruck von Aggression und konfrontiert die Teilnehmer mit der eigenen Aggressionsbereitschaft, verwandelt sie aber so, dass sie ihre Aggressivität überwinden und Lebensgüter so solidarisch teilen wie sonst nirgendwo.

Nach dieser exegetischen Grundlegung folgen acht Beiträge zur gegenwärtigen Militärseelsorge von Sylvie Thonak – beginnend mit einem grundsätzlichen Beitrag zu ihrer Grundlegung und ihrer Entwicklung bis heute, der eine Reihe von Problemanzeigen folgt. Diese Aufsätze zeigen insgesamt, dass die Militärseelsorge auf zwei Säulen beruht: einerseits auf der neuen Friedensethik und andererseits auf einem Seelsorgeauftrag an Soldatinnen und Soldaten. Die Problemanzeigen bestehen darin, eine immer wiederkehrende Spannung zwischen diesen beiden Grundlagen aufzuzeigen.

Der Beitrag (4) „*Einführung in die staatliche und kirchliche Struktur der evangelischen Militärseelsorge in Deutschland*“ informiert anhand von umfangreichen Dokumenten über die rechtliche Grundlage der Militärseelsorge. Er macht auf zwei Entwicklungen aufmerksam: Es gibt eine „Doppelspitze“ in der Militärseelsorge, in der neben dem kirchlichen Militärbischof der Posten des staatlichen Militärgeneraldekans neuerdings auch durch einen Juristen besetzt werden könnte. Der Lebenskundliche Unterricht, der nicht im Militärseelsorgevertrag vorgesehen bzw. verankert ist und als religionsneutraler, berufsethischer Unterricht von allen Soldaten besucht werden muss und daher eigentlich an keine religiöse oder kirchliche Vorgabe gebunden sein sollte, wurde im Laufe der Zeit zu einem Haupttätigkeitsfeld der Militärpfarrerinnen und Militärpfarrer. Der Beitrag formuliert vier Fragen:

1. Gibt es zwischen der hierarchischen Struktur der Militärseelsorge und dem evangelischen Kirchenverständnis mit Mitbestimmung aller Gemeindeglieder durch Ältestenkreise und Presbyterien eine grundsätzliche Spannung?
2. Spiegelt der doppelte Sprachgebrauch: „Evangelische Militärseelsorge und evangelische Seelsorge in der Bundeswehr“ eine ungelöste Spannung? Auch wenn diese schon immer existierte, wurde sie mit der Eingliederung der DDR in die BRD noch einmal akut.
3. Entspricht der Personalschlüssel in der Militärseelsorge der Entwicklung in der Bundeswehr und in der Gesellschaft, also einer verkleinerten Berufsarmee auf der einen Seite und der wachsenden Säkularisierung in der Bevölkerung auf der anderen Seite, zugleich aber der gestiegenen Belastung durch Einsatzbegleitungen und dem konfessionsneutral für alle Soldatinnen und Soldaten zu erteilenden Lebenskundlichen Unterricht?

4. Muss in einer religiös pluralistischen Gesellschaft nicht die von den großen christlichen Kirchen und dem Zentralrat der Juden[13] getragene Militärseelsorge durch muslimische und christlich-orthodoxe Seelsorge erweitert werden? Können auch Gemeinschaften wie die Humanistische Union Ansprüche auf seelsorgerliche Betreuung ihrer Glieder erheben?

Diese Fragen spielen auch in den folgenden Beiträgen direkt und indirekt eine Rolle.

Der Aufsatz (5) zum Thema: „*Evangelische Militärseelsorge und Friedensethik. Eine Problemanzeige*“ führt die angesprochenen Spannungen auf eine Grundproblematik zurück, auf die zweifache Begründung der Militärseelsorge durch Friedensethik und Seelsorge. Hier klaffen Theorie und Praxis auseinander: Die von der EKD-Denkschrift 2007 vertretene neue Friedensethik des „gerechten Friedens“ und der „rechtserhaltenden Gewalt“ ist eine Theorie, die in der Militärseelsorge eher eine Schattenrolle zu spielen scheint. Viele Militärgeistliche legitimieren ihre Tätigkeit ausschließlich seelsorgerlich unter Ausblendung der friedensethischen Bildungsaufgabe. Manche scheinen nicht einmal die Friedensdenkschriften gut zu kennen. Der Beitrag zeigt, dass beide Seiten in innere Widersprüche mit sich selbst geraten. Auf der pastoraltheologischen „Praxisseite“ wird die ausschließliche Begründung durch Seelsorge durch die Realität nicht immer gedeckt. Eine empirische Studie des sozialwissenschaftlichen Instituts der Bundeswehr ergab z.B., dass nur 1,3% der Soldaten während eines Auslandseinsatzes ihre persönlichen Gefühle und Ängste mit einem Militärpfarrer[14] besprachen. Die praktische Bedeutung der Militärseelsorge scheint weniger in der seelsorgerlichen Betreuung der Soldaten zu liegen als in der legitimierenden Präsenz und Nähe der Kirche bei der Truppe. Auf der friedensethischen „Theorieseite“ musste man einräumen, dass z.B. der seit 2001/2 laufende Afghanistaneinsatz der Bundeswehr aufgrund seiner Entwicklung von einem friedenssichernden Einsatz zu einem faktischen Interventionskrieg durch die neue Friedensethik von 2007 nicht gedeckt war. Das gab der evangelische Militärbischof im Rahmen einer Podiumsdiskussion beim Tag der Militärseelsorge auf dem Ökumenischen Kirchentag 2010 jedoch nur sehr indirekt zu, als er aus dem Kreis der Soldatenfamilien, nach seiner Bewertung des Afghanistan-Einsatzes im Lichte der EKD-Friedensdenkschrift von 2007 gefragt, antwortete: „*Evangelische Friedensethik funktioniert nicht mit dem Abhaken von Kriterien. Das ist schrecklich kompliziert*

———

[13] Der Deutsche Bundestag hat am 28.05.2020 die Erweiterung der bestehenden Militärseelsorge durch die Einführung einer jüdischen Militärseelsorge für die Bundeswehr beschlossen. Vgl. https://www.bmvg.de/de/aktuelles/bundestag-gesetz-juedische-militaerseelsorge-260948 (veröffentlicht am 29.05.20).

[14] Vgl. Martin Bock, Religion als Lebensbewältigungsstrategie von Soldaten. Die Einstellung von Soldaten zu Glaube, Werten und Seelsorge und ihre Veränderung im Bosnieneinsatz der Bundeswehr, hrsg. v. Sozialwissenschaftlichen Institut der Bundeswehr, Strausberg 2002, vgl. die Tabelle auf S. 71. Wenn nach dieser Studie nur 1,3 Prozent der Soldaten Militärpfarrer seelsorgerlich während des Auslandseinsatzes für die Besprechung ihrer Ängste in Anspruch nahmen, so kann das für die betroffenen Soldaten sehr wichtig und für die Militärgeistlichen durchaus zeitaufwändig sein, wenn – wie folgende fiktive Beispielrechnung zeigt – 13 Soldaten in einem Kontingent von 1000 Soldaten intensive vertrauliche Gespräche mit einem Militärpfarrer im Auslandseinsatz führen.

und bedarf des Dialogs.“[15] Da es zu diesem Dialog nicht kam, wirkte seine Auskunft unbefriedigend. Die Leitung der Militärseelsorge steht oft in der Gefahr, Militäreinsätze positiver darzustellen, als sie es nach ihrer eigenen Einsicht sind, riskiert aber dadurch einen Verlust an Glaubwürdigkeit. Die Militärgeistlichen auf der anderen Seite stehen in der Gefahr die legitimierende Funktion ihrer Nähe zur Truppe durch eine nicht ausreichend reflektierte Heldenrhetorik zu verstärken – gerade bei Gedenkgottesdiensten für gefallene Soldaten, um in diesen Grenzsituationen den trauernden Soldaten ganz nahe zu sein. Der Beitrag plädiert dafür, sich alle diese Widersprüche offen einzugestehen und in Motivation zu verwandeln, sowohl die protestantische Theorie der Friedensethik als auch die Praxis der Militärseelsorge weiter zu entwickeln.

Der Beitrag: (6) „Vom ratlosen Schweigen zum offenen Dissens. Wo stehen EKD und evangelische Militärseelsorge friedensethisch im Blick auf Afghanistan?“ belegt anhand von Äußerungen zum Afghanistaneinsatz, wie sie sich von einem Konsens der Ratlosigkeit zu einem Dissens der Positionen entwickelt haben. (1) Es begann damit, dass der Auftrag der evangelischen Militärseelsorge kontrovers bestimmt wurde. Einerseits weigerten sich Militärgeistliche, den Sinn des Afghanistaneinsatzes zu begründen, andererseits legitimierten sie ihn. 2010 mussten deshalb (2) vier leitende Kirchenvertreter eingestehen: „Wir sehen gegenwärtig nicht, dass der Einsatz anhand der friedensethischen Kriterien eindeutig gebilligt oder abgelehnt werden könnte.“ Was die EKD-Friedensdenkschrift 2007 einmal als neuen Konsens formuliert hatte, erwies sich als nicht tragfähig. Das bestätigen gerade die Stellungnahmen, die unter dem Motto (3) „Abhaken geht nicht!“ meinen, dass eine Überprüfung des Afghanistaneinsatzes anhand der Kriterien in der Friedensdenkschrift zu keinem Ergebnis führen könne. Im Grunde kündigten diese Stimmen, darunter auch die von Bischöfen, damit ihre Loyalität zur EKD-Friedensdenkschrift auf. (4) Manchmal rechtfertigten sie nur noch sehr gedämpft den Afghanistaneinsatz als „einen ‚ethisch hinnehmbaren‘ militärischen Auftrag“ mit ambivalenter Wirkung: Kann man aber Soldaten zumuten, ihr Leben für etwas zu riskieren, das ethisch gerade noch hinnehmbar ist? (5) Freilich scherte ein EKD-Friedensbeauftragter aus diesem Konsens der Ratlosigkeit aus: Er kam schon 2012 zu dem Ergebnis, dass sich die Lage in Afghanistan so verändert hatte, dass ein Einsatz nicht mehr legitimiert werden könne. (6) Umso mehr stellt sich grundsätzlich die Frage: Wo finden Soldaten friedensethische Orientierung? Ein Vergleich zwischen dem katholischen „Zentrum für ethische Bildung in den Streitkräften (zebis)“ und einem neu gegründeten evangelischen „Arbeitskreis Ethische Bildung in den Streitkräften“ (AEBIS) fällt zugunsten des zebis aus: Im Katholizismus werden ethische Grundsatzfragen der Militärseelsorge intensiver innerhalb der Veranstaltungsformate der Militärseelsorge selbst angeboten als im Protestantismus. (7) Am Ende wird ein Katalog kritischer Fragen an die evangelische Militärseelsorge und die EKD formuliert als ein Appell, offen über alle Probleme zu diskutieren und sich um Klarheit zu bemühen.

—————

[15] http://www.militaerseelsorge.bundeswehr.de (abgerufen am 31.05.10).

Ein Beitrag (7): „*Loyalitätskonflikte zwischen kirchlichem und militärischem Auftrag*" geht über solche Anfragen an die Militärseelsorge hinaus und macht konkrete „*Vorschläge zur Reform der evangelischen Militärseelsorge*" (so der Untertitel). Ausgangspunkt ist ein Vorstoß der Militärseelsorge, bei Trauerfeiern für gefallene Soldaten in ihren Kirchen ihr Hausrecht an die Bundeswehr abzutreten. Da solche Trauerfeiern *zugleich* Staatsakt *und* kirchliche Trauerfeier sind, wirft der Beitrag die Frage auf, ob nicht beides getrennt werden muss, auch wenn bei einer solchen Trennung weniger Medienpräsenz im kirchlichen Gottesdienst wäre. Grundsätzlich müsse das Verhältnis von Staat und Kirche in der Militärseelsorge neu bestimmt werden. Dazu werden zehn Vorschläge gemacht und begründet:

1. Zentrale kirchliche Trauergottesdienste für getötete Soldaten sollen zeitlich, räumlich und liturgisch klar von zentralen Staatsakten getrennt werden.
2. Die Freiheit zum prophetischen Wächteramt bei der Seelsorge und friedensethischen Bildung von Soldaten soll durch einen vom Staat unabhängigen kirchlichen Status der Militärseelsorge abgesichert werden.
3. Ein signifikanter Teil der evangelischen Soldatenseelsorge in Deutschland soll nebenamtlich als Teil eines Dienstauftrags in der Mitte von Kirche und Gesellschaft verankert werden anstatt einer eigengesetzlichen Militärseelsorge anvertraut zu werden.
4. Es soll für Auslandseinsätze eine hauptamtliche Seelsorge für NGOs, Entwicklungshilfeorganisationen, medizinisches Personal, Diplomaten, Bundespolizisten und Soldaten in Kriegs- und Krisengebieten eingerichtet werden statt einer isolierten Berufsgruppenseelsorge an Soldaten.
5. Evangelische Friedensethik soll sichtbarer werden anstelle der gegenwärtigen Verpflichtung zur Konfessions- und Religionsneutralität im berufsethischen Unterricht.
6. Friedensethische Kompetenzen sollen examens- und laufbahnrelevant gestaltet werden.
7. Friedensethische Bildungsangebote sollen immerwährend institutionalisiert werden.
8. Ressourcen sollen gerecht auf alle Handlungsfelder kirchlicher Friedensarbeit (einschließlich der Militärseelsorge) verteilt werden.
9. Die Betreuung der 70–90% Soldatenfamilien in Fernbeziehungen soll ermöglicht werden.
10. Mehr nebenamtliche und hauptamtliche Seelsorger sollen Soldaten und deren Familien betreuen anstelle einer überbordenden Hierarchie mit einer Fülle an offiziellen Repräsentanten.

Der Beitrag: (8) „*Vorrang für zivil? – Wohin treiben Friedensethik und Militärseelsorge?*" zeigt, wie sich der 2007 in der Friedensdenkschrift dokumentierte Konsens im Protestantismus wieder auflöst. Ein Anlass war 2014 der Konflikt um den Einsatz unbemannter Drohnen und Waffenlieferungen an Kurden für den Kampf gegen den terroristischen Islamischen Staat. Dabei wurden zwei Positionen sichtbar: Auf der einen Seite die Bejahung von militärischen Mitteln im Einklang mit der gewachsenen außenpolitischen Verantwortung Deutschlands. Deutschland dürfe auf keinen Fall wie in vergangenen Zeiten einen Sonderweg in der westlichen Welt gehen. Zu dieser Aufwertung des Militärischen passt die Einführung eines hauptamtlichen Militärbischofs. Institutionell wurde damit die Militärseelsorge noch stärker eine Eigenwelt. Auf der anderen Seite wurde erneut eine pazifistische Haltung sichtbar, die als protestantischer Nationalpazifismus kritisiert wurde, weil sie davor zurückscheue, dass auch Deutschland seinen Anteil an internationaler Verantwortung übernimmt. Der EKD-Friedensbeauftragte Renke Brahms hielt dagegen an der *besonderen* Rolle Deutschlands gerade in *Gewaltprävention* und *ziviler* Konfliktbearbeitung fest. Der alte Konflikt zwischen ‚Pazifisten' und ‚Nationalprotestanten' im Protestantismus lebte damit wieder auf, oft abgemildert als Spannung zwischen einer Friedensethik, die das Gewissen *schärfen* soll, und einer Militärseelsorge, die das Gewissen in Grenzsituationen *trösten* will. Die friedensethische Denkschrift von 2007 hatte beide Lager vorübergehend zusammengebracht. Der Beitrag fragt, ob es nicht der Balance zwischen ihnen dienen könne, wenn man einem *hauptamtlichen* Militärbischof auch einen *hauptamtlichen* Bischof für *zivile* Friedensarbeit entgegenstellt.

Die erneute Polarisierung zwischen beiden Strömungen im Protestantismus bringt die Gefahr mit sich, dass sich die Militärseelsorge zu einer eigenen Welt entwickelt, die sich gegen einen militärkritischen Protestantismus abschirmt. Das zeigt der neunte Beitrag anschaulich anhand eines konkreten Problems: (9) „*Nicht öffentlicher ‚Gottesdienst' zur Einführung des evangelischen Militärbischofs in ein öffentliches Amt – eine Problemanzeige*". Die Reformation hatte alle Winkelmessen abgeschafft. Jeder Gottesdienst sollte *öffentlich* sein. Ausgerechnet die Amtseinführung des ersten hauptamtlichen Militärbischofs aber geschah am 8. September 2014 in einem *nicht-öffentlichen* Gottesdienst in der Kaiser-Wilhelm-Gedächtniskirche in Berlin. Zu ihr hatten nur geladene Gäste Zutritt. Nicht einmal Soldaten und ihren Angehörigen, die bei der Amtseinführung des Militärbischofs gerne dabei sein wollten, wurde die Teilnahme gestattet, obwohl es noch viele freie Plätze in der Kirche gab. Auch die Pfarrhelferinnen und Pfarrhelfer als engste diakonische Mitarbeiterinnen der Militärgeistlichen wurden *nicht* eingeladen. Das war keine Amtseinführung im Sinne des 14. Artikels des Augsburger Bekenntnisses, nach dem die Öffentlichkeit für den evangelischen Gottesdienst konstitutiv ist. Die evangelische Militärseelsorge begab sich damit auf den Weg zu einer Sonderkirche. Das zeigen insgesamt drei Ereignisse: einmal die Bereitschaft, das Hausrecht der Kirche an Feldjäger der Armee abzutreten, ferner die Etablierung eines hauptamtlichen Militärbischofs, der sich Kontrollen durch eine synodale Basis entzieht. Drittens dessen Einführung in einem nicht-öffentlichen „Gottesdienst", die nur noch der symbolische Ausdruck dieser Tendenz zu einer Sonderkirche war. Davor warnt der Artikel nachdrücklich. Er war zur Veröffentlichung in einer führenden praktisch-theologischen Zeitschrift vorgesehen, wurde zwar von einem Fachwissenschaftler, einem Ordinarius der praktischen Theologie befürwortet, aber dennoch abgelehnt. Daher erscheint er hier erstmals.

Gerade deshalb stellt sich die Frage: Wie kann man die Militärseelsorge davor bewahren, diesen Weg zu einer Sonderkirche in der Kirche weiterzugehen? Das ist das Thema des siebten Beitrags: (10) „*Ecclesiola extra ecclesiam? Zur Zukunft der evangelischen Militärseelsorge*". Um zu verhindern, dass die evangelische Seelsorge in der Bundeswehr eine ‚ecclesiola *extra* ecclesiam' wird, werden folgende Vorschläge gemacht:

1. Der Militärbischof soll wieder ein Ehrenamt sein wie der Vorsitz des Rates der EKD. Seine Konkurrenz mit einem Militärgeneraldekan ist oft dysfunktional, seine Unabhängigkeit von einer gewählten Synode problematisch. Zwar gibt es einen *Beirat*, der ihn berät, aber dieser wird nicht gewählt, sondern vom Militärbischof selbst und vom Rat der EKD berufen. Der Militärbischof muss sich nur durch die Einbringung eines Berichts gegenüber der EKD-Synode einmal im Jahr verantworten.
2. Die Finanzierung muss neu organisiert werden. Alle Kirchen müssen sparen. Das sollte auch für die Militärseelsorge gelten. 2014 umfassten deren Ausgaben 21.425.750 €, für die Friedensarbeit investierte die Kirche 1.145.615 €. Das ist unverhältnismäßig.
3. Das prophetische ‚Wächteramt' kann die Kirche nur ausüben, wenn sie unabhängig vom Militär ist. Die Amtsenthebung eines kritisch sich äußernden Militärpfarrers ist ein Alarmzeichen. Ein Militärbischof, der mit dem Verlust seiner Position keine Stelle mehr hätte, hat zweifellos weniger Freiheit als ein Bischof, der nur ein Ehrenamt aufgeben müsste, aber weiterhin Bischof seiner Landeskirche wäre.
4. Es müssen Wege synodaler Verantwortung geschaffen werden. Ein Anfang dazu wäre, wenn Militärgeistliche *gewählt* und nicht *berufen* würden. Gemeindeleitungsgremien sollten zu 50% aus konfessionsgebundenen evangelischen Soldaten und zu 50% aus zivilen Mitgliedern der Ortskirchengemeinde bestehen. Der EKD-Beirat der Militärseelsorge sollte nicht aus berufenen, sondern aus gewählten Mitgliedern bestehen.
5. Die Amtszeit *aller* Geistlichen in der Soldatenseelsorge sollte befristet sein. Damit würde erreicht, dass gerade die Inhaber von Leitungspositionen ihr berufliches Handeln an kirchlichen Grundsätzen orientieren und sich nicht als Funktionäre der staatlichen Bürokratie begreifen.
6. Die Leitung des „Evangelischen Kirchenamtes für die Bundeswehr" im Verteidigungsministerium sollte einem Juristen anvertraut werden, um den staatlichen Charakter des „Kirchenamtes" als *Verwaltungsbehörde* klarer herauszustellen. Seine Leitungsfunktion wäre auf das *Administrative* beschränkt, während die *theologische* Linie allein durch den von der EKD besoldeten Militärbischof bestimmt würde.

Die Militärseelsorge ist in der Theorie zweifellos keine ‚*ecclesiola in ecclesia*', also keine kleine ‚Kirche' in der EKD mit unprotestantischen Regeln. Aber durch ihre institutionelle Einbindung in die Bundeswehr steht sie in der Gefahr, eine ‚*ecclesiola extra ecclesiam*' zu werden, eine ‚Minikirche' außerhalb der Kirche. Das aber darf und soll sie nicht werden.

Einen weiteren Beitrag kann man als Illustrationen zu dieser umfassenden Stellungnahme lesen. Es ist die Rezension eines Buches[16]: (11) „*Ein ‚Hochwertziel' für Anschläge: Als Militärbischof hauptamtlich auf Reisen*." In ihm fasst der

———

[16] Sigurd Rink, Können Kriege gerecht sein? Glaube, Zweifel, Gewissen. Wie ich als Militärbischof nach Antworten suche, Berlin 2019. Vgl. die Rezension von Sylvie Thonak, Gerechte Kriege? Militärbischof hinterfragt Position, zeitzeichen 10 (2019) 63–65.

Autor Sigurd Rink, der erste hauptamtliche Militärbischof (2014–2020), Eindrücke und Reflexionen aufgrund vieler Truppenbesuche im In- und Ausland zusammen. Rink schildert seine persönliche Entwicklung von einem Fundamentalpazifismus“ zu einem „relativierten Pazifismus“. Er argumentiert im Rahmen des Leitbildes vom Gerechten Frieden der EKD-Friedensdenkschrift von 2007, in der die Lehre vom Gerechten Krieg durch die vom Gerechten Frieden ersetzt wurde und im Extremfall auch der Einsatz „rechtserhaltender Gewalt“ bejaht wurde. Auch die als Ultima Ratio eingesetzte rechtserhaltende militärische Gewalt neigt dazu, Kriterien für ihren Einsatz abzuschleifen. Auch hier gilt: „Wer militärische Gewalt einsetzt, begeht einen eklatanten Zivilisationsbruch, macht sich schuldig“.[17] Die Rezension stellt die Frage: Wirbt hier ein Militärbischof nach zwei Seiten hin um Zustimmung? Gegenüber Soldaten vertritt er seinen „relativierten Pazifismus“, der im Extremfall militärische Gewalt bejaht, gegenüber dem protestantischen Pazifismus wirbt er mit seiner Herkunft aus pazifistischen Kreisen und seinem Verständnis für deren Positionen. Zweifellos brauchen wir dialogbereite Menschen, die sich in beiden ‚Welten‘ bewegen.

Der abschließende Beitrag von Gerd Theißen: (12) „*Christliche Friedensethik – Biblisches Ethos oder modernes Konstrukt?*“, verbindet die Reflexion der biblischen Grundlagen mit den Stellungnahmen zur Gegenwart. Er behandelt die zweite Säule der gegenwärtigen Friedensethik neben der Militärseelsorge. Hier wird nach den biblischen Ursprüngen der „komplementären Friedensethik“ des Protestantismus gefragt, nach der man dem Frieden mit und ohne Waffen dienen kann. Der Aufsatz vertritt die These, dass wir im Alten und im Neuen Testament sehr unterschiedliche Friedenskonzeptionen finden, die erst durch ihre *Kombination in der Neuzeit* eine *komplementäre* Ethik möglich machten. Im Alten Testament finden wir eine Friedensutopie mit politischen Dimensionen, aus der aber keine Friedensethik für menschliches Handeln abgeleitet wird. Nicht der Mensch, sondern Gott allein oder ein von ihm gesandter Heilskönig verwirklicht den Frieden. Aber die Utopie eines völkerumgreifenden Friedens wird hier formuliert. Im Neuen Testament finden wir dagegen sehr konkrete Anweisungen für ein friedfertiges Verhalten von Menschen, etwa in der Bergpredigt, aber sie werden nicht mit einer politischen Friedensvision verbunden, sondern mit einer kosmischen Veränderung der ganzen Welt. Auswirkungen haben sie zunächst nur in kleinen Gruppen. Erst wenn man die Friedensaussagen des Alten und Neuen Testaments kombiniert, gelangt man zu einer christlichen Friedensethik als Anweisung für menschliches Handeln in einem politischen Kontext. Solch eine Friedensethik ist ein gesamtbiblisches Konstrukt, das im Leser geschaffen wird, wenn er beide Testamente zusammenliest. Wenn man heute Gewaltlosigkeit und Militärdienst als *komplementäre* Ergänzung versteht, so ist das eine *legitime Fortsetzung der biblischen Geschichte.* Die dabei vorausgesetzte Synthese von Altem und Neuen Testament setzt Erfahrungen und Ideen der Reformationszeit, der Aufklärung und der Situation nach 1945 voraus und ist daher erst aus einer modernen Perspektive plausibel. Die neue protestantische Friedensethik basiert auf Teilen der biblischen

———

[17] Rink (2019) 258.

und kirchlichen Tradition, wurde aber erst im modernen Protestantismus zu einem Ganzen zusammengefügt.

In einer (13) „*Schlussbetrachtung. Der komplementäre Weg zum Frieden*“ fassen wir einige Gedanken systematisch zusammen: biblische Grundlagen einer „komplementären Friedensethik“ und deren Anwendung auf Friedensethik und Militärseelsorge. Unsere Diagnose ist: Die protestantische Friedensethik hat zwei legitime Kinder, den Pazifismus als Lieblingskind, die Militärseelsorge als „ungeliebtes Kind“. Lange Zeit war es umgekehrt. Pazifisten waren im deutschen Protestantismus verfemte Außenseiter. Erst im Laufe der letzten 50 Jahre hat sich dies geändert. Beide Seiten kennen daher die Rolle des ungeliebten Kindes in der protestantischen Kirche. Beim Umgang mit ungeliebten Kindern zeigt sich die Reife der Eltern. Ungeliebte Kinder brauchen Respekt und Achtung. Dann sind sie zugänglicher für Selbstkorrekturen, die ihnen vielleicht guttun würden. Der neue Pazifismus hat es heute in der Kirche leichter, anerkannt zu werden. Das ist verständlich, weil das Ziel der Friedenserhaltung und der Ächtung des Krieges Vorrang haben. Aber alle sollten anerkennen: Auch Soldaten haben das Ziel der Friedenserhaltung und Friedenssicherung. Das friedensethische Komplementaritätsprinzip besagt: Wir sind zumindest zurzeit noch auf beide angewiesen, auf Soldaten und Pazifisten. Soldaten sind aktuell und wohl auch in der Zukunft für friedenssichernde Einsätze notwendig, Pazifisten setzen in anderen Ländern als Friedensfachkräfte – mit *anderen Mitteln* als Soldaten, aber in ähnlicher Weise gefährdet – ihr Leben aufs Spiel. Beider Einsätze haben sich in den letzten Jahren in mancher Hinsicht angenähert. Unsere Welt braucht beide und eine faire Anerkennung des Einsatzes aller für den Frieden.

1

Soldaten im lukanischen Doppelwerk: Vom Frieden auf Erden und im Himmel zum Frieden in der Gemeinde[18]

Sylvie Thonak

Kaum ein Berufsstand in unserer bundesrepublikanischen Gesellschaft war seit dem Ende des Kalten Krieges so starken Wandlungsprozessen ausgesetzt wie die Soldaten der Bundeswehr. Das gilt sowohl im Blick auf das Anforderungsprofil als auch für die gesellschaftliche Bewertung des professionellen Agierens. Besonders trifft das wohl auf diejenigen zu, die sich als Christen verstehen. Kirchentage waren in den 1980er Jahren für teilnehmende Soldaten (und Mitarbeiter/innen der Militärseelsorge) konfliktreiche Angelegenheiten, und in Zeiten des NATO-Doppelbeschlusses musste zeitweise das Gebäude des evangelischen Kirchenamtes für die Bundeswehr rund um die Uhr bewacht werden, um eventuellen Anschlägen durch den radikalen Flügel der Friedensbewegung begegnen zu können.[19] Einige evangelische Geistliche verweigerten während des Kalten Krieges nicht nur Soldaten in Uniform die kirchliche Trauung, sondern auch Kindern evangelischer Soldaten die Kindertaufe, woraufhin viele Offiziere ihren Austritt aus der Evangelischen Kirche erklärten. Tucholskys 1931 in der Weltbühne[20] geschriebener Satz „*Soldaten sind Mörder*" wurde nicht nur im Kosovokrieg wieder aktiviert. So ließ noch im Jahr 1995 die Patmos-Gemeinde in Berlin-Steglitz in der U-Bahn Plakate aushängen mit der Aufschrift:

> Das lernt man bei der Bundeswehr: drohen, töten, vernichten. Man lernt nicht: Konflikte rechtzeitig erkennen, vermitteln, lösen. Deshalb kann die Bundeswehr keinen Frieden erhalten oder herstellen – auch nicht im Namen der UNO![21]

———

[18] Zu dieser exegetischen Untersuchung hat mich Gerd Theißen ermutigt und motiviert. Ich danke ihm sehr herzlich für anregende Gespräche und konstruktive Impulse, mit denen er den Entstehungsprozess begleitet hat.

[19] Vgl. Helmut Aßmann, Kirche in alten, Bundeswehr in neuen Strukturen?, in: Zwischenbilanz, hrsg. v. Evangelischen Kirchenamt für die Bundeswehr, verantwortlich P.H. Blaschke, Leipzig 2003, 101–110; hier: S. 109f.

[20] Vgl. Hartmut Löwe, „Soldaten sind Mörder". Von der Freiheit der Kritik, der Ehre des Soldaten und dem inneren Frieden des Gemeinwesens, in: De officio. Zu den ethischen Herausforderungen des Offiziersberufs, hrsg. im Auftrag des Evangelischen Militärbischofs vom Evangelischen Kirchenamt für die Bundeswehr. Verantwortlich: P.H. Blaschke, Leipzig 2000, 104–107; hier: S. 104.

[21] Zitiert nach Löwe (2000) 105.

Der neuen Weltunordnung entspricht nach Reuter[22] die neue Unübersichtlichkeit auf dem Gebiet der friedensethischen Orientierungen. Es gab überraschende Kurswechsel. Die bosnische Tragödie veranlasste ehedem friedensbewegte Frauen zu flammenden Plädoyers für Militäreinsätze und ehemalige Generäle sprachen wie Pazifisten.[23] Aufgrund blutigster postkolonialer „Stammeskriege" in afrikanischen Elendsregionen befürworteten theoretisch und praktisch engagierte Entwicklungspolitiker bewaffnete militärische Interventionen, und als Element einer weltinnenpolitischen Kultur der Konfliktbearbeitung erarbeiten Friedensforscher in Zeiten zunehmender Friedlosigkeit Interventionskasuistiken.[24] Durch die Folterskandale in amerikanischen Militärgefängnissen im Irak und in Afghanistan geriet der Ruf und Beruf des Soldaten weltweit in eine neue Krise. Diese Krise bekam innerhalb Deutschlands durch die skandalöse Behandlung Wehrpflichtiger während ihrer militärischen Grundausbildung, z.B. in Coesfeld[25] neue Nahrung, was den gesellschaftlichen Wandel der Wertschätzung des Soldatenberufes erneut stark beschädigte. Jedoch führten innerhalb Deutschlands die Massaker in Srebrenica, Ruanda und dem Kosovo sowie die Anschläge vom 11. September 2001 in New York, vom 11. März 2004 in Madrid und vom Sommer 2005 in London zumindest teilweise zu Umdenkprozessen. Man kann sagen: Nach der Katastrophe des Nationalsozialismus war das Bild des Soldatenberufs in Deutschland fast immer umstritten.

1. Streit um Soldaten in der Kirche

Unsere Frage ist: Ist die schwankende Bewertung des Soldatenberufs in der allgemeinen Öffentlichkeit und in der Kirche nur ein Problem unserer Zeit – insbesondere in der Bundesrepublik Deutschland – oder haben die Paradigmenwechsel bei der Bewertung des Soldatenberufs *klassische* Vorbilder? Wurde nicht schon immer im Christentum darum gerungen, wie der Soldat zu bewerten ist?

1.1 Kann ein Soldat Christ sein oder ein Christ Soldat werden? Alte bzw. neue Streitfragen

Exemplarisch möchte ich Luthers Schrift *Ob Kriegsleute auch in seligem Stande sein können*[26] nennen. Der unerbittlich geführte Bauernkrieg machte zu seiner

———

[22] Vgl. Hans-Richard Reuter, Gerechter Frieden durch militärische Intervention? Zur Ethik der Rechtsbefolgung im internationalen Kontext, in: Ders., Rechtsethik in theologischer Perspektive: Studien zur Grundlegung und Konkretion, Gütersloh 1996, 239–266; hier: S. 239.

[23] Vgl. Reuter (1996) 239, und: „Sie kneifen, Herr General". Streitgespräch zwischen Manfred Opel und Conny Jürgens, Der Spiegel 5 (1993) 76–83.

[24] Vgl. Franz Nuscheler, Plädoyer für einen humanitären Interventionismus, Entwicklung und Zusammenarbeit 33, 1992, 4f, Dieter Senghaas, Wohin driftet die Welt?, Frankfurt a.M. 1994, 185ff; ders.: Überlegungen zu einer Kasuistik internationaler Interventionen, in: W. Kühne (Hrsg.), Blauhelme in einer turbulenten Welt, Baden-Baden 1993, 435–443 und Reuter (1996) 239.

[25] Siehe z.B. https://www.sueddeutsche.de/panorama/bundeswehrskandal-in-coesfeld-denn-zum-gehorchen-sind-sie-da-1.277554 (am 18.07.2020).

[26] Vgl. Marin Luther, in: LStA 3, hrsg. v. H.-U. Delius, Berlin 1983, 360–401, S. 357.

Zeit eine breite Öffentlichkeit nachdenklich, wohl auch im Blick auf einen befürchteten Bürgerkrieg konfessionellen Charakters zur Vollstreckung des Wormser Ediktes.[27] Nachdem der neue Kurfürst Johann von Sachsen nach der Niederzwingung des Bauernaufstandes in Thüringen 1525 in Wittenberg einzog, um sich huldigen zu lassen, wandte sich stellvertretend für viele Assa von Kram, Offizier der kursächsischen Armee[28] und als solcher Prototyp des damaligen Berufssoldaten, persönlich mit der seelsorgerlichen Gewissensfrage an Luther, ob Kriegsleute auch in seligem, das ewige Heil erwerbenden Stande sein können. Luther behandelt diese Gewissensfrage, indem er den Soldatenberuf als einen Stand oder ein Amt der Gruppe der von Gott gestifteten Stände einordnet wie z.B. den Stand des Richters[29] oder den Ehestand. „Für Luther ist Soldat ein Beruf!"[30] Das Wort ‚Beruf' ist ja bekanntlich von Luther geprägt worden. Der Beruf des Soldaten diene – richtig verstanden – dem weltlichen Regiment zur Aufrechterhaltung von äußerem Frieden und Gerechtigkeit. Der Christ dürfe nach Luther keinesfalls zum Räuber werden, wohl aber Soldat sein, weil er damit dem Gemeinwohl diene.[31]

In dieser Schrift traktiert Luther auch berufsspezifische Gewissensfragen der Soldaten wie z.B. die Frage nach der Rechtmäßigkeit des Soldes[32] oder auch die Frage nach dem Recht auf Gehorsamsverweigerung in einem ungerechtfertigten Krieg.[33] Luthers Lösung basiert auf seiner Unterscheidung zwischen Amt und Person. Als Privatperson solle der Christ lieber Unrecht leiden, als Unrecht tun. Sofern er aber ein Amt als Richter oder Soldat ausübe, sei er berechtigt, Gewalt auszuüben, um die öffentliche Ordnung aufrechtzuerhalten.

Ganz anders als bei Luther war die Einschätzung in der Zeit *vor* der Konstantinischen Wende. Vor der Zeit der römischen Reichskirche galt kurz zusammengefasst folgende dialektische Maxime: Ein Soldat kann zwar Christ werden, aber ein Christ kann nicht Soldat werden.[34]

---

[27] Vgl. Sieghard Mühlmann, LStA 3, 357.
[28] Nach Beendigung der Kampfhandlungen versuchte Assa von Kram fürsprechend für die Unterlegenen einzutreten und den Zorn der Fürsten zu mildern. Vgl. Mühlmann, LStA 3, 357f.
[29] Vgl. Martin Luther, in LStA 3, 361,32ff.
[30] Volker Stümke, Der Soldat. Freier Herr und dienstbarer Knecht. In: Reformation und Militär. Wege und Irrwege in fünf Jahrhunderten. Im Auftrag des Zentrums für Militärgeschichte und Sozialwissenschaften der Bundeswehr hrsg. v. Angelika Dörfler-Dierken, Göttingen 2019, 19–26; S. 20.
[31] Siehe Stümke (2019) 21.
[32] Vgl. Martin Luther, in: LStA 3, 392,27ff.
[33] Vgl. Marin Luther, in: LStA 3, 395,34ff. Siehe dazu: Klaus Beckmann, Ist Gehorsam eine Tugend? Ethische Anstöße, ausgehend von Martin Luther und der Theologie der Bekennenden Kirche, in: Angelika Dörfler-Dierken (Hrsg.), Reformation und Militär. Wege und Irrwege in fünf Jahrhunderten, Göttingen 2019, 37–45.
[34] Vgl. Roland H. Bainton, Die frühe Kirche und der Krieg, in: Richard Klein (Hrsg.), Das frühe Christentum im Römischen Staat, Darmstadt 1971, 187–216. Louis J. Swift, War and the Christian Conscience, I The Early Years, ANRW II, 23/1 (1979) 835–868 (ANRW = Aufstieg und Niedergang der Römischen Welt); Manfred Clauss, Art. Heerwesen, RAC 13 (1986) 1073–1113; J. Alberto Soggin, Art. Krieg II. Altes Testament, TRE 20 (1990) 19–15; Harald Hegermann, Art. Krieg III, TRE 20 (1990) 15–28; Heinz-Horst Schrey, Art. Krieg IV, TRE 20 (1990) 28–55.

Die Frage nach einer Bewertung des Soldatenstandes und einer Verträglichkeit bzw. Unverträglichkeit dieses Berufes mit dem Christsein wurde und wird in christlicher Tradition vom Urchristentum bis in die Gegenwart durchaus kontrovers eingeschätzt. Bis heute erfahren Soldaten und ihre Angehörigen nicht selten gerade in (evangelischen) Kirchengemeinden Ausgrenzung aufgrund des Soldatenberufes, der teilweise (noch immer) mit einem Mörderimage verbunden wird – andererseits erleben auch um Dialog bemühte Mitglieder der Friedensbewegung oder (ehemals) Zivildienstleistende abfällige Äußerungen bei ihrer Berufung auf die Bergpredigt Jesu bis hin zum Vorwurf des ‚Drückebergers' aus dem Mund von Militärgeistlichen und Soldaten.

Vom Weltfrieden als Wunsch und Ziel vieler Zivilisten und vieler Soldaten sind wir noch weit entfernt. Wie sieht es aber mit dem Frieden *innerhalb der christlichen Gemeinden* aus? Die oben angedeuteten teils unterschwellig, teils offen geführten (innerkirchlichen) Konflikte um die Bewertung des Soldatenberufs sind ein Grund dafür, in der Bibel selbst und dort exemplarisch im lukanischen Doppelwerk nachzulesen, wie eigentlich Johannes der Täufer, Jesus, Petrus und Paulus den Beruf des Soldaten gesehen haben bzw. wie sie mit Soldaten umgegangen sind. Erstaunlicherweise wurde diesen Fragen weder in exegetischer noch in (sozial-)historischer Forschung in den letzten Jahren besondere Aufmerksamkeit gewidmet.

1.2 Forschungslücken

Adolf von Harnacks Untersuchung *Militia Christi. Die christliche Religion und der Soldatenstand in den ersten drei Jahrhunderten*[35] stammt bereits aus dem Jahr 1905. Von exegetischer Seite gibt es zwar die sehr umfangreiche Untersuchung Uwe Wegners über Mt 7,28a; 8,5–10.13 par Lk 7,1–10 unter dem Titel *Der Hauptmann von Kafarnaum*[36] aus dem Jahr 1985, doch bei dieser Dissertation geht es nicht um eine prinzipielle Auseinandersetzung mit dem Beruf des Soldaten, sondern um einen literarkritischen Beitrag zur Erforschung der Logienquelle anhand dieser Perikope. T. Raymond Hobbs' stark an Wortfeldern ausgerichtete Untersuchung zum Thema *Soldiers in the Gospels: A Neglected Agent*[37] aus dem Jahr 2001 hat teilweise den Charakter eines Forschungsberichtes und macht auf Forschungslücken zum Thema Soldat und Militär im Neuen Testament aufmerksam. Ferner lassen sich zum Stichwort „Soldat" eher kurze Eintragungen in exegetischen Wörterbüchern oder Lexikonartikel in diversen historischen und exegetischen Nachschlagewerken finden. Bezeichnend ist, dass weder die TRE, noch die neueste Auflage der RGG oder das EKL einen Artikel zum Stichwort „Soldat"

---

[35] Adolf v. Harnack, Militia Christi. Die christliche Religion und der Soldatenstand in den ersten drei Jahrhunderten, Tübingen 1905.

[36] Uwe Wegner, Der Hauptmann von Kafarnaum (Mt 7,28a; 8,5–10.13 par Lk 7,1–10). Ein Beitrag zur Q-Forschung, WUNT II/14, Tübingen 1985.

[37] T. Raymond Hobbs, Soldiers in the Gospels. A Neglected Agent, in: John J. Pilch (Hrsg.), Social Scientific Models for Interpreting the Bible, FS Bruce J. Malina, Leiden/Boston/Köln 2001, 328–348. Literatur siehe dort S. 398–429.

aufweisen.[38] Obwohl die Literatur zum Thema „theologische Friedensethik“ Legion ist, wäre interessant zu erfragen, was die Gründe für diese auffallende exegetische Forschungslücke zum Beruf des Soldaten im Neuen Testament sind, denn Soldaten des römischen Militärs waren im Alltag des Lebens zur Zeit Jesu durchaus präsent. Ungefähr 3000 Soldaten in Polizeifunktion[39] waren in der damaligen römischen Provinz Judäa stationiert. Vergleicht man die Fülle der exegetischen und sozialgeschichtlichen Forschungen zu anderen sozialen Randgruppen aus der Zeit Jesu – wie zum Beispiel die Literatur über Arme[40], Frauen[41], Kinder[42] oder Zöllner[43] – so wiegt die Frage umso schwerer, warum die Berufsgruppe der Soldaten vernachlässigt im Schatten des exegetischen Forschungsinteresses an den Zöllnern steht. Sowohl Soldaten als auch Zöllner wurden von den Menschen der Umwelt Jesu als Vertreter und Vollstrecker der Staatsmacht erfahren. Je nach Zeitgeist, exegetischem Paradigmenwechsel und Modetrend richten die Forscherinnen und Forscher ihre Aufmerksamkeit auf andere soziale Randgruppen: Die sozialgeschichtliche Exegese befasste sich mit Jesu Zuwendung zu den Armen, den Kranken und den Kindern. Die feministische Exegese generierte eine Flut an Literatur über die Frauen in der Bibel. Den Zöllnern – vor allem den geläuterten – galt und gilt das Interesse und Mitgefühl nicht nur der (protestantischen) Exegeten, sondern der Theologen und Religionspädagogen schon seit längerer Zeit. Einzig gegenüber den Soldaten hielt die theologische Forschung recht deutlich Distanz. Der Frage, ob diese Forschungslücke eher zufällig ist oder ob sie Ausdruck der (unbewussten) Befürchtung sein könnte, dass ein/e Forscher/in immer auch ein Stück weit mit seinem/ihrem Forschungsgegenstand identifiziert wird, kann im Rahmen dieser Analyse nicht weiter nachgegangen werden.

Wie Johannes der Täufer, Jesus, Petrus und Paulus Soldaten begegneten bzw. wie diese mit ihnen umgegangen sind, soll Gegenstand dieser kleinen Untersuchung sein. Diese Fragestellung wird im Rahmen der theologischen Gesamtkomposition des lukanischen Doppelwerkes analysiert. Das Lukasevangelium und die Apostelgeschichte wurden als Untersuchungsgegenstand gewählt, weil Lukas bei seiner Beschreibung der Soldaten weder idealisiert noch polemisiert, sondern dif-

---

[38] Selbst im Register der der TRE und der RGG findet sich kein Stichwort „Soldat“. Das Register des EKL verweist S. 1163 mit Stichwort: „Soldatenreligionen“ auf die Mithrasreligion.

[39] Die militärischen Verwendungen und die Polizeifunktionen waren damals nicht getrennt.

[40] Vgl. die bei Jürgen Ebach, Art. Armut, II. Altes Testament, RGG^4 1 (1998) 779–780, bzw. bei Wolfgang Stegemann, Art. Armut, III. Neues Testament, RGG^4 1 (1998) 780, angegebene Literatur.

[41] Vgl. die bei Phyllis Bird, Art. Frau, II. Altes Testament, RGG^4 3 (2000) 259–260, bzw. bei Oda Wischmeyer, Art. Frau, III. Urchristentum, RGG^4 3 (2000) 260–261, angegebene Literatur.

[42] Vgl. bei Peter Müller, Art. Kind/Kindheit, II. Biblisch, RGG^4 4 (2001) 968, angegebene Literatur.

[43] Vgl. die bei Friedrich W. Horn, Art. Zöllner im Neuen Testament, RGG^4 8 (2005) 1899, angegebene Literatur.

ferenziert. Tatsächlich finden sich im lukanischen Doppelwerk die meisten einschlägigen Texte und damit die ausführlichste, aber auch die differenzierteste Darstellung der Soldaten innerhalb des ganzen Neuen Testaments.

2. Friede auf Erden

2.1 Auf Erden ist Friede bei den Menschen – das Programm des Lukasevangeliums

Der theologisch programmatische Ausgangspunkt bei Lukas findet sich im lukanischen Sondergut in der Weihnachtsgeschichte: Den Hirten, die paradigmatisch für die Außenseiter der Gesellschaft stehen, wird die Friedensbotschaft zuerst verkündet: *Verherrlicht ist Gott in der Höhe, und auf Erden ist Friede bei den Menschen seiner Gnade* (Lk 2,14). Die Geburt Jesu wird bei Lukas von Anfang an mit einer Friedenshoffnung verknüpft. Dabei lässt Lukas Erwartungen eines „Goldenen Zeitalters" als positiven Gegenentwurf zu zeitgenössischen Vorstellungen einer mit dem römischen Kaiserreich verwirklichten Goldenen Zeit wachwerden. Die christlichen Gemeinden bilden einen Gegenentwurf im Kleinen.[44] Eine entsprechende Friedensbotschaft fehlt in der Geburtslegende bei Matthäus (Mt 2,1–12). Dort schimmert vielmehr von Beginn an die Gefährdung des Lebens Jesu durch, da Herodes ihm nach dem Leben trachtete (Mt 2,3.13). Dabei wird an einigen Stellen deutlich, dass Herodes als Klientelfürst der Römer stellvertretend für das Römische Reich handelt. Was im Lukasevangelium eine Konkurrenz in positiven Erwartungen ist, wird hier zu einem verborgenen Antagonismus – verborgen dadurch, dass die Römer nicht direkt, sondern durch einen Klientelfürsten agieren.[45]

2.2 Die Standespredigt Johannes des Täufers: eine ethische Weisung zur Sicherung des sozialen Friedens auf Erden

Wurde im zweiten Kapitel des Lukasevangeliums die Geburt Jesu mit der Botschaft und dem Auftrag zum Frieden auf Erden bei den Menschen verbunden, so folgen schon im dritten Kapitel noch vor Jesu Taufe ethische Weisungen Johannes des Täufers (Lk 3,10–14) an eine versammelte Menschenmenge, an Zöllner und an Soldaten, die ihm zuhörten. Bei Lukas hat der Täufer im Anschluss an seine Bußpredigt (Lk 3,3–9) ethische Traditionen überliefert, die ohne Parallelen bei den Seitenreferenten sind. Da die gemeinhin als Standespredigt des Täufers bezeichnete ethische Ermahnung (wie auch die Legende von der Geburt Jesu) zum Sondergut des Lukas gehört, bringt sie in besonderer Weise die spezifische

---

[44] Stefan Schreiber, Weihnachtspolitik. Lukas 1–2 und das Goldene Zeitalter, NTOA 82, Göttingen 2009, bes. 91–96: „Politische Opposition bei Lukas".
[45] Tsui Yuk Liu, Herodes als Symbol von Fremdherrschaft im Matthäusevangelium, Diss. theol. Heidelberg 2009.

Aussageabsicht des Lukas zum Ausdruck.[46] Auf die Aufforderung zum Fruchtbringen (Lk 3,8) aus der Bußpredigt folgen ethische Verhaltensratschläge zur Sicherung des friedlichen Zusammenlebens für verschiedene Menschen und Berufsgruppen. Bemerkenswert ist die lukanische *Adressatentrias* der ethischen Weisungen: die *Volksmenge, Zöllner* und *Soldaten.* Diese lukanische Trias steht dem – vom Protestantismus so gerne zitierten – Dual *Zöllner* und *Sünder* gegenüber. Wird gegen Jesus an anderen Stellen der Vorwurf erhoben, mit Zöllnern und Sündern Umgang zu haben[47], so ist die Zusammenstellung der Adressaten *Volksmenge, Zöllner* und *Soldaten* bei Lukas nicht bedeutungslos, sondern sie zeugt von sozialer Differenzierungsfähigkeit und dem *ethischen* Anliegen des Lukas, denn nur bei Lukas mündet die Bußpredigt in ethischen Weisungen. Nach E. Schweizer finden sich die „Früchte" aus der Bußpredigt „bei den Zöllnern und Soldaten, die die Frommen abgeschrieben hatten",[48] dass der Täufer sich der Nöte[49] der Soldaten und Zöllner nicht verschließt, unterstreicht diese kritische Tendenz gegenüber der „wohlanständigen" Mehrheit. Die Volksmenge als erster Adressat erhält die ethische Mahnung, Kleidung und Lebensmittel mit bedürftigen, armen Menschen zu teilen, um sozialen Frieden durch Befriedigung elementarster Bedürfnisse zu ermöglichen. Die nun folgenden ethischen Normen des Täufers gelten den zwei Repräsentanten der Staatsmacht, durch die das jüdische Volk im Alltag Vollzüge staatlichen Handelns erfuhr: Den *Zöllnern* und *Soldaten.* Durch die Zöllner,[50] die als Kleinpächter im Auftrag der Römer als Geldeintreiber handelten, erlebte die jüdische Bevölkerung indirekt den Staat als Finanzmacht. Durch die Soldaten des römischen Militärs in der Form stationierter Auxiliartruppen in Polizeifunktion war der römische Staat als kontrollierende Ordnungsmacht direkt erfahrbar. Man könnte die an Zöllner und Soldaten gerichteten Worte des Täufers als berufsethische Unterweisung betrachten, denn der Täufer behandelt Fragen des Handelns innerhalb eines Berufes und seiner Gesetzlichkeiten.[51] Den Zöllnern, welche die Wassertaufe durch Johannes begehrten, erteilt der Täufer die ethische Weisung, sich an die festgelegten Zollgebühren zu halten und keinesfalls mehr zu verlangen (Lk 3,12f). Eine Wende wird hier also vom Umdenken des Einzelnen erwartet, nicht von einer Änderung des Zollwesens.[52] Die Soldaten, die wie die Zöllner den Täufer nach Verhaltensregeln fragen (Lk 3,12.14a), empfangen die umfangreichste ethische Belehrung dieser Standespredigt: *Misshandelt niemanden, erpresst niemanden, begnügt euch mit eurem*

---

[46] Sie könnte eine lukanische Schöpfung sein. So Michael Wolter, Das Lukasevangelium, HNT 5, Tübingen 2008, 154 und 161. Das wäre ein Zeichen dafür, dass der Lukasevangelist dem Thema Zöllner und Soldaten ein besonderes Interesse entgegenbringt.

[47] Mk 2,16 par; Lk 7,34 parallel Mt 11,19; in der Ausschlussregel innerhalb der Gemeinderegel wird der Dual *Zöllner* und *Sünder* variiert zu *Heide* und *Zöllner* – vgl. Mt 18,17.

[48] Eduard Schweizer, Das Evangelium nach Lukas, NTD 3, Berlin 1983, 50.

[49] Vgl. Schweizer (1983) 50.

[50] Steuer und Zoll wurden in herodäischer Zeit, solange die Tetrarchien nicht unter römischer Prokuratur standen, von jüdischen Kleinpächtern für die herodäischen Könige eingezogen. Eine Begegnungen Jesu mit Zöllnern ereignen sich an Grenzorten herodäischer Tetrarchien (Mk 2,15: Kapernaum; Lk 19,1f: Jericho) – vgl. Horn (2005) 1899.

[51] Vgl. Schweizer (1983) 50.

[52] Vgl. Schweizer (1983) 50.

Sold! (Lk 3,14b). Weder der Beruf des Zöllners noch der Beruf des Soldaten an sich werden verboten. Der Täufer stellt die Soldaten nicht vor die Frage, ob das ihnen Befohlene gerecht sei.[53] Jedoch werden Auswüchse und Missbräuche des beruflichen Handelns eingedämmt. Die Zöllner sollen keine Wucherzölle verlangen, und den Soldaten wird in einer Antiklimax jeglicher Machtmissbrauch untersagt. Alltäglich geschehende Misshandlungen und Erpressungen werden durch das strikte Verbot indirekt thematisiert. Ein angemessener Sold als Entlohnung für geleistete Arbeit wird nicht infrage gestellt, denn er kann z.B. einen Machtmissbrauch in Form einer Erpressung verhindern. Lukas gestaltet den Umgang des Täufers mit den Soldaten ganz unbefangen. Er beugt dem in der Erfahrungswelt vorkommenden Missbrauch dieser Berufe vor, um den sozialen Frieden zu sichern. Über den Dienstgrad der Soldaten bzw. ihre ethnisch-religiöse Herkunft erfährt man im Text nichts. Schweizer stellt diese Fragen ohne Antwort in den Raum: „Denkt Lukas an nichtjüdische Soldaten, an jüdische Söldner des Herodes oder vor allem an Probleme in seiner Gemeinde?“[54] Diese Unterschiede sind hier unerheblich. Entscheidend ist, wie Soldaten, gleichgültig in wessen Auftrag sie handeln, im Umgang mit Zivilisten ihre Macht handhaben.[55]

2.3 Jesus und der Hauptmann von Kapernaum: Friede zwischen verschiedenen ethnischen Gruppen und Hierarchien

Im Anschluss an die Feldrede (Lk 6,20–49), die das ethische Herzstück des Lukasevangeliums bzw. die lukanische Parallele zur Bergpredigt darstellt, folgt eine Heilungserzählung. Die Feldrede endet mit dem Gleichnis vom Haus auf dem Felsen und dem Haus auf dem Sand. Das Gleichnis expliziert Konsequenzen aus dem, was Jesus gelehrt hat, im Handeln der Hörer. Lukas schließt unmittelbar daran eine Heilung an.[56] Es ist jedoch keine alltägliche Wundererzählung, sondern eine Therapiegeschichte besonderer Art: Durch eine *Fernheilung* wird der Diener eines heidnischen Hauptmannes aus Kapernaum gesund (Lk 7,1–10). Was soll im Anschluss an die konzentrierte Darstellung der Ethik Jesu mit dieser Erzählung verdeutlicht werden? Wo ist das Bindeglied zwischen der Ethik Jesu im Sinne der Feldrede und dem Verhalten des heidnischen Hauptmannes aus Kapernaum? Lukas beschreibt das Verhalten des heidnischen Offiziers recht ausführlich: Dem Hauptmann ist hierarchisches Denken weniger wichtig als das Leben seines todkranken Sklaven, den er sehr schätzt (Lk 7,2). Um seinen Sklaven zu retten, bemüht der heidnische Hauptmann jüdische Älteste, im Vertrauen darauf, dass es diesen Vermittlern gelingt, Jesus, den jüdischen Rabbi, dafür zu gewinnen, dem vom Tod bedrohten Sklaven zu helfen (Lk 7,3). Warum sollen jüdische Älteste ausgerechnet einem heidnischen Soldaten helfen, seinen erkrankten Diener zu retten? Welche Stellung hatte der heidnische Hauptmann? Blickt

—————

[53] Vgl. Schweizer (1983) 51.
[54] Schweizer (1983) 51.
[55] So Wolter (2008) 162f.
[56] Etwas anders bei Mt: Dort folgt die Heilung eines Aussätzigen (Mt 8,1–4) auf die Bergpredigt. Erst dann schließt Matthäus die Perikope vom Hauptmann von Kapernaum (Mt 8,5–13) an.

man auf die Gemengelage der an dieser Rettungsaktion beteiligten Ethnien und Volksgruppen, so scheint der heidnische Soldat offensichtlich bei den jüdischen Ältesten in hohem Ansehen gestanden zu haben.

Schauen wir zuerst auf die beteiligten Ethnien und religiösen Volksgruppen, zunächst auf den Hauptmann: Im Römischen Reich war es üblich, dass die militärische Führungsebene durch römische Bürger, also Inhaber römischer Bürgerrechte, besetzt waren. Anders war es bei den niederen militärischen Rängen. In den Provinzen wurden in den Auxiliartruppen die Soldaten niederer Ränge durch Söldner aus der ortsansässigen Bevölkerung rekrutiert. Wegen des jüdischen Monotheismus leisteten Juden keinen Dienst beim römischen Militär. Die Auxiliarsoldaten beim römischen Militär in der Provinz Judäa dürften aus der heidnischen Bevölkerung stammen. Auch der kranke Sklave des Hauptmanns stammte wahrscheinlich irgendwo aus der Provinz Judäa.[57] Viele Auxiliarsoldaten sahen im Militärdienst eine Integrationschance in das Römische Reich, hofften sie doch, nach 25 Jahren Dienst beim römischen Militär die römischen Bürgerrechte zu erhalten,[58] was immer wieder vorkam. Das Verhältnis zwischen den jüdischen und den heidnischen Bevölkerungsgruppen in Judäa, aus denen das römische Militär seine Hilfstruppen rekrutierte, war alles andere als spannungsfrei. Die jüdischen Ältesten, die der Hauptmann als Vermittler Jesus gegenüber gewinnen konnte, nennen als Motiv ihrer Hilfsbereitschaft das hohe Ansehen und das engagierte Verhalten des Hauptmanns: *Er verdient es, dass du seine Bitte erfüllst; denn er liebt unser Volk und hat uns die Synagoge gebaut* (Lk 7,4c.5). Die jüdischen Führer sprechen von der Liebe des Hauptmanns zum jüdischen Volk und vom Bau ihres Gotteshauses durch einen Soldaten. Dem heidnischen Hauptmann werden damit (modern gesprochen) nicht nur sozial integrative und interreligiös kommunikative Kompetenzen zugesprochen. Er wird als ein „Gottesfürchtiger" dargestellt, der zwar nicht zum Judentum übergetreten ist, wohl aber mit dem jüdischen Glauben sympathisiert und an Synagogengottesdiensten teilnehmen konnte.[59] Lukas erzählt weiter, dass Jesus die jüdischen Vermittler in Richtung des Hauses des Hauptmannes begleitet und noch unterwegs von Freunden des Soldaten abgefangen wird (Lk 7,6), weil der Hauptmann sich selbst nicht für wert hält, dass Jesus sein Haus betritt. Stattdessen vertraut der Hauptmann darauf, dass ein Wort Jesu aus der Ferne genüge, um seinen Diener gesund werden zu lassen (Lk 7,7). In seiner Vorstellung entfaltet sich die Vollmacht Jesu parallel zu seiner militärischen Befehlsgewalt (Lk 7,8). Erstaunt lässt sich Jesus auf die von den Freunden des Hauptmanns übermittelte Bitte auf eine Fernheilung ein. Er lobt den Glauben des heidnischen Hauptmanns vor den Leuten als beispielhaft in Israel (Lk 7,9f). Auffällig ist, dass Lukas die Heilung noch mehr als Matthäus als

---

[57] In Lk 7,8 wird auch der Sklave als untergebener Befehlsempfänger des Hauptmanns beschrieben. Ein Sklave konnte kein Soldat sein. Er war ein persönlicher Besitz des Hauptmanns.

[58] Aus Apg 22,28 wird deutlich, dass man das römische Bürgerrecht sowohl durch Geburt *erben* oder *erwerben* kann.

[59] Wolter (2008) 267–273, S. 269: Im Unterschied zur Darstellung im MtEv wird der Hauptmann im LkEv zu einem Gottesfürchtigen.

Fernheilung stilisiert. Bei Matthäus hat der Hauptmann noch unmittelbaren Gesprächskontakt mit Jesus,[60] bei Lukas nur über jüdische Vermittler. Vermutlich wurde diese Heilung aus der Distanz bei Lukas bewusst im Vorblick auf das in der Apostelgeschichte von einem anderen Offizier berichtete Wunder so stilisiert: Erst der römische Hauptmann Cornelius überwindet endgültig die Distanz zwischen Juden und Heiden durch göttliche Eingebung (Apg 10,3ff) und wird als erster bekehrter Heide ein Christ.[61] Es ist plausibel, dass diese beiden etwas überhöht gezeichneten Wundererzählungen im Zusammenhang mit heidnischen Hauptleuten von Lukas bewusst als Doppelwunder kombiniert und gestaltet wurden. Der römische Hauptmann von Kapernaum wird unter drei Aspekten als Vorbild dargestellt: In seinem Verhalten gegenüber Juden durch seine Liebe zum jüdischen Volk und den Bau der Synagoge, in seiner Fürsorge gegenüber seinem heidnischen Sklaven und als Vorbild im Glauben an Jesus. An Hauptmann Cornelius vollzieht sich ein noch größeres Wunder: Cornelius, ein Römer, ein unbeschnittener Heide, wird der erste Christ außerhalb des jüdischen Volkes, von dem das Neue Testament erzählt.

3. Friede im Himmel

3.1 Im Himmel Friede und Herrlichkeit in der Höhe! – Jesu Einzug in Jerusalem

Gegen Ende des Lukasevangeliums im Zusammenhang des Einzugs Jesu in Jerusalem wird der Bereich des Friedens im Gegensatz zu der Friedensbotschaft aus der Weihnachtsgeschichte von der Erde in den Himmel verlegt: *Gesegnet sei der König, der kommt im Namen des Herrn! Im Himmel Friede und Herrlichkeit in der Höhe!* rufen die Jünger beim Einzug Jesu in Jerusalem (Lk 19,38). Jesus selbst wird Friede und Herrlichkeit zugesprochen, allerdings *im Himmel* und *in der Höhe*, denn auf Erden ist noch keine Friede.[62] Jesus muss dorthin weiterziehen, wo schon Friede und Herrlichkeit herrschen; denn Jerusalem hat an dem angebotenen Frieden vorbeigelebt, Jesus spielt dabei die Rolle eines Propheten.[63] Die beiden Zeilen sind in *Umkehrung der Reihenfolge* von Lk 2,14 angeordnet: der Himmel tritt an die Stelle der Erde.[64] Jesus wird daraufhin von den Pharisäern aufgefordert, seine Jünger zum Schweigen zu bringen (Lk 19,39). In einer rätselhaften prophetischen Ankündigung deutet Jesus die Gefährdung des Friedens an:

---

[60] Vgl. Mt 8,5ff. Bei Joh ist nicht ein Diener eines Hauptmannes erkrankt, sondern der Sohn eines königlichen Beamten (vgl. Joh 4,46c–54); auch bei Joh redet der Vater direkt mit Jesus.

[61] Die Motive für diese Differenzierung zwischen dem Hauptmann von Kapernaum und Cornelius könnten sein: (1) Der Hauptmann von Kapernaum ist ein heidnischer Hauptmann im Dienst des jüdischen Fürsten Herodes Antipas. Er repräsentiert nur indirekt die römische Armee. (2) Lukas will die Ausbreitung des christlichen Glaubens über die Grenze des Judentums hinaus als Werk des Heiligen Geistes darstellen. Der wird erst Pfingsten ausgegossen.

[62] Vgl. Schweizer (1983) 194.

[63] Vgl. Schweizer (1983) 195.

[64] Vgl. Schweizer (1983) 194.

Wenn sie (gemeint sind die Jünger) *schweigen, werden die Steine schreien* (Lk 19,40c). Das *Schreien* der Steine könnte wie in Hab 2,11 als Anklage verstanden werden.[65] Zwei Ereignisse werfen in der Darstellung des Lukas ihre Schatten voraus, die den „Frieden auf Erden bei den Menschen“ aus der weihnachtlichen Freudenbotschaft auf grausame Weise erschüttern: Der Jüdische Krieg und die Kreuzigung Jesu. Daher spricht Lukas nur noch vom Frieden im Himmel.

3.2 Der Jüdische Krieg – Jesus weint über Jerusalem

Als Jesus sich der Stadt Jerusalem nähert, beginnt er nach Darstellung des Lukas über sie zu weinen (Lk 19,41). Jesu Weinen ist eine prophetische Zeichenhandlung. Sie zeigt inneres Beteiligtsein, wie es griechische Autoren, aber auch 2 Kön 8,11, Jer 9,1, Jer 14,17.[66] Als Grund für das Weinen führt Lukas Jesu Worte des Bedauerns und eine Prophezeiung des Jüdischen Krieges an:

> Wenn doch auch du an diesem Tag erkannt hättest, was dir Frieden bringt. Jetzt aber bleibt es vor deinen Augen verborgen. Es wird eine Zeit für dich kommen, in der deine Feinde rings um dich einen Wall aufwerfen, dich einschließen und von allen Seiten bedrängen. Sie werden dich und deine Kinder zerschmettern und keinen Stein auf dem anderen lassen; denn du hast die Zeit der Gnade nicht erkannt. (Lk 19,42–44)

Lukas möchte in seinem *vaticinium ex eventu* offenbar die geschichtstheologische Deutung ausdrücken, wenn Israel auf die Botschaft Jesu gehört hätte und sich entsprechend der ethischen Weisungen Jesu verhalten hätte, wäre es nicht zum Jüdischen Krieg und zur Zerstörung Jerusalems durch die Römer im Jahr 70 n. Chr. gekommen.[67] Lukas ist der Einzige, der in seinem Evangelium die Meinung anklingen lässt, dass der Jüdische Krieg hätte verhindert werden können, wenn die Verkündigung Jesu ernstgenommen worden wäre. Er ist damit für eine christliche Friedensethik ein wichtiger Zeuge: Die Botschaft Jesu kann nach ihm kriegsvermeidende Folgen haben. Oder anders gesagt: Seine Botschaft kann präventiv einen Kriegskonflikt vermeiden.

3.3 Soldaten vollziehen die Kreuzigung als römische Rebellenstrafe

In der Passionsgeschichte nach Lukas wird die Schärfe der Verachtung und Verspottung Jesu durch Soldaten des Herodes (vgl. Lk 23,11) nicht beschönigt. Ebenso wird die Brutalität der Verspottung, der Folter und der Kreuzigung Jesu durch römische Soldaten offen ausgesprochen (vgl. Lk 23,36f).[68] Diese Soldaten gehören zu den Kohorten der Auxiliartruppen, die aus Einheimischen rekrutiert

—————

[65] Vgl. Schweizer (1983) 194.
[66] Vgl. Schweizer (1983) 194.
[67] Vgl. Schweizer (1983) 195.
[68] Gemäß Schweizer (1983) 228f beschreibt Lk den Vollzug durch die Römer nicht ausdrücklich, Lk schiebe die entscheidende Schuld dem Volk zu (Apg 2,23.36; 4,10; 13,28). Da die Soldaten erst in Lk 23,36 als zur bereits im Gang befindlichen Kreuzigung Hinzutretende erwähnt werden, müsste der uneingeweihte Leser (laut Schweizer) annehmen, die Juden hätten Jesus gekreuzigt (vgl. Lk 24,20).

wurden und nach Ende ihrer Dienstzeit das römische Bürgerrecht erhielten. Sie rekrutierten sich in der Provinz Judäa aus der nicht-jüdischen Bevölkerung, unter denen Judenfeindschaft stark verbreitet war.[69] Ihr Hass gegen jüdische Könige war u.a. dadurch bedingt, dass sich diese nicht-jüdische Bevölkerung in der Hasmonäerzeit von Juden beherrscht und unterdrückt empfunden hatte. Die Inschrift *König der Juden* wird nach Schweizer erst jetzt an der Stelle erwähnt, wo erzählerische Ironie den Spott über diesen Titel als Zeugnis für seine objektive Wahrheit einsetzt.[70] Die Henker bezeugen gegen ihren Willen die hohe Würde des Hingerichteten. Für den in dieser Erzählung vorausgesetzten Zusammenhang zwischen der Judenfeindschaft der Auxiliarsoldaten und der Verspottung Jesu gibt es einen Beleg: Dieselben Kohorten, die ca. 30 n. Chr. Jesus von Nazareth als König der Juden verspottet hatten, verhöhnten 15 Jahre später (44 n. Chr.) den verstorbenen König Agrippa I., indem sie die Büsten seiner Töchter in Bordelle schleppten. Dafür sollten sie zur Strafe an den Pontus versetzt werden, was aber nicht geschah. Man kann daher sagen: Jesus hat auch unter der antiken „Judenfeindschaft" gelitten. Seine Verspottung hat im Übrigen eine Analogie in der Verspottung des Karabas als jüdischen König ca. 38 n. Chr. in Alexandrien, wo dieser stellvertretend für Agrippa I. verhöhnt wurde.[71] In der Härte des Vorgehens gegen den Juden Jesus kommt auch ein ethnisch-religiöser Konflikt der heidnischen Bevölkerung Judäas mit der jüdischen Bevölkerung zum Ausdruck. Es ist möglich, dass die Soldaten nicht „nur" ihre Befehle ausführten, sondern eigenmächtig die Grausamkeit noch steigerten.

Während der Kreuzigung versucht Jesus nach lukanischer Darstellung den Frieden im Himmel wiederherzustellen, indem er Gott um Vergebung bittet und betet: *Vater, vergib ihnen, denn sie wissen nicht, was sie tun* (Lk 23,34). Textkritisch ist es umstritten, ob (auch) die Soldaten damit gemeint sind. Gemäß Schweizer sind die Soldaten mitgemeint: „[...] im Einstehen Jesu sogar für seine Quäler öffnet sich die Möglichkeit göttlicher Vergebung auch für die schwerste Schuld".[72] Als Zeichen des gestörten Friedens zwischen Himmel und Erde verdunkelte sich die Sonne zur Todeszeit Jesu, und im Land wurde es finster (Lk 23,44f). Beim ersten Frühlingsvollmond zur Zeit des Passafestes ist die Darstellung einer Sonnenfinsternis wohl eher symbolisch als Umkehrung des hellen strahlenden Glanzes in der Nacht aus der Geburtsgeschichte Jesu (Lk 2,9) zu verstehen.[73] Der Hauptmann unter dem Kreuz kommentiert die Haltung Jesu als Erster mit einem Lobpreis Gottes und einem Bekenntnis zu Jesus als einem gerechten Menschen (Lk 23,47). Statt „Sohn Gottes" wie in Mk 15,39 oder Mt 27,54 ist bei Lukas Jesus im Urteil des römischen Hauptmannes ein Gerechter, vielleicht weil

———

[69] In der Zeit Jesu rekrutierte man Juden nicht zum Militärdienst. Thoraobservanz mit Sabbatheiligung, die Ablehnung heidnischer Opfer – all das war mit dem Dienst im römischen Heer schwer vereinbar.

[70] Vgl. Schweizer (1983) 233.

[71] Bernhard Mutschler, Die Verspottung des Königs der Juden. Jesu Verspottung in Jerusalem unter dem Blickwinkel einer parodierten Königsaudienz, BTS 101, Neukirchen 2008.

[72] Schweizer (1983) 233.

[73] Vgl. Schweizer (1983) 234.

„Gottessohn" aus heidnischem Mund unerwünschte Vorstellungen weckt, vielleicht bewahrt Lukas aber auch eine alte Tradition, die Jesus als unschuldig leidenden Gerechten sieht (vgl. Apg 3,14; 7,52; 22,14).[74]

Der Folterversuch des römischen Obersten Claudius Lysias an Paulus, von dem die Apostelgeschichte erzählt (Apg 22,22–29), stellt eine gewisse Parallele zu der Geißelung Jesu dar. Durch seine Berufung auf sein römisches Bürgerrecht gewinnt Paulus bei den Soldaten Respekt, sodass sie von Paulus ablassen, ohne ihn zu foltern (Apg 22,29).

4. Frieden in der Gemeinde mit Ausstrahlung auf den Nachbereich und die Welt

4.1 Hauptmann Cornelius als erster getaufter Heide: Friede in der Gemeinde zwischen Juden und Heiden

Das *idealistische* theologische Konzept vom globalen Frieden auf Erden aus der Weihnachtsbotschaft wird nun in der Apostelgeschichte *realistisch* geerdet: Friede wird wenigstens paradigmatisch in der christlichen Gemeinde ermöglicht durch Hauptmann Cornelius, den ersten getauften Heiden (Apg 10). Der erste Unbeschnittene, der die christliche Taufe empfängt (Apg 10,47f), ist ein römischer Soldat, der in der Gemeinde bereits als frommer, gottesfürchtiger Mann (Apg 10,1f.22) bekannt war. Ähnlich wie vom Hauptmann von Kapernaum (Lk 7,4f) wird auch vom Hauptmann Cornelius erzählt, dass er beim jüdischen Volk in *gutem Ruf* steht (Apg 10,22). Cornelius erhält in einer Vision den Auftrag, Simon Petrus in sein Haus holen zu lassen (Apg 10,3–6.22). Der ethnisch-religiöse Konflikt, der sich hinter dieser Vision und der korrespondierenden Vision des Petrus (Apg 10,9–16) verbirgt, betrifft die Frage nach der Geltung der jüdischen Reinheits- und Speisevorschriften für Christen. Dies wird indirekt in den von Petrus geäußerten Worten im Haus des Cornelius deutlich: *Ihr wisst, dass es einem Juden nicht erlaubt ist, mit einem Nichtjuden zu verkehren oder sein Haus zu betreten; mir aber hat Gott gezeigt, dass man keinen Menschen unheilig oder unrein nennen darf* (Apg 10,28). Bis zu diesem Zeitpunkt kamen alle getauften Christen aus dem Judentum. Religionsgeschichtlich betrachtet überschreitet die christliche Religion, die zunächst als innerjüdische Erneuerungsbewegung begann, mit dem Soldaten Cornelius die Grenzen Israels. Der erste Vertreter des christlichen Abendlandes war ein „Gottesfürchtiger", der sich zuvor vom römischen Polytheismus abgewandt und Anhänger der jüdischen Synagoge geworden war, ohne sich beschneiden zu lassen. Er ist im lukanischen Doppelwerk zugleich der erste zum Christentum konvertierte Soldat. Die Erzählung von Cornelius wird durch den spezifisch lukanisch gestalteten Bericht von der Fernheilung des Dieners und die Charakterisierung des Hauptmannes von Kapernaum vorbereitet. Mögen Soldaten als Symbolfiguren für kriegerische Konflikte wie auch für die Verspottung und die Kreuzigung Jesu stehen, kommt dem Hauptmann Cornelius dennoch die Funktion des Friedensstiftens in der Gemeinde zu.

---

[74] Vgl. Schweizer (1983) 234.

Innerhalb der christlichen Gemeinde können Soldaten nach der Konzeption des lukanischen Doppelwerkes auch ein Paradigma für das Friedenstiften sein.

4.2 Der römische Oberst Claudius Lysias – Deeskalation in einem religiösen Konflikt

Als Paulus sich vor dem Hohen Rat erklären soll (Apg 23,1–10), bricht ein innerjüdischer Streit zwischen Pharisäern und Sadduzäern aus (Apg 23,7ff); einige der Pharisäer ergreifen für Paulus Partei, andere erheben laut ihre Stimme gegen Paulus. Lukas erzählt: *Als der Streit heftiger wurde, befürchtete der Oberst, sie könnten Paulus zerreißen. Daher ließ er die Wachtruppe herabkommen, ihn mit Gewalt aus ihrer Mitte herausholen und in die Kaserne bringen* (Apg 23,10). Nachdem Oberst Claudius Lysias von den Verschwörungsplänen (Apg 23,12–22) einiger Juden erfahren hat, die mit der Absicht verbunden ist, Paulus zu töten (Apg 23,14), befiehlt der Oberst, dass seine Soldaten Paulus zur Sicherheit dem Statthalter Felix nach Cäsarea überstellen (Apg 23,23–35).

4.3 Der römische Hauptmann Julius – Rettung des Paulus vor einem Mord durch Soldaten

Gegen Ende der Apostelgeschichte wird erzählt, wie der römische Hauptmann Julius den gefangenen Paulus vor einem Mordkomplott seiner Untergebenen bewahrt: Als Paulus zusammen mit anderen Gefangenen durch Hauptmann Julius mit dem Schiff nach Rom gebracht werden soll (Apg 27,1–44), erleiden sie Schiffbruch; vor Malta strandet das Schiff auf einer Sandbank (Apg 27,41). Einige Soldaten wollen alle Gefangenen töten, um Fluchtversuche zu verhindern (Apg 27,42). Hauptmann Julius hielt die Soldaten von dem geplanten Mord an den Gefangenen ab. Er erteilte ihnen geschickte Befehle, die eine Rettung aller ermöglichten (Apg 27,43).

5. Rückblick und Ausblick

5.1 Rückblick: Vom Friede auf Erden zum Frieden in der Gemeinde

Das theologische Gesamtkonzept des lukanischen Doppelwerkes wird im Verlauf des Evangeliums bis zum Ende der Apostelgeschichte zunehmend realistisch geerdet: Die globale Friedensidee der Weihnachtsbotschaft wird im Lukasevangelium als Friedenshoffnung in den Himmel zwar für eine Zeit lang „zurückverlagert“ (Lk 19,38), dadurch aber auch über die Zeiten hinweg bewahrt. Der himmlische Friede wird mit dem Krieg auf Erden kontrastiert, den Jesus nicht nur betrauert, sondern für vermeidbar hält (Lk 19,41–44). Auf Erden jedoch wird dieser Friede schon jetzt innerhalb der Gemeinde (Apg 10,36) und in deren unmittelbarem Nahbereich realisiert.

In der Darstellung der Soldaten pauschalisiert Lukas nicht, er differenziert vielmehr. Kein anderes Textkorpus des Neuen Testaments als das lukanische Doppelwerk enthält so viele Texte, die Soldaten auftreten lassen. Im lukanischen Doppelwerk wird programmatisch deutlich, dass sowohl Johannes der Täufer als auch Jesus ein differenziertes und teilweise auch positives Verhältnis zu Repräsentanten der Staatsmacht hatten. Diese exekutiven Repräsentanten der Staatsmacht waren im Alltag Judäas erfahrbar durch das Handeln der Zöllner und Soldaten. An der Komposition des lukanischen Doppelwerkes fällt auf: Die Sondergutperikope über den Zöllner Zachäus (Lk 19,1–10) gilt als Paradigma für die Umkehr eines Vertreters des Staates als Finanzmacht. Die Sondergutperikope über den römischen Hauptmann Cornelius steht für den ersten Heiden, der Christ wird. Zöllner und Soldaten haben die Potenz, Schlechtes, aber auch Gutes zu tun. Zachäus will die Hälfte seines Vermögens armen Menschen geben und denjenigen das Vierfache erstatten, von denen er zu viel verlangt hat (vgl. Lk 19,8). Kein anderer Autor beschreibt sowohl die negativen und schrecklichen als auch die positiven Seiten des Soldatenberufes so ausführlich wie Lukas. Soldaten werden als die geschildert, die verspotten, geißeln und foltern, kreuzigen und morden, aber auch Hilfe für Kranke holen, das jüdische Volk lieben und Synagogen bauen, beten und gottesfürchtig sind, in religiösen Konflikten deeskalieren, Visionen von Gott empfangen, sich taufen lassen und Gefangene vor Mordanschlägen schützen und in Sicherheit bringen. Soldaten sind im lukanischen Doppelwerk Persönlichkeiten in der plastischen und vielfältigen Bedeutung dieses Begriffs.

Besondere Aufmerksamkeit verdienen die beiden Erzählungen über den Hauptmann von Kapernaum und den Hauptmann Cornelius, da diese beiden Erzählungen meines Erachtens gezielt als Doppelwunder gestaltet sind. Die besondere stilistische Ausgestaltung des Fernheilungswunders am Diener des heidnischen Hauptmannes von Kapernaum bereitet die Erzählung von der Vision des Cornelius vor. Ganz besonders herausgehoben wird in der Apostelgeschichte, dass der erste Heide, der die christliche Taufe empfängt und sich zu Christus bekehrt, ein römischer Soldat ist. Hauptmann Cornelius war schon vor seiner Taufe ein geachteter Gottesfürchtiger. Cornelius wird akzeptiert in der Gemeinde. Mit der Taufe des nicht beschnittenen römischen Hauptmann Cornelius spiegelt die Apostelgeschichte *religionsgeschichtlich* betrachtet den Ablösungsprozess der christlichen Religion von ihrer jüdischen Mutterreligion wider. Mit Cornelius wird die Gemeinschaft der Nachfolger/innen Jesu zu einer Universalreligion. Von ihrem Trägerkreis her betrachtet, entstand das Christentum zunächst als innerjüdische Erneuerungsbewegung.

Zusammengefasst kann man sagen: Das lukanische Doppelwerk hat also nicht nur das differenzierteste Verhältnis zu den Zöllnern und zum Thema Armut und Reichtum, sondern auch das differenzierteste Verhältnis zu den Soldaten innerhalb des Neuen Testaments. Allerdings handelt es sich bei Lukas nicht um eine Apologie der Staatsmacht oder um eine Anbiederung des Christentums gegenüber dem Staat, denn der Gehorsam gegenüber der Staatsgewalt hat Grenzen, wie Lukas im Zusammenhang des Verhörs der Apostel in der Apg 4 und 5 in der Clausula Petri Apg 4,19 und 5,29 deutlich markiert. Kein anderer Evangelist ist so kritisch und betont die Grenzen der Loyalität gegenüber der Staatsgewalt so deutlich wie Lukas, indem er Petrus und die Apostel sagen lässt: *Man muss Gott mehr gehorchen als den Menschen* (Apg 5,29).[75]

Die Erkenntnisse über den differenzierten Umgang des Lukas mit den Soldaten könnte diejenigen, die sich als Christen verstehen, dazu ermutigen, das Handeln von Soldaten im Nahbereich des Gemeinwesens und in den Kirchengemeinden fair und differenzierungsbereit zu betrachten sowie auch in der Bewertung der internationalen Politik Sorgfalt und Differenzierungsvermögen einzusetzen. Die Darstellung des lukanischen Doppelwerks kontrastiert auf beschämende und herausfordernde Weise damit, dass Soldaten sich heute in christlichen – insbesondere evangelischen – Gemeinden in Deutschland manchmal wie Aussätzige behandelt fühlen. Dabei ist besonders bedenkenswert: Der Verfasser des lukanischen Doppelwerks ist der einzige Theologe des Neuen Testaments, der der Botschaft Jesu eine politisch friedensstiftende Kraft zuschreibt: Hätte man die Botschaft Jesu befolgt, wäre nach ihm der Jüdische Krieg vermeidbar gewesen.

5.2 Ausblick und Forschungsdesiderate

Eine eingehendere exegetische Aufarbeitung der Texte im Neuen Testament, in denen Soldaten eine Rolle spielen, wäre unter sozialgeschichtlichen und ethischen Gesichtspunkten zweifellos wünschenswert. Dabei wäre zu fragen, ob am Ende in der theologischen Gesamtkonzeption des lukanischen Doppelwerkes die Vision vom Frieden auf Erden einer realisierbaren Genügsamkeit im Blick auf den Frieden „nur" oder „wenigstens" in der Gemeinde gewichen ist. Begnügt sich Lukas am Ende mit einer Kleingruppenethik für den Binnenraum der christlichen Gemeinde? Ging es der Apostelgeschichte nur noch darum, das Überleben und den Fortbestand der Gemeinde zu sichern? Zieht man jedoch die Universalität des Lehr-, Tauf- und Missionsbefehls aus dem Matthäusevangelium (Mt 28,18–20) in Betracht, so reichen der Auftrag und Anspruch der Kirche weiter. Auch im lukanischen Doppelwerk wird diese universale Dimension des Friedens zeichenhaft sichtbar. Lukas veranschaulicht die Universalisierung des christlichen Glaubens durch Berufung eines römischen Militärs, des Cornelius. Indirekt sagt er damit: Dieser Friede in der Gemeinde (Apg 10,36) soll ausstrahlen auf den Frieden im Römischen Reich, das von Cornelius repräsentiert wird. Wenn er dabei formuliert, dass Gott „Frieden verkündigt durch Jesus Christus, welcher ist Herr über *alle*" (Apg 10,36), dann sind damit ausdrücklich *alle* Menschen gemeint, nicht nur Juden als erste Adressaten der Botschaft, sondern auch Heiden wie Cornelius. Wenn Lukas darüber hinaus dessen Aufnahme in die christliche Gemeinde

---

[75] Auffällig ist freilich, dass bei Lukas die konkreten Repräsentanten der als bedrohlich erlebten Staatsmacht wesentlich differenzierter dargestellt werden als die Angehörigen der die christliche Gemeinde gleichfalls bedrängenden jüdischen religiösen Obrigkeit. Ein möglicher Deutungsansatz könnte darin liegen, dass die Trennung von der jüdischen Mutterreligion in der Gemeinde schmerzhaftere Kränkungen erzeugte als die Konfrontation mit der in größerer Distanz wahrgenommenen römischen Staatsmacht, weshalb ein differenzierter Blick auf beteiligte Individuen schwerer möglich war. Die Verschiebung des missionarischen Interesses von den Juden hin zu den Heiden mag außerdem dazu beigetragen haben, Vertreter des „offiziellen" Judentums bei Lukas wenig gewinnend aussehen zu lassen.

mit der Ausgießung des Heiligen Geistes auf Heiden und einer Wiederholung des Pfingstwunders verbindet (Apg 11,44–46), so macht er unmissverständlich klar: Dieser von der Gemeinde ausgehende Friede soll die Grenzen der Völker überwinden.

2

Kriegserfahrung und Friedensbotschaft im Urchristentum[76]

Gerd Theißen

Wir haben in den letzten 75 Jahren eine ethische Revolution erlebt. Jahrtausendelang wurden Verhaltensweisen verklärt, die militärischen Erfolg versprachen. Die Heldenepen der Völker stellten sie in großen Vorbildern dar, die Erziehung forderte sie, die Gesellschaft belohnte sie durch Macht und Ansehen. Kampf und Krieg galten als entscheidende Bewährungsproben von Gesellschaft und Individuum. Dem hat die waffentechnische Entwicklung ein Ende gesetzt. Nicht der Krieg, sondern seine Verhinderung ist heute die Bewährungsprobe für moderne Gesellschaften. Werte und Ideale eines ethnozentrischen Militarismus sind obsolet geworden. Wir planen unsere militärischen Strategien mit dem Ziel, Kriege zu vermeiden. In dieser Situation werden alle Überlieferungen relevant, die schon vor der modernen waffentechnischen Entwicklung Ansätze einer unmilitärischen oder gar pazifistischen Ethik enthalten. Uns interessiert: Wie können sich unabhängig vom Albdruck moderner Waffen pazifistische Verhaltensmuster entwickeln? Uns interessiert diese Frage, weil wir ahnen, dass der apokalyptische Schrecken moderner Waffensysteme auf Dauer allein kein zuverlässiger Schutz vor der Gewaltbereitschaft des Menschen ist. Wir können den Frieden nicht allein auf die negative, abschreckende Wirkung des Krieges bauen, sondern müssen nach Quellen eines positiven, friedensfördernden Verhaltens Ausschau halten, die davon unabhängig sind. Bei der Suche danach stoßen wir auf das Urchristentum. Mitten im Römischen Reich entstand hier eine kleine Gruppe, die pazifistisch gesonnen war, das Töten von Menschen ablehnte, aber dennoch über einige

---

[76] Dieser Beitrag knüpft an eine ältere Veröffentlichung an: Gerd Theißen, Pax Romana et Pax Christi. Le christianisme primitif et l'idée de la paix, RThP 124 (1992) 61–84. Aus der Literatur nenne ich nur eine kleine Auswahl: Harald Hegermann, Art. Krieg III. Neues Testament, TRE 20 (1990) 25–28; Gerhard Delling, Art. Frieden IV. Neues Testament, TRE 11 (1983) 613–618; William Klassen, Art. War in the NT, ABD 6 (1992) 867–875; ders., Art. Peace. New Testament, ABD 5 (1992) 297–212. Hans Windisch, Der messianische Krieg und das Urchristentum, Tübingen 1909. Erich Dinkler, Eirene. Der urchristliche Friedensgedanke, SHAW.PH, Heidelberg 1973; Egon Brandenburger, Frieden im Neuen Testament. Grundlinien urchristlichen Friedensverständnisses, Gütersloh 1973; Hubert Frankemölle, Friede und Schwert. Frieden schaffen nach dem Neuen Testament, Mainz 1983; Klaus Wengst, Pax Romana. Anspruch und Wirklichkeit, München 1986; Christoph Riedo-Emmenegger, Prophetisch-messianische Provokateure der Pax Romana. Jesus von Nazaret und andere Störenfriede im Konflikt mit dem Römischen Reich, NTOA 56, Fribourg/Göttingen 2005; Walter Dietrich/Moises Mayordomo, Gewalt und Gewaltüberwindung in der Bibel, Zürich 2005.

Soldaten positiv berichtete. Wie war das möglich? Um diese Frage zu beantworten, reicht es nicht aus, die urchristlichen Vorstellungen und Ideen vom Frieden zu analysieren. Wir müssen sie in den Kontext realer Erfahrungen und Verhaltensweisen stellen. Drei Fragen sollen uns dabei beschäftigen: (1) Wie haben die Christen den Krieg erfahren und sich in ihm verhalten? (2) Wie haben sie den Krieg theologisch gedeutet und verarbeitet? (3) Welche Friedenskonzeptionen haben sie entworfen?

1. Kriegserfahrungen in urchristlicher Zeit

Die zwei Jahrhunderte, in denen das Christentum entstand, waren, verglichen mit der vorhergehenden und folgenden Epoche, eine relativ friedliche Zeit. Es war die Zeit der Pax Romana von Augustus bis zu den Antoninen.[77] Vorhergegangen waren lang andauernde Bürgerkriege im Römischen Reich. Ihnen folgte die Weltkrise des 3. Jahrhunderts n.Chr., in denen das Römische Reich dem Ansturm fremder Völker zu erliegen drohte. In dieser Zeit zwischen zwei krisenhaften Epochen entstand das Urchristentum. Jedoch muss man betonen: Es war nur vergleichsweise eine friedliche Zeit. Bei näherem Hinschauen entdeckt man eine Kette von Kriegen. Dabei lassen sich drei Kriegstypen unterscheiden:

1. In *Grenzkriegen* dehnte sich das Römische Reich bis Trajan mit militärischer Macht erfolgreich aus. Feldzüge gegen Germanen, Britannier, Draker und Parther lösten einander ab. Für die Geschichte des Urchristentums ist nur der vergleichsweise kleine Nabatäische Krieg 36/37 n.Chr. an der Grenze des Römischen Reiches direkt von Bedeutung.
2. In *Nachfolgekriegen* rangen verschiedene Machthaber nach dem Tod Neros um die Kaiserwürde. 68/69 n.Chr. folgten vier Kaiser in einem Jahr aufeinander: Galba, Otho, Vitellius und Vespasian. Vespasian setzte sich durch. Es war eine Weltkrise, die im Neuen Testament Spuren in den apokalyptischen Erwartungen eines Weltuntergangs in Mk 13 hinterlassen hat.
3. *Aufstände* destabilisierten damals das Römische Reich, der Bataveraufstand im Norden und der Aufstand der Juden 66–70 n.Chr. im Osten des Reiches. Der jüdische Aufstand hatte Vorläufer im sogenannten Räuberkrieg nach dem Tod des Herodes 4 v.Chr. und in Unruhen im Jahr 40 n.Chr. Ihm folgten weitere Aufstände von Juden: der Krieg 115–116 n.Chr., der große Teile des östlichen Mittelmeerraums umfasste, und der Bar-Kochba-Krieg 132–136 n.Chr., der damit endete, dass Juden aus Jerusalem verbannt wurden.

———

[77] Peter Kehne, Art. Pax, DNP 9 (2000) 454f. Der Friede wurde durch Waffen geschützt. Damit wurde begründet, dass die Provinzen Tribut zahlen. Klaus Wengst, Pax Romana (1986), hat mit Recht gezeigt, dass die reale Erfahrung der Menschen im Römischen Reich und die Ideologie der Pax Romana zu unterscheiden sind. Dennoch kann man die Zeit vom Ende der Bürgerkriege (31 v.Chr.) bis zur Dynastie der Severer (ab 193 n.Chr.) als eine relativ ruhige Zeit betrachten. Gerade in solchen Zeiten kann eine friedliche Gesinnung entstehen, die den Krieg umso mehr ablehnt, da sie den Frieden kennt.

Während die Grenzkriege die Gesellschaft kaum in Mitleidenschaft zogen, stellten die anderen Kriege die Pax Romana grundsätzlich infrage. Die Nachfolgekriege 68–70 n.Chr. offenbarten Defizite der politischen Stabilität – nicht zuletzt aufgrund der faktischen Übermacht des Militärs. Nur wer Legionen kommandierte, hatte Chancen als Kaisernachfolger. Die Kette jüdischer Aufstände demonstrierte ferner Grenzen der Integrationsfähigkeit der römisch-hellenistischen Kultur. Das Judentum blieb in ihr ein Fremdkörper, ebenso wie das aus dem Judentum stammende Christentum. Die Stabilität der politischen Herrschaft und die Integrationsfähigkeit der römisch-hellenistischen Kultur aber gehörten zu den Grundlagen der Pax Romana.

Wir kommen damit zu einer ersten Feststellung über das Urchristentum: Es entfaltete sich in einer relativ friedlichen Gesellschaft. Aber es wäre zu einfach, wenn man die pazifistische Gesinnung der ersten Christen nur als „Nischenphänomen" im Schutz der Pax Romana betrachtete. Das Christentum entstand innerhalb dieser Welt nämlich genau in jenem Sektor, der die Grenzen der Pax Romana deutlich machte: im Spannungsfeld von Juden und Heiden, das sich in einer Kette von Kriegen und Aufständen zeigte. Inwiefern waren die ersten Christen von diesen Kriegen betroffen? Sie waren keine Kriegshelden, aber sie waren Kriegsopfer, sei es, dass sie unmittelbar von Kriegshandlungen berührt wurden, sei es, dass sie indirekt unter ihnen zu leiden hatten.

Auf direkte oder indirekte Kriegseinwirkung geht die Flucht des Paulus aus Damaskus zurück. Paulus hatte im nabatäischen Reich missioniert, musste sich aber angesichts des Krieges zwischen den Nabatäern und Herodes Antipas (35/36 n.Chr.) nach Damaskus zurückziehen. Im Verlauf dieses Krieges sind möglicherweise nabatäische Truppen bis nach Damaskus vorgedrungen.[78] Nach ihrem Sieg über Herodes Antipas war der Weg dahin für sie offen. Wahrscheinlich galt Paulus als *persona non grata* im nabatäischen Reich, wo er die Messianität eines Galiläers verkündigt hatte, d.h. das Königtum eines Angehörigen eben jenes Volkes, mit dem die Nabatäer Krieg führten.

Ferner können wir erschließen, was mit einigen christlichen Gemeinden während des Jüdischen Kriegs (66–70 n.Chr.) geschah. Die Apostelgeschichte bezeugt Gemeinden für Lydda und Joppe (Apg 9,32–35; 9,36–43). Beide Städte waren vom Krieg schwer betroffen. In Lydda tötete Cestius Gallus die ganze Bevölkerung, soweit sie nicht wegen des Laubhüttenfestes nach Jerusalem gezogen war (Jos. bell 2,515f). In Joppe richtete er ein Blutbad an (bell 2,508f). Wer es überlebte, kam später auf der Flucht vor den Truppen des Vespasian um (bell

[78] Vgl. 2Kor 11,32f/Apg 9,24f. Wir wissen nicht, ob der nabatäische Beamte, der ihn verfolgte, in Damaskus Vorsteher einer nabatäischen Kolonie war und die Stadttore von innen bewachte oder ob ein nabatäischer General mit Truppen von außen angerückt war oder ob beides zusammengekommen ist: Die Dominanz nabatäischer Truppen erlaubte einem Vertreter der Nabatäer in Damaskus die Verfolgung des Paulus. Zur Episode vgl. Thomas Schmeller, Der zweite Brief an die Korinther (2Kor 7,5–13,13), EKK 8/2, Neukirchen-Vluyn/Ostfildern 2015, 265–269.

3,426f). Die Römer haben gewiss nicht zwischen Juden und Judenchristen unterschieden. Auch Christen werden zu den Getöteten gehört haben.

Betroffen waren auch andere Gemeinden in Syrien, wo der Krieg nicht wütete. Dort waren nicht nur alle Juden in einer schwierigen Situation, sondern alle, die zu ihnen gerechnet werden konnten, also auch die christlichen Gemeinden, die wie die Gemeinde in Antiochien jüdische Bräuche beibehalten hatten (vgl. Gal 2,11–14). Josephus berichtet von Übergriffen gegen die Juden in Syrien und kommt dann auf eine zweite Gruppe von Menschen zu sprechen, die *joudaizontes,* Menschen, die die jüdische Lebensweise übernommen hatten:

> Denn wenn man auch glaubte, die Juden beseitigt zu haben, so behielt man doch in jeder Stadt den Verdacht gegen die Judenfreunde (*joudaizontes*); man mochte zwar die nach beiden Seiten hin zweifelhafte Gruppe nicht ohne weiteres umbringen, fürchtete sie aber doch aufgrund ihrer Verbindung mit den Juden, als seien sie wirklich Feinde.
> (Jos. bell 2,463)

Zu dieser „zweifelhaften Gruppe" gehörten wahrscheinlich auch viele Christen. Sie erfuhren damals konkret, was es heißt: „Und ihr werdet von allen wegen meines Namens gehasst werden" (Mk 13,13), von allen, d.h. von Juden und Heiden.

Wir haben bis jetzt erstens festgestellt: Kriege gehören zur Lebenswelt der ersten Christen. Dabei berührten die Kriege zwischen Juden und Heiden das Zentrum des christlichen Glaubens, die Überwindung der Schranken zwischen Juden und Heiden. Zweitens erscheinen Christen in diesen Kriegen als Kriegsopfer, als kleine Leute, die den Krieg nicht gestalteten, sondern erlitten. Sie lebten weit entfernt von den Schalthebeln der Macht. Jetzt ist noch eine dritte Frage zu klären: Auch, wenn die Christen nicht zu den aktiv kriegführenden Kräften gehörten, so wäre es doch wichtig zu wissen, wie sie sich – im Rahmen ihrer begrenzten Möglichkeiten – im Krieg verhielten. Wir fragen deshalb nach ihrem Verhalten in diesen Kriegen, ferner nach dem Bild von Soldaten im Allgemeinen in ihren Schriften, schließlich nach ihrer Einstellung zum Kriegsdienst.

1.1 Das Verhalten von Christen in Kriegen

Dort, wo das Verhalten von Christen in Kriegen sichtbar wird, beobachten wir eine evasive Tendenz, sich dem Kriegsgeschehen zu entziehen. Schon Paulus erleben wir auf der Flucht vor dem Nabatäischen Krieg und seinen Auswirkungen (36 n.Chr.). Seine Flucht aus Damaskus durch Herablassen von der Stadtmauer ist möglicherweise ein Gegenbild zur Eroberung einer Mauer im Krieg – mit dem ironischen Unterton: Hier begegnet kein Sieger, sondern ein Verlierer auf der Flucht.[79] Vier Jahre später kommt es zu Unruhen in Judäa und Galiläa, ausgelöst durch den Versuch des Kaisers Gaius Caligula, sein Standbild im Jerusalemer Tempel aufzustellen. Die hinter Mk 13 sichtbar werdende Tradition könnte in

-----

[79] So Edwin A. Judge, The Conflict of Educational Aims in the New Testament (1966), in: ders., The First Christians in the Roman World, Augustan and New Testament Essays, hrsg. v, J.R. Harrison, WUNT 229, Tübingen 2008, 693–708, dort S. 707f.

dieser Situation entstanden sein:[80] Ein christlicher Prophet ruft zur Flucht in die Berge auf. Er hofft auf das Kommen des Menschensohns, der die Christen aus aller Kriegsdrangsal erlösen wird. Während andere Juden sich damals auf einen gewaltsamen Widerstand vorbereiteten, fordert er zur Flucht auf. Beim jüdischen Aufstand 66–70 n.Chr. haben die Christen nicht am Aufstand teilgenommen, wird er doch am Anfang zeitweise vom Hohepriester Ananos angeführt, ihrem Gegner, der für die Hinrichtung des Herrenbruders Jakobus und anderer Mitglieder der Jerusalemer Gemeinde verantwortlich war. Eusebius berichtet zudem von einem Exodus der christlichen Gemeinde nach Pella (hist eccl III 5,3), eine Nachricht, die insofern historisch sein wird, als damals viele – unter ihnen vermutlich auch Christen – die Stadt verließen, so „wie man sich aus einem sinkenden Schiff durch Schwimmen rettet“ (Jos. bell 2,556).[81] Im dritten jüdischen Aufstand lässt Bar Kochba Christen foltern und hinrichten, wenn sie nicht Jesus als Christus verleugneten und lästerten (Justin apol I 31,5f). Vorausgesetzt wird, dass sie sich seinem Aufstand nicht angeschlossen hatten und es ablehnten, in Bar Kochba den Messias zu sehen.

1.2 Das Bild von Soldaten im urchristlichen Schrifttum

Auffallend ist das positive Bild mehrerer Centurionen im Neuen Testament: Es bewertet Soldaten in Führungspositionen manchmal positiv, hin und wieder in Gegensatz zu ihren Untergebenen, den einfachen Soldaten. Diese Centurionen vertreten den Staat als Ordnungsmacht. Nach der Berg- bzw. Feldrede tritt im MtEv und LkEv ein heidnischer Centurio aus Kapernaum auf, der für seinen Sklaven im entfernten Haus um Heilung bittet. Er vertraut darauf, dass Jesu Wort allein ausreicht, um diesen aus der Ferne zu heilen, und beruft sich dafür auf seine Autoritätsstellung: Auch er ist gewohnt, dass Worten gehorcht wird. Dieser Centurio ist hier Modell für alle, die auf Jesu Worte vertrauen und ihm gehorchen. Das LkEv zeichnet ihn darüber hinaus als einen Gottesfürchtigen, einen Sympathisanten des Judentums unter den Heiden (Mt 8,5–13; Lk 7,1–10).

Der Centurio am Kreuz macht die grausame Seite des Staates sichtbar. Er leitet die Hinrichtung Jesu. Dabei fällt ein Kontrast zwischen ihm und seinen Soldaten auf, die Jesus verhöhnen und verspotten. Als der Centurio den Gekreuzigten sterben sieht, kommt er dagegen zu der Erkenntnis: „Wahrhaftig dieser Mensch war Gottes Sohn“ (Mk 15,39). Er ist der erste Mensch außerhalb des Zwölferkreises, der Jesus in seiner Würde und Hoheit erkennt. Seine Erkenntnis ist gewiss noch unvollkommen. Er kann nicht wissen, dass Jesus der Sohn Gottes

[80] Vgl. Gerd Theißen, Lokalkolorit und Zeitgeschichte in den Evangelien, NTOA 8, Fribourg/Göttingen 1989, 133–176.

[81] Vgl. Gerd Theißen, Die Bedeutung der Tempelprophetie Jesu für die ersten Christen. Die Wirkungsgeschichte der Tempelprophetie im 1. Jh. n.Chr., in: G. Theißen/H.U. Steymans u.a. (Hrsg.), Jerusalem und die Länder. Ikonographie – Topographie – Theologie, FS M. Küchler, NTOA 70, Göttingen 2009, 149–201, zum Exodus nach Pella dort S. 183–187.

ist und nicht nur *war*. Er weiß noch nichts von seiner Auferstehung. Auch sagt er nicht: Dieser Mensch war „*der* Sohn Gottes“, sondern nur: „Er war (ein) Sohn Gottes“. Dennoch bringt er im MkEv eine wichtige Botschaft: Stellvertretend für das Römische Reich erkennt er an, dass Jesu Hinrichtung dem Willen Gottes widersprach.

Eine entscheidende Rolle in den Anfängen der Kirche nimmt der Centurio Cornelius in der Apostelgeschichte ein. Er ist der erste Heide, der sich zum Christentum bekehrt (Apg 10,1–48). Petrus deutet seine Bekehrung als Friedenszeichen: Gott sieht die Person nicht an, er akzeptiert auch Heiden und verkündigt durch Christus „Frieden“ (Apg 10,36).[82]

Paulus erlebt zweimal, dass Centurionen ihn retten. Als sein Auftreten auf dem Tempelvorhof einen Tumult hervorruft, nimmt ihn ein Centurio in Schutzhaft (Apg 21,27–40; 22,22–30; 23,12–22). Auf der Überfahrt nach Rom rettet der Centurio Iulius ihn und alle auf dem Schiff transportierten Gefangenen davor, von Soldaten getötet zu werden (Apg 27,1.42–44). Auch hier fällt auf: Der höherrangige Centurio korrigiert die einfachen Soldaten.

Wichtig ist: Alle Centurionen begegnen uns in der Funktion der Polizei, nicht als kriegführende Soldaten. Jedem Leser und Hörer dieser Erzählungen war aber bewusst, dass sie auch Kriege führten. Unverkennbar ist ferner: Ein Centurio kann Christ werden. Aber wir finden keinen Hinweis darauf, dass Christen auch Soldaten werden können. Das ist kein Zufall. Erklärungsbedürftig ist dennoch: Warum finden wir diese positive Zeichnung von Soldatenführern in einer religiösen Gruppe, die ein betont friedliches Ethos entwickelt hat? Gewiss ist damit auch eine apologetische Intention verbunden. Wenn vernünftige militärische Befehlshaber das durch Jesu Kreuzigung verübte Unrecht erkennen und Christen vor Übergriffen ihrer Soldaten schützen, wenn sie die Macht der Worte Jesu anerkennen und Anhänger Jesu werden, so ist das natürlich ein Plädoyer, das Vorurteile gegen Christen widerlegen will. Es gibt keinen Grund, warum der Staat diese Christen verfolgen muss, wo doch vernünftige Staatsbeamte ihren Wert erkannt haben.

1.3 Das Verhältnis der Christen zum Kriegsdienst

Trotz dieser positiven Darstellung einiger Soldatenführer hielten sich die Christen vom Dienst im Heer fern.[83] Zum Teil hätten sie ohnehin keine Chancen ge-

———

[82] Jürgen Roloff, Die Apostelgeschichte, NTD 5, Göttingen 1981, 162–176, meint S. 165, dass Cornelius eine Nebenfigur ist. Nicht seine Bekehrung zum christlichen Glauben stehe im Zentrum, sondern die „Bekehrung“ des Petrus zur Öffnung des Gottesvolkes für Nicht-Juden. Craig S. Keener, Acts. An Exegetical Commentary, Bd. 2: 3,1–14,28, Grand Rapids 2013, 1727–1829, S. 1728: „The issue is not just a Gentile’s conversion but … the *church’s* fuller conversion to Jesus’s agenda in 1:8.“ Er weist mit Recht darauf hin, dass die Bekehrung des Cornelius zweimal erzählerisch dargestellt wird (in Apg 10,1–48 und 11,1–18). Dazu wird sie in 15,7–12 noch einmal vorausgesetzt.

[83] Vgl. die klassische Darstellung Adolf v. Harnack, Militia Christi. Die christliche Religion und der Soldatenstand in den ersten drei Jahrhunderten, Tübingen 1905 = Darmstadt

habt, in den Militärdienst aufgenommen zu werden. Sofern sie Juden waren, wurden sie ohnehin nicht zum Militärdienst herangezogen. Sofern sie Sklaven waren, waren sie grundsätzlich nicht im Heer zugelassen. Aber das erklärt nicht alles. Christen haben sich auch bewusst vom Soldatendienst ferngehalten. Erst ab 170/180 n.Chr. gibt es verstärkt Hinweise auf christliche Soldaten. Umso auffälliger ist: Das Neue Testament formuliert nirgendwo ein ausdrückliches Verbot des Soldatendienstes. Die frühen patristischen Schriftsteller setzen dessen Ablehnung jedoch als selbstverständlich voraus. Dabei lassen sie zwei Motive erkennen, ein ethisches und religiöses Motiv, die Ablehnung des Tötens und des Götzendienstes. In *allgemeinen* Aussagen dominiert das ethische Motiv. Justin schreibt: „Wir, die wir voll waren vom Krieg, gegenseitigem Mord und jeglicher Verworfenheit, haben alle in der ganzen Welt unsere Waffen ausgetauscht – Schwerter gegen Pflüge und Speere gegen Ackergerät“ (c. Tryph 110). Clemens von Alexandrien bestätigt: „Unsere Ausbildung ist für den Frieden, nicht für den Krieg“ (paed I 12). Tertullian sagt, dass Christus mit der Entwaffnung des Petrus jeden Soldaten entwaffnet habe“ (idol 19). Die Ablehnung des Kriegsdienstes ist recht eindeutig für das frühe Christentum bezeugt. Soldaten werden aber in zunehmendem Maße in ihr geduldet, vor allem als Polizisten in Friedenszeiten. Die Hippolytische Kirchenordnung fordert aber auch von ihnen Befehlsverweigerung, wenn sie den Befehl erhalten zu töten (traditio apostolica 16). Das religiöse Motiv tritt dagegen besonders in *individuellen* Berichten von christlichen Soldaten als Märtyrern hervor. Oft hatten diese Märtyrer als Soldaten schon lange gedient. Das ethische Motiv war für sie also kein Hinderungsgrund, Soldat zu sein oder als Soldat Christ zu werden. Erst, wenn sie opfern sollten, weigerten sie sich. Oft waren sie wahrscheinlich in der Vergangenheit bei solchen Opfern mit einer *reservatio mentalis* anwesend gewesen, aber aktiv durch Opfer oder andere kultische Handlungen die Götter zu verehren, lehnten sie ab.[84]

An der inneren Distanz der ersten Christen zum Krieg kann kein Zweifel bestehen. Das Problem ist eher: Wie konnte eine solche Haltung ca. drei Jahrhunderte lang in einer Gruppe durchgehalten werden? Dabei stößt man auf eine Paradoxie, die in folgender Hypothese enthalten ist: Gerade, weil die römische Gesellschaft die Landesverteidigung effektiv organisiert hatte, war das zivile Leben in dieser Gesellschaft von militärischen Notwendigkeiten teilweise entlastet. Im

———

1963. Ferner John Helgeland, Christians and the Roman Army from Marcus Aurelius to Constantine, ANRW II/16,2, Berlin 1979, 724–834.

84 Manfred Clauss, Art. Heerwesen (Heeresreligion), RAC 13 (1986) 1073–1113, Abschnitt 3: Heeresreligion u. Christentum, 1004–1098, Sp. 1095: „Die Konflikte der Christen mit dem röm. Heer waren religiöser u. kultischer, nicht ethischer Art.“ Daran ist richtig: Durch ethische Vorbehalte von Christen gegenüber dem Krieg entstanden keine Konflikte *im* Heer. Die Christen, die den Kriegsdienst aus ethischen Gründen ablehnten, wurden von vornherein keine Soldaten. Konflikte gab es erst, wenn ein Soldat durch Verweigerung paganer Riten auffiel. Das ethische Motiv einer Ablehnung von Tötung war bei der Einstellung zum Soldatentum und insofern bei „Konflikten“ *mit* dem Heer im frühen Christentum lebendig.

Schutz der Legionen konnten sich in ihren Nischen pazifistische Gruppen entfalten. Den Christen selbst war diese Abhängigkeit von den Legionen bewusst. Aussagen in diese Richtung begegnen freilich erst in dem Augenblick, als eine Kette von Grenzkriegen das Römische Reich fast zugrunde richtete, d.h. gegen Ende des zweiten Jahrhunderts und im dritten Jahrhundert. Tertullian lehnt z.B. den Soldatendienst konsequent ab, aber versichert in seiner Apologie (aus dem Jahr 197), dass die Christen für den Kaiser und „tapfere Heere" beten (Tert. apol 30). Origenes schreibt zur Zeit der Goteneinfälle in der Mitte des dritten Jahrhunderts seine Schrift gegen Celsus. Angesichts des Vorwurfs, die Christen täten nichts für die Landesverteidigung, versichert er: „Wir ziehen zwar nicht mit ihm (dem Kaiser) zu Felde, auch nicht, wenn er von uns das verlangte, aber wir kämpfen und streiten für ihn, wir bilden ein eigenes Heer, ein Heer der Frömmigkeit, indem wir uns mit Gebeten an die Gottheit wenden" (Or. c. Cels. VIII 73). Das Komplementaritätsprinzip, d.h. die Einsicht, dass sich militärischer Einsatz und pazifistisches Verhalten ergänzen können, begegnet hier schon in der Alten Kirche – nur, dass es sich nicht um ein komplementäres Verhalten von verschiedenen Christen handelt, die sich zum Militärdienst oder zu dessen Verweigerung entschlossen haben, sondern um das komplementäre Verhalten einer heidnischen Majorität und einer christlichen Minorität.[85] Was aber, wenn die Minorität dominierend wird? Origenes antwortet: „Würden alle Römer … den Glauben annehmen, so würden sie durch Beten und Flehen den Sieg über ihre Feinde gewinnen; oder besser, sie würden überhaupt keine Feinde zu bekämpfen haben" (c. Cels. VIII 70). So etwas liest man nach 2000 Jahren Christentumsgeschichte anders als vor der Konstantinischen Wende! Aber diese (naiven) Hoffnungen zeigen in ergreifender Weise, welche verhaltensändernde Macht dem Glauben zugetraut wurde.

Die ersten Christen bildeten eine kleine pazifistische Subkultur, die sich in einer Nische der römisch-antiken Gesellschaft fern von den Schalthebeln der Macht und der Notwendigkeit militärischer Verteidigung entfalten konnte. Aber gerade in dieser Nische waren die Spannungen spürbar, bei denen diese Gesellschaft an die Grenzen ihrer Friedensfähigkeit stieß: Spannungen zwischen Juden und Heiden, die sich in einer Kette von Kriegen entluden. Es war vor allem der Jüdische Krieg 68–70 n.Chr., der die Christen direkt und indirekt in Mitleidenschaft zog. Damals wurde der Tempel in Jerusalem zerstört. Juden und Christen verloren ein gemeinsames Kultzentrum. Die Trennung zwischen ihnen begann damit, definitiv zu werden. Aber dieser Krieg bedeutete für sie noch mehr: Er war Ausdruck tiefer Spannungen zwischen Juden und Nichtjuden. Die Christen waren innerhalb des Judentums eine Bewegung, die auf die Überwindung dieser Spannungen hinarbeitete. Sie waren eine Variante des Judentums, die sich für Nichtjuden weit geöffnet hatte. Mit dem Jüdischen Krieg scheiterte ihr zentrales Anliegen. Insgesamt kann man daher feststellen: Das Urchristentum hatte genug Erfahrungen mit konkreten Kriegen, um Sehnsucht nach Frieden zu entwickeln. Mit dem Jüdischen Krieg scheiterte eine große Hoffnung der ersten Christen auch

---

[85] Vereinzelt gab es aber schon christliche Soldaten. Einige wurden Märtyrer. Insofern begegnet auch hier das Komplementaritätsprinzip innerhalb des Christentums.

unter denen, die in der Diaspora nicht direkt unter diesem Krieg leiden mussten. Das Urchristentum stammte zwar aus einer von kriegerischen Konflikten bedrohten jüdischen Provinz, aber es nahm Gestalt außerhalb dieser Provinz an: in den hellenistischen Städten der östlichen Mittelmeerwelt, in Syrien, Kleinasien und Griechenland sowie in Rom selbst. In diesen Städten konnte es sich in den ersten zwei Jahrhunderten in einer vergleichsweise friedlichen Welt entfalten und im Schutz der Pax Romana am Frieden orientierte Verhaltensweisen entwickeln.

Nun sprechen die urchristlichen Schriften direkt relativ wenig von Krieg und Frieden. Wir zeigen daher in einem zweiten Teil, dass die Botschaft des Urchristentums weit mehr mit den kriegsträchtigen Spannungen in der Römischen Gesellschaft zusammenhing, als es auf den ersten Blick scheinen mag.

2. Die Friedensbotschaft Jesu

Jesu Verkündigung der Gottesherrschaft enthält eine Absage an den Krieg. Wenn wir sie in die jüdischen Traditionen einordnen, die von Krieg und Frieden sprechen, kommt man zunächst zu einem ambivalenten Ergebnis. Einerseits beobachten wir trotz intensiver Kriegserfahrungen im Laufe der alttestamentlichen Geschichte eine Distanzierung Gottes vom Krieg; sie zeigt sich in einer „Entmilitarisierung" der religiösen Imagination.[86] Andererseits finden wir in späten alttestamentlichen und besonders in zwischentestamentarischen Texten erneut eine Zunahme kriegerischer Bilder. Die Vermutung liegt nahe, dass Kriegserfahrungen, neben dem Alexanderfeldzug Ende des vierten Jahrhunderts v.Chr. vor allem die Makkabäerkriege im zweiten Jahrhundert v.Chr., zu dieser „Remilitarisierung" der Imagination geführt haben. Dort, wo die zeitgenössischen apokalyptischen Texte von der Gottesherrschaft sprechen, rechnen sie mit einem großen Krieg (Dan 2,44; Sach 14; 1QM VI,1–6; OrSib III 682–697.753ff) oder sprechen von einer Rache Gottes an seinen Feinden und den Feinden Israels (AssMos 10,1–11).[87] Jesus aber verkündigt die Koexistenz der Gottesherrschaft mit den Feinden: Die Gottesherrschaft beginnt schon jetzt, aber ohne Krieg; sie kommt so still wie das Wachsen der Saat. Der Gott, der in ihr seine Herrschaft antritt, lässt seine Sonne über Gute und Böse scheinen. Die Menschen sollen ihn darin nachahmen und ihre Feinde lieben. Die Gottesherrschaft bringt Frieden.[88] Da die Gottesherrschaft das Zentrum der Verkündigung Jesu bildet, kann man sagen: Die Friedensbotschaft ist für Jesus zentral.

---

[86] Rainer Albertz, Schalom und Versöhnung. Alttestamentliche Kriegs- und Friedenstraditionen, ThPr 18 (1983) 16–29, sieht im Alten Testament eine immer stärkere Distanzierung Gottes vom Krieg und eine zunehmende Theologisierung des Friedens.

[87] Vgl. Michael Wolter, Jesus von Nazaret, Theologische Bibliothek 6, Göttingen 2019, 100–104.

[88] John Riches, Jesus and the Transformation of Judaism, London 1980, 87–111, S. 100, vertritt die These „that Jesus changed the conventional associations of the Kingdom term [...] by the context in which he chose to utter it. In this he succeeded in deleting its militaristic and ritual associations with notions of forgiveness and healing, of joy and service".

In den Aussagen über den kommenden Menschensohn, die trotz mancher Skepsis m.E. doch wohl auf Jesus zurückgehen, beobachten wir dasselbe Phänomen. Das Erscheinen des Menschensohns folgt in Daniel 7 nach der kriegerischen Herrschaft der vier Tiere aus dem Meer. In den Bilderreden Henochs geht der Offenbarung des Menschensohns ein letzter großer Ansturm der Heiden gegen Jerusalem voraus (ÄthHen 56). In 4Esra 13 ist der Menschensohn selbst ein großer Kriegsheld. Jesus aber erwartet das Kommen des Menschensohns nicht in einem Krieg, sondern als Einbruch in eine völlig friedliche Welt, in der die Menschen „essen, trinken, heiraten und sich heiraten lassen“ (Lk 17,27), in der sie „kaufen und verkaufen, pflanzen und bauen“ (Lk 17,28).

Schließlich begegnet auch bei Worten über seine Jünger das Motiv des Friedens in einer betonten Weise. Bei ihrer Aussendung erhalten sie einen Friedensauftrag: „Wenn ihr in ein Haus kommt, so sagt als erstes: Friede diesem Haus! Und wenn dort ein Mann des Friedens wohnt, wird der Friede, den ihr ihm wünscht, auf ihm ruhen, andernfalls wird er zu euch zurückkehren“ (Lk 10,5f, vgl. Mt 10,12f). Wahrscheinlich sendet Jesus seine Jünger betont mit dieser Friedensbotschaft aus, um sie deutlich von anderen Boten wie Judas Galilaios zu unterscheiden, dessen Kampagne auf einen Krieg hinauslief. Steuer- und Tributverweigerung waren Kriegserklärungen.[89] In der Jesusüberlieferung werden dagegen die Friedensstifter seliggepriesen (Mt 5,9).

Wir finden bei Jesus eine deutliche „Entmilitarisierung“ eschatologischer Erwartungen in verschiedenen Formen: als Erwartung der Gottesherrschaft, als Hoffnung auf die Heilsgestalt des Menschensohns, als Inhalt der Verkündigung seiner Boten. Die Gottesherrschaft kommt bei Jesus nicht als Sieg über andere Völker, sondern im Gegenteil: Menschen aus allen vier Himmelrichtungen werden in sie hineinströmen und mit Abraham, Isaak und Jakob speisen. Dafür werden die „Söhne der Herrschaft“ hinausgeworfen werden. Das Jesuswort spricht hier nicht von den „Söhnen der *Gottes*herrschaft“, sondern von denen, die Macht haben. Wenn sie hinausgeworfen werden, klingt deutlich nach, dass die Gottesherrschaft einst als ein kriegerisches Unternehmen erwartet wurde. (Mt 8,11f vgl. Lk 13,28f).

In dieser „Entmilitarisierung“ kriegerischer Bilder in der Eschatologie hat sich eine Spur des historischen Jesus erhalten. In manchen Worten Jesu kann man seine Korrektur kriegerischer Erwartungen noch erkennen. Ausdrücklich sagt Jesus, er sei nicht gekommen, Frieden zu bringen, sondern Krieg. Dann folgt als Pointe: Dieser Krieg wendet sich nicht gegen Feinde, sondern spaltet Familien (Lk 12,51–52par). In diesem Wort spiegelt sich die Realität: Wenn Jesus junge Menschen zu sich berief und sie ihre Familie verließen, spaltete er die Familien. Wir finden hier eine „Privatisierung“ des Krieges.

-----

[89] Vgl. Gerd Theißen, Jesus unter den Philosophen? Über die kynische Interpretation Jesu, EvTh 74 (2014) 262–274. Die Aussendungsrede schreibt den Jüngern eine Aufmachung zu, die sie deutlich von kynischen Wanderpredigern unterscheidet. Da es Indizien dafür gibt, dass Judas Galilaios für die Steuerverweigerung in Gestalt eines kynischen Wanderpredigers warb, sollen diese Aufmachung und der Inhalt ihrer Botschaft die Jünger von der Steuerverweigerungskampagne unterscheiden.

Eine vergleichbare Tendenz ist die „Spiritualisierung“ des Krieges. Jesus betont: Der Krieg Gottes, den er bringt, richtet sich nicht gegen menschliche Feinde, sondern gegen Dämonen. Es ist insofern ein „Heiliger Krieg“.[90] Aber auch hier ist die Pointe ironisch: Wenn Jesus, wie der Vorwurf lautet, die Dämonen mit Beelzebul austreibt, so ist das Reich der Feinde ja schon gespalten und besiegt. Vor allem aber vollzieht sich dieser Krieg nicht durch das Töten von Feinden, sondern durch ihr Gegenteil, durch exorzistische Heilungen (Mt 12,22ff).

Aufschlussreich sind ferner poetische Bilder vom Krieg, die im Gleichnis vom Turmbau und Kriegsführen vorausgesetzt sind (Lk 14,28–32). Beide Bilder haben die Verteidigungssituation im Blick: Der Turmbau dient der Befestigung; der Krieg der Abwehr von Feinden. Da die angreifende Armee doppelt so groß ist wie die eigene, empfiehlt Jesus in diesem Gleichnis: Es ist besser, um Frieden zu bitten. Solch ein Gleichnis verrät das Gegenteil einer bellizistischen Mentalität. Es empfiehlt in seiner Bildhälfte den Ersatz des Kriegs durch Diplomatie. Seine Sachhälfte zielt auf überlegtes Handeln und die richtige Einschätzung der eigenen Kräfte.

Die Absage Jesu an den Krieg könnte Verarbeitung von Kriegserfahrungen sein. Etwa zur Zeit seiner Geburt wurde das jüdische Land vom sogenannten „Räuberkrieg“ verwüstet, der auch durch messianische Erwartungen ausgelöst war. Sepphoris, nur ein paar Kilometer von Nazareth entfernt, wurde in ihm durch Quintilius Varus bzw. seinen Sohn zerstört und seine Bevölkerung versklavt (Jos. ant 17,288f). Mit großer Wahrscheinlichkeit hat Jesus davon erfahren. Vielleicht haben sein Vater und er als Handwerker beim Wiederaufbau des nahegelegenen Sepphoris mitgewirkt. In welcher Weise solche Erfahrungen seine Botschaft bestimmt haben, wissen wir freilich nicht. Wohl aber können wir seine Botschaft allgemein in das kriegsträchtige Spannungsfeld von Juden und Heiden einordnen. Denn er reduziert in seiner eschatologischen Verkündigung diese Spannungen, indem er das Kommen der Gottesherrschaft nicht als Krieg gegen die Fremden verkündigt, sondern als Öffnung für die Fremden.

Bei Jesus wird somit mitten im Spannungsfeld von Juden und Heiden eine Alternative zur kriegerischen Lösung von Spannungen sichtbar. In einem zweiten Schritt kann man nun zeigen, dass diese Alternative auf einem Wandel im Gottesbild basiert: Gott vernichtet nicht seine Gegner und führt keinen Krieg zur Durchsetzung seiner Herrschaft. Sein Reich kommt friedlich. Entscheidend ist: Wie kam Jesus zu diesem neuen „Gottesbild“ und seiner „Entmilitarisierung“ der Gottesherrschaft?

Hier müssen wir noch einmal einen Blick auf den geschichtlichen Kontext des Wirkens Jesu werfen. Ca. 30 Jahre vor dem öffentlichen Wirken Jesu hatte nach dem Tod Herodes I. (4 v.Chr.) der sogenannte *Räuberkrieg* das Land verwüstet. In ihm traten zwei Aufstandsführer als Königsprätendenten im Süden des Landes auf: Simon in Judäa und Athronges in Peräa. In Galiläa wirkte dagegen ein Judas

—————

[90] Otto Betz, Jesu Heiliger Krieg, NT 2 (1957) 116–137.

als Aufstandsführer, der kein König sein wollte. Er vertrat vielmehr die radikaltheokratische Überzeugung, Gott selbst solle regieren. Die Aufstände wurden von Quintilius Varus und seinem Sohn niedergeschlagen.

Zehn Jahre begegnet (wahrscheinlich derselbe) Judas wieder nach einer kurzen Herrschaft des Archelaos als Nachfolger des Herodes über Judäa. Er tritt nun als Anführer einer Steuerverweigerungskampagne 6 n.Chr. auf, nachdem die Römer in Judäa direkt die Verwaltung Judäas übernommen hatten und die dort wohnenden Juden ihre Steuern direkt an sie entrichten mussten. Judas Galilaios argumentiert wiederum radikaltheokratisch: Gott gehöre das Land, nicht den Römern. Man leugne Gottes Alleinherrschaft, wenn man die Steuern an die Römer bezahlt. Judas Galilaios verankerte damit den Widerstand im Zentrum des jüdischen Glaubens, im ersten Gebot, das besagt, man solle keine anderen Götter neben dem einen und einigen Gott verehren. Er trat dabei als Lehrer auf, sein Aufruf zur Steuerverweigerung war aber de facto eine Kriegserklärung. Nur durch die Apostelgeschichte wissen wir, dass er gewaltsam ums Leben kam – und indirekt dadurch auch, dass er bei der Niederschlagung des ersten Aufstands noch nicht ums Leben gekommen ist (Apg 5,37).

Diese beiden Aufstandsbewegungen in der römischen Zeit zeigen eine Akzentverschiebung hin zum religiösen Glauben. Im Räuberkrieg ging es um die Herrschaft in Judäa und Galiläa, bei der Steuerverweigerungskampagne zehn Jahre später um einen konsequenten Monotheismus. Immer aber handelte es sich um einen Aufruhr gegen die Römer. Als ca. 20 Jahre später *Johannes der Täufer* auftrat, waren solche militanten Bewegungen gescheitert. Daraus hat der Täufer gelernt. Er wendet seine Kritik nicht mehr nach außen gegen die Römer, sondern nach innen, indem er Juden zur Umkehr aufruft. Dabei übt er einerseits Kritik am Volk, weil es sich von Gott abgewandt hat, andererseits an der eigenen Oberschicht, die sich von den jüdischen Gesetzen (z.B. in ihrer Ehepolitik) löste. Eine innere Erneuerung des Volkes war ihm wichtiger als die Ablehnung der Fremden. Er geißelte ethnozentrische Vorurteile sogar mit scharfen Worten: Gott kann dem Abraham aus Steinen Kinder erwecken. Seine Botschaft ist dabei nicht nur eine Gerichtsbotschaft, sondern eine Heilsbotschaft: Wer umkehrt, wird gerettet.

Aus seiner Bewegung ging Ende der 20er Jahre die *Jesusbewegung* hervor. Auch sie hatte ihren Ursprung in Galiläa und vertrat eine radikaltheokratische Botschaft – wie die Bewegung des Judas Galilaios: Gott allein soll herrschen. Die bei Jesus im Zentrum stehende Erwartung der Gottesherrschaft ist wie bei Judas Galilaios ein radikaler Monotheismus. Alles, was sich Gott widersetzt, soll überwunden werden, aber Jesus denkt dabei an die Sünden der Menschen und die Dämonen. Die Gottesherrschaft kommt nicht als Sieg über Israels Feinde, sondern im Gegenteil: Fremde werden in sie aus allen Himmelsrichtungen hineinströmen (Mt 8,11f). Sie kommt auch nicht erst in der Zukunft, sondern beginnt schon in der Gegenwart – in vorläufiger Koexistenz mit der Herrschaft der Römer.

Jesus musste sich vor allem von der Bewegung des Judas Galiaios scharf abgrenzen, da auch er eine radikaltheokratische Botschaft vertrat. Jesus folgerte aus ihr nicht, dass man keine Steuern zahlen durfte, sondern sprach sich für Steuerzahlungen aus (Mk 12,13–17). Als er seine Jünger in die Dörfer schickte, schärfte er ihnen ein, dass sie nicht wie Judas Galilaios auftreten sollten, sondern als Boten des Friedens. Die Aufstandsbewegung des Judas Galilaios wurde bei ihm durch eine „pazifistische“ Bewegung abgelöst.

Dabei ist eine Anknüpfung an Johannes den Täufer unverkennbar: Das ganze Volk wird zur Umkehr aufgerufen, aber im Unterschied zu Johannes tauft Jesus nicht. Warum nicht? Der Täufer glaubte an das unmittelbar bevorstehende Weltende und Gericht. Die Axt war schon an die Wurzel der Bäume gelegt. Es blieb keine Zeit, um die eigene Umkehr durch ein ethisch vorbildliches Leben unter Beweis zu stellen. In dieser Situation verkündigte der Täufer: Gott bietet als Ersatz eine Symbolhandlung wie die Taufe an. Sie soll den aufrichtigen Willen zur Umkehr bezeugen. Jesus hat noch erlebt, dass die Naherwartung seines Lehrers enttäuscht wurde – nach dessen Hinrichtung hatte das Volk erwartet, jetzt werde Gott zur Strafe eingreifen. Jesus hat daraus gelernt und die Situation neu gedeutet: Wenn das Gericht nicht kommt, obwohl es eigentlich alle verdient hätten, dann ist das ein Zeichen der Güte Gottes, der den Menschen noch eine Chance gibt – auch eine Chance, ihre Umkehr durch gute Taten zu beweisen (Lk 13,6–9). Daher ist die Taufe als symbolische „Ersatzhandlung“ für die Umkehr nicht notwendig. Jesus lehrt vielmehr seine Jünger im Vaterunser, dass es ausreicht, um Vergebung zu beten, vorausgesetzt, man ist selbst zur Vergebung gegenüber seinen Mitmenschen bereit.

Nach der Gefangennahme des Täufers trat Jesus mit seiner Botschaft von der Gottesherrschaft in der Öffentlichkeit auf. Als dann der Täufer hingerichtet wurde, wurde er erst recht sein Nachfolger mit einer eigenen Botschaft. Die Gottesherrschaft ist kein Zorngericht, sondern etwas Positives: eine kostbare Perle, ein gefundener Schatz, ein Freudenfest. Und sie beginnt schon in der Gegenwart. Sie vernichtet nicht die Sünder, sondern öffnet sich allen, die nach den üblichen Maßstäben nichts wert sind. Mit einem Wort: Er setzt von der Predigt des Täufers vor allem die Heilsbotschaft fort. Die Gnadenpredigt tritt ins Zentrum. Er teilt nach wie vor mit dem Täufer die Überzeugung von der Nähe Gottes. Gott kommt bald. Aber er deutet die Situation neu. Ausgangspunkt ist dabei nach wie vor die Sicht des Täufers. Alle Menschen sind so verworfen, dass sie im Grunde augenblicklich vom Zorn Gottes verschlungen werden müssten. Aber selbst nachdem der Täufer hingerichtet wurde, kam das Zorngericht nicht über seine Gegner. Die Welt existierte weiter. Hält man trotzdem am Werturteil des Täufers über die Menschen fest, dann gab es jetzt eine neue Möglichkeit der Deutung. Obwohl Gottes Zorn eigentlich alle vernichten müsste, verzichtet Gott darauf. Jeder Augenblick des Daseins ist dann ein Zeichen der Gnade, eine Chance zur Umkehr, ja, schon die bloße Tatsache, dass Gott seine Sonne jeden Tag neu über Gute und Böse aufgehen lässt, ist Ausdruck unbegreiflicher Güte.

Die Situation des Menschen angesichts der absoluten Forderung Gottes wird hier kognitiv so umstrukturiert, dass die verschärfte Gerichtspredigt in radikalisierte Gnadenpredigt umschlägt. In dieser Umstrukturierung der Situation des Menschen vor Gott liegt die neue Gotteserfahrung Jesu. Mit ihr verschwand ein dunkler Schatten, der das Gottesbild verdunkelte. In Lk 10,18 wird ein Wort Jesu überliefert, das diese Aufhellung des Himmels in einem mythischen Bild zum

Ausdruck bringt: „Ich sah den Satan vom Himmel fallen wie einen Blitz.“[91] Für Jesus wurde das Ende des Satans dadurch bestätigt, dass er Menschen durch sein Heilcharisma neues Leben schenkte. Das stärkte die Überzeugung: Das Gottesreich kommt durch Heilungen, nicht durch Krieg.

Wir können diese neue Gotteserfahrung mit Hilfe von zwei Jesusworten veranschaulichen. Pilatus hatte galiläische Pilger umgebracht. Ein zusammengestürzter Turm hatte Menschen erschlagen. Was sagt Jesus dazu? Er sagt: Glaubt nicht, es handle sich bei ihnen um besonders sündige Menschen! Im Grunde müsste es allen so ergehen, wenn sie nicht umkehren! (Lk 13,1–3). Damit knüpft er an die Sicht des Täufers an: Alle sind vom Vernichtungsgericht bedroht, alle, nicht nur die Feinde des Volkes oder besonders sündige Menschen. Positiv aber zieht Jeus in einem anderen Wort daraus den Schluss: Wenn Gott seine Sonne aufgehen lässt über Gute und Böse, dann zeigt er durch die bloße Weiterexistenz der Welt, dass er jetzt keinen Unterschied zwischen den Gerechten und Ungerechten, den Frommen und Unfrommen, den Feinden und Freunden macht. Das war in der weisheitlichen Tradition eine resignative Einsicht: Den bösen Menschen geht es genauso gut wie den guten. Die Sonne scheint über beiden (Pred 4,1–3; 8,14f). Hier aber wird das zu einer positiv motivierenden Einsicht. Wenn Gott die Bösen neben den Guten existieren lässt, die Feinde neben den Freunden, dann muss auch der Mensch die Feinde koexistieren lassen, ja mehr noch, dann muss sich auch der Mensch positiv seinen Feinden zuwenden (Mt 5,43–49).

Jesu Absage an den Krieg ist letztlich in seiner neuen Gotteserfahrung begründet. Die Koexistenz der Gottesherrschaft mit den Feinden und die Forderung der Feindesliebe hängen eng zusammen. Da die Gottesherrschaft das Zentrum der Verkündigung Jesu bildet, ergibt sich die Feindesliebe aus diesem Zentrum. Darum kann die Gottesherrschaft ohne Vernichtung der Feinde kommen. Darum kann Jesus das Kommen des Menschensohns als Ereignis verkündigen, dem keine kriegerischen Katastrophen vorausgehen. Darum kann er seine Jünger mit der Botschaft vom Kommen der Gottesherrschaft als Boten des Friedens ausschicken. Das Urchristentum aber musste damit fertig werden, dass die Gottesherrschaft nicht kam. Stattdessen kamen neue Kriege.

3. Die Deutung der Kriege im frühen Christentum

Schon sechs bis sieben Jahre nach Jesu Tod brach der Nabatäische Krieg aus. Kurz danach konnte in der Caligula-Krise des Jahres 40 n.Chr. nur mit Mühe ein großer Krieg abgewendet werden. Vier Jahrzehnte nach Jesu Tod kam es zum Römisch-Jüdischen Krieg (68–70 n.Chr.). Wie wurden diese Kriege im frühen Christentum gedeutet? Entweder deutete man sie als krisenhaftes Durchgangsstadium auf dem Weg zur Heilszeit, wobei man auf Vorstellungen der jüdischen

-----

[91] In dieser Vision vom Satanssturz wird oft ein innovativer Impuls für die Verkündigung Jesu gesehen: Ulrich B. Müller, Vision und Botschaft. Erwägungen zur prophetischen Struktur der Verkündigung Jesu, ZThK 74 (1977) 416–448; Samuel Vollenweider, ‚Ich sah den Satan wie einen Blitz vom Himmel fallen‘ (Lk 10,18), ZNW 79 (1988) 187–203; Martin Ebner, Jesus von Nazaret in seiner Zeit, Stuttgart 2003, 100–108; Michael Wolter, Jesus von Nazaret, 108–112.

Apokalyptik zurückgreifen konnte. Oder man sah in den Kriegen ein Charakteristikum dieser bösen Welt schlechthin, die von einem Demiurgen beherrscht wird. Den ersten Weg ging die urchristliche Oppositionsapokalyptik, den zweiten die Gnosis und verwandte Strömungen. Einerseits sehen wir christliche Gruppen der urchristlichen Oppositionsapokalyptik des ersten Jahrhunderts auf Seiten des antirömischen Widerstands. Andererseits übernehmen gnostische Gruppen im zweiten Jahrhundert antijüdische Einstellungen, die durch die Kriege zwischen Römern und Juden gesteigert worden waren.

Die apokalyptische Deutung der Kriege begegnet zum ersten Mal in der synoptischen Apokalypse, deren Vorlage wohl aus der Zeit der Caligula-Krise im Jahr 40 n.Chr. stammt. Sie sagt: „Wenn ihr von Kriegen hört und Kriegsgerüchten, erschrecket nicht. Es muss geschehen, aber es ist noch nicht das Ende“ (Mk 13,7). Es ist nur der Anfang der Wehen, es folgen weit schlimmere Kriegskatastrophen (Mk 13,8ff). Auch die Johannesapokalypse tröstet ihre Leser mit der Unvermeidlichkeit der Kriege. Sie sind in dem Buch vorhergesehen, dessen Siegel das Lamm löst. Der zweite apokalyptische Reiter hat den Auftrag, den Frieden von der Erde zu nehmen (Apk 6,3–4). Erst nach dem Zusammenbruch der Pax Romana und der römischen Weltherrschaft kommt das messianische Reich. Die beiden apokalyptischen Texte bringen die Kriege damit in Zusammenhang, dass staatliche Macht Grenzen überschreitet. Hinter dem „Frevel der Verwüstung“ von Mk 13,14, der die große Kriegsdrangsal auslöst, steht möglicherweise der Versuch des Kaisers Gaius Caligula, sich selbst zusammen mit der Göttin Roma im Tempel von Jerusalem verehren zu lassen. Kaiserkult und eschatologischer Krieg gehören hier zusammen. Dasselbe ist in der Johannesapokalypse der Fall: Das Erscheinen des Tieres aus dem Abgrund (Apk 13) und der Fall Roms (= Babylons) (Apk 17) bilden den Höhepunkt der Schrecken nach den Posaunen- und Schalen-Visionen. Für den Apokalyptiker wurde der römische Staat wegen des Kaiserkults zum Ungeheuer. Wenn Domitian sich als *dominus et deus* verehren ließ, so setzt die Johannesapokalypse ihr Bekenntnis zu Gott als „Herrn und Gott“ dagegen (Apk 4,11).

Während uns die Texte der antirömischen Oppositionsapokalyptik ins erste Jahrhundert führen, begegnet uns im zweiten Jahrhundert eine andere Einstellung: Eine Kette von Aufständen der Juden (66–70; 115–116; 132–136 n.Chr.) hat dazu beigetragen, dass man die Kriege mit der jüdischen Religion in Verbindung brachte. An die Stelle der antirömischen Kritik tritt in einigen christlichen Gruppen eine antijüdische Stimmung. Sie begegnet in der Gnosis und verwandten Strömungen. Kriege sind hier weniger ein Durchgangsstadium zur Heilszeit als ein dauerhaftes Charakteristikum dieser bösen Welt. Basilides, einer der großen gnostischen Lehrer, lehrte zur Zeit des Bar-Kochba-Aufstandes in Alexandrien. Er konnte diese dunkle Welt nicht mehr auf einen guten Gott zurückführen. Sie ist für ihn ein Produkt minderwertiger Engel. Diese Engel hätten die Völker unter sich geteilt. Irenäus berichtet:

> Ihr Führer sei der, der als der Gott der Juden gilt, und da dieser seinen Menschen, das heißt den Juden, die übrigen Völker unterwerfen sollte, hätten sich alle übrigen

> Mächte gegen ihn gewandt und ihm entgegengearbeitet. Darum hätten sich auch die anderen Völker von diesem Volk abgewandt.
> (Iren. adv haer I 24,4)

Basilides schreibt hier Jahwe, dem jüdischen Gott, imperiale Absichten zu: Die Feindschaft der anderen Völker gegen die Juden sei Reaktion auf deren Griff nach der Weltherrschaft. Damit kann er nur die Kriege zwischen Römern und Juden meinen, in denen die Erwartung eines die ganze Welt beherrschenden Messias immer wieder eine Rolle gespielt hat.

Ein Antijudaismus mit ähnlichem Hintergrund begegnet auch bei Markion. Markion hat den Bar-Kochba-Krieg miterlebt. Kurz nach der Niederwerfung des Aufstandes kam er nach Rom (ca. 140 n.Chr.) und verkündigte dort seine Lehre von zwei Göttern: vom Gott des Alten Testaments und vom Gott des Evangeliums, der sich in Jesus offenbart hat. Der Gott des Alten Testaments gilt ihm als „Anstifter der Kriege, der unbeständig in seinem Entschluss ist und sich selbst widerspricht“ (Iren. adv haer I,27,2). Solch eine Aussage wird man als Niederschlag der Jüdisch-Römischen Kriege werten dürfen. Zweifellos hatten religiöse Motive in ihnen eine bedeutsame Rolle gespielt. Markion schreibt die Ursache der Kriege einem anderen Gott zu.

Wir sehen: In der Gnosis, zu der wir in diesem Zusammenhang im weiteren Sinne auch Markion zählen dürfen, wird die Ursache der Kriege nicht dem Staat zugeschrieben wie in der Oppositionsapokalyptik, sondern einem Gott, der in Wirklichkeit nicht der wahre Gott ist. Wurde dort kritisiert, dass ein Mensch im Kaiserkult vergöttlicht wurde, so lautet hier der Vorwurf, dass Gott allzu menschlich und kriegerisch vorgestellt wurde. Stand man dort emotional auf Seiten der jüdischen Opposition gegen Rom, so teilt man hier heidnische Vorurteile gegen die Juden.

4. Die Friedensbilder des Neuen Testaments

Die Deutung der Kriege als notwendiges Durchgangsstadium zur Heilszeit oder als bleibendes Strukturelement der von einem unvollkommenen Gott beherrschten Welt war aber nur die eine Seite einer theologischen Verarbeitung der Kriege. Das Urchristentum setzte den Kriegen auch eine Vision vom Frieden entgegen. Der Friedensbegriff begegnet dabei hin und wieder als *spiritueller* Frieden. Frieden mit Gott haben, bedeutet für Paulus: Gerechtfertigt sein und Zugang zu Gott haben (Röm 5,1f). Die Christen sind vom Geist getrieben, der nach „Frieden“ trachtet (Röm 8,6). Aber damit verbunden tritt im Neuen Testament ein *sozialer* Friedensbegriff in den Vordergrund. Die Gemeinde ist ein Raum des Friedens. Dieser soziale Friede hat eine Beziehung zur politischen Realität – nicht nur, weil die Bilder und Metaphern, mit denen er beschrieben wird, aus der politischen Realität stammen. Vielmehr sprechen einige Indizien dafür, dass diese Friedensbilder vor und nach dem Jüdischen Krieg eine besondere Rolle spielten und auch auf einen *politischen* Frieden zielten. Paulus fährt vor dem Jüdischen Krieg nach Jerusalem in der Hoffnung auf eine Versöhnung zwischen Juden und Heiden. Zwei Schriften von Bewunderern des Paulus denken in seinen Spuren weiter: Der Epheserbrief hält (wahrscheinlich nach dem Jüdischen Krieg) an der Hoffnung einer umfassenden Versöhnung zwischen Juden und Heiden in einem kosmischen

Rahmen fest. Das lukanische Doppelwerk, das sicher erst nach dem Jüdischen Krieg entstanden ist, bringt deutlich zum Ausdruck, dass dieser Krieg hätte vermieden werden können, wenn man der Friedensbotschaft Jesu gefolgt wäre. Er lässt Jesus an einer Stelle über das Scheitern dieser Hoffnung trauern (Lk 19,41–44). Das Johannesevangelium entwickelt das Leitbild eines Friedens in der Gemeinde, der sich als Gegensatz zum Unfrieden in der Welt versteht. In der Johannesapokalypse explodieren sogar kriegerische Phantasien, die durch den Jüdischen Krieg hervorgerufen worden waren – auch wenn der Apokalyptiker ihnen das „Lamm" entgegenhält, das als Lamm Opfer von Aggression ist und als Widder gleichzeitig Symbol dieser Aggression.

4.1 Der Friede Gottes und die Versöhnung der Welt bei Paulus

Ein Grundgedanke der Auffassung des Paulus von der Gemeinde ist das Bild vom *Leib Christi*. Paulus hat die Metapher des Leibes aus dem politischen Bereich auf die Gemeinde übertragen und ihm als „Leib Christi" eine religiöse Intensität verliehen, die er vorher nicht besaß: Wovon die Antike sonst nur träumte, dass in Polis und Staat die Glieder ein Leib würden und einen sozialen Frieden verwirklichten, das bietet die christliche Gemeinde in ihrer Sozialgestalt.[92] Sie vereint im Leib Christi Menschen aus verschiedenen Völkern und Schichten. Die Kraft, die in der Gemeinde zusammenführt, ist der Geist Gottes und der Glaube des Menschen – sein Ergebnis sind Frieden und Versöhnung.

Der *Geist* macht alle Menschen in der Gemeinde zu Gliedern eines sozialen Organismus (1Kor 12,13). Sie werden ein „Leib". Durch den Geist Gottes werden sie als Kinder Gottes wie in einer Familie vereint. Durch diesen Geist werden Unterschiede zwischen Heiden und Juden irrelevant.

Dasselbe gilt für den *Glauben*. Er rechtfertigt den Menschen unabhängig von seinen Werken. Rechtfertigung ist eine Metapher aus der Welt der Richter: Sie meint einen Freispruch des Angeklagten. Paulus betont: Diese Rechtfertigung ermöglicht, dass Juden und Heiden gemeinsam in der Gemeinde leben. Denn aufgrund ihres Glaubens werden Juden und Heiden in gleicher Weise gerechtfertigt (Röm 3,27–30).

Rechtfertigung durch Glauben schafft *Frieden* mit Gott (Röm 5,1). In der Gemeinde bewirkt er Frieden zwischen Juden und Heiden, d.h. zwischen den beiden Gruppen, deren Gegensatz im Römischen Reich zu Kriegen führte. Gruppen, die diese Spannungen reduzieren wollten, waren ein politischer Faktor. Wir finden daher im Neuen Testament keine totale „Entpolitisierung des Friedens". In jedem Fall soll der Frieden im Innern der Gemeinde nach außen hinwirken. Christen sollen mit allen Menschen in Frieden leben: „Ist's möglich, soviel an euch liegt, *so habt mit allen Menschen Frieden*" (Röm 12,18).

-----

[92] Matthias Walter, Gemeinde als Leib Christi. Untersuchungen zum Corpus Paulinum und zu den „Apostolischen Vätern", NTOA 49, Fribourg/Göttingen 2001.

Paulus betont die weltweite Dimension dieses Friedens über die Grenzen der Gemeinde hinaus durch den Gedanken der *Versöhnung* als Überwindung von Feindschaft. Versöhnung umfasst bei ihm ausdrücklich die ganze Welt (so in Röm 11,15 und 2Kor 5,19). Zunächst ist es zwar eine Versöhnung zwischen Mensch und Gott, aber diese Versöhnung hat Auswirkungen auf das Verhältnis zwischen den Menschen.

Wenn Paulus von „Leib“, „Rechtfertigung“, „Frieden“ und „Versöhnung“ spricht, benutzt er politisch und sozial aufgeladene Begriffe, denkt aber nur indirekt an politische Auswirkungen. Nur an einer Stelle kontrastiert er damit direkt Parolen aus der politischen Welt: Wenn andere Menschen „Friede und Sicherheit“ sagen, sollen Christen skeptisch bleiben (1Thess 5,3). Liest man aber seine Schriften im Zusammenhang mit seinem Leben, dann zeigt sich: Motiviert von diesen Bildern des Friedens will Paulus ca. zehn Jahre vor Ausbruch des Jüdischen Krieges auf seiner letzten Reise nach Jerusalem die Grundlage für einen realen Frieden schaffen.[93]

Als Paulus damals nach Jerusalem reiste, hofft er auf eine wunderbare Öffnung des Tempels für alle Heidenchristen. Zweck seiner Reise nach Jerusalem war, dass er als Priester Heiden als Opfergabe darbringt. Er, Paulus wünscht sich, „dass er als Diener Christi Jesu für die Heiden wirke und das Evangelium Gottes wie ein Priester verwalte; denn die Heiden sollen eine Opfergabe werden, die Gott gefällt, geheiligt im Heiligen Geist“ (Röm 15,16). Priesterdienst ist nur im Tempel möglich. Wenn Paulus Heidenchristen als „Opfergabe“ Gott darbringen will, so träumt er davon, dass auch Heiden Zugang zum Tempel erhalten. Er wird daher auf seine Jerusalemreise von Heidenchristen begleitet. Im Übrigen hatten damals auch andere Christen diesen Traum. Im MkEv ist er bezeugt. Denn in ihm weissagt Jesus, dass der Tempel eine „Gebetsstätte für die Heiden“ wird (Mk 11,17 = Jes 56,7).

Paulus denkt an ein Wunder. Missverständlich spricht er im Römerbrief von einem „Geheimnis“, dass Israel zum Teil verstockt sei, „bis die Fülle der Heiden hineingehen wird“ (Röm 11,25). Zunächst muss man fragen: Wo sollen die Heiden „hineingehen“? Meist wird das übertragen verstanden: Sie sollen in den Bereich des Heils gelangen. Viel näher liegt m.E. eine sehr konkrete Deutung: Sie sollen in den Tempel „hineingehen“! Bisher hatten nur die wenigen Heiden, die Proselyten waren, Zugang zum ganzen Tempel. Das war nur eine kleine Zahl. Wenn jetzt die Vollzahl der Heiden hineingehen darf, so ist damit gemeint, dass alle Heiden Zugang haben sollen – alle, die sich zu dem einen und einzigen Gott bekehrt haben. Paulus hat also davon geträumt, dass sich wie durch ein Wunder der Tempel für alle Völker oder die Fülle der Heiden öffnen werde. Juden und Heiden würden sich dann in der Verehrung des einen und einzigen Gottes zusammenfinden. Paulus hat m.E. nicht geplant, einen Heiden heimlich in den Tempel hineinzuschmuggeln. Das „Hineingehen aller Heiden“ war für ihn ein „Mysterium“, das sich in der (nahen) Endzeit realisieren sollte. Wenn Gott ihm offenbart

---

[93] Eine ausführliche Begründung für diese Deutung des Römerbriefs geben wir in: Gerd Theißen/Petra v. Gemünden, Der Römerbrief. Rechenschaft eines Reformators, Göttingen 2016, 311–326.

hatte, dass die Vollzahl der Heiden Zugang zum Tempel haben werde, konnte er es Gott überlassen, wie und wann er das verwirklichen würde.

Aber Paulus hatte nicht nur große Ziele, er hatte auch Angst um sein Leben. Diese Angst hängt eng mit seinen Träumen von einer Öffnung des Tempels zusammen. Denn es war bei Todesstrafe verboten, dass Heiden das Tempelinnere betreten. Inschriften warnten davor:

> Niemand aus einem anderen Stamm darf (den Raum) innerhalb der Schranke und der Umzäunung rings um den Tempel betreten. Wer dabei angetroffen wurde, wird an sich selbst schuldig sein, weil darauf die Todesstrafe steht.
> (OGIS 598)

Schon Stephanus hatte wohl davon geträumt, dass sich einmal der Tempel für Heiden öffnen werde, wenn ihm in der Anklage gegen ihn unterstellt wird, Jesus werde den heiligen Ort zerstören und die Sitten des Mose ändern (vgl. Apg 6,13f). Aufgrund seiner Tempelweissagung war Stephanus ohne formelles Gerichtsverfahren von einer aufgebrachten Menge gesteinigt worden. Die Formulierung auf den Inschriften war in dieser Hinsicht dunkel: Wer den inneren Tempelbezirk als Nichtjude betritt, sollte selbst an seinem Tod schuld sein. Das war für fromme Eiferer fast eine Aufforderung, ihn zu töten. Paulus wusste genau, warum er in Todesgefahr war, wenn er nach Jerusalem in der Hoffnung aufbrach, dass er Heiden als Opfergabe (im Tempel) darbringen könne – zumal er tatsächlich einen Heiden in seiner Reisebegleitung hatte. Das musste Gerüchte wecken.

Sie wurden Paulus zum Verhängnis. Sein Auftreten in Begleitung eines Heidenchristen im Tempel erregte einen Tumult. Wahrscheinlich wollten ihn schon damals einige Fanatiker umbringen, aber ein römischer Offizier nahm ihn in Schutzhaft und ließ ihn am anderen Morgen vom Synhedrium verhören (Apg 22,30–23,11). Paulus wurde nach Caesarea überführt, auch deshalb, weil fanatische Juden ein Attentat gegen ihn geplant hatten. In Caesarea saß Paulus dann zwei Jahre lang unter dem Prokurator Felix in Haft. Nach dessen Tod musste sich sein Nachfolger Festus neu mit dem Fall „Paulus" beschäftigen. Entweder hatte er schon das Todesurteil über ihn gefällt, als Paulus an den Kaiser appellierte, oder Paulus rechnete mit einem solchen Urteil und kam ihm durch seine Appellation zuvor. Auf jeden Fall musste Paulus nach seiner Berufung auf den Kaiser als römischer Bürger nach Rom überführt werden, damit der Kaiser selbst über ihn urteilt.

Die Chancen des Paulus im Prozess waren von vornherein schlecht. Unter dem Prokurator Festus, der ihn nach Rom geschickt hatte, gab es zwischen der Tempelaristokratie und König Agrippa II. einen Konflikt um den Tempel: Der Hohepriester hatte gegen einen Ausbau des königlichen Palastes protestiert, der es dem König Agrippa ermöglichte, alle Vorgänge im inneren Tempelbezirk zu beobachten. Als Gegenmaßnahme hatte der Hohepriester eine hohe Mauer errichten lassen, die dem König die Sicht versperrte – aber auch den dort stationierten römischen Soldaten. Nero gab erstaunlicherweise dem Hohepriester Recht (Jos. ant 20,191–196) – nach der Überlieferung hat sich seine damalige Lebenspartnerin Poppäa für die Juden eingesetzt. Sie galt als Sympathisantin des Judentums. Vor diesem Kaiser hatte Paulus kaum Chancen: Wer eine Mauer im Tempel zu dessen Abschirmung toleriert, wird keinen Juden tolerieren, der angeklagt ist, diesen für Heiden zu öffnen. Aber unabhängig davon gilt: Seit der Caligulakrise war demonstrativer Respekt vor dem Tempel und seinen Gesetzen im Interesse der römischen Politik. Da Paulus dieser Religionspolitik des *status quo* widersprach, war sein Schicksal besiegelt.

Wenn diese Rekonstruktion der Ereignisse stimmt, kann man sagen: Hätte Paulus sich mit seiner Botschaft durchgesetzt, so dass sich der innere Tempel auch für Nichtjuden geöffnet hätte, dann hätte der Jüdische Krieg vielleicht vermieden werden können. Das Zeichen zum Aufruhr war nicht nur, dass man Heiden vom Tempel ausschloss, sondern auch die Opfer einstellte, die man im Namen des Kaisers brachte. Bis heute ist der Tempelberg ein Ort, an dem religiöse Konflikte zu Kriegen führen. Die Friedensträume des Paulus waren damals politisch relevant (und sind es auch heute noch).

4.2 Der Friede Gottes im Epheserbrief: Modell für den Frieden in der Welt und in der Gemeinde

Schüler und Bewunderer des Paulus haben seine Friedensträume im Epheserbrief weitergeträumt. In diesem Brief äußern sie sich im Namen des „Paulus", dem sie einen Brief aus der Gefangenschaft schreiben lassen. Die Gemeinde ist darin eine Modellgesellschaft des Friedens. Sie versöhnt in sich Juden- und Heidenchristen und überwindet die Feindschaft zwischen Juden und Nichtjuden (Eph 2,11–22). Paulus, der sein Leben lang eine Belastung für den sozialen Frieden zwischen Christen und Juden war, erscheint darin als ein Apostel des Friedens, der Konflikte überwindet. Dies entsprach seinem Wunsch, widersprach aber den vielen Konflikten, in die er verwickelt war. Die Schüler des Paulus, die den Epheserbrief verfasst haben, haben richtig gespürt: Nur als friedensstiftender Apostel konnte Paulus zum Lehrer der Kirche werden. Der eigentliche Friedensstifter ist für sie freilich Christus. Sie stilisieren ihn als Gegenbild des Kaisers.[94] Eph 2,13–19 wurde zum klassischen Text des Gemeindefriedens. Er spricht zu Heiden, die vor ihrer Bekehrung zu Christus nicht zur *politeia* Israels gehörten. Sie hatten im Gottesvolk kein Bürgerrecht, erhielten es aber durch Jesus Christus:

> Jetzt aber in Christus Jesus seid ihr, die ihr einst fern wart, nahe geworden durch das Blut Christi. Denn er ist unser Friede, der aus beiden eins gemacht hat und hat den Zaun abgebrochen, der dazwischen war, indem er durch sein Fleisch die Feindschaft wegnahm. Er hat das Gesetz, das in Gebote gefasst war, abgetan, damit er in sich selber aus den zweien einen neuen Menschen schaffe und Frieden mache und die beiden versöhne mit Gott in einem Leib durch das Kreuz, indem er

---

[94] Das hat schon Adolf von Harnack, Die Mission und Ausbreitung des Christentums in den ersten drei Jahrhunderten, Bd. 2, Leipzig [4]1924, 738, gesehen: „Die Sprache der Kaiserverehrung ist auf den Erlöser angewendet." Eine gründliche und überzeugende Ausarbeitung dieser These ist: Eberhard Faust, Pax Christi et Pax Caesaris. Religionsgeschichtliche, traditionsgeschichtliche und sozialgeschichtliche Studien zum Epheserbrief, NTOA 24, Freiburg/Göttingen 1993, 315–324. Zustimmend Gerhard Sellin, Der Brief an die Epheser, Göttingen 2008, 207f.

> die Feindschaft tötete durch sich selbst. Und er ist gekommen und hat im Evangelium Frieden verkündigt euch, die ihr fern wart, und Frieden denen, die nahe waren. Denn durch ihn haben wir alle beide in einem Geist den Zugang zum Vater. So seid ihr nun nicht mehr Gäste und Fremdlinge, sondern Mitbürger der Heiligen und Gottes Hausgenossen, erbaut auf den Grund der Apostel und Propheten, da Jesus Christus der Eckstein ist, auf welchem der ganze Bau ineinandergefügt wächst zu einem heiligen Tempel in dem Herrn. Durch ihn werdet auch ihr mit erbaut zu einer Wohnung Gottes im Geist.
> (Eph 2,13–22)

Wir finden hier einige der Bilder, mit denen schon der echte Paulus den Frieden in der Gemeinde beschworen hat: das Bild vom Leib, vom Frieden, von der Versöhnung und die Berufung auf den Geist. Wenn Eph 2,14 von dem Zaun oder der Zwischenwand spricht, die einst Juden und Heiden trennte, so könnte das eine Anspielung entweder auf die äußere Trennwand sein, die den inneren Bezirk des Tempels vom Vorhof der Heiden trennte,[95] oder auf die innere Trennwand zwischen dem Heiligen und dem Allerheiligsten.[96] Die Beseitigung beider Grenzen war für die Christen wichtig: Sie waren überzeugt, dass der Zugang zu Gott im Allerheiligsten, der bisher dem Hohepriester vorbehalten war, für alle offen war, und ebenso, dass alle Heiden Zugang zum Gottesvolk der Juden hatten. Schon bei Paulus könnten sich beide Bilder verbunden haben, wenn er gleichzeitig davon träumt, dass die Fülle der Heiden (durch die äußere Trennwand in den Tempel) hineingehen wird (Röm 11,25) und Christus als Erlöser „aus dem Zion" (d.h. hier aus dem Inneren des Tempels) zur Parusie erscheinen wird, um Israel alle Sünden zu vergeben (Röm 11,26f.28). Die äußere Trennwand trennt in der horizontalen Dimension Juden und Heiden, die innere Trennwand in der vertikalen Dimension Gott und Mensch. Bei der Übertragung des Bildes vom Tempel auf die Gemeinde wurde die vertikale und horizontale Dimension verschmolzen. Sie bedeuten jetzt etwas Anderes: In der Gemeinde ist die Trennwand das Gesetz (Eph 2,15). Die Trennmauern im Jerusalemer Tempel sind nur Bildspender, das trennende Gesetz ist Bildempfänger.[97] Der Text erhebt mit diesen Bildern den Anspruch, dass in der christlichen Gemeinde ein Friede realisiert wird, der im Römischen Reich nicht existiert: der Friede zwischen Juden und Heiden. Er

---

[95] Josephus spricht mehrfach von dieser „Schranke" als *dryphakton* (bell 5,193f; bell 6,124; ant 15, 417). „Ging man über diesen offenen Platz in Richtung auf das ‚zweite Heiligtum', so fand man dieses von einer steinernen Schranke (*dryphaktos líthinos*) umgeben, die drei Ellen hoch und vortrefflich gearbeitet war. Auf ihr standen in gleichen Zwischenräumen Steintafeln, die teils in griechischen, teils in lateinischen Lettern das die Reinheit schützende Gebot bekannt machten, kein Nichtjude dürfe die heilige Stätte betreten, denn der zweite Bezirk wurde ‚heilig' genannt" (bell 5,193f).
[96] Josephus nennt diese Trennwand einmal *ho mésos toîchos* (ant 8,71).
[97] Eben deshalb sind beide in der Exegese vertretenen Deutungen berechtigt. Gerhard Sellin, Der Brief an die Epheser, 212–214, entscheidet sich für den Epheserbrief für die zweite Deutung auf das Gesetz, aber müsste m.E. für den bildspendenden Bereich die Deutung auf die Tempelmauern nicht ausschließen.

nimmt Bezug auf eine „Feindschaft", die in der Zeit der Abfassung des Epheserbriefs zu blutigen Unruhen geführt hatte. Denn wahrscheinlich wurde der Epheserbrief kurz nach dem Jüdischen Krieg geschrieben. Auf jeden Fall setzt er bewusst den sozialen Frieden in der christlichen Gemeinde dem Konflikt zwischen Juden und Heiden in der Welt entgegen. Das wird auch dadurch deutlich, dass er sich auf zwei Säulen der Pax Romana bezieht: auf die Institution des Prinzipats und der Polis.

Vom Prinzipat erwartet das Reich Frieden, Jesus wird in Eph 2,15 „Friedensmacher" genannt (*ho poiōn eirēnēn*). Friede ist der Inhalt seiner frohen Botschaft. Sie ist ein *euagelízesthai.* Als Friedensmacher steht er in Kontrast zum Prinzeps, der nach der Inschrift von Priene „dem Krieg ein Ende setzt und den Frieden ordnet" und dessen Geburtstag Inhalt von frohen Botschaften (*euaggélia*) war.[98] Diese Inschrift war in Kleinasien bekannt, Fragmente von ihr wurden an verschiedenen Orten gefunden. Die Darstellung Christi als Friedensstifter im Epheserbrief ist nach dem Vorbild hellenistischer Herrscher-Enkomien gestaltet.[99]

Der Text bezieht sich ebenso auf die zweite Säule der Pax Romana, auf die republikanischen Stadtstaaten. Israel gilt als Polis Gottes, in der die Heiden ihr Bürgerrecht erhalten sollen. Auch das ist ein Gegenbild zur politischen Realität, denn die jüdischen Gemeinden hatten große Schwierigkeiten, in ihren Rechten anerkannt zu werden. Sie strebten danach, dass Zugehörigkeit zur jüdischen Gemeinde ein Recht gleichen Ranges mit der Zugehörigkeit zu einer heidnischen Polis wird. Wenn Eph 2 darüber jubelt, dass Juden und Heiden das gleiche Bürgerrecht in der christlichen Gemeinde haben, dann hat er die Konflikte um den Bürgerrechtsstatus der Juden vor Augen.[100]

Christus tritt im Epheserbrief eindeutig an die Stelle des Kaisers. Christus schafft den Frieden. Dadurch hat der Frieden, von dem der Epheserbrief spricht, auch eine politische Funktion. Das ist das Ergebnis der Untersuchung von E. Faust: Der Friedensstifter ist ein „Alternativentwurf zum kaiserlichen Friedensstifter."[101]

> Christus integriert Juden und Heiden in den gemeinsamen Frieden seines Leibes, der zugleich eine gemeinsame Politeia ist (2,19b), auf eine Weise, daß den ehemaligen Juden daraus kein Achtungsverlust erwächst, ganz im Gegenteil besitzen sie sogar einen Achtungsvorsprung (2,19ff.).

Christus tötete die Feindschaft am Kreuz, dann kam er, um den Frieden zwischen Heiden und Juden zu proklamieren. Das geschah parallel zu den Ereignissen am Ende des Jüdischen Kriegs. Der flavische Kaiser Vespasian hatte mit Hilfe seines Sohnes Titus die Feinde getötet – um Jerusalem herum an unzähligen Kreuzen, danach kam er zum offiziellen Triumphadvent in Rom 71 n.Chr. an und proklamierte den universalen Frieden im Reich in einem Triumphzug.

———

98 Vgl, die Inschrift von Priene (OGIS 458 bei Stefan Schreiber, Weihnachtspolitik. Lukas 1–2 und das Goldene Zeitalter, NTOA 82, Göttingen 2009, 122–127.

99 Eberhard Faust, Pax Christi et Pax Caesaris, 315–324.

100 Peter Stuhlmacher, ‚Er ist unser Friede' (Eph 2,14). Zur Exegese und Bedeutung von Eph 2,14–18, in: J. Gnilka (Hrsg.), Neues Testament und Kirche, FS R. Schnackenburg, Freiburg i.Br. 1974, 337–358.

101 Eberhard Faust, Pax Christi et Pax Caesaris, 457.

> Doch anders als in der politischen Ereignisfolge hat Christus nach E 2 (sc. Eph 2) die Feindschaft selbst am Kreuz getötet, nicht etwa menschliche Feinde ... Man ist versucht zu sagen: Christus hat damit in größerer Vollständigkeit erreicht, wozu auch der Kaiser mit der Vernichtung des Zentralkults und der Umwidmung der einstigen Tempelsteuer angesetzt hatte.[102]

Während die Pax Romana die ganze Gesellschaft umgreift, wird die Pax Christi nur in kleinen Gruppen realisiert. Aber diese Gruppen verstehen sich als Vorläufer der ganzen Menschheit. Gleichzeitig wertet der Paulusschüler das Bild vom Krieg um: Auch die Christen führen einen Krieg, aber es ist ein geistlicher Krieg. Sie kämpfen in ihm für das „Evangelium des *Friedens*" (Eph 6,15). Ihr Schwert ist allein das „*Wort* Gottes" (6,17).

4.3 Der Friede Gottes im lukanischen Doppelwerk: Modell für den Frieden in der Gemeinde und in der Welt

Bei Paulus und im Epheserbrief finden wir indirekte Hinweise darauf, dass der soziale Frieden in der Gemeinde reale politische Folgen hat. Aber nur einmal wird im Neuen Testament direkt gesagt, dass die Friedensbotschaft Jesu reale Auswirkungen für den Frieden in der Welt hat: im Lukasevangelium. Sein Verfasser ist wie der Verfasser des Epheserbriefs ein Bewunderer des Paulus. Das Friedensthema kommt darin an wichtigen Stellen vor.

Es bestimmt schon die Kindheitsgeschichten im LkEv. Sie kündigen Jesus als den erwarteten davidischen König an, der sein Volk vor seinen Feinden retten wird und ihre „Füße auf den Weg des *Friedens*" richten wird (Lk 1,68–79). Die Engel verkündigen den „*Frieden* auf Erden" den Menschen, die Gott erwählt hat (Lk 2,14). Mit Jesus beginnt eine Zeit, die mit Motiven des „Goldenen Zeitalters" dargestellt wird, also eines Zeitalters, das für Andere im römischen Kaiserreich seit Augustus realisiert war.[103] Als Simeon das Jesuskind gesehen hat, sagt er: „Herr, nun lässt du deinen Diener in *Frieden* fahren" (Lk 2,29). Das Licht, das mit ihm aufgeht, wird Israel und die Heiden in gleicher Weise erleuchten, Nun betont aber gerade das Lukasevangelium, dass der neue König aus dem Hause Davids während der Herrschaft des Kaisers Augustus geboren wurde (Lk 2,1). Dadurch kommt ein spannungserregendes Moment in die Erzählung. Man fragt sich: Wie verhält sich der neue König zum alten Kaiser? Wie verhält sich der Friede, den der neue König bringen soll, zur Pax Romana? Wie verhalten sich seine himmlischen „Heerscharen" (Lk 2,13) zu den Soldaten auf der Erde? Will der Verfasser sagen: Christen sollen sich in die Pax Romana einordnen? Oder sollen sie einen Gegenentwurf zu ihr vertreten?

Der Lukas-Evangelist schreibt unter dem Eindruck des Jüdischen Krieges (Lk 21,20–24). Jesus weint, als er das Schicksal Jerusalems voraussieht. Er for-

---

[102] Eberhard Faust, Pax Christi et Pax Caesaris, 457f.

[103] Ausführlich dazu: Stefan Schreiber, Weihnachtspolitik. Lukas 1–2 und das Goldene Zeitalter, NTOA 82, Göttingen 2009.

dert die Frauen Jerusalems auf, über sich und ihre Kinder zu weinen, weil Jerusalem in diesem Krieg Schreckliches widerfahren wird. Dieser Krieg widerspricht dem in der Weihnachtsbotschaft verheißenen „Frieden auf Erden". Hätte man den Lukas-Evangelisten auf diesen Widerspruch hingewiesen, hätte er vielleicht geantwortet: Die Botschaft Jesu enthielt tatsächlich eine Verheißung des Friedens. Hätten die Menschen diese Botschaft akzeptiert, wäre es nicht zum Jüdischen Krieg gekommen. Genau das sagt Jesus in Lk 19,41–44:

> Und als er nahe hinzukam und die Stadt sah, weinte er über sie und sprach: Wenn doch auch du erkenntest an diesem Tag, was zum Frieden dient! Aber nun ist's vor deinen Augen verborgen. Denn es wird eine Zeit über dich kommen, da werden deine Feinde um dich einen Wall aufwerfen, dich belagern und von allen Seiten bedrängen und werden dich dem Erdboden gleichmachen samt deinen Kindern in dir und keinen Stein auf dem andern lassen in dir, weil du die Zeit nicht erkannt hast, in der du besucht worden bist.

Bevor Jesus dies sagt, haben seine Jünger die Botschaft der Engel in der Weihnachtsgeschichte wiederholt, aber dabei den verheißenen Frieden auf einen Frieden im Himmel beschränkt (Lk 19,37f):

> Und als er schon nahe am Abhang des Ölbergs war, fing die ganze Menge der Jünger an, mit Freuden Gott zu loben mit lauter Stimme über alle Taten, die sie gesehen hatten, und sprachen: Gelobt sei, der da kommt, der König, in dem Namen des Herrn! Friede sei im Himmel und Ehre in der Höhe![104]

Nun kann man fragen: Wenn der Frieden in der politischen Geschichte nicht realisiert wurde, obwohl er eine reale Möglichkeit gewesen wäre, wo kann er überhaupt verwirklicht werden? Wer sind die Menschen, denen Gott den Frieden verheißt? Der Lukas-Evangelist gibt einen Hinweis: Dieser Friede wird in der christlichen Gemeinde verwirklicht. Als der Centurio Cornelius, ein Repräsentant der römischen Armee, Christ wird, sagt Petrus (Apg 10,34–36):

> Nun erfahre ich in Wahrheit, dass Gott die Person nicht ansieht; sondern in jedem Volk, wer ihn fürchtet und Recht tut, der ist ihm angenehm. Er hat das Wort dem Volk Israel gesandt und Frieden verkündigt durch Jesus Christus, welcher ist Herr über alle.

Hier begegnet uns eine ähnliche Idee wie im Epheserbrief: Die Einheit von Heiden und Juden in der christlichen Gemeinde wird „Frieden" genannt. Dieser Friede ist ein sozialer Friede, also nicht nur ein innerer Friede mit Gott. Lukas will ihn nicht auf die Gemeinde beschränken. Er betont, dass Christus Herr über *alle* Menschen ist. Ausgerechnet in einer Erzählung von der Bekehrung eines Soldaten zum Christentum bringt er diese Botschaft.[105] Muss dieser Frieden nicht

———————

[104] Es könnte hier eine Anspielung auf Hiob 25,2 vorliegen: „Herrschaft und Schrecken ist bei ihm, der Frieden schafft in seinen Höhen." Die Vorstellung, dass im Himmel Frieden erst geschaffen werden muss, war schon den Übersetzern der LXX fremd. Hier stellt Gott nicht Frieden in der Höhe her, sondern er ist derjenige, „der das All schafft in der Höhe". Vgl. William Klassen, Art. Peace, ABD 5 (1992) 209. Lk 19,38 kann man auch übersetzen mit: „Frieden ist im Himmel".

[105] Die Beziehung der lukanischen Friedensauffassung zur Pax Romana wurde oft registriert: José Comblin, La paix dans la théologie de Saint Luc, EThL 32 (1956) 439–460,

politische Relevanz haben? Ist hier ein Frieden im Blick, der in Konkurrenz und in Konflikt mit der Pax Romana steht?

Lk schildert die Geburtsgeschichte Jesu als Beginn einer neuen weltgeschichtlichen Epoche. Dazu passt, dass nur er der Geschichte von Jesus in der Apostelgeschichte eine Geschichte der Christen folgen lässt, in der die „Hoffnung Israels“ (Apg 28,20) in Erfüllung geht. Der Abbruch der Apostelgeschichte deutet an: Diese Geschichte geht weiter. Sie ist offen. Obwohl die Erfüllung der Verheißungen schon jetzt im Rahmen des Römischen Reichs beginnt, kritisiert Lukas es in einem Punkt mit großer Klarheit. Er lehnt strikt die Apotheose von Menschen ab, vor allem die aktiv angestrebte Selbstapotheose von Herrschern. In der Versuchungsgeschichte Jesu wird sie als eine satanische Versuchung entlarvt. Der Jesus, der die Herrschaft über die Welt ablehnt, wird in ihr zum Gegenbild des Kaisers (Lk 4,1–13).[106] Aber auch die passive Hinnahme einer Apotheose wird scharf kritisiert. Menschen müssen sie unbedingt ablehnen. Weil Agrippa I. es nicht tut, wird er von Gott mit dem Tod gestraft (Apg 12,19–23). Sowohl die Versuchungsgeschichte Jesu wie der Tod des Agrippa zeigen: Die Kritik des Lukas zielt eindeutig auf politische Herrscher. Die Apostel sind positive Gegenbilder zu ihnen. Paulus und Barnabas lehnen ihre öffentliche kultische Verehrung durch Opfer in Lystra ab (Apg 14,8–18). Etwas anders werden Apotheosen im Privaten behandelt: Petrus wird kniefällig von Cornelius verehrt (Apg 10,25), Paulus und Silas vom Kerkermeister in Philippi (Apg 16,29). Diese Apotheose wird durch die Apostel abgelehnt. Ihre Verehrer sind Menschen auf dem Weg zum Christentum. Ihr Irrtum dient dazu, sie über den Unterschied zwischen Heidentum und Christentum aufzuklären. Freilich kennt Lukas auch eine Apotheose, die er geschehen lässt, ohne ihr direkt zu widersprechen. Sie widerfährt Paulus auf Malta, ohne dass Paulus etwas davon erfährt. Die Malteser meinen, Paulus sei als entlarvter Übeltäter dem Tode geweiht, weil er von einer Schlange gebissen wurde. Als er wider Erwarten überlebt, verfallen sie ins Gegenteil und meinen, er sei „ein Gott“ (Apg 28,1–6). Diese Geschichte soll Christen ermutigen, wenn sie von ihrer Umwelt schroff abgelehnt werden. Sie sollen dann wissen: Unwissende Mitmenschen, die ihnen den Tod wünschen, können ihre Meinung plötzlich ändern, aber ihre positive Einstellung zu den Christen ist auch dann

---

hält einen unbewussten Einfluss der Pax Romana auf das Friedenskonzept des lukanischen Doppelwerks für möglich. Hubert Frankemölle, Friede und Schwert, Mainz 1983, 85–97, sieht zwischen dem Frieden bei Lukas und der Pax Romana einen Gegensatz, Klaus Wengst, Pax Romana, 112–113, hält Lukas dagegen für einen Apologeten der römischen Ordnung. Die wiederholte Ablehnung der Apotheose von Menschen im lk Doppelwerk spricht m.E. eindeutig für eine bewusste Spannung zum Imperium Romanum.

[106] Gerd Theißen, Lokalkolorit und Zeitgeschichte in den Evangelien, 215–232: Die Versuchungsgeschichte könnte m.E. als Kritik an der Selbstapotheose des Kaisers Gaius Caligula entstanden sein. Sie ist für das LkEv schon eine Tradition.

noch so falsch wie ihre vorherige Ablehnung.[107] Insgesamt besteht kein Zweifel: Jede Apotheose von Menschen ist abzulehnen.

Damit kommt der Verfasser des lukanischen Doppelwerks in einen grundsätzlichen Konflikt mit dem Römischen Reich. Er ist sich dessen bewusst, dass die von ihm scharf abgelehnte Apotheose von Menschen ein Politikum ist. Zweimal betont er, dass man Gott mehr gehorchen muss als Menschen (Apg 4,19; 5,29). Er betont als der einzige neutestamentliche Autor: Der verheißene Friede hätte schon hier und jetzt reale politische Auswirkungen haben können. Er hätte den Jüdischen Krieg verhindert. Aber schon vor diesem Krieg war bei Paulus die Sehnsucht nach einer Überwindung der Spannungen zwischen Juden und Heiden lebendig. Nach dem Jüdischen Krieg wirkte sie in seinen Nachfolgern weiter, im Epheserbrief in der Form, dass der Friede Christi zum Gegenbild zur Pax Romana wird, im lukanischen Doppelwerk in der Form, dass mit Christus die Erfüllung des Traums vom Frieden des Goldenen Zeitalters, der *aurea aetas*, beginnt. Christus konkurriert mit Augustus. Aber kein Kaiser kann den Frieden bringen. Für den Verfasser des lukanischen Doppelwerks sind alle Kaiser kompromittiert, weil sie göttlichen Status für sich beanspruchen – in Rom anfangs zwar nur als Apotheose nach ihrem Tode, in den Provinzen aber schon zu ihren Lebzeiten. Deutlicher als in der Parallele im MtEv wird der Satan in der Versuchungsgeschichte des LkEv nach dem Modell der Kaiser dargestellt. Er bietet Jesus nicht nur alle Macht auf Erden an, sondern begründet das damit, dass ihm diese Macht gehört und er sie geben kann, wem er will (Lk 4,6). Das trifft so nur auf den Kaiser zu. Die Verkündigung und Geschichte Jesu ist ein Gegenbild zu ihm.[108]

4.4 Der Friede Gottes im Johannesevangelium: Gegenbild zum Frieden der Welt

Im Johannesevangelium ist der Frieden in der Gemeinde kein Modellentwurf für die ganze Gesellschaft, sondern ein Gegenentwurf zur Welt. Jesus sagt am Ende

———

[107] Vgl. zu allen Apotheosen Ilze Kezbere, Umstrittener Monotheismus. Wahre und falsche Apotheose im lukanischen Doppelwerk, NTOA 60, Fribourg/Göttingen 2006. Zur Apotheose in Malta S. 188–203. Der Erzähler betont zweimal, dass es sich um „Barbaren" handelt, womit er die unverständliche Sprache der Inselbewohner meint. Paulus kann schon aus sprachlichen Gründen nicht verstehen, was die einfachen Menschen auf der Insel über ihn sagen. Die Apotheose vollzieht sich hier auch nicht in wahrnehmbaren kultischen Handlungen etwa durch Proskynese, Opfer oder Akklamation. Darin unterscheidet sie sich von den bisherigen Apotheosen. Paulus wird am Ende mit allem versehen, wessen er *bedarf*. Götter wären bedürfnislos. Paulus ist ein Mensch.

[108] Stefan Schreiber, Weihnachtspolitik, 104, nimmt aufgrund seiner Auslegung des lukanischen Doppelwerks im Nachwort als katholischer Theologe deutlich Stellung zur aktuellen christlichen Friedensethik und Friedenspolitik: „Folgt man Lukas, wird für Christen die Verwirklichung von Friedensstrukturen zum Ernstfall, zur Bewährungsprobe. Lange Zeit verordneten Kirchen und Theologen den Christen eher politische Zurückhaltung. Von Lukas kann man lernen – unter Wahrung der die je unterschiedlichen Möglichkeiten offener Rede berücksichtigenden hermeneutischen Distanz – dass Christen in aller Deutlichkeit vor der Öffentlichkeit Stellung beziehen dürfen und sollen – mit einer klaren Option für Frieden und soziale Gerechtigkeit und gegen jede Form des Krieges. An die Stelle politischer ‚Neutralität' treten Formen *aktiver* Gestaltung von Friedensräumen."

der ersten Abschiedsrede: „Den Frieden lasse ich euch, meinen Frieden gebe ich euch. Nicht gebe ich euch, wie die Welt gibt“ (Joh 14,27). Der Friede, den die Welt gibt, ist m.E. die Pax Romana. Jedoch wird das von einem exzellenten Ausleger des Johannesevangeliums bestritten.[109] M.E. kann man aber drei Beobachtungen für diese These anführen.

Die erste Beobachtung ist: Nachdem Jesus seinen Frieden mit dem Frieden der Welt kontrastiert hat, kündigt er den „Fürsten der Welt“, den Satan, an. Darauf kommt Judas zusammen mit Soldaten, um Jesus festzunehmen. Diese Soldaten bestehen aus zwei Gruppen, einerseits einer Kohorte (*speîra*), andererseits den Dienern der Hohepriester und der Pharisäer (Joh 18,3). Etwas später wird zwischen diesen Gruppen klarer differenziert: „Die Kohorte (*speîra*) und der Chiliarch und die Diener der Juden nahmen Jesus fest“ (18,12). Wenn einige Soldaten „Diener der Juden“ sind, können die Kohorte und der Chiliarch nicht deren Diener sein, sondern sind Angehörige der römischen Truppe. Das aber bedeutet, dass Judas eine römische Kohorte kommandiert. Er handelt im Auftrag des Herrschers der Welt. Wenn der „Herrscher der Welt“ über eine römische Kohorte verfügt, so steckt hinter dieser mythischen Figur der römische Kaiser.[110]

Die zweite Beobachtung bietet das Verhör Jesu vor Pilatus. Jesus kontrastiert zwei Königreiche, wenn er sagt: „Mein Königreich ist nicht von dieser Welt. Wenn es von dieser Welt wäre, würden meine Leute kämpfen“ (Joh 18,36). Hier ist Pilatus der Repräsentant des Königreichs, das von dieser Welt ist. Der entscheidende Unterschied zu Jesus ist, dass er über Soldaten verfügt und mit Waffen seinen Willen durchsetzt. Das Königreich der *Welt* ist das Imperium Romanum. Dann aber denkt der johanneische Jesus an die Pax Romana, wenn er seinen Frieden mit dem Frieden kontrastiert, den die *Welt* gibt (Joh 14,27).

Die dritte Beobachtung betrifft eine kleine sprachliche Wendung. Johannes spricht nicht einfach vom „Frieden der Welt“, sondern vom „Frieden, den die

---

[109] Rudolf Schnackenburg, Das Johannesevangelium III. Teil, Kap. 13–21, Freiburg/Basel/Wien ³1979, 97: „Nichts deutet drauf hin, daß Joh an die Pax Romana oder an sonstigen Frieden dächte, den die Welt geben könnte; der Kosmos ist für ihn ein dem Frieden Christi verschlossener Raum.“ Die oben vertretene These besagt dagegen: Der Frieden Christi ist Gegensatz zum Frieden der Welt. Die Pax Romana ist ihr Gegensatz.

[110] Das JohEv nennt den Satan den „Herrscher der Welt“ (Joh 12,31; 14,30; 16,11). Erst nachdem dieser Satan in Judas hineingefahren ist, um Jesus ans Kreuz zu bringen (13,27), wird Judas in Joh 14,30 als „Herrscher der Welt“ angekündigt und kann in Joh 18,3 „eine Kohorte nehmen“, um Jesus zu inhaftieren. Die jüdische Aristokratie betreibt dem Weltherrscher zuliebe Jesu Tod. Sie erpresst Pilatus mit dem Ziel, Jesus hinzurichten, mit dem Argument: Dieser hat sich selbst zum König gemacht. Wenn du ihn freilässt, bist du kein Freund des Kaisers mehr (19,12). Weil die jüdischen Ankläger Jesu behaupten, nur einen König zu haben, nämlich den Kaiser, lehnen sie Jesus ab (19,15). Das entscheidende Argument gegen Jesus, das den Ausschlag zu seiner Tötung gibt, ist ihre Loyalität gegenüber dem Kaiser. Das JohEv versucht, mit dieser Konstruktion begreiflich zu machen, wie es zum Tode Jesu kam. Nicht „die Juden“, von denen das Evangelium immer wieder viel zu pauschal spricht, sind die Ursache dieses Todes, sondern Juden, sofern sie in Abhängigkeit vom Herrscher dieser Welt geraten sind. Der Satan ist eine symbolische Verdichtung der Abhängigkeit von der Macht der Römer.

Welt *gibt*". Er benutzt das Verb „geben" (*didōmi*) dabei dreimal. Es gibt in der antiken und biblischen Literatur nicht viele Parallelen zur Wendung „Frieden geben". Die nächsten Parallelen bestehen in dem lateinischen Ausdruck *dare pacem.*[111] Ovid sagt von Augustus „*Pace data terris*" (Mer 15,832). Wahrscheinlich handelt es sich um einen Terminus technicus der juridischen und politischen Sprache Roms.[112]

Wir finden im JohEv eine Opposition zwischen der Pax Christi und der Pax Romana. Beide sind einander entgegengesetzt, was dem johanneischen Dualismus entspricht dem. Die christliche Gemeinde versteht sich als Gegengesellschaft zur Welt. Die Johannesapokalypse vertritt dagegen einen anderen Typ des Dualismus: Hier kommt es zu einem Krieg zwischen den Mächten des Guten und des Bösen. Die JohApk dokumentiert, wie in der so „friedlichen" christlichen Gemeinde eine ungeheure Aggressivität aufleben konnte. Schlummerte unter der Oberfläche einer friedlichen Gesinnung vielleicht weit mehr Aggressivität, als wir wahrhaben wollen?

Die Friedensbotschaft des JohEv ist zwar nicht von dieser Welt, aber auch sie will in die Welt hineinwirken, weil die Gemeinde durch die in ihr wirksame Liebe ein Modell für diese Welt ist. Die Liebe ist gegenseitige Liebe in der Gemeinde, aber an dieser Liebe will die joh Gemeinde in der Welt erkannt werden. Jesus sagt in der ersten Abschiedsrede: „Ein neues Gebot gebe ich euch, dass ihr euch einander liebt, wie ich euch geliebt habe, damit auch ihr einander lieb habt. *Darum wird jedermann erkennen, dass ihr meine Jünger seid, wenn ihr Liebe untereinander habt*" (Joh 13,34f).

5. Ergebnisse:
Friedensbilder und Kriegserfahrung

Fassen wir einige der Ergebnisse zusammen: Reale Kriegserfahrungen und theologische Friedensentwürfe sind im Urchristentum eng verbunden. Es begann mit der Verkündigung Jesu in einer friedlichen Zeit zwischen Kriegen und Aufständen. In dieser Zeit hatte der Frieden eine Chance. Jesus konnte daher die Verkündigung der Gottesherrschaft und des Menschensohns in einem „pazifistischen" Sinne umformen. Die Gottesherrschaft setzt sich nicht in Form eines militärischen Sieges über die Feinde durch, sondern führt verfeindete Gruppen zusammen. Auch Heiden strömen in sie hinein. Die nach Jesu Tod entstandenen urchristlichen Gemeinden konnten sich außerhalb der Provinzen Judäa und Galiläa in kleinen Nischen entfalten, in denen sie keinen Kriegsdienst leisten mussten und von Kriegen verschont blieben. Die Pax Romana war für sie ein Schutzraum.

---

[111] Liv. III 2,2; III 24,10; V 27,15; Ovid met 15,832. Im biblischen Traditionsbereich finden sich nur wenige Stellen: Gott gibt Frieden (LXX Hag 2,9; TestDan 5,9.11), ebenso Jesus (Lk 12,51).

[112] So Erich Dinkler, Art. Friede, RAC 8 (1972) 442: „Der Sieger setzt eben den F., verfügt und stiftet ihn, indem er conditiones u. leges pacis auferlegt. Die besonders bei Caesar häufige Verbform pacare wird also in der Redeform pacem dare interpretiert. Wir haben eine feststehende politisch-rechtliche Wendung darin zu erblicken."

Aber gleichzeitig wurden ihre Ursprungsländer Judäa und Galiläa 66–70 von einem Krieg verwüstet, der mit einer allgemeinen Krise des Römischen Reichs zusammenfiel. Der Jüdische Krieg war in der Geschichte des Urchristentums ein Einschnitt, denn durch die Zerstörung des Tempels verloren Juden und Christen ihre gemeinsame Kultstätte. Damit wurde eine definitive Trennung von Juden und Christen eingeleitet. Mit dem Jüdischen Krieg und seinen Folgen mussten sich die christlichen Gemeinden intensiv auseinandersetzen. Dieses Ereignis hat die Friedensvorstellungen des Neuen Testaments geprägt. Schon Paulus entwickelt nicht nur theologische Konzepte eines inneren Friedens in der Gemeinde, sondern wurde durch sie zu einer Friedensmission motiviert: Er reiste nach Jerusalem in der Hoffnung, dass sich der Tempel auch für Heiden öffnen wird – dass dadurch eine der religiösen Ursachen des Jüdischen Krieges entfiele, der religiös bedingte Gegensatz zwischen Juden und Nichtjuden. Der Epheserbrief entwarf gegen die durch Krieg erzwungene Pax Romana ein Gegenbild des Friedens, den nicht der Kaiser, sondern Christus stiftet, um die kriegführenden Parteien auf Dauer zu versöhnen. Das lukanische Doppelwerk sieht im Christentum eine neue Epoche der Geschichte, in der Träume vom Goldenen Zeitalter des Friedens ansatzweise in Erfüllung gehen. Es ist überzeugt: Hätte Jesus mit seiner Botschaft mehr Resonanz gefunden, so wäre der Jüdische Krieg vermieden worden. Das JohEv teilt diesen Optimismus nicht. Sein Bild des Friedens in der Gemeinde ist ein Gegenbild zur Friedlosigkeit der Welt. Die Johannesapokalypse reagiert auf den Jüdischen Krieg mit aggressiven mythischen Phantasien. Sie zeigt: Der Jüdische Krieg war für viele im Urchristentum ein Trauma, an dem sie sich in Friedenskonzepten abarbeiteten. Je friedlicher sich die ersten Christen in kleinen Nischen des Römischen Reiches entfalten konnten, umso mehr musste sie der Einbruch des Kriegs erschüttern. Ein wichtiges Ergebnis unserer Untersuchung ist auf jeden Fall: Die Friedenskonzepte des Neuen Testaments sind Auseinandersetzungen mit realen Kriegserfahrungen.

Was können wir aus solchen historischen und exegetischen Analysen des Urchristentums und seiner Ideen lernen? Die folgenden Thesen lassen sich dabei nicht aus der historischen Analyse ableiten, sind aber von ihr inspiriert.

1. Wir können bei Jesus beobachten, wie zugespitzte Katastrophenerwartungen des Täufers in eine Zuversicht der Gnade umschlagen können. Jeder Tag, an dem eine selbstverursachte Katastrophe nicht eintritt, ist eine Zeit der Gnade und eine Chance zur Umkehr. Unsere gegenwärtige Situation kann für diese biblische Situation transparent werden: Angesichts der Wahrscheinlichkeit einer selbstverursachten Katastrophe durch Krieg sollte jede friedliche Zeit vorher als Zeit der Gnade verstanden werden, die man zur Verhaltensänderung nutzen sollte. Es ist im Grunde immer wieder ein Wunder, dass trotz der gut bezeugten Bereitschaft des Menschen, Konflikte mit Gewalt zu lösen, die ganz große Katastrophe bisher ausgeblieben ist – auch wenn die „kleinen“ Katastrophen von Kriegen für alle Betroffenen sehr große Katastrophen waren.

2. Die Friedensbotschaft des Urchristentums hat ihren Ursprung in einem neuen Gottesverständnis, in dessen Lichte kriegsfördernde Spannungen zwischen Juden und Heiden überwunden wurden oder als überwindbar erschienen. Die christliche Theologie hat heute die Verpflichtung, ihr Gottesverständnis daraufhin zu überprüfen, ob Gott wirklich als Gott aller Menschen verstanden wird: als Gott der Christen und Juden, aber auch der Moslems und Hindus, der Marxisten und Liberalen. Da religiöse Überzeugungen an vielen Stellen kriegsverschärfende, manchmal sogar kriegsauslösende Faktoren sind, haben wir die Aufgabe, unsere Überzeugungen auf ihre „Friedensfähigkeit" hin zu überprüfen. Der interreligiöse Dialog ist eine Friedensaufgabe.
3. Die Friedensbotschaft des Urchristentums wird nicht nur proklamiert, sondern modellhaft in den Gemeinden praktiziert. Der Friedensgedanke wird dabei entmilitarisiert, aber nicht entpolitisiert. Er wird nicht nur in einen inneren Frieden des Menschen mit Gott transformiert, sondern in einen sozialen Frieden in kleinen Gemeinden, in denen Juden und Heiden friedlich zusammenleben – auch in einer Zeit, in der Krieg zwischen ihnen herrschte. Auch heute muss die Kirche sich darum bemühen, ein Modell des Friedens darzustellen, d.h. sie muss z.B. ihre innere Struktur unabhängig von kriegsträchtigen Spannungen zwischen Ost und West, Nord und Süd gestalten. Die Kirche muss ökumenisch sein bzw. werden. Sie ist auf der ganzen Welt verbreitet und sie kann in sich die Perspektiven vieler verschiedener Völker vereinen.
4. Wir müssen erkennen: Die pazifistischen Verhaltensweisen des Urchristentums standen in einem funktionalen Zusammenhang mit dem Schutz, den die Legionen herstellten. Die militärisch gesicherte Pax Romana war die Bedingung der Möglichkeit für das Entstehen einer pazifistischen Subkultur. Auch heute ist jedes Bemühen um den Frieden von effektiv organisierten politischen und militärischen Sicherheitssystemen abhängig. Christen können die Gestaltung dieser Sicherheitssysteme nicht anderen Menschen überlassen. Es wird dabei immer strittig sein, wie unsere Sicherheitssysteme am effektivsten organisiert werden sollen. Ein radikaler christlicher Pazifismus ist nur in gesellschaftlichen Nischen möglich. Es wäre schlimm, wenn in unserer Gesellschaft solche Nischen nicht existierten. Sie haben die Aufgabe, uns immer wieder an das gemeinsame Ziel zu erinnern, einen dauerhaften Frieden herbeizuführen. Aber wir können nicht ein in solchen Nischen mögliches Verhalten zur allgemeinen Norm erheben. Insbesondere kann der Frieden nicht gegen die Soldaten, sondern unter den gegenwärtigen Bedingungen nur mit ihnen realisiert werden. Das lukanische Doppelwerk enthält eine Friedensbotschaft, die vom Frieden auf Erden spricht. Es engagiert dabei ausgerechnet einen Soldaten, den Centurio Cornelius, um diesen Frieden in der Gemeinde zeichenhaft Gestalt werden zu lassen.

In jedem Fall ist das Urchristentum eine starke Ermutigung bei der Suche nach Quellen eines friedensfördernden Verhaltens, das unabhängig von den fragilen Abschreckungssystemen moderner Waffen ist. Wären wir ausschließlich von diesen abhängig, wäre unsere Situation sehr düster. Aber unter dem Druck moderner Waffensysteme können wir vielleicht andere historische, ethische und religiöse Quellen eines friedensfördernden Verhaltens aktivieren, die bisher nie voll zur Geltung gekommen sind.

3

Aggression und Aggressionsbearbeitung im Neuen Testament

Gerd Theißen

Aufgeklärte Zeitgenossen stehen der Religion ambivalent gegenüber. Viele sehen in ihr ein sehr viel größeres Aggressions- als Friedenspotenzial, obwohl große Teile der Friedensbewegung christlich motiviert sind. Aber es gibt zweifellos aggressive Strömungen in vielen Religionen, die als Brandbeschleuniger in Konflikten wirken. Man denke an Konflikte zwischen Protestanten und Katholiken in Nordirland, Schiiten und Sunniten im Nahen Osten, islamische und hinduistische Gruppen in Indien, Muslime und Buddhisten in Myanmar. In allen Religionen gibt es Gegentendenzen, die auf Konfliktlösungen und Frieden hinarbeiten. Im Christentum haben beide Tendenzen einen Anhalt in der Bibel, denn in ihr stehen aggressive und nicht-aggressive Texte dicht nebeneinander. Drei Beispiele sollen das Problem verdeutlichen.

Das erste Beispiel ist das Nächstenliebegebot im Heiligkeitsgesetz: „Du sollst deinen Nächsten lieben wie dich selbst; ich bin der Herr" (Lev 19,18). Derselbe Herr verheißt im nächsten Kapitel die ethnische Säuberung des Landes von allen anderen Völkern (Lev 20,23). Beides ist vereinbar: Abgrenzung nach außen kann den Zusammenhalt im Innern fördern. Beides liegt im Text auf verschiedener Ebene: Die Solidarität gegenüber dem Nächsten begegnet als Gebot, die Vertreibung der Fremden als Verheißung. Das eine soll der Mensch tun, das andere erwartet er von Gott. An anderer Stelle in der Bibel werden ethnische Vertreibungen aber auch geboten: Das Deuteronomium verbindet eine beeindruckende Solidarethik gegenüber dem Fremden im eigenen Land (Dtn 10,18f; 14,28f; 16,11; 24,14.17.19) mit der Aufforderung zur Vertreibung der Ureinwohner. Dieses Vertreibungsgebot bezieht sich zwar nicht auf die gegenwärtigen Fremden, es rechtfertigt vielmehr schon geschehene Vertreibungen in lange zurückliegenden Zeiten. Diese Vertreibungen haben so nie stattgefunden, da die Einwanderung der israelitischen Stämme in Palästina weitgehend friedlich geschah. Es ist gewiss kein Zufall, dass Abraham, Isaak und Jakob als Einwanderer dargestellt werden, die mit ihren Nachbarn in Frieden leben wollen. Aber da im Deuteronomium solch ein Vertreibungsgebot das Leben Israels im seinem Land rechtfertigte, konnte es immer wieder gegen fremde Völker reaktiviert werden (Dtn 7,1–26). Die vom Deuteronomium geforderte Solidarität beschränkt sich eindeutig auf das eigene Volk und die jetzt lebenden Fremden im Volk. Gerade deshalb ist es angesichts starker Spannungen mit den umliegenden Völkern bemerkenswert, wenn es heißt: Gott liebt den Fremden (Dtn 10,18f).

Man könnte nun sagen, im Neuen Testament werde die Grenze zwischen dem eigenen Volk und den Fremden überwunden, Solidarität werde über interne Binnenbeziehungen hinaus auf alle ausgedehnt – selbst auf die Feinde: „Liebet eure Feinde; tut wohl denen, die euch hassen; segnet, die euch verfluchen …" (Lk

6,27f). Aber im selben Evangelium geht in einem poetischen Text und damit gewiss in einer imaginären Welt der Herr wenig liebevoll mit seinen Feinden um. Am Schluss des Gleichnisses von den Talenten befiehlt er: „Doch diese meine Feinde, die nicht wollten, dass ich ihr König werde, bringt her und macht sie vor mir nieder“ (Lk 19,27). Dies ist ein Bild für das Jüngste Gericht. Gerichtsvorstellungen im Neuen Testament sind aggressiv. Sie wollen „Heulen und Zähneklappern“ (Mt 8,12 u.ö.) verursachen. Die Verpflichtung zur Aggressionsüberwindung (im Ethos) und eine poetisch imaginierte Aggressivität (im Mythos) stehen im Neuen Testament dicht nebeneinander.

Natürlich handelt es sich hier um verschiedene Texte und Gattungen, vielleicht sogar um verschiedene Strömungen im Urchristentum. Aber wir finden auch Bilder prosozialen Verhaltens und aggressive Phantasien in ein und demselben Text ineinander verwoben. Das zeigt das dritte Beispiel: In der Vision vom Gericht des Menschensohns in Mt 25 versammelt der Richter alle Menschen vor seinem Richterstuhl. Kriterium seines Gerichts ist, dass Menschen Hungernde und Durstende speisen, Fremde beherbergen und Nackte kleiden, Kranke und Gefangene besuchen. Der Richter identifiziert sich mit den Hilfsbedürftigen: „Was ihr getan habt einem von diesen meinen geringsten Brüdern, das habt ihr mit getan“ (Mt 25,40). Der Text ist bis heute ein Grundtext der Menschlichkeit. Der moderne Leser liest den Gesamttext dennoch mit gemischten Gefühlen: Denn derselbe Richter urteilt über die anderen: „Geht weg von mir, ihr Verfluchten, in das ewige Feuer, das bereitet ist dem Teufel und seinen Engeln!“ (25,41). Ein Zentraltext christlicher Mitmenschlichkeit enthält die Terrorvision ewiger Strafen für Menschen, die nicht einmal außergewöhnliche Verbrechen begangen, sondern elementare Hilfeleistungen unterlassen haben.

Die drei Texte mit einer Verbindung von aggressiven und nicht-aggressiven Aussagen zeigen auf jeden Fall: Aggression wird in verschiedenen Textsorten und Gattungen und in verschiedener Weise zum Ausdruck gebracht, was man anhand der drei Ausdrucksformen von Religion, also anhand von Ethos, Mythos und Ritus, zeigen kann. Dazu seien vorweg drei Hypothesen formuliert:

1. Das Ethos der ersten Christen ist betont nicht-aggressiv. Es hat einen friedlichen Zug. Chancen für solch ein nicht-aggressives Ethos sind in der Zeit- und Sozialgeschichte des Urchristentums begründet.
2. Der Mythos der ersten Christen ist voll Aggressivität in ihren Glaubensvorstellungen vom Handeln Gottes, vom Wirken der Dämonen und des Teufels. Das gilt besonders von den Bildern vom jüngsten Gericht, vom Sühnetod Christi oder von der Vernichtung satanischer Geistermächte.
3. Der Ritus der ersten Christen verbindet Gewaltreduktion im Verhalten und Gewaltzunahme in der Imagination: Die urchristlichen Riten lösen die blutigen Opfer ab. Aber in der Imagination beleben sie ein längst überholt geglaubtes Opfer neu: das Menschenopfer.

Aus diesen drei Teilhypothesen lässt sich eine Gesamthypothese formulieren: Charakteristisch für das Urchristentum ist eine Verringerung von Aggression im Ethos, eine Zunahme von Aggressivität in den Glaubensvorstellungen und eine Verschränkung beider Tendenzen im Ritus. In dieser These wird zwischen Aggression und Aggressivität unterschieden. Unter Aggression ist jedes Verhalten zu verstehen, das andere Menschen schädigt, sei es durch physische Gewalt oder durch psychische Verletzungen. Es kann sich dabei um „kalte“ Aggression ohne emotionale Feindseligkeit oder um „heiße“ Aggression mit Feindseligkeit handeln. Aggression meint das ganze Verhalten, Aggressivität darin speziell die aggressive Motivation und Emotion. Diesen Unterschied hat man im Blick, wenn man zwischen instrumenteller und expressiver Aggression unterscheidet,[113] zwischen einer Aggression, die durch zweckhaftes Handeln andere zu etwas zwingt, und Aggressivität als Motivation und Emotion, die in Worten, Gesten und inneren Bildern zum Ausdruck kommt und nicht unbedingt in Handlungen umgesetzt werden muss. Imaginierte Aggression ist expressive Aggression im Inneren des Menschen. Potentiell kann der Mensch instrumentelle und expressive Aggression entkoppeln. Er kann Aggressivität als Emotion, als Wut und Zorn, zum Ausdruck bringen – und manchmal gerade deshalb auf aggressive Handlungen verzichten. Aber er kann auch beides, Emotion und Handlung miteinander verbinden.

Dabei sollte man nicht nur von modernen Aggressionstheorien ausgehen. Denn es gab schon in der Antike einen Diskurs über Aggression und Aggressivität, nämlich die antike Theorie der Affekte. Sie wird zwar im Neuen Testament nirgendwo als Gesamttheorie rezipiert, wir finden aber hin und wieder Fragmente eines Echos der antiken Reflexion über die Affekte. Verwiesen sei insbesondere auf die Arbeiten von Petra v. Gemünden zu den Affekten und zum Zorn.[114]

Soldaten müssen Aggression instrumentell ausüben und dabei ihre Aggressivität kontrollieren. Sie müssen das umso mehr, je mehr sie in der heutigen Situation in friedenserhaltenden und friedenssichernden Missionen eingesetzt werden. Hier sind sie zugleich Helfer für viele Menschen, aber auch Feinde für andere. Dies erfordert von ihnen eine außergewöhnliche Selbstdisziplin. Dieser Aufsatz wird zeigen, dass sie damit mit einem allgemein menschlichen Problem konfrontiert werden, das alle Menschen meistern müssen. Auch eine ihrem Ethos und ihren Zielen nach so friedfertige Gruppe wie die ersten Christen, musste an sich arbeiten, um ihre Aggressionen zu disziplinieren.

---

[113] Wolfgang Michaelis, Verhalten ohne Aggression? Versuch zur Integration der Theorien, Köln 1976.

[114] Petra v. Gemünden, La culture des passions à l'époque du Nouveau Testament. Une contribution théologique et psychologique, ETR 70 (1995) 335–348 = Affektkultivierung in neutestamentlicher Zeit, in: dies., Affekt und Glaube. Studien zur Historischen Psychologie des Frühjudentums und Urchristentums, NTOA 73, Göttingen 2009, 14–51; dies., La gestion de la colère et de l'agression dans l'Antiquité et dans le sermon sur la montagne, Henoch 25, 2003. 19–45 = dies., Affekt und Glaube, 163–189; dies., Die Wertung des Zorns im Jakobusbrief auf dem Hintergrund seines antiken Kontextes und seine Einordnung, in: P. v. Gemünden/ M. Konradt/ G. Theißen, Der Jakobusbrief. Beiträge zur Rehabilitierung der „strohernen Epistel“, BVB 3, Münster 2003, 97–119 = dies., Affekt und Glaube, 190–204.

1. Das Ethos der ersten Christen

Die Bergpredigt vertritt in ihren drei Hauptteilen das antike Anliegen der Autonomie: Sie verlangt im ersten Hauptteil, bestehend aus sechs Antithesen, Souveränität gegenüber aggressiven und sexuellen Affekten (Mt 5,21–48), im zweiten Hauptteil Souveränität gegenüber Sozialkontrolle beim Almosengeben, Beten und Fasten (6,1–18) und im dritten Hauptteil innere Freiheit gegenüber Reichtum und Neid (6,19–7,11). Diese innere Souveränität ist kein Selbstzweck, sondern sie soll den Menschen gemeinschaftsfähig machen. Unser Interesse gilt vor allem dem ersten Hauptteil. In seinen sechs Antithesen handeln drei von Aggression und Aggressionsbewältigung. Sie bilden einen Rahmen um die anderen Antithesen, die sich auf Sexualität, Ehescheidung und Eid beziehen.

Die erste Antithese (Mt 5,21–26) ist eine *Verschärfung* des alttestamentlichen Tötungsverbots. Verworfen wird der Zorn, was geschieht in erster Linie im Interesse der Gemeinschaft steht, um ein gutes Verhältnis zum Bruder zu ermöglichen. Dabei wird der Mensch nicht nur für seinen eigenen Zorn verantwortlich gemacht, sondern auch für die Aggressivität des anderen. Wenn ihm bewusstwird, dass ein anderer etwas gegen ihn hat, soll er sich mit ihm versöhnen, bevor er sein Opfer darbringt. Andernfalls droht ihm das Gericht. Es geschieht aber auch um des Menschen selbst willen: Er verstößt durch Zorn gegen die Forderung der „besseren Gerechtigkeit" (Mt 5,20), durch die Christen das „Licht der Welt" sind (Mt 5,14).

Die fünfte Antithese (Mt 5,38–42) setzt das Talionsgebot „Auge und Auge, Zahn um Zahn" außer Kraft, verlangt dafür aber den Verzicht auf Widerstand. Geboten wird, „dass ihr nicht widerstreben sollt dem Übel; sondern wenn dir jemand auf deine rechte Backe schlägt, dem biete die andere auch dar" (Mt 5,39). Alle Beispiele des Widerstandsverzichts zeigen, wie Menschen aus der Position des Ohnmächtigen heraus anders, als man von ihnen erwartet, reagieren und dabei die Talionsregel umkehren: Sie sollen nicht Gleiches durch Gleiches vergelten, sondern freiwillig noch einmal das Gleiche über das Geforderte hinaus anbieten: die rechte Backe zur linken Backe, das Hemd zum Mantel, die zweite Meile zur ersten hinzu. Insofern ist die fünfte Antithese beides zugleich: Aufhebung der Talionsregel und deren verschärfte Anwendung.

Auch die sechste Antithese (Mt 5,43–48) verbindet Widerspruch und Verschärfung: Sie verschärft das alttestamentliche Gebot der Nächstenliebe zur Feindesliebe, hebt aber gleichzeitig ein in dieser Antithese zitiertes Gebot zum Feindeshass auf, das im Alten Testament so nirgendwo zu finden ist. Dieses Gebot entspricht einem verbreiteten antiken Konsens: Freunde muss man fördern, Feinden schaden![115] Die letzte Antithese wertet die Feindesliebe, die dieser allgemein menschlichen Tendenz widerspricht, als *imitatio dei,* als Nachahmung des Gottes, der seine Sonne über Gute und Böse aufgehen lässt.

Umstritten ist in der Auslegung der fünften Antithese, was der Sinn des Verzichts auf Gegenwehr ist. Geht es darum, den aggressiven Mitmenschen doch

[115] Marius Reiser, Love of Enemies in the Context of Antiquity, NTS 47 (2001) 411–427.

noch zur Besinnung zu bringen? Ist es eine Klugheitsregel, wie man sich auch aus der Position des Schwächeren heraus auf paradoxe Weise durchsetzen kann? Oder ist der Verzicht auf Gegenwehr ein unbedingt gebotenes Handeln – unabhängig von der Reaktion des anderen? Zumindest so viel kann man sagen: Sofern diese Gebote auf Umkehr des anderen zielen, muss ein ihnen entsprechendes Handeln seine Erfolglosigkeit riskieren. Das Risiko der Erfolglosigkeit ist aber kein Verzicht auf Erfolg, die Absicht, auf den anderen einzuwirken, ist vielmehr unverkennbar. Sie lässt sich aus der Komposition der Beispielreihe als ganzer erkennen, an deren Ende eine Aufforderung zum Spenden steht:

> Wenn dich jemand auf deine rechte Backe schlägt,
> dem biete die andere auch dar,
> Und wenn jemand mit dir rechten will und dir deinen Rock nehmen,
> dem lass auch den Mantel.
> Und wenn dich jemand nötigt, eine Meile mitzugehen,
> so gehe mit ihm zwei.
> Gib dem, der dich bittet,
> und wende dich nicht ab von dem, der etwas von dir borgen will.
> (Mt 5,39–42)

Das letzte Beispiel vom Bitten und Spenden scheint nur auf den ersten Blick nicht in den Kontext zu passen. Vor diesem Satz werden Situationen geschildert, in denen ein Mächtiger den Adressaten nötigt. Der Angeredete ist unterlegen, sein Gegner aktiv. Hier dagegen ist der Adressat selbst der Überlegene, der gibt. Er wird von einem anderen angebettelt. Er steht in der Position dessen, der etwas gibt. Wer in der Antike (und auch heute noch) anderen etwas gibt, verpflichtet den Empfänger, d.h. er darf eine Gegenleistung erwarten. Das letzte Beispiel passt als Höhepunkt ausgezeichnet in die Reihe, wenn die vorherigen Beispiele den Gedanken enthalten: Wer freiwillig mehr tut als das Verlangte, verpflichtet den anderen. Er wirkt auf ihn ein. Genau das ist hier auch der Fall. Die hier vorgeschlagene Verhaltensstrategie ist soziologisch eine Strategie „demonstrativer Selbststigmatisierung", psychologisch eine „paradoxe Intervention".

Bei der Strategie der Selbststigmatisierung[116] übernimmt jemand demonstrativ eine Rolle, in der er keine Chance hat, echte soziale Anerkennung zu finden. Er verunsichert dadurch den Gegenspieler: Erstens stellt er die Werte und Regeln infrage, nach denen der andere vorgeht. Allgemeine Regel ist, dass man sich gegen Widerstand durchzusetzen soll, sofern man die Macht dazu hat. Das Opfer verhält sich jedoch demonstrativ nach einer anderen Regel. Es verzichtet auf manifesten Widerstand – und bietet freiwillig mehr, als von ihm verlangt wurde: nicht nur Auge um Auge, sondern Backe zu Backe, nicht nur Zahn um Zahn,

---

[116] Wolfgang Lipp, Stigma und Charisma. Über soziales Grenzverhalten, Schriften zur Kultursoziologie 1, Berlin 1985. Zwei neutestamentliche Arbeiten sind von diesem Konzept inspiriert: Michael N. Ebertz, Das Charisma des Gekreuzigten. Zur Soziologie der Jesusbewegung, WUNT 45, Tübingen 1987; Helmut Mödritzer, Stigma und Charisma im Neuen Testament und seiner Umwelt. Zur Soziologie des Urchristentums, NTOA 28, Fribourg/Göttingen 1994.

sondern das Hemd zum Mantel hinzu. Zweitens verlässt das Opfer die Rolle des passiven Opfers. Wer über das Erwartete hinausgeht, hat ein Stück seiner Freiheit wiedererobert. Wer dem anderen freiwillig gibt, verpflichtet ihn. Er reagiert nicht, er agiert. Eine solche demonstrative Selbststigmatisierung hofft auf Veränderung des Verhaltens: Wer freiwillig etwas anbietet, kann an einen Sinn für Handeln auf Gegenseitigkeit appellieren: Wenn ich dir entgegenkomme – womit kommst du mir entgegen?

Die Beispiele vom Verzicht auf Widerstand sind psychologisch „paradoxe Interventionen".[117] Paradoxe Interventionen werden bisweilen therapeutisch eingesetzt, um Verhalten zu ändern. Sie bestehen in der positiven Verstärkung eines negativen Verhaltens oder einer negativen Einstellung. Wenn etwa ein Student, der nicht die erträumte beste Zensur erhalten hat, exzessiv über die Bosheit der Welt klagt, wird er darin zunächst positiv verstärkt: „Wie erschütternd es ist, dass er nicht die allerbeste Zensur hat. Alle Staatsgebäude müssten halbmast flaggen!" Irgendwann protestiert der Betroffene gegen seine eigene Überzeichnung! Die demonstrative Wehrlosigkeit wirkt nur dann auf den Angreifer, wenn im Angreifer eine mit seinem Handeln dissonante Wertung aktiviert werden kann, etwa der Grundsatz, es sei unfair, gegen Wehrlose vorzugehen. Es gibt aber zweifellos Menschen, die auf solche humanen Maßstäbe nicht ansprechbar sind. Sie lassen sich auch durch demonstrative Wehrlosigkeit nicht von aggressiven Handlungen abhalten.

Sowohl aufgrund soziologischer als auch psychologischer Überlegungen kommt man m.E. zu dem Ergebnis: Die demonstrative Wehrlosigkeit der Bergpredigt, will sich nicht dem Willen des anderen unterwerfen, sondern will ihn aus der Position des Ohnmächtigen heraus beeinflussen, riskiert aber, dass sie dabei scheitern kann.[118]

---

[117] Vgl. die Definition in: Hartmut Häcker/Karl-Hermann Stapf (Hrsg.), Dorsch Psychologisches Wörterbuch, Bern u.a. [12]1994, 545: „Paradoxe Intention, nach FRANKL, WATZLAWICK, HALEY ein Verfahren, bei dem der Klient aufgefordert wird, sein symptomatisches Verhalten nicht zu bekämpfen, sondern bewusst herbeizuführen und auszuüben. Dies kann zur Symptomreduktion führen, sofern das Zielverhalten gekennzeichnet ist durch einen Spontancharakter und insofern der Kampf gegen das Symptom eben zu einer Aufrechterhaltung beigetragen hat (z.B. Stottern, Herzphobie, Erektionsstörungen, Einschlafschwierigkeiten etc.). Auch im Bereich der Partnertherapie werden derartige Ansätze zunehmend eingesetzt."

[118] Damit ist eine weitere umstrittene Frage noch nicht geklärt: Handelt es sich nur um einen Rat für individuelles Verhalten oder hat die Jesusüberlieferung auch Gruppen im Blick? Die erste und fünfte Antithese sind in der 2. Person Singular formuliert (Beleg). Es geht um den individuellen Zorn auf den Bruder (in der Gemeinschaft) und um Aggression eines Gegners, der nicht zur eigenen Gemeinschaft gehört. Die letzte Antithese schließt aber eindeutig mehr als individuelle Feindschaften ein. Das zuerst in ihm zitierte Nächstenliebegebot ist in der 2. Person Singular formuliert Wh? Beleg. Das darauffolgende Feindesliebegebot wechselt dann aber in die 2. Pers. Plural: „*Ihr* (im Plural) sollt *eure Feinde* (im Plural) lieben! Beleg" Dieser Plural kann kein Zufall sein. Die Verfolger treten als Kollektiv auf. Sie haben Zwangsmacht gegenüber den Angeredeten. Gemeint sind ohne Einschränkung alle Feinde – auch Gruppenfeinde, auch der nationale Feind. Die letzte Antithese führt also deutlich zu einer Generalisierung.

War solch ein Verhaltensmuster gegenüber Feinden in der damaligen Zeit möglich? Zur Diskussion stellen wir zwei Fragen, einmal die Frage nach den sozialgeschichtlichen Bedingungen für die Entstehung und Erhaltung dieses nichtaggressiven Ethos, ferner die ideengeschichtliche Frage nach einer Einordnung der Aussagen der Bergpredigt in den antiken Diskurs über den Zorn.

Zum sozialgeschichtlichen Kontext gewaltfreien Widerstands ist zu sagen: Uns sind aus der Zeit Jesu zwei Vorfälle von Massendemonstrationen bezeugt, bei denen Juden durch demonstrative Wehrlosigkeit die römischen Machthaber mit Erfolg zum Einlenken bewegt haben.[119] Beim ersten Mal hatte Pilatus (ca. 27–37 n.Chr.) nachts Schilder mit Kaiserbildern nach Jerusalem bringen lassen, eine Verletzung der Heiligkeit der Stadt. Es kam zu einer Massendemonstration in seiner Residenz – im Stadion von Caesarea. Pilatus ließ die Menge einkesseln und befahl den Soldaten, die Schwerter zu zücken. Daraufhin warfen sich alle Juden auf den Boden und erklärten, sie wollten lieber sterben, als den Bruch ihrer väterlichen Gesetze zu tolerieren. Pilatus musste nachgeben (Jos. ant 18,55–59; bell 2,129–174). Entsprechende Massendemonstrationen gab es wenig später gegen den Versuch des Kaisers Gaius Caligula (37–41 n.Chr.), den Jerusalemer Tempel in einen Tempel des Kaiserkults zu verwandeln (Jos. ant 18,261–272; bell 2,85–187). Ein direkter Zusammenhang mit der Predigt Jesu fehlt jedoch bei beiden Ereignissen. Diese sind jedoch Zeugen einer nicht-militanten Mentalität, die wir auch bei Jesus finden. Und das ist kein Zufall. Die Zeit der Präfekten, in der Jesus (zwischen dem Räuberkrieg 6 n.Chr. und der Caligulakrise 39/40 n.Chr.) wirkte, war eine vergleichsweise ruhige Zeit: *Sub Tiberio quies* sagt Tacitus (hist V 9,2). In ihr wurden Konflikte weniger gewaltsam ausgetragen als in der Zeit vorher und nachher. In dieser relativ friedlichen Zeit konnten Juden hoffen, durch demonstrative Gewaltlosigkeit etwas zu erreichen und haben tatsächlich damit manchmal Erfolg. Daher fand auch der Wanderlehrer aus Nazareth mit seiner Lehre der Gewaltlosigkeit damals Gehör. Was in dieser Zeit als nicht-militantes Ethos entstand, hatte aber auf längere Sicht nur eine Chance, wenn es sich in einer sozialen Nische ausbreiten konnte, in der es lebbar war: Erst im militärischen Schutz vieler Legionen konnte sich das Christentum mit seinem unmilitärischen Ethos innerhalb eines befriedeten Reiches entfalten. Während Mohamed z.B. einen Staat erst gründen musste, fanden die ersten Christen einen geordneten Staat vor.

Ferner können wir das nicht-aggressive Ethos der ersten Christen in den psychologischen Diskurs der Antike über Aggression und Aggressivität einordnen. Zorn galt als einer der Affekte.[120] Die moderatere Linie, die Aristoteliker verlangten die Kultivierung der Affekte durch die Vernunft, Ziel war Affektbewältigung

———————

[119] Gerd Theißen, Gewaltverzicht und Feindesliebe (Mt 5,38–48/ Lk 6,27–38) und deren sozialgeschichtlicher Hintergrund, in: ders., Studien zur Soziologie des Urchristentums, WUNT 19, Tübingen [3]1983, 160–197.

[120] William V. Harris, Restraining Rage. The Ideology of Anger Control in Classical Antiquity, Cambridge MA/London 2001, vgl. die Zusammenfassung S. 402–408.

als *Metriopathie,* eine Temperierung der Leidenschaften. Die Stoiker verlangten dagegen die Ausrottung der Affekte. Ziel war die *Apathie*, die Freiheit von ihnen. Umstritten war zwischen den verschiedenen Schulen, ob es einen gerechten Zorn geben dürfe. Die Aristoteliker traten für den gerechten Zorn ein und verwarfen nur den ungerechtfertigten Zorn. Die Stoiker mussten dagegen den Zorn apodiktisch verwerfen, weil ihr Leitbild die Freiheit des Weisen von allen Affekten war. Im Judentum verfolgte man vorwiegend die aristotelische Linie. Ihr entspricht Jesus Sirach 1,22: „Nicht wird gerechtfertigt werden können ungerechter Zorn; wahrlich die Wut seines Zornes wird ihm den Fall bringen."[121] Im Neuen Testament vertreten dagegen gerade zwei judenchristliche Schriften, das Matthäusevangelium und der Jakobusbrief, die radikalere, strengere Tradition. Der Zorn wird in beiden apodiktisch verworfen. Im „heidenchristlichen" Epheserbrief finden wir dagegen die moderatere Linie: Der Zorn soll vor Tagesende überwunden sein: „Lasst die Sonne nicht über eurem Zorn untergehen!" (Eph 4,26). Ein besonderer Akzent liegt im Neuen Testament im Unterschied zur antiken Philosophie darauf, dass der Affekt weniger um der Selbststeuerung des Menschen willen besiegt werden muss, sondern weil er die Gemeinschaft zerstört. Es heißt nicht: Ihr habt gehört, dass zu den Alten gesagt ist: Du sollst nicht töten. Ich aber sage euch: „Du sollst nicht zürnen!", sondern „Du sollst *deinem Bruder* nicht zürnen!" (Mt 5,21f) Die meisten Handschriften korrigieren diese Stelle im Sinne der antiken Lehre vom gerechten Zorn. Sie schreiben: „Du sollst deinem Bruder nicht *ohne Grund* zürnen!", fügen also ein *eikē* ein. Diese Lesart hat sich im Mehrheitstext durchgesetzt ($\aleph^2$ D L W Q 0233 $f^{1.13}$ 33 M it sy co). In der ursprünglichen Fassung von Mt 5,21f soll aber nicht der gerechte Zorn das Ethos bestimmen, sondern die Überwindung des Zorns. Die Vorstellung vom gerechten Zorn bestimmt dagegen eindeutig den Glauben an das Jüngste Gericht. Damit aber kommen wir zu unserem zweiten Punkt: zur imaginierten Aggressivität.

2. Die Glaubensvorstellungen der ersten Christen

Das Zentrum der urchristlichen Glaubensvorstellungen ist nicht durch aggressive Bilder bestimmt. Im Gegenteil: Die Vorstellung vom Zorn Gottes ist zwar deutlich vorhanden, aber seine Liebe siegt über seinen Zorn. Die Offenbarung seines Zorns (Röm 1,18–2,11) wird durch die Offenbarung seiner heilschaffenden Gerechtigkeit (Röm 3,21–4,25) abgelöst. Der historische Jesus spricht zwar nirgendwo von der Liebe Gottes zum Menschen (was vielen Christen nicht bewusst ist), denn er kennt nur die Liebe des Menschen zu Gott und seinem Nächsten. Aber schon Paulus spricht von der Liebe Gottes zum Menschen. In den johanneischen Schriften wird Gott sogar als Liebe definiert (1Joh 4,16). Das Problem ist aber: Im Hintergrund des Liebesgedankens steht die Vorstellung vom aggressiven, strafenden und richtenden Gott. Dass Gott das Recht hat, den Menschen bis in alle Ewigkeit zu vernichten, steht als *mysterium tremendum* im Hintergrund

---

[121] Sie liegt auch dem 4. Makkabäerbuch zugrunde, einem Traktat über die Beherrschung der Affekte durch das Gesetz. Und sie findet sich im Slavischen Henoch, auch wenn dessen Aussagen zum Zorn oft als Beispiel für eine unbedingte Verwerfung des Zorns gewertet werden (SlHen 44,3).

des *mysterium fascinosum* der Gnade Gottes, die dem verlorenen Menschen Heil und ewiges Leben unverdient schenkt.

Diese Vorstellung von einem aggressiven Gott begegnet in zwei Variationen: Entweder wird Gott als ein mächtiger Krieger vorgestellt, der sich gegen seine Feinde durchsetzt, oder als ein gerechter Richter, der im Jüngsten Gericht alle Menschen beurteilt. Die Aggressivität der Bilder ist bei kriegerischen Vorstellungen natürlich noch größer als bei forensischen Bildern, da ein Gerichtsverfahren schon eine rechtliche Bändigung und Disziplinierung von Aggression voraussetzt. Aber in beiden Bildzusammenhängen geht es um Aggressivität, die um der Gerechtigkeit willen geschieht. Es geht immer um den „gerechten Zorn" Gottes gegen die Sünde und die Sünder.

Kriegsmentalität herrscht auch dort, wo sich Gott gegen fremde Geistermächte, gegen den Satan und seine Dämonen durchsetzen muss. Schon Jesus führt gegen sie einen „heiligen Krieg".[122]Manchmal sind auch Menschen Akteure in solch einem Krieg und werden dann dämonisiert. So finden wir in der Johannesapokalypse eine Dämonisierung des Römischen Staates und des Kaisers. Gott und seine Mächte stehen in einem blutigen Krieg gegen ihre Widersacher. Es genügt eins der vielen aggressionsgesättigten Bilder des Apokalyptikers zu zitieren:

> Und ich sah den Himmel aufgetan; und siehe, ein weißes Pferd. Und der darauf saß, hieß: Treu und Wahrhaftig, und er richtet und kämpft mit Gerechtigkeit. ... Und er war angetan mit einem Gewand, das mit Blut getränkt war, und sein Name ist: Das Wort Gottes. ... Und aus seinem Munde ging ein scharfes Schwert, dass er damit die Völker schlage; und er wird sie regieren mit eisernem Stabe; und er tritt die Kelter, voll von Wein des grimmigen Zornes Gottes, des Allmächtigen. (Apk 19,11–16)

Hier geht es zweifellos um ein Kriegsgeschehen. Die aggressiven Handlungen werden dadurch gerechtfertigt, dass sie um der Gerechtigkeit willen geschehen.

In einem zweiten Vorstellungstyp ist dieser gerechte Zorn in Szenen des Jüngsten Gerichts gestaltet. Die Exekution des Urteils wird hier oft nicht von Gott selbst durchgeführt. Sein Urteil ist gerecht, aber es ist definitiv. Die Strafen sind grausam für die Sünder.

Das richtende und strafende Handeln Gottes muss im seelischen Haushalt der ersten Christen eine große Rolle gespielt haben. Aus einigen Stellen geht hervor, dass die Überzeugung vom Gericht (d.h. von der imaginierten Strafe Gottes) von menschlicher Aggression entlastet: Paulus mahnt in Röm 12,9 zur „ungeheuchelten Liebe". Er hat zunächst Beziehungen zwischen Christen in der Gemeinde im Blick, weitet dann aber (ab Röm 12,14.17–21) die Mahnungen auf Beziehungen zu Nicht-Christen in der Umwelt der Gemeinde aus. Dabei begegnet das betont nicht-aggressive Ethos der Christen, das direkt an die Bergpredigt erinnert:

> Segnet, die euch verfolgen; segnet, und flucht nicht. ... Vergeltet niemand Böses mit Bösem. Seid auf Gutes bedacht gegenüber jedermann. Ist's möglich, soviel an

—————

[122] Otto Betz, Jesu Heiliger Krieg, NT 2 (1958) 116–137.

> euch liegt, so habt mit allen Menschen Frieden. Rächt euch nicht selbst, meine Lieben, sondern gebt Raum dem Zorn Gottes; denn es steht geschrieben: ‚Die Rache ist mein; ich will vergelten, spricht der Herr.' Vielmehr ‚wenn deinen Feind hungert, gib ihm zu essen; dürstet ihn, gib ihm zu trinken. Wenn du das tust, so wirst du feurige Kohlen auf sein Haupt sammeln'. Lass dich nicht vom Bösen überwinden, sondern überwinde das Böse mit Gutem.
> (Röm 12,14.17–21)

Weil Gott es übernimmt, den Täter des Bösen zu strafen, kann man darauf verzichten, ihm selbst Böses anzutun. Sogar Feindesliebe ist gegenüber den Übeltätern geboten, wobei umstritten ist, ob die feurigen Kohlen, die man auf seinem Haupt sammelt, Teil des Höllenfeuers sind, in dem der Gegner einst untergehen wird, oder ob sie eine Aufforderung zur Umkehr darstellen.[123]

Noch handgreiflicher begegnen solche Rachephantasien in der Logienquelle. Die Boten Jesu werden darin aufgefordert, Jesu Botschaft vom Gottesreich in alle Dörfer und Städte zu bringen. Sie sollen mit einem Friedensgruß die Häuser betreten. Aber wenn sie abgewiesen werden, sollen sie den Staub von den Füßen schütteln und den nächsten Ort aufsuchen (QLk 10,10–12). Bei der Abweisung von vagabundierenden Bettlern gab es zu allen Zeiten Angst, dass die Abgewiesenen aus Rache das Haus anzündeten. Bei den urchristlichen Wandercharismatikern ist das nicht anders – nur, dass die Brandstiftung Gott überlassen wird. Das Staub-Abschütteln ist ein Fluchritus: „Es wird Sodom erträglicher ergehen an jenem Tage als dieser Stadt" (Lk 10,12). Die ablehnenden Orte werden in Flammen untergehen. Man war sich der menschlich-allzumenschlichen Problematik solcher Rachephantasien durchaus bewusst. Als Jesus mit seinen Jüngern auf dem Weg nach Jerusalem in einem samaritanischen Dorf keine Aufnahme findet, sagen Jünger zu ihm: „Herr, willst du, so wollen wir sagen, dass Feuer vom Himmel falle und sie verzehre. Jesus aber wandte sich um und wies sie zurecht. Und sie gingen in ein andres Dorf" (Lk 9,54–56).

Voller Aggressivität sind ferner Aussagen zur Sühne und Stellvertretung.[124] Im Römerbrief entwirft Paulus in den ersten Kapiteln ein dunkles Gemälde von der Sünde aller Menschen. Der Zorn Gottes schwebt wie eine dunkle Gewitterwand über ihnen. Die Wende geschieht dadurch, dass der Blitz, in dem sich die Gewitterspannung entlädt, den Gekreuzigten trifft. In ihm verurteilt Gott die Sünde (Röm 8,3), um an ihm zu demonstrieren, dass der Sünder trotzdem eine Lebenschance hat. Denn der Gekreuzigte erhält neues Leben jenseits des Todes durch Gottes Macht. Der Gott des Zorns wandelt sich im Römerbrief dadurch in einen Gott der Liebe.

———

123 William Klassen, Coals of Fire: Sign of Repentance or Revenge? NTS 9 (1962/3) 337–350.

124 Beides ist nicht einfach identisch. Sühne ist eine Ersatzleistung des Übeltäters für eine Strafe, die hinter der Strafe zurückbleibt. Stellvertretung ist Übernahme der vollen Strafe durch einen anderen. Im Neuen Testament verschmelzen beide Gedanken: Der Gekreuzigte trägt stellvertretend das volle Urteil, das den Sünder treffen soll. Aber sein Tod bleibt hinter der geforderten Strafe in zweifacher Weise zurück: (1) Der Gekreuzigte stirbt nicht für einen, sondern für alle. (2) Sein Tod ist nicht endgültig, sondern er wird zu neuem Leben auferweckt. Insofern ist sein stellvertretendes Sterben zugleich Sühne.

So, wie Gott im Römerbrief eine Verwandlung erfuhr, so auch der Mensch. Er wird aus einem asozialen Wesen, das seinen eigenen Leidenschaften ausgeliefert ist, zu einem kooperativen Wesen.[125] Diese Verwandlung geschieht mit einer Entladung von Aggressivität in der Vorstellungswelt des Glaubens – eine tötende Strafmacht trifft stellvertretend den Gekreuzigten. Moderne Mentalität lehnt den Gedanken von Sühne und Stellvertretung zwar ab, weil sie unserem Menschen- und Gottesbild widerspricht. Kein Mensch kann Schuld übertragen. Gott hat kein Opfer nötig, um zu vergeben. Bilder von Sühne und Stellvertretung gelten daher oft als Ausdruck einer gewalttätigen Religiosität. Bei Paulus aber sollen mit Hilfe solcher Vorstellungen Menschen aus aggressiven zu liebenden Lebewesen verwandelt werden. Religiös imaginierte Gewalt soll dazu helfen, die Gewalttätigkeit des Menschen zu überwinden.

Wir können die Gedanken des Paulus in die antike Reflexion über die Affekte einordnen. Alle philosophischen Strömungen waren sich darin einig, dass man die Affekte kontrollieren müsse. Wenn Paulus sagt, dass die, „die Christus Jesus angehören, ihr Fleisch gekreuzigt haben samt den Affekten und Begierden" (Gal 5,24), dann klingt das wie die stoische Forderung nach Affektüberwindung. Das Ziel ist dasselbe, aber der Weg dorthin ist verschieden. Die meisten philosophischen Schulen sagten: Richtige Erkenntnis führt zur Bewältigung der Affekte. Wer einem Affekt nachgibt, mangelt es an Erkenntniskraft. Bei Paulus macht aber nicht die Erkenntnis, sondern eine Verwandlung des Menschen Affektüberwindung möglich.[126] Diese Verwandlung erfolgt durch ein Sterben mit Christus und ein neues Leben mit ihm: durch Nachvollzug des Heilsgeschehens von Kreuz und Auferstehung.

Wie aber kann der Mensch durch innere Imagination eines derart aggressiv vorgestellten Heilsgeschehens von aggressiven Affekten freiwerden? Schon in der Antike wurden beeindruckende Theorien über die Wirkung fiktionaler Darstellung von Affekten entworfen. Plato wollte in seinem Idealstaat die Dichtung kontrollieren, weil er eine direkte Übertragung negativer Affekte von den Helden in der Dichtung in die Wirklichkeit befürchtete.[127] Er glaubte, dass die Dichtung

———

[125] Petra v. Gemünden, Image de Dieu, image de l'être humain dans l'Epître aux Romains, RHPhR 77 (1997) 31–49 = Gottesbild und Menschenbild im Römerbrief, in: Affekt und Glaube, 207–225.

[126] Diese Verwandlung durch den Geist wird bei Paulus ironischerweise als Kraft eines höheren Affekts dargestellt: „Denn das Fleisch begehrt auf gegen den Geist und der Geist gegen das Fleisch" (Gal 5,17). Der Geist ist hier ein göttlicher Gegenaffekt gegen die Affekte des Menschen. Nicht Erkenntnis führt also zur Affektfreiheit, sondern ein neues Sein. Das Sein des Menschen besteht dabei nach der biblischen Tradition in seinem Willen. Der Mensch konstituiert sich in seinem innersten Kern (in seinem „Herzen") als Wille im Gegenüber zum göttlichen Gebot. Sein Wille kann sich dabei auch gegen bessere Erkenntnis durchsetzen. Paulus gesteht: „Ich tue, was ich nicht will." (Röm 7,15) Er tut sogar das Gegenteil davon, nämlich, das, was er hasst.

[127] Plato, Politeia 10. Die Dichtkunst ist für ihn von zweifelhaftem Wert. Sie fördert den Geschlechtstrieb und den Unwillen, Lust und Unlust. „Denn sie nährt und begießt alles dieses; was doch ausgetrocknet werden sollte; und macht es in uns herrschen, da es doch

als Modell für reales Verhalten diene. Gegen seine Modelltheorie wandte sich (ohne direkte Polemik gegen ihn) Aristoteles: Die Stimulierung von Affekten, von Jammer und Schauder, von *éleos* und *phóbos* in der Tragödie führt in der Poetik des Aristoteles zu einer *kátharsis*, einer Befreiung von diesen Affekten.[128] Auch im Neuen Testament findet in der Passion Christi eine Art „Tragödie" statt, auch wenn die entscheidende Peripetie der Handlung nicht der Sturz des Helden ist, sondern seine Auferweckung von den Toten. Kann man analog zur berühmten aristotelischen Tragödientheorie also sagen: Die Vorstellung vom getöteten Gottessohn stimuliere verborgene Aggressionen und befreie gleichzeitig von ihr? Ist Jesus das Lamm, das die Sünden der Welt auch in diesem Sinne „wegträgt"? Aggressionsreduktion im Ethos und Aggressivitätszunahme im Glauben wären dann komplementär zueinander. Wie beim Erleben einer antiken Tragödie würde der Glaubende im Nacherleben von Kreuz und Auferstehung Aggressivität in seiner Vorstellungswelt stimulieren und sich dadurch von ihr befreien, sodass sie sich weniger wahrscheinlich in Handlungen umsetzt. Entscheidend ist: Es muss ein Geschehen sein, das intensiv nacherlebt wird. Wo aber kommt es zu solch einem intensiven Nacherleben, zur Identifikation mit dem Heilsgeschehen von Kreuz und Auferstehung. Das geschieht vor allem im Ritus! Damit kommen wir zum letzten Punkt, den ich kurz zusammenfasse.

3. Der Ritus der ersten Christen[129]

Der *Ritus* der ersten Christen verbindet Gewaltreduktion und Gewaltzunahme: Die urchristlichen Riten lösen die blutigen Opfer ab, sie kommen ohne tötende Gewalt aus. Der praktische Vollzug der urchristlichen Riten ist gewaltfrei. Eine Waschung wird zur Taufe, ein Essen zum Abendmahl. Das sind harmlose alltägliche Vollzüge. Aber in der rituellen Imagination wird ein längst überholt geglaubtes Opfer neu belebt: das Menschenopfer. Die Taufe wird zur Taufe in den Tod Christi, das Abendmahl wird zum Gedenken an seinen Tod gefeiert. Vor allem das urchristliche Abendmahl ist eine Verschränkung von praktizierter Aggressionsreduktion und imaginierter Aggressivitätszunahme.

Die imaginierte Aggressionszunahme greift nicht nur auf den Gedanken des Menschenopfers zurück, sondern auf eine ganz unmoralische Vorstellung, bei der zivilisierten Menschen damals wie heute das Blut erstarrt: Das Abendmahl ist,

---

beherrscht werden müsste, wenn wir Bessere und Glückseligere statt Schlechtere und Elendere werden sollen." (Politeia 10, 606d übs. Schleiermacher)

[128] Aristoteles, Poetik 6 (übs. M. Fuhrmann): „Die Tragödie ist Nachahmung einer guten und in sich geschlossenen Handlung von bestimmter Größe, in anziehend geformter Sprache, ... – Nachahmung von Handelnden und nicht durch Bericht, die Jammer und Schaudern hervorruft und hierdurch eine Reinigung von derartigen Erregungszuständen bewirkt." Aristoteles verheißt also nur eine emotionale Reinigung, hier nicht direkt eine Überwindung der durch solche Affekte bestimmten Handlungen. Das ist aber wohl impliziert. In der Politik,8,7, denkt er über den erzieherischen Einfluss der Musik durch eine Katharsis von Jammer und Mitleid und andere Affekte nach.

[129] Dazu meine Darstellung in: Gerd Theißen, Die Religion der ersten Christen. Eine Theorie des Urchristentums, Gütersloh ^{3}2003, 171–222; ders., Veränderungspräsenz und Tabubruch. Die Ritualdynamik urchristlicher Sakramente, BVB 30, Münster 2017.

auch wenn das geleugnet wird, eine symbolisch inszenierte Anthropophagie. Hier wird in symbolischer Weise Leib und Blut Christi verzehrt. Damit wird im rituell geschützten Raum eines der tiefsten Tabus der Menschheit gebrochen. Solche Tabubrüche sind typisch für Riten – gerade für Riten, die eine Verwandlung des Menschen bewirken wollen. Sie setzen Kräfte der Verwandlung frei. Dabei kommt eine exzessive Form von Aggression zum Ausdruck, so peinlich und verletzend, dass sich die Theologie das bis heute kaum eingestehen kann. Aber der Sinn des Abendmahls ist m.E. eindeutig und er ist positiv: Aus Menschen, die sich als potentielle „Kannibalen" offenbaren, werden kooperative Menschen, die alle Lebensgüter fair und gleich teilen. Insofern Riten das Wesen einer Religion verdichtet inszenieren, kommt man hier dem Kern des Urchristentums nahe.

4. Grenzen der Aggressionsbewältigung

Wir kommen zum Schluss und fassen einige Überlegungen zusammen: Die Gegenläufigkeit von Aggressionsreduktion im Ethos und Aggressivitätszunahme in Glaubensvorstellungen wird in den Riten des Urchristentums offen zum Ausdruck gebracht. Das Gemeinschaftsleben der ersten Christen war von einem Ethos der Solidarität und Liebe geprägt. Doch gleichzeitig waren ihre religiösen Phantasien voll von Aggressivität. Dabei ist eine Tendenz sichtbar, solche Aggressivität auch in der Phantasie einzugrenzen: Sie soll der Gerechtigkeit dienen. Gottes Zorn ist immer gerechter Zorn. Aber auch diese strafende Gerechtigkeit wird noch einmal ausgeglichen durch den Gedanken der Liebe Gottes, die auch dem gilt, der gerechterweise Zorn verdient hat. Unsere Vermutung ist, dass die aggressionsgesättigten Phantasien des Neuen Testaments dazu beigetragen haben, ein aggressionsreduzierendes Ethos lebbar zu machen. Man kann daher nicht das humane Liebesgebot loben und die inhumanen aggressiven Phantasien der ersten Christen verwerfen. Beide hängen zusammen.

Es mag paradox klingen: Die pazifistisch gesonnenen Menschen des frühen Christentums hatten ein vergleichbares Problem wie Soldaten, die in unserer Zeit dem Frieden dienen. Pazifisten wie Soldaten müssen aggressive Impulse steuern und kontrollieren, Soldaten, um Aggression rational einzusetzen, effektiv zu steuern und zu begrenzen, Pazifisten, um Aggressivität nicht in Aggression umzusetzen. Perfekt gelingt das selten oder nie.

Dies kann man auch anhand urchristlicher Texte studieren. Auch im Urchristentum finden wir eine Gruppe, bei der man die Problematik einer Balance von Aggressivität in der Phantasie und gebremster Aggression im Leben studieren kann. Sie hat in der Johannesapokalypse ein faszinierendes Dokument hinterlassen. Die JohApk ist voller aggressiver Bilder: Das Imperium Romanum ist ein Ungeheuer, das den Frieden bedroht, auch wenn seine Vertreter überzeugt waren, dem Frieden zu dienen. Christus wird es besiegen. Er reitet auf einem Pferd im blutigen Kleid mit einem Schwert, das aus seinem Munde ragt (19,11–16). Die

Johannesapokalypse wendet sich aber mit solchen aggressiven Bildern an Gemeinden, die sich mit diesen Bildern voll Aggressivität auch davor schützen, ihre Aggressivität in Aggressionen gegen ihre Umwelt unkontrolliert auszuleben.

Diese Interpretation vertritt der Neutestamentler L. Common Chan aus Hongkong. Er findet in einer zentralen Metapher in der JohApk den Schlüssel für die Bewältigung von Aggression und Aggressivität.[130] Es ist die Metapher, die Jesus ein *arníon* nennt, ein Wort mit zwei Bedeutungen. Man kann es als „Lamm" und als „Widder" übersetzen. Das Lamm ist ein Opferlamm. Es wird geschlachtet und erleidet passiv Aggression. Der Widder ist ein aggressives Tier. Es führt Krieg und übt aktiv Aggression aus. Dieses Lamm, das zugleich ein Widder ist, ist zugleich Märtyrer und Krieger, Opfer und Aggressor. Man findet Analogien für das Lamm als Märtyrer und auch für den Widder als Krieger, aber nirgendwo vor der JohApk eine Kombination beider Bilder. Common Chan zeigt nun: Eben diese Kombination ist eine Innovation des Verfassers. Ihr Sinn erschließt sich aus der sozialen Situation der JohApk, nämlich aus der Auseinandersetzung christlicher Gemeinden mit dem Römischen Reich, das sich bis in das östliche Mittelmeer ausgebreitet hatte. Teils verlief diese Expansion kriegerisch wie im Jüdischen Krieg, der in der Johannesapokalypse deutlich nachklingt. Das Römische Reich hatte in Judäa anders als in den meisten anderen Provinzen des Reiches nicht die einheimischen Eliten an sich binden können. Der Aufstand der Juden gegen die Römer wurde hier vielmehr von Teilen der Aristokratie angeführt. An anderen Orten wurde die Romanisierung der Welt dagegen ohne Krieg vorangetrieben mit römischer Herrschaftsweisheit ohne Krieg, so in Kleinasien, dem Entstehungsort der JohApk. Dort konnten die Römer die Eliten durch politische wie wirtschaftliche Interessen und den Kaiserkult eng an sich binden. Den beiden Seiten der Romanisierung entsprachen die Reaktionen der unterworfenen Völker. Die Juden reagierten mit einer gewaltsamen Rebellion, andere reagierten (wie die späteren Gnostiker) evasiv durch Rückzug aus der Gesellschaft. Die Gruppe hinter der JohApk reagierte durch eine Kombination von Aggressivität und Gewaltlosigkeit, was die Kombination des gewaltlosen Märtyrers und aggressiven Kriegers in der Lammmetapher erklärt: Die JohApk ersetzt die Träume von einer *Machtrevolution*, durch die man die Römer militärisch überwindet, durch Bilder einer gewaltfreien *Werterevolution*. In ihr wird die christliche Botschaft zu einem gewaltfreien Angriff auf das Imperium Romanum. Die gewalttätigen Bilder der Apokalypse dienen dazu, Aggressivität in konstruktive Energien zum Aufbau christlicher Gemeinden umzulenken. Die JohApk ist daher ein Missionsprogramm für die Ausbreitung des Christentums in einer ihm feindlich gesonnenen Umwelt.

Wenden wir versuchsweise nun unsere Erkenntnisse zur Aggression und Aggressivität auf diese Schrift an: Für die expressive Aggressivität der Bilder gilt die Katharsistheorie, wie sie Aristoteles für fiktionale Texte formuliert hat. Aggressive innere Bilder können ein Ventil sein, ein Seufzen der Kreatur, das Entlastung von innerem Druck verschafft. In diesem Sinn kann man die aggressiven

———————

[130] Lung P. Common Chan, Die Metapher des Lammes in der Johannesapokalypse. Eine sprach- und sozialgeschichtliche Analyse, NTOA 99, Göttingen 2016.

Bilder der Johannesapokalypse verstehen. In ihnen lebt sich moralische Aggression gegen das Römische Reich aus: gegen die verachtete „Hure Babylon". Gleichzeitig werden die kleinen Gemeinden der Christen in diesem Reich zu einem sozialen Verhalten verpflichtet. In den Briefen an die sieben Gemeinden Kleinasiens ruft der Autor daher die Gemeinden zur „Liebe" auf (Apk 2,4), zur Treue bis in den Tod (2,10). Er lobt ihre „Werke, Liebe, Glauben, Dienst und Geduld" (2,19). Wir erkennen ferner, dass Gemeinden eher Opfer von Verfolgungen als Täter sind. Ihr reales Verhalten ist ein Kontrast zu ihrem imaginierten Verhalten in apokalyptischen Phantasien.

Für reales Verhalten gilt nicht die Katharsistheorie der Affekte, sondern die Lerntheorie sozialen Verhaltens. Erfolgreiches praktiziertes Verhalten wird nachgeahmt, auch dann, wenn es durch Aggressivität gekennzeichnet ist. Die Katharsistheorie war bei Aristoteles nicht für reales Verhalten entworfen, sondern für das Erleben der Tragödie – d.h. für das Erleben von Dichtung, die ihren Stoff aus dem Mythos und der Geschichte der Griechen bezog. Daraus folgt, dass es keinen notwendigen Zusammenhang zwischen einer Katharsis von Aggressivität in inneren Bildern und einem aggressionsreduzierenden Verhalten in der äußeren Realität gibt.[131]

Daher stellt sich die Frage: Haben die aggressiven Bilder der Apokalypse nicht immer wieder reale Aggression befeuert? Indizien dafür finden wir in schon in den sieben Gemeindebriefen. Der Verfasser der Gemeindebriefe will die Adressaten zwar vom Aufstand gegen das Römische Reich abhalten, aber er lenkt die Aggression der Adressaten auf zwei kleine Gruppen um: einerseits auf Juden, andererseits auf Häretiker. Juden werden als Synagoge des Satans (Apk 2,9) verteufelt. Der Satan ist in der Welt der JohApk der Weltherrscher: der Kaiser im römischen Imperium. Die Juden werden hier angegriffen, weil sie als Diener des Kaisers erlebt wurden und Christen in Bedrängnis brachten. Die JohApk lässt durchblicken, wer der Satan ist. In Pergamon soll sein Thron stehen (Apk 2,13). Hier war ein gewaltiger Tempel für Augustus und die Göttin Roma errichtet worden – für Christen Zeugnis eines maßlosen Götzendienstes. Der Angriff gegen

———

[131] Philip G. Zimbardo, Psychologie, Vollzitat fehlt ^{6}1995, 431f: „Die soziale Lerntheorie wird durch Untersuchungen bestätigt, die eine Zunahme der Aggression nach der Beobachtung aggressiver Modelle zeigen. Zusätzlich dazu ist gezeigt worden, dass die Gelegenheit, aggressiven Gefühlen in einer permissiven Umgebung Ausdruck zu verleihen, diese Gefühle auf ihrem ursprünglichen Niveau hält, statt sie zu verringern." Gespräche, in denen Menschen "Dampf ablassen" führen also nicht automatisch zur Aggressionsverminderung. Sie verbleiben im Zustand einer physiologischen Erregung. „Wir können diesen Widerspruch auflösen, wenn wir eine Unterscheidung machen zwischen dem *Ausdrücken von Gefühlen* einerseits und *aggressivem Handeln* oder *der Beobachtung aggressiven Handelns* andererseits: *Unseren Gefühlen Ausdruck zu verleihen* (weinen, lachen, mit anderen sprechen), mag dazu führen, dass wir uns besser fühlen oder unsere Angst lindern. *Das Ausüben von Aggression gegen unsere Gegner verbal oder in offener Handlung*, wird unsere Neigung zur Aggression wahrscheinlich nicht reduzieren. Man kann jedoch das Bedürfnis nach körperlicher Aggression gegen andere senken, wenn man lernt, wie man im Konfliktfall verbal verhandelt."

die Juden außerhalb der Gemeinde wird ergänzt durch Angriffe auf Häretiker in der Gemeinde: auf Nikolaiten (Apk 2,15) und Anhänger der Prophetin Isebel (2,20). Sie verführen Christen dazu, durch Teilnahme an Götzenopfern die Konflikte mit der Umwelt zu reduzieren. Man erkennt leicht: Die Aggression gegen das Römische Reich und den Kaiser wird hier umgelenkt auf kleine Gruppen, obwohl diese Gruppen wahrscheinlich nur die Spannungen mit dem Römischen Reich reduzieren wollten.

Wir können in der JohApk studieren, wie eine Gruppe ihre Aggression gegen eine übermächtige Staatsmacht in Phantasien auslebt, um sie im Leben zu reduzieren. Die apokalyptische Imagination hat eine kathartische Funktion. Aber diese kathartische Wirkung ist begrenzt. Denn die Apokalypse polemisiert umso heftiger gegen Gruppen, die für einen Ausgleich mit dieser Staatsmacht eintreten und bereit sind, sich mit ihr zu arrangieren. Daher stellt sich umso mehr die Frage: Wann haben aggressive Imaginationen eine konstruktive kathartische Wirkung? Vermutlich müssen dafür zwei Bedingungen erfüllt sein:

Wichtig ist an erster Stelle eine humane Umwelt in der äußeren sozialen Welt: In der zivilen Gesellschaft des klassischen Athens konnte die Tragödie eine Stimulierung und Katharsis von Affekten des Jammerns und des Schauderns erreichen. Das gelebte Ethos der Athener lehrte die Menschen Empathie, ein Mitleid und ein Erschrecken über das Unglück anderer Menschen. Im Urchristentum konnten aggressive Bilder von Gericht und Erlösung eine kathartische Überwindung dieser Aggressivität bewirken. Im Leben urchristlicher Gruppen wurde äußere Aggression abgelehnt. Aber die bekämpfte Aggression wurde auch auf kleine Gruppen umgelenkt. Diese Gefahr ist allgemein menschlich. Ihr sind auch Menschen ausgesetzt, die sich gerade denen zuwenden wollen, die in dieser Welt Opfer von Aggression sind: Wer in unsrer Gegenwart für ein humanes Ethos gegenüber Außenseitern, Migranten und Flüchtlingen eintritt, steht immer in Versuchung, die Gruppen zu verteufeln, die sein humanes Engagement ablehnen.

Wichtig ist ferner ein Vorrang humaner Werte in der inneren Welt. Die dichterische Phantasie wurde in der Tragödie nach bestimmten Gattungsregeln geformt. Auch im Scheitern bezeugen die tragischen Gestalten die Werte, an denen sie scheitern. In den urchristlichen Phantasien wird aggressives Verhalten von der Gerechtigkeit gelenkt, wie die Bilder vom Jüngsten Gericht zeigen. Der gerechte Zorn wurde in der Antike von den realistisch denkenden Aristotelikern akzeptiert. Aber auch die Bändigung des Zorns durch Gerechtigkeit ist m.E. nicht ausreichend zur Aggressionsbearbeitung. Im Urchristentum werden die Phantasien von einer strafenden Gerechtigkeit Gottes durch einen noch höheren Wert, den Liebesgedanken, eingedämmt. Gott offenbart sich als Liebe – auch gegenüber dem Sünder, der Strafe verdient hat.

Unser Fazit ist: Nicht alle lieblosen Phantasien dienen der Katharsis von Lieblosigkeit. Auch die aggressiven Bilder der JohApk sind oft unerträglich, auch wenn sie sich im Entstehungskontext der Schrift verständlich machen lassen. Ulrich Luz ist zuzustimmen, wenn er sie so beurteilt:

> In der Vergangenheit hat die Offenbarung immer wieder Menschen in extremen Leidenssituationen wirksam Trost gespendet, z.B. in den Kerkern und KZs der Nazis. Sie schenkte ihnen in hoffnungsloser Situation Blicke in den Himmel und

> Hoffnung auf eine neue Welt. – Für mich aber, der ich nicht in einer solchen Situation lebe, fließt in der Offenbarung zu viel Blut. Ihr Christus auf dem weißen Pferd im blutigen Kleid und mit dem Schwert, das aus seinem Munde ragt (19,11–16), hat mit Jesus, der zur Feindesliebe aufruft, kaum etwas gemeinsam.[132]

Vielleicht ist es gerade deswegen gut, dass solch eine Schrift im Neuen Testament enthalten ist. Sie lehrt uns, wie schwer es ist, mit Aggressivität und Aggression umzugehen. Wenn man davon überzeugt ist, dass Aggressivität und Aggression zum menschlichen Leben gehören, wird man die Existenz aggressionsgesättigter Phantasien und aggressiver Handlungen schwer kritisieren können, sondern nur die Art, wie Menschen damit umgehen, sie gestalten und in ihr Leben einbauen. Dann wird man auch sehr viel leichter Respekt vor Soldaten haben, die ständig vor der herausfordernden Aufgabe stehen, mit Aggressivität und Aggression kontrolliert umzugehen.

---

[132] Ulrich Luz, Das Neue Testament. „Wer, Was, Wo“ für Einsteiger, Ostfildern/Zürich 2018, 171.

4

Einführung in die staatliche und kirchliche Struktur der evangelischen Militärseelsorge in Deutschland

Sylvie Thonak

„Militärseelsorge ist kein integraler Bestandteil der Bundeswehr, sondern Teil der Kirche.“[133] So steht es in einer 2019 erschienenen Publikation des evangelischen Kirchenamts für die Bundeswehr zum Seelsorgeverständnis der evangelischen Seelsorge in der Bundeswehr als Selbstdarstellung zu lesen. Die folgende Einführung in die staatliche und kirchliche Doppelstruktur der evangelischen Militärseelsorge in Deutschland hinterfragt diese Selbstdarstellung kritisch auf der Basis des Militärseelsorgevertrags zwischen dem deutschen Staat und der EKD bzw. auf dem Hintergrund rechtlicher und theologischer Anfragen.

1. Rechtliche Regelungen zwischen Staat und Religionsgemeinschaften

Der „Vertrag der Bundesrepublik Deutschland mit der Evangelischen Kirche in Deutschland zur Regelung der evangelischen Militärseelsorge“[134] wurde am 22. Februar 1957 in Bonn für die Bundesrepublik Deutschland von Bundeskanzler Konrad Adenauer und dem Bundesminister für Verteidigung Franz Josef Strauß, für die Evangelische Kirche in Deutschland vom Vorsitzenden des Rates Bischof D. Otto Dibelius und vom Leiter der Kirchenkanzlei D. Arnold August Heinz Brunotte unterzeichnet.

In der Präambel wird als Zweck des Militärseelsorgevertrags, „die freie religiöse Betätigung und die Ausübung der Seelsorge in der Bundeswehr zu gewährleisten“[135], formuliert. Es geht also um die in Art. 4 unseres Grundgesetzes[136] gewährleistete Religionsfreiheit, die auch in das Soldatengesetz, das „Gesetz über

---

[133] Begleitung im Licht des Evangeliums. 10 Thesen zum Seelsorgeverständnis, hrsg. v. evangelischen Kirchenamt für die Bundeswehr im Auftrag des evangelischen Militärbischofs, Berlin 2019, 29.

[134] Vertrag der Bundesrepublik Deutschland mit der Evangelischen Kirche in Deutschland zur Regelung der evangelischen Militärseelsorge: BGBl 1957 II, 702 ff; VMBl 1957, 757, abgekürzt: MSV.

[135] MSV (1957) ebd. einsehbar unter: https://kirchenrecht-ekd.de/pdf/3141.pdf

[136] Grundgesetz für die Bundesrepublik Deutschland vom 23. Mai 1949: https://www.gesetze-im-internet.de/gg/art_4.html. Abgekürzt GG.

die Rechtsstellung der Soldaten“[137], aus dem Jahr 1956 Eingang gefunden hat. Gemäß Art. 140 GG[138] sind die Bestimmungen der Artikel 136, 137, 138, 139 und 141 der deutschen Verfassung vom 11. August 1919 Bestandteil dieses Grundgesetzes. Gemäß Art. 141 WRV sind die Religionsgemeinschaften zur Vornahme religiöser Handlungen zuzulassen, soweit das Bedürfnis nach Gottesdienst und Seelsorge im Heer, in Krankenhäusern, Strafanstalten oder sonstigen öffentlichen Anstalten besteht.

Der grundlegende Vertrag zwischen dem deutschen Staat und der *katholischen* Kirche im Blick auf die katholische Militärseelsorge in der Bundeswehr geht auf die Zeit des Nationalsozialismus im „Dritten Reich“ zurück:

> „Mit dem am 20. Juli 1933 unterzeichneten Reichskonkordat zwischen dem Apostolischen Stuhl und der Reichsregierung erhielt die deutsche Katholische Militärseelsorge (im Art. 27) eine staatskirchenrechtliche Grundlage, wobei dem Reichskonkordat lediglich eine ‚Richtlinienkompetenz‘ zukam, die durch das Apostolische Breve ‚Decessores nostros‘ eindeutig und näher geregelt wurde.“[139]

Parallel zum Abschluss des Militärseelsorgevertrags mit der EKD ließen die Bundesrepublik Deutschland und die Katholische Kirche im Jahr 1957 Art. 27 des Reichskonkordats mit dem Papst von 1933 als Grundlage für die katholische Militärseelsorge in der Bundeswehr wieder aufleben.[140] Bemerkenswert ist folgende Rechtskonstruktion: In der Zeit zwischen 1957 bis 1986 gab es für die katholische Militärseelsorge keinen eigens ernannten Militärbischof, sondern bis 1986 war der *Papst – Bischof von Rom und gleichzeitig auch Souverän des Vatikans* – Träger der bischöflichen Rechte für die katholische Militärseelsorge in Deutschland.[141] Seit dem Erlass der Apostolischen Konstitution *„Spirituali militum curae“* durch Papst Johannes Paul II. am 21. April 1986 hat die katholische Militärseelsorge in Deutschland einen eigenen katholischen Militärbischof im Nebenamt – dies war bislang stets ein deutscher Diözesanbischof.[142]

Am 28.05.2020 hat der Deutsche Bundestag die Einführung einer jüdischen Militärseelsorge beschlossen: Die Bundeswehr bekommt damit rund 100 Jahre nach dem Ausschluss jüdischer Geistlicher aus den damaligen deutschen Streitkräften Militärrabbinerinnen oder Militärrabbiner. Die ersten Geistlichen sollen

---

[137] In § 36 heißt es: „Der Soldat hat einen Anspruch auf Seelsorge und ungestörte Religionsausübung. Die Teilnahme am Gottesdienst ist freiwillig.“ https://www.gesetze-im-internet.de/sg/36.html.

[138] Https://www.gesetze-im-internet.de/gg/art_140.html. Die Artikel der Weimarer Reichsverfassung werden in den folgenden Ausführungen mit WRV abgekürzt.

[139] www.katholische-militaerseelsorge.de/geschichte/ (abgerufen am 21.08.2019). Die (in diesem Zusammenhang wichtigen) Rechtstexte sind abrufbar unter: www.katholische-militaerseelsorge.de/organisation/struktur-und-rechtliche-grundlagen/ (Zugriff 21.8.19).

[140] Vgl. Hans Markus Heimann, Zukunftsperspektiven der Militärseelsorge, ZevKR 64 (2019) 125–142, S. 126.

[141] Sachstand der wissenschaftlichen Dienste des Deutschen Bundestages (2019): Die Militärgeistlichkeit in der Bundeswehr. Grundlagen, Organisation und die Einbeziehung der Militärrabbiner sowie Geistlicher anderer Religionen, Aktenzeichen: WD 2–3000–034/19; S. 10.

[142] Ebd.

ihren Dienst noch im Herbst 2020 antreten.[143] Der „Vertrag zwischen der Bundesrepublik Deutschland und dem Zentralrat der Juden in Deutschland – Körperschaft des öffentlichen Rechts – zur Regelung der jüdischen Militärseelsorge"[144] wurde am 20. Dezember 2019 in Berlin für die Bundesrepublik Deutschland von der Bundesministerin der Verteidigung Annegret Kramp-Karrenbauer sowie für den Zentralrat der Juden in Deutschland von ihrem Präsidenten Dr. Josef Schuster sowie den beiden Vizepräsidenten Mark Dainow und Abraham Lehrer unterzeichnet. Der Vertrag über die jüdische Militärseelsorge sei dem Vertrag der Bundesrepublik Deutschland mit der Evangelischen Kirche in Deutschland zur Regelung der evangelischen Militärseelsorge angeglichen – wie dem Gesetz über die jüdische Militärseelsorge selbst zu entnehmen ist.[145]

Im Folgenden werden Artikel und wichtige Inhalte des Militärseelsorgevertrags zwischen der Bundesrepublik Deutschland und der EKD aus dem Jahr 1957 zitiert[146] oder skizziert und zum Teil (kurz) kommentiert.

Im Blick auf die staatskirchenrechtlichen Kontroversen um Legitimität und verfassungsrechtliche Ausgestaltung der evangelischen (und auch der katholischen) Militärseelsorge in der Bundeswehr sei auf einschlägige Forschungsliteratur[147] verwiesen. Seit längerer Zeit[148] sind die gegenwärtige Organisationsform und Finanzierung der evangelischen wie der katholischen Militärseelsorgen sowohl innerkirchlich als auch außerkirchlich politisch stark umstritten: Sie werden zum Teil als überholtes staatskirchliches Relikt angesehen, wobei besonders die organisatorische Verflechtung von Kirche und Staat und die beachtliche finanzielle staatliche Unterstützung kirchlicher Arbeit im Zentrum der Kritik stehen. Auch in der Rechtswissenschaft hat diese Kritik ein Echo. Laut J. Ennuschat bezweifeln nicht nur viele – darunter auch prominente – Vertreter die Verfassungskonformität der Militärseelsorge, sondern stellen sie sogar ganz in Abrede: „Zählt

[143] Vgl. https://www.bmvg.de/de/aktuelles/bundestag-gesetz-juedische-militaerseelsorge-260948 (veröffentlicht am 29.05.20).

[144] Siehe Bundestagsdrucksache 19/18074 (neu), S. 9ff. Bis zum Redaktionsschluss (dieses Sammelbandes) war das Gesetz über die jüdische Militärseelsorge (JüdMilSeelsG) vom Deutschen Bundestag angenommen worden, jedoch noch nicht im Bundesgesetzblatt verkündet. Daher wird als Quelle im Folgenden die Bundestagsdrucksache 19/18074 (neu), mit dem Gesetzentwurf zitiert, der auch den Vertrag zwischen der Bundesrepublik Deutschland und dem Zentralrat der Juden in Deutschland – Körperschaft des öffentlichen Rechts – zur Regelung der jüdischen Militärseelsorge enthält.

[145] Vgl. Bundestagsdrucksache 19/18074 (neu), S. 23.

[146] In Diskussionen habe ich sehr häufig erlebt, dass vielen die unterschiedlichen Rahmenbedingungen der staatlich und kirchlich verantworteten evangelischen Militärseelsorge und z.B. der rein kirchlich getragenen evangelischen Seelsorge in Krankenhäusern nicht klar sind, weil ihnen der Militärseelsorgevertrag unbekannt ist. Daher habe ich mich entschieden, nicht nur auf die Artikel dieses Vertrags zu verweisen, sondern die Artikel des relativ kurzen Vertrags auch in meine Einführung einzubetten und abzudrucken.

[147] Siehe dazu: Jörg Ennuschat, Militärseelsorge in Deutschland: Verfassungsrechtliche und rechtspolitische Perspektiven, ZevKR 64 (2019) 107–124; bzw. die dort angegebene Literatur. Vgl. auch Heimann (2019).

[148] Vgl. Ennuschat (2019) 113ff.

und gewichtet man die Stimmen der Kritiker, kann man durchaus von einer herrschenden Lehre sprechen."[149]

1.1 Fünf Grundsätze des Militärseelsorgevertrags zwischen der Bundesrepublik Deutschland und der EKD

Folgende Grundsätze sollen gemäß MSV die Evangelische Militärseelsorge in der Bundeswehr prägen:

> „Artikel 1
> Für die Bundeswehr wird eine ständige evangelische Militärseelsorge eingerichtet.
>
> Artikel 2
> (1) Die Militärseelsorge als Teil der kirchlichen Arbeit wird im Auftrag und unter der Aufsicht der Kirche ausgeübt.150
> (2) Der Staat sorgt für den organisatorischen Aufbau der Militärseelsorge und trägt ihre Kosten.
>
> Artikel 3
> (1) Die Militärseelsorge wird von Geistlichen ausgeübt, die mit dieser Aufgabe hauptamtlich beauftragt sind (Militärgeistliche). Für je eintausendfünfhundert evangelische Soldaten (Artikel 7 Absatz 1 Nr. 1 bis 3) wird ein Militärgeistlicher berufen.
> (2) In besonderen Fällen können auch im Dienst der Gliedkirchen stehende Geistliche nebenamtlich mit Aufgaben der Militärseelsorge betraut werden (Militärgeistliche im Nebenamt).
>
> Artikel 4
> Aufgabe des Militärgeistlichen ist der Dienst am Wort und Sakrament und die Seelsorge. In diesem Dienst ist der Militärgeistliche im Rahmen der kirchlichen Ordnung selbständig. Als kirchlicher Amtsträger bleibt er in Bekenntnis und Lehre an seine Gliedkirche gebunden.
>
> Artikel 5
> Den Soldaten ist im Rahmen der dienstlichen Möglichkeiten Gelegenheit zu geben, sich am kirchlichen Leben zu beteiligen."[151]

Über die vom Staat getragenen Kosten hinaus ist eine Erläuterung aus dem „Bundeshaushaltsplan 2019 Einzelplan 14 Bundesministerium der Verteidigung"[152] aufschlussreich:

---

[149] Ennuschat (2019) 114. Ennuschat selbst schließt sich dieser Mehrheitsmeinung nicht an. Zur Argumentation siehe ders. (2019) 107ff. Anders dagegen Heimann (2019) 130ff.
[150] Schon diese Bestimmung, die entscheidend ist für die inhaltliche Staatsunabhängigkeit der Militärseelsorge, macht es unmöglich, die strukturelle Spannung auf der Leitungsebene so zu befrieden, wie Reinhard Mawick es anlässlich der Ablösung des ersten hauptamtlichen Militärbischofs Sigurd Rink durch den Rat der EKD vorgeschlagen hat, nämlich den Militärbischof darauf zu beschränken, dass er „ab und an freundlich vorbeischaut, aber die wesentlichen Dinge dem Generaldekan überlässt" (vgl. Reinhard Mawick, Gewagte Neubesetzung. EKD beruft erneut einen hauptamtlichen Militärbischof, in: Zeitzeichen 5/2020, S. 53).
[151] MSV (1957) ebd.
[152] https://www.bmvg.de/resource/blob/30124/6ea55ab67d6b9adcd0c826f1fad96d63 /verteidigungs haushalt-2019-data.pdf, 116-126 (abgerufen am 19.08.2019).

> „Im Organisationsbereich Militärseelsorge sind als zentrale Dienststellen das Evangelische Kirchenamt für die Bundeswehr und das Katholische Militärbischofsamt eingerichtet. Als Bundesoberbehörden sind die beiden Ämter unmittelbar dem BMVg nachgeordnet. Die Militärseelsorge als Teil der kirchlichen Arbeit wird im Auftrag und unter Aufsicht der Kirchen ausgeübt. Die kirchliche Leitung der Militärseelsorge obliegt dem Militärbischof, der in keinem Dienstverhältnis zum Staat steht und allein eine pauschale Aufwandsentschädigung erhält. Daneben sorgt der Staat für den organisatorischen Aufbau der Militärseelsorge und trägt ihre Kosten.“[153]

Zusätzlich zu den im Bundeshaushaltsplan gegebenen Erläuterungen ist zu ergänzen, dass der Militärbischof aus kirchlichen Mitteln besoldet wird, wobei der Staat Sach- und Reisekosten teilweise übernimmt. Nicht vom Staat übernommen werden die Aufwendungen der Rüstzeitarbeit sowie die bei der Dienstwohnungsfürsorge für Militärgeistliche entstehenden Kosten.

Ferner heißt es im o.g. Bundeshaushaltsplan für das Bundesministerium der Verteidigung:

> „Hinsichtlich aller mit der Militärseelsorge zusammenhängenden staatlichen Verwaltungsaufgaben übt das BMVg insofern auch die Dienstaufsicht aus. Die Militärgeistlichen sind auf der Mittelebene als Leiterin/Leiter Militärdekanat und auf der Ortsebene als Leiterin/Leiter Militärpfarramt eingesetzt. Ihr Rechtsverhältnis zum Staat ist auf beamtenrechtlicher Grundlage geregelt. Darüber hinaus werden die Militärgeistlichen im Einvernehmen mit dem BMVg durch Pastoralreferentinnen/Pastoralreferenten und durch Seelsorgerinnen/Seelsorger einer Landeskirche/Diözese im Rahmen eines Gestellungsvertrages unterstützt. Deren Personalkosten werden durch den Bund erstattet.“[154]

Zusätzlich zu der im Militärseelsorgevertrag genannten *staatlichen* Finanzierung der allgemeinen Kosten wie Personal- und Sachkosten der Militärseelsorge ist bei der EKD bzw. beim evangelischen Militärbischof ein *kirchlicher Etat* für die evangelische Militärseelsorge angesiedelt, der sich aus den Kirchensteuermitteln evangelischer Soldatinnen und Soldaten speist. Diese kirchlichen Finanzmittel werden vom sogenannten HESB, dem „Handlungsbereich Evangelische Seelsorge in der Bundeswehr“[155] verwaltet, der als eine *rein kirchliche* Dienststelle dem evangelischen Militärbischof untersteht.

1.2 Seelsorge und Militärkirchengemeinden im Militärseelsorgevertrag

Die Artikel 6 bis 9 des MSV befassen sich mit den personalen Seelsorgebereichen und mit den Militärkirchengemeinden.

> „Artikel 6
> (1) Die Militärseelsorge wird in personalen Seelsorgebereichen ausgeübt. Die personalen Seelsorgebereiche werden von den beteiligten Gliedkirchen gebildet.

---

[153] Verteidigungshaushalt (2019) 116.
[154] Verteidigungshaushalt (2019) 116.
[155] Früher stand die Bezeichnung HESB für den kirchlichen Haushalt der evangelischen Seelsorge in der Bundeswehr.

(2) Den Gliedkirchen bleibt es überlassen, für die Militärseelsorge Militärkirchengemeinden als landeskirchliche Personalgemeinden zu errichten.
(3) Die Bildung, Errichtung und Änderung der einzelnen personalen Seelsorgebereiche und der Militärkirchengemeinden wird zwischen dem Militärbischof und den beteiligten Gliedkirchen nach vorheriger Verständigung mit dem Bundesminister für Verteidigung vereinbart.

Artikel 7
(1) Zu den personalen Seelsorgebereichen oder den Militärkirchengemeinden gehören
1. die Berufssoldaten,
2. die Soldaten auf Zeit,
3. die Wehrpflichtigen während des Grundwehrdienstes,
4. im Verteidigungsfall auch die auf unbestimmte Zeit einberufenen Soldaten,
5. die in der Bundeswehr tätigen Beamten und Angestellten, die der Truppe im Verteidigungsfall zu folgen haben,
6. die Ehefrauen und die unter elterlicher Gewalt stehenden Kinder der in Nummer 1, 2 und 5 genannten Personen, sofern sie deren Hausstand am Standort angehören.[156]

(2) Aus den personalen Seelsorgebereichen oder den Militärkirchengemeinden scheiden aus
1. Personen, die ihren Kirchenaustritt rechtswirksam erklärt haben,
2. Personen, bei denen das die Zugehörigkeit zu den personalen Seelsorgebereichen oder zu den Militärkirchengemeinden bedingende Rechtsverhältnis zum Bund endet,
3. die in den Ruhestand versetzten Personen sowie ihre Ehefrauen und unter elterlicher Gewalt stehenden Kinder,
4. die Ehefrauen und unter elterlicher Gewalt stehenden Kinder verstorbener Angehöriger der personalen Seelsorgebereiche oder der Militärkirchengemeinden.

(3) Der Militärbischof und der Bundesminister für Verteidigung können eine andere Abgrenzung des in Absatz 1 Nr. 5 und 6 genannten Personenkreises vereinbaren.

Artikel 8
(1) Die Angehörigen der personalen Seelsorgebereiche sind Glieder der Ortskirchengemeinden, bei denen die personalen Seelsorgebereiche gebildet werden. Die Angehörigen der Militärkirchengemeinden gehören Ortskirchengemeinden nicht an.
(2) Der für den personalen Seelsorgebereich bestellte Militärgeistliche ist für kirchliche Amtshandlungen in seinem Seelsorgebereich zuständig. Mit den Militärkirchengemeinden sind Parochialrechte verbunden.

———————

[156] Im Vertrag zur Einrichtung einer jüdischen Militärseelsorge ist die Engführung und Einschränkung der evangelischen Militärseelsorge nur dann für „Ehefrauen (ergänzt: von Soldaten) und die unter elterlicher Gewalt stehenden Kinder (…) *sofern sie deren Hausstand am Standort angehören*" (MSV 1957, Art. 7, Abs.6) zuständig zu sein *nicht* wiederholt worden. Militärrabbiner/innen werden für Soldatenfamilien als ganze zuständig sein, unabhängig davon, ob die Familienangehörigen am Bundeswehrstandort wohnen oder in Fernbeziehung leben: „Die jüdische Militärseelsorge umfasst auch die Familienangehörigen der jüdischen Soldaten und Soldatinnen." JüdMilSeelsG Art. 7, Abs. 2, Bundestagsdrucksache 19/18074 (neu), S. 12.

Artikel 9
Die Militärseelsorge nimmt sich auch der Soldaten an, die nicht Angehörige der personalen Seelsorgebereiche oder der Militärkirchengemeinde sind."[157]

Die Soldatengemeinden seien gemäß Ennuschat[158] möglichst nah an den allgemeinen zivilkirchlichen Strukturen angesiedelt, denn die meisten Soldaten und ihre Angehörigen blieben trotz ihrer Zusammenfassung in personalen Seelsorgebereichen Mitglieder der Ortsgemeinden. Auch die Mitglieder einer Militärkirchengemeinde seien weiterhin Mitglieder der jeweiligen Landeskirche; eine eigenständige Militärkirche gebe es nicht.

1.3 Aufgaben des Militärbischofs nach dem Militärseelsorgevertrag

Die Artikel 10 bis 13 des MSV sind der Ernennung und den Aufgaben des Militärbischofs gewidmet:

„Artikel 10
Die kirchliche Leitung der Militärseelsorge obliegt dem Militärbischof.

Artikel 11
(1) Der Militärbischof wird vom Rat der Evangelischen Kirche in Deutschland ernannt. Vor der Ernennung tritt der Rat der Evangelischen Kirche in Deutschland mit der Bundesregierung in Verbindung, um sich zu versichern, dass vom staatlichen Standpunkt aus gegen den für das Amt des Militärbischofs vorgesehenen Geistlichen keine schwerwiegenden Einwendungen erhoben werden.
(2) Der Rat der Evangelischen Kirche in Deutschland kann den Militärbischof aus wichtigen kirchlichen Gründen abberufen. Er unterrichtet die Bundesregierung angemessene Zeit zuvor von einer dahingehenden Absicht und teilt ihr zugleich die Person des in Aussicht genommenen neuen Amtsträgers mit.

Artikel 12
(1) Der Militärbischof ist zuständig für alle kirchlichen Angelegenheiten im Zusammenhang mit der Militärseelsorge, insbesondere für
1. die Einführung der Militärgeistlichen in ihr kirchliches Amt in der Militärseelsorge,
2. die oberste kirchliche Dienstaufsicht über die Militärgeistlichen mit Ausnahme der Lehrzucht und der Disziplinargewalt, die bei den Gliedkirchen verbleiben,
3. den Erlass von Richtlinien für die Ausbildung der Militärgeistlichen und die Überwachung ihrer Durchführung,
4. die Abhaltung von wiederkehrenden dienstlichen Versammlungen der Militärgeistlichen,
5. die Visitation der personalen Seelsorgebereiche und der Militärkirchengemeinden,
6. den Erlass einer Feldagende,[159]

―――――

[157] MSV (1957) ebd.
[158] Vgl. Ennuschat (2019) 113.
[159] Hier ist ein vergleichender Blick auf die jüdische Militärseelsorge interessant: Auch der Militärbundesrabbiner als Pendant zu den christlichen Militärbischöfen ist zuständig für den Erlass einer Feldagende (vgl. JüdMilSeelsG Art. 10, Abs. 1, Ziffer 6, Bundestags-

7. das religiöse Schrifttum in der Militärseelsorge,
8. das kirchliche Urkunden- und Berichtswesen und die Führung von Kirchenbüchern,
9. die Einweihung von gottesdienstlichen Räumen der Militärseelsorge,
10. das kirchliche Sammlungswesen in der Militärseelsorge,
11. den Erlass von Richtlinien für die seelsorgerische Zusammenarbeit mit kirchlichen Stellen des zivilen Bereichs und mit der Militärseelsorge fremder Staaten,
12. die Seelsorge für evangelische Kriegsgefangene.

(2) Im Rahmen der Militärseelsorge kann sich der Militärbischof in Ansprachen sowie mit Verfügungen und anderen schriftlichen Verlautbarungen an die personalen Seelsorgebereiche und die Militärkirchengemeinden sowie die Militärgeistlichen wenden.

Artikel 13
Vorschriften und Richtlinien des Militärbischofs müssen sich im Rahmen des allgemeinen kirchlichen Rechts halten. Soweit sie auch staatliche Verhältnisse betreffen, bedürfen sie der Zustimmung des Bundesministers der Verteidigung."[160]

Ennuschat[161] weist darauf hin, dass die Feldpröpste als Vorläufer der heutigen Militärbischöfe in der Weimarer Republik als Reichsbeamte ein Amt im Reichswehrministerium bekleideten, während die Militärbischöfe für die Bundeswehrsoldaten seit 1957 in *keinem* Dienstverhältnis zum Staat stünden, sondern ein *rein kirchliches* Amt bekleideten. Beide Militärbischöfe werden von kirchlichen Stellen ernannt, der evangelische Militärbischof vom Rat der EKD unter Zustimmung der Kirchenkonferenz (Art. 11 Abs. 1 MSV in Verbindung mit § 11 Satz 1 des Kirchengesetzes[162] zur Regelung der evangelischen Seelsorge in der Bundeswehr), der katholische vom Heiligen Stuhl. Der Staat hat sich allerdings Mitwirkungsrechte im Sinne eines Einvernehmens vorbehalten (Art. 11 Abs. 1 MSV, Art. 27 Abs. 2 S. 2 RK). Diese Mitwirkungsrechte[163] des Staates bei der Berufung

-----

drucksache 19/18074 (neu), S. 13.) Allerdings ist es auffällig, dass bei den Grundtätigkeiten der Militärrabbiner/innen der Gottesdienst an Bundeswehrstandorten gar nicht erwähnt ist (vgl. JüdMilSeelsG Art. 4, Bundestagsdrucksache 19/18074 (neu), S. 11). Für einen jüdischen Gemeindegottesdienst sind mindestens zehn im religiösen Sinne erwachsene jüdische Personen nötig, im nicht-orthodoxen Judentum zählen auch Frauen ab der Bat Mizwa, im orthodoxen Judentum nur Männer ab der Bar Mizwa zum Quorum (Minjan) (www.zentralratderjuden.de/judentum/riten-und-gebraeuche/gebet-und-gottesdienst-die-juedische-form-des-betens/). Möglicher Weise geht man davon aus, dass dieses Quorum an den innerdeutschen Bundeswehrstandorten nicht so leicht erreicht werden könnte, während man bei der Feldagende Auslandseinsätze im Blick zu haben scheint, bei denen mindestens zehn oder mehr jüdische Soldatinnen und Soldaten nach der Bat/Bar Mizwa (ggf. auch aus anderen Streitkräften) zu einem Feldgottesdienst zusammenkommen.

[160] MSV (1957) ebd.

[161] Siehe Ennuschat (2019) 109.

[162] Kirchengesetz zur Regelung der evangelischen Seelsorge in der Bundeswehr (gültig ab dem Jahr 2004) war bis mindestens 29.08.2019 (Datum der Einsichtnahme) abrufbar unter: https://www.eka.militaerseelsorge.bundeswehr.de/portal/a/eka/start/geschich/!ut/p/z1/04Sj9CPykssy0xPLMnMz0vMAfIjo8zinSx8QnyMLI2MQvxcXAw8XQP8XMNcjQwNDIz1wwkpiAJKG-AAjgb6wSmp-pFAM8xxmuFupB-sH6UflZVYllihV5BfVJKTWqKXmAxyoX5kRmJeSk5qQH6yI0SgIDei3KDcUREAJQKo8A!!/dz/d5/L2dBISEvZ0FBI S9nQSEh/#Z7B8 L TL2922TNDD0IEP NEVE 210G2.

[163] Vgl. Ennuschat (2019) 109ff.

der Militärbischöfe werfen im Blick auf Art. 137 Abs. 3 S. 2 WRV in Verbindung mit Art 140 GG verschiedene Fragen und verfassungsrechtliche Bedenken auf. Ennuschat schreibt dazu:

> „Art. 27 Abs. 2 S. 2 RK enthält eindeutig ein *staatliches Vetorecht* gegenüber der Person des (kirchlich zu ernennenden) Militärbischofs (‚Einvernehmen'). Weniger klar ist dies bei Art. 11 Abs. 1 S. 2 MSV (‚tritt der Rat [der EKD] mit der Bundesregierung in Verbindung, um sich zu versichern, dass … keine schwerwiegenden Einwendungen erhoben werden'). Der Wille beider Vertragsparteien dürfte dennoch – in Parallele zum Reichskonkordat – auf die Vereinbarung eines Vetorechts gerichtet gewesen sein. Das Vetorecht ist eine grundsätzlich unzulässige Mitwirkung i.S.d. Art. 137 Abs. 3 S. 2 WRV. Das verfassungsrechtliche Mitwirkungsverbot steht auch nicht zur Disposition der Kirche. Man wird jedoch eine Ausnahme vom Mitwirkungsverbot aus der Natur der Sache annehmen können. Die vertraglich eingeräumten Mitwirkungsrechte des Staates in Art. 27 Abs. 2 S. 2 RK, Art. 11 Abs. 1. S. 2 MSV konkretisieren nur das, was ohnehin aus dem im Vertragsschluss als solchem wurzelnden Gebot wechselseitiger Rücksichtnahme folgt: Der Staat nimmt grundsätzlich jede Person als Militärbischof hin, es sei denn, diese Person ist für ihn schlechterdings unzumutbar."[164]

Was Ennuschat unter *schlechterdings unzumutbar* versteht, wird nicht ausgeführt. Angemerkt sei noch: Seit Jahren ist der Titel Militärbischof umstritten, er sei allenfalls in einer exempten Militärkirche[165] sinnvoll, betonte einst Wolfgang Huber.

1.4 Aufgaben des Kirchenamtes für die Bundeswehr und des Militärgeneraldekans

Das Evangelische Kirchenamt für die Bundeswehr und der Militärgeneraldekan sind Themen der Artikel 14 und 15 des MSV:

> „Artikel 14
> Zur Wahrnehmung der zentralen Verwaltungsaufgaben der evangelischen Militärseelsorge wird am Sitz des Bundesministeriums für Verteidigung ein ‚Evangelisches Kirchenamt für die Bundeswehr' eingerichtet, das dem Bundesminister für Verteidigung unmittelbar nachgeordnet ist.
>
> Artikel 15
> (1) Zum Leiter des Evangelischen Kirchenamtes für die Bundeswehr wird auf Vorschlag des Militärbischofs ein Militärgeneraldekan berufen.
> (2) Der Militärgeneraldekan untersteht dem Militärbischof. Soweit er mit der Militärseelsorge zusammenhängende staatliche Verwaltungsaufgaben wahrnimmt, untersteht er dem Bundesminister für Verteidigung.
> (3) Der Militärbischof kann den Militärgeneraldekan im Einzelfall mit der Wahrnehmung der ihm nach Artikel 12 Absatz 1 zustehenden Befugnisse beauftragen."[166]

-----

[164] Ennuschat (2019) 117.
[165] Siehe Wolfgang Huber, Kirche und Öffentlichkeit, Stuttgart 1973, 292.
[166] MSV (1957) ebd.

Dem Evangelischen Kirchenamt für die Bundeswehr eigne in mehrfacher Hinsicht ein staatlich-kirchlicher Doppelstatus:[167] Sein *staatlicher Charakter* ergebe sich aus Art. 14 MSV. Danach dient das Evangelische Kirchenamt für die Bundeswehr der Wahrnehmung der zentralen Verwaltungsaufgaben der evangelischen Militärseelsorge und ist unmittelbar dem Verteidigungsministerium nachgeordnet. Der Militärgeneraldekan leitet das Kirchenamt (Art. 15 Abs. 1 MSV), gemäß Art. 19 Abs. 1 2. Hs. MSV als Bundesbeamter auf Lebenszeit. Schwerer zu fassen sei der *kirchliche Charakter* des Kirchenamts, am deutlichsten sei er festzumachen an seinem Leiter, dem Militärgeneraldekan. Gemäß Art. 22 MSV kommt ihm neben der staatlichen auch die *kirchliche* Dienstaufsicht über die Militärgeistlichen zu. Darüber hinaus kann ihn der Militärbischof im Einzelfall mit der Wahrnehmung einiger seiner Befugnisse beauftragen (Art. 15 Abs. 3 MSV). Deshalb sei in § 13 Abs. 1 des Kirchengesetzes zur Regelung der evangelischen Seelsorge in der Bundeswehr zu Recht die Rede vom „kirchlichen Amt“ des Leiters des Evangelischen Kirchenamtes für die Bundeswehr.[168] Ennuschat fragt nun weiter, ob der Militärgeneraldekan auch ein geistliches Amt bekleidet – herkömmlich werde diese Frage bejaht, d.h. der Militärgeneraldekan wurde tendenziell als Militärgeistlicher eingestuft. Dies ändere sich durch eine gemeinsame Protokollnotiz des Bundesministeriums der Verteidigung und der EKD zur Auslegung des Militärseelsorgevertrags vom 22.02.1957 vom 13.06.2002. Denn diese Protokollnotiz sieht mittlerweile vor, dass auch ein Jurist Leiter des Kirchenamtes sein könne: Mit der Leitung des Evangelischen Kirchenamtes für die Bundeswehr könne gem. Art. 15 MSV auch ein Beamter bzw. eine Beamtin mit der Befähigung zum Richteramt beauftragt werden. Ähnlich formuliere es das Kirchengesetz § 11 S. 3 zur Regelung der evangelischen Seelsorge in der Bundeswehr. Dadurch solle ermöglicht werden, stärker *zwischen* den *staatlichen Verwaltungsaufgaben* des Kirchenamts und den *kirchlichen Leitungsaufgaben* zu *unterscheiden*.[169] Bislang sei von der Möglichkeit, einem Juristen das Amt des Militärgeneraldekans anzuvertrauen, kein Gebrauch gemacht worden. Der Militärgeneraldekan wird auf Vorschlag des Militärbischofs vom Bundesminister der Verteidigung ernannt (Art. 15 Abs. 1 MSV). Dem Vorschlag geht eine Benennung durch den Rat der EKD unter Zustimmung der Kirchenkonferenz voraus (§11 S. 1 Kirchengesetz zur Regelung der evangelischen Seelsorge in der Bundeswehr).[170]

Interessant ist in diesem Zusammenhang, dass in der jüdischen Militärseelsorge die beamtete Militärrabbinatsleiterin oder der beamtete Militärrabbinatsleiter als staatliche/r Behördenchef/in jüdischen Bekenntnisses sein muss. Eine entsprechende Zugehörigkeit zur katholischen oder evangelischen Kirche ist weder bei den staatlich beamteten Leitungskräften im Katholischen Militärbischofsamt

―――――

[167] Siehe Ennuschat (2019) 111f.
[168] Vgl. Ennuschat (2019) 112.
[169] Dies übersieht Mawick (2020), wenn er behauptet, der MSV bestimme, dass der Generaldekan ein Geistlicher sein müsse.
[170] Siehe Ennuschat (2019) 112.

noch im Evangelischen Kirchenamt für die Bundeswehr vertraglich vorgeschrieben.[171]

1.5 Die Rechtsstellung der Militärgeistlichen

In den Artikeln 16 bis 25 des MSV geht es um die Rechtsstellung der Militärgeistlichen:

> „Artikel 16
> Die Militärgeistlichen stehen in einem geistlichen Auftrag, in dessen Erfüllung sie von staatlichen Weisungen unabhängig sind. Im übrigen wird ihre Rechtsstellung nach Maßgabe der folgenden Bestimmungen geordnet.
>
> Artikel 17
> (1) Die Militärgeistlichen müssen
> 1. ein mindestens dreijähriges theologisches Studium an einer deutschen staatlichen Hochschule zurückgelegt haben,
> 2. zur Ausübung des Pfarramtes in einer Gliedkirche berechtigt sein,
> 3. mindestens drei Jahre in der landeskirchlichen Seelsorge tätig gewesen sein.
>
> (2) Sie sollen bei ihrer Einstellung in den Militärseelsorgedienst das fünfunddreißigste Lebensjahr noch nicht überschritten haben.
> (3) Bei Einverständnis zwischen dem Bundesminister für Verteidigung und dem Militärbischof kann von den Erfordernissen des Absatzes 1 Nr. 1 und 3 abgesehen werden.
>
> Artikel 18
> (1) Die Militärgeistlichen werden auf Vorschlag des Militärbischofs, der sich zuvor des Einverständnisses der zuständigen Gliedkirche versichert, zunächst für die Dauer von drei Monaten probeweise in den Militärseelsorgedienst eingestellt. Die Erprobungszeit kann mit Zustimmung der zuständigen Gliedkirche verlängert werden.
> (2) Die Militärgeistlichen stehen während der Erprobungszeit im Angestelltenverhältnis und erhalten eine Vergütung mindestens entsprechend ihren kirchlichen Dienstbezügen.
>
> Artikel 19
> (1) Nach der Erprobungszeit werden die Militärgeistlichen in das Beamtenverhältnis auf Zeit berufen; soweit sie dauernd für leitende Aufgaben in der Militärseelsorge verwendet werden sollen, werden sie in das Beamtenverhältnis auf Lebenszeit berufen.
> (2) Auf Militärgeistliche, die in das Beamtenverhältnis auf Lebenszeit berufen werden, finden die für Bundesbeamte auf Lebenszeit geltenden Vorschriften Anwendung, soweit nicht in diesem Vertrag etwas anderes bestimmt ist.
> (3) Die übrigen Militärgeistlichen werden für sechs bis acht Jahre in das Beamtenverhältnis berufen. Mit Ablauf der festgesetzten Amtszeit endet das Beamtenverhältnis. Die Amtszeit kann um höchstens vier Jahre verlängert werden; in diesem Falle gilt das Beamtenverhältnis als nicht unterbrochen. Auf diese Militärgeistlichen finden die für Bundesbeamten auf Lebenszeit geltenden Vorschriften sinngemäß Anwendung, soweit nicht in diesem Vertrag etwas anderes bestimmt ist.

---

[171] Vgl. JüdMilSeelsG Art. 13, Abs.1, Bundestagsdrucksache 19/18074 (neu), S. 14.

Artikel 20
(1) Vorschläge zur Ernennung und Beförderung sowie Versetzung der Militärgeistlichen bedürfen des Einverständnisses des Militärbischofs.
(2) Vor sonstigen wichtigen Entscheidungen in personellen Angelegenheiten der Militärgeistlichen ist vom Bundesminister für Verteidigung die Stellungnahme des Militärbischofs einzuholen.

Artikel 21
Für die Ämter vom Militärdekan an aufwärts besteht keine regelmäßige Dienstlaufbahn.

Artikel 22
(1) In kirchlichen Angelegenheiten unterstehen die Militärgeistlichen der Leitung und der Dienstaufsicht des Militärbischofs (Artikel 12 Absatz 1 Nr. 2) sowie der Dienstaufsicht des Militärgeneraldekans und der übrigen vom Militärbischof mit der Dienstaufsicht betrauten Militärgeistlichen.
(2) Für die Militärgeistlichen als Bundesbeamte sind
1. oberste Dienstbehörde der Bundesminister für Verteidigung,
2. unmittelbarer Dienstvorgesetzter der Militärgeneraldekan.

Artikel 23
(1) Der Militärgeistliche ist auch zu entlassen
1. bei Verlust der durch die Ordination erworbenen Rechte oder bei dienststrafrechtlicher Entfernung aus dem kirchlichen Amt,
2. auf Antrag des Militärbischofs, wenn seine Verwendung im Dienst der Kirche im wichtigen Interesse der Kirche liegt.
(2) Ein nach Absatz 1 entlassener Militärgeistlicher hat vorbehaltlich der Regelung in den Absätzen 3 und 4 keinen Anspruch auf Versorgung aus dem Beamtenverhältnis. § 154 des Bundesbeamtengesetzes bleibt mit der Maßgabe unberührt, dass Absatz 5 auch bei Wiederverwendung des Militärgeistlichen im Dienst der Kirche gilt. Ferner finden für einen durch Dienstunfall verletzten Militärgeistlichen im Falle seiner Entlassung nach Absatz 1 Nr. 1 die §§ 143 und 147 des Bundesbeamtengesetzes und im Falle seiner Entlassung nach Absatz 1 Nr. 2 der Artikel 25 Absatz 1 Satz 3 dieses Vertrages Verwendung.
(3) Einem Militärgeistlichen mit einer Dienstzeit im Sinne des § 106 Absatz 2 des Bundesbeamtengesetzes von mindestens zehn Jahren kann im Falle seiner Entlassung nach Absatz 1 Nr. 1 an Stelle des Übergangsgeldes ein Unterhaltsbeitrag bis zur Höhe des Ruhegehalts bewilligt werden.
(4) Wird ein Militärgeistlicher, der im Zeitpunkt der Übernahme in das Beamtenverhältnis auf Lebenszeit als Militärgeistlicher Beamter zur Wiederverwendung im Sinne des Gesetzes zur Regelung der Rechtsverhältnisse der unter Artikel 131 des Grundgesetzes fallenden Personen war und entsprechend seiner früheren Rechtsstellung untergebracht ist, nach Absatz 1 entlassen, so leben die Rechte nach dem genannten Gesetz wieder auf.

Artikel 24
Die Zeit, die ein Militärgeistlicher vor der Berufung in das Beamtenverhältnis im Dienst der Kirche als Geistlicher verbracht hat, ist ruhegehaltsfähig.

Artikel 25
(1) Ein Militärgeistlicher mit der Rechtsstellung eines Beamten auf Zeit, dessen Beamtenverhältnis durch Ablauf der festgesetzten Amtszeit endet, hat keinen Anspruch auf Versorgung aus dem Beamtenverhältnis. § 154, jetzt § 47 BeamtVG des Bundesbeamtengesetzes*), bleibt mit der Maßgabe unberührt, dass Absatz 5 auch bei Wiederverwendung des Militärgeistlichen im Dienst der Kirche gilt. Ferner behält der durch Dienstunfall verletzte Militärgeistliche die sich aus dem Be-

amten-Unfallfürsorgerecht ergebenden Ansprüche, die sich bei seiner Wiederverwendung im Dienst der Kirche gegen den kirchlichen Dienstherrn nach dessen Recht richten.
(2) Wird im Falle des Absatzes 1 der Geistliche wieder im Dienst der Kirche verwendet, so tragen bei Eintritt des Versorgungsfalles der Bund und der kirchliche Dienstherr die Versorgungsbezüge anteilig nach den ruhegehaltsfähigen Dienstzeiten, die der Geistliche bei ihnen abgeleistet hat. Bei der Berechnung der Dienstzeiten werden nur volle Jahre zugrunde gelegt.
(3) Ist der Geistliche bei oder nach seiner Übernahme in den Dienst der Kirche befördert worden, so bemisst sich der Anteil des Bundes an den Versorgungsbezügen so, wie wenn der Geistliche in dem Amt verblieben wäre, in dem er sich vor der Übernahme befand.
(4) Der kirchliche Dienstherr hat die vollen Versorgungsbezüge auszuzahlen. Ihm steht gegen den Bund ein Anspruch auf anteilige Erstattung zu. Die Bezüge für den Sterbemonat und das Sterbegeld fallen, sofern sie sich nach den Dienstbezügen des Geistlichen bemessen, dem kirchlichen Dienstherrn in voller Höhe zur Last."[172]

Für die Militärpfarrerinnen und Militärpfarrer gilt gemäß MSV der geistliche Auftrag als zentral, in dessen Erfüllung ihnen Unabhängigkeit von staatlichen Weisungen in Art. 16 MSV zugesichert wird. Dieser geistliche Auftrag wird jedoch innerhalb der Art. 16 bis 25 nicht näher beschrieben. Es gilt, was bereits innerhalb der einleitenden Grundsätze in Art. 4 MSV kurz und knapp beschrieben wird: „Aufgabe des Militärgeistlichen ist der Dienst am Wort und Sakrament und die Seelsorge."[173]

Wichtig ist festzuhalten, dass das Erteilen des Lebenskundlichen Unterrichts durch evangelische und katholische Militärgeistlich bzw. jüdische Militärrabbiner/innen *nicht* als Aufgabe in den Militärseelsorgeverträgen steht. In Diskussionen mit Vertretern der Militärseelsorgen gewinnt man freilich oft den Eindruck, als sei in der Praxis der Lebenskundliche Unterricht *die Hauptaufgabe* der Militärgeistlichen, für die sie den *größten Teil ihrer Arbeitszeit* aufwenden (müssen), so dass dann nur noch relativ wenig Zeit für Gottesdienste und Seelsorge bleibt. Dass Militärgeistliche derzeit Lebenskundlichen Unterricht erteilen (müssen), ist weit *unterhalb der Ebene eines Vertrages* zwischen Staat und den Religionsgemeinschaften lediglich auf der Basis von immer wieder wechselnden Zentralen Dienstvorschriften zum Lebenskundlichen Unterricht festgelegt. Die aktuelle Zentrale Dienstvorschrift A-2620/3 „Lebenskundlicher Unterricht"[174] ist seit 06.02.2018 gültig. Dort heißt es unter Ziffer 108:

-----

[172] MSV (1957) ebd.
[173] MSV (1957) ebd.
[174] A-2620/3 Zentrale Dienstvorschrift Lebenskundlicher Unterricht, hrsg. v. Bundesministerium der Verteidigung. Abrufbar mindestens bis 21.08.2019 auf der Homepage der katholischen Militärseelsorge unter: www.kmba.militaerseelsorge.bundeswehr.de/resource/resource/V3BDdElxVWxrNmNIVnhTU1QaU8wYnlCNTFFRWlCVUIxbk1Zb3hKUUZhT3lDckR0YmsySWlibDZXSDRYdHVLU2lIOEdpay9kSFM4VW0wL25LRkYxZUlkVC9VZG9sY28xTUdWekkyY25jVU09/LKU%20A_2620_3.pdf. Ursprünglich konnte diese Dienstvorschrift mindestens bis Mitte 2019 vollumfänglich auf der

„Der Lebenskundliche Unterricht bietet einen Ort freier und vertrauensvoller Aussprache und lebt von der engagierten Mitarbeit der Soldatinnen und Soldaten. Er ist kein Religionsunterricht und auch keine Form der Religionsausübung im Sinne von § 36 des Soldatengesetzes, sondern eine berufsethische Qualifizierungsmaßnahme und damit verpflichtend. Er wird in der Regel von Militärseelsorgerinnen und Militärseelsorgern erteilt. Diese werden durch das Evangelische Kirchenamt für die Bundeswehr (EKA) und das Katholische Militärbischofsamt (KMBA) verpflichtet, den LKU zu erteilen. Im Bedarfsfall kann der LKU auch von anderen berufsethisch besonders qualifizierten Lehrkräften erteilt werden. Sämtliche Lehrkräfte sind verpflichtet, den LKU in Übereinstimmung mit den Vorgaben dieser Zentralen Dienstvorschrift, insbesondere religiös neutral zu unterrichten.“[175]

Ein staatlich-kirchlicher Doppelstatus komme auch den (übrigen) Militärgeistlichen zu,[176] am deutlichsten ausgeprägt sei dies bei den hauptamtlichen Militärpfarrerinnen und Militärpfarrern, die gemäß Art. 19 Abs. 1 und 3 MSV für maximal zwölf Jahre regelmäßig Bundesbeamte auf Zeit sind. Wie oben erwähnt, sind sie in der Erfüllung ihres geistlichen Auftrags von staatlichen Weisungen unabhängig und unterstehen gemäß Art. 22 Abs. 1 in kirchlichen Angelegenheiten der Leitung und der Dienstaufsicht des Militärbischofs (Art. 12 Abs. 1 Nr. 2) sowie der Dienstaufsicht des Militärgeneraldekans und der übrigen vom Militärbischof mit der Dienstaufsicht betrauten Militärgeistlichen. Als Bundesbeamte ist für die Militärgeistlichen dagegen der Bundesminister für Verteidigung die oberste Dienstbehörde und der Militärgeneraldekan der unmittelbare Dienstvorgesetzte (Art. 22, Abs. 2 MSV).

Während in der Zeit des Nationalsozialismus viele Militärgeistliche einen Offiziersrang bekleideten – was sogar auch noch heute in vielen freiheitlichen und demokratischen Staaten der Fall ist, sind im Gegensatz dazu die Militärgeistlichen in der Bundeswehr im Regelfall Bundesbeamte (Art. 19 MSV) auf Zeit, d.h. keine Offiziere, sondern Zivilbeamte.[177] Bemerkenswert – oder auch bezeichnend – ist, dass das tendenziell laizistische Frankreich, wo die Kirchen kein „Gegenüber“ zum Staat „auf Augenhöhe“ sein können, eine Militärseelsorge unterhält, in der die Militärgeistlichen mit Offiziersrang in die militärische Hierarchie integriert sind. Ähnliches gilt für die USA mit ihrer verfassungsrechtlich strikten Trennung von Staat und Religion. Auch hier sind Vertreter unterschiedlicher religiöser Richtungen als voll vereinnahmte Elemente des militärischen Systems mit militärischen Dienstgraden als Truppenseelsorger tätig. Bemerkenswerterweise wird diese militärische Eingliederung von Geistlichen selbst von Seiten

Homepage der katholischen Militärseelsorge eingesehen werden. Zwischenzeitlich wurde die Homepage der Bundeswehr überarbeitet; dabei wurde diese Zentrale Dienstvorschrift zum Lebenskundlichen Unterricht im Internetauftritt entfernt. Das Problem der nicht mehr abrufbaren Dokumente und Berichte aufgrund der Überarbeitung der Bundeswehrhomepage einschließlich der Internetauftritte der evangelischen wie der katholischen Militärseelsorge wiederholt sich an mehreren Stellen.

[175] A-2620/3 Zentrale Dienstvorschrift Lebenskundlicher Unterricht, Ziffer 108.

[176] Siehe Ennuschat (2019) 112f.

[177] Vgl. Ennuschat (2019) 109.

hoher Vertreter der US-amerikanischen Militärseelsorge kritisch gesehen, da „gerade im Umgang mit jungen und ‚einfachen' Soldaten eine unnötige Barriere" errichtet werden könne, wenn Seelsorger mit Offiziersrang auftreten.[178]

1.6 Aufgaben der Hilfskräfte

Der Artikel 26 des MSV bezieht sich auf die Hilfskräfte der Militärgeistlichen:

> „Artikel 26
> (1) Den Militärgeistlichen werden vom Staat die zur Unterstützung bei gottesdienstlichen Handlungen und Verwaltungsaufgaben im Zusammenhang mit der Militärseelsorge erforderlichen Hilfskräfte zur Verfügung gestellt.
> (2) Die Hilfskräfte bei den dienstaufsichtführenden Militärgeistlichen werden in das Beamtenverhältnis übernommen."[179]

In den Militärpfarrämtern in Deutschland konkretisiert sich diese „Stellung" von „Hilfskräften" im Beruf der Pfarrhelferinnen und Pfarrhelfer, die als Vollzeitkräfte sowohl mit Verwaltungskompetenz als auch mit einer kirchlich-diakonischen Grundausbildung den Militärgeistlichen zugeordnet sind und diese weitgehend für deren pastorale Aufgaben freistellen. Gerade in Phasen längerer Abwesenheiten von Militärgeistlichen, etwa zu mehrmonatigen Einsatzbegleitungen, kann die Pfarrhelferin bzw. der Pfarrhelfer zur entscheidenden personellen Vertretung der Militärseelsorge „vor Ort" avancieren. Im Unterschied zu den Verwaltungskräften im Evangelischen Kirchenamt für die Bundeswehr und in den Militärdekanaten müssen die Pfarrhelferinnen und Pfarrhelfer konfessionsgebunden sein. Sie stehen im Angestelltenverhältnis des Bundes.

In den Auslandseinsätzen wird Militärgeistlichen meist ein „Unterstützungssoldat" zugeordnet, der einerseits den infanteristischen Schutz des unbewaffneten Militärgeistlichen sicherstellen soll, andererseits aber auch Verwaltungstätigkeiten übernimmt und für die technische Vorbereitung der Gottesdienste verantwortlich ist. Obwohl der Militärseelsorgevertrag von 1957 natürlich diese Art der Einsatzbegleitung nicht im Blick haben konnte, wird der Art. 26 überwiegend als Rechtsgrundlage für die Bereitstellung dieser Unterstützungssoldaten gelesen.[180]

―――――

[178] So ist es einem Bericht über einen USA-Besuch von Militärbischof Sigurd Rink im März/April 2019 auf der Internetseite der evangelischen Militärseelsorge zu entnehmen; vgl. https://www.eka.militaerseelsorge.bundeswehr.de/portal/a/eka/start/bischof/!ut/p/z1/hY7NCsIwEITfqJsG7c-xoRUKJRRbqslFQhNqpCYlxOLBhzeieBP3MLA73w4DHI7AjVj1JLy2RsxhZzw5kazpG5xj3NOyRHXV0mqocIzaBAY4_EN4sNGPKRB0UgELGenvjBQ64MAvYhX3aLHOz8pHYnx1BHYWRs6qtWPxPgRQqmi0JjBBvTJeB52c8NZ9v8ebc8GJtASG4pKgHOFPp_hByIYMRZolZU32sFx3GaXb6QnqT0pK/dz/d5/L2dBISEvZ0FBIS9nQSEh/#Z7B8LTL2922TNDD0IEPNEVE210P7 (Zugriff am 20.9.19).
[179] MSV (1957) ebd.
[180] Gerade in kleineren militärischen Kontingenten tendiere die Bundeswehr in jüngerer Zeit nach Auskunft von betroffener Seite dazu, diese Dienstposten einzusparen, was auf Seiten der Militärgeistlichen überwiegend kritisch vermerkt werde, da es die praktische Handlungsfähigkeit von Militärgeistlichen im Auslandseinsatz einschränken kann und

1.7 Abschließende Bestimmungen zur Geltung des Vertrags

Es folgen die Schlussvorschriften in Artikel 27 und 28:

> „Artikel 27
> Die Vertragsschließenden werden eine etwa in Zukunft zwischen ihnen entstehenden Meinungsverschiedenheit über die Auslegung einer Bestimmung dieses Vertrages auf freundschaftliche Weise beseitigen. In gleicher Weise werden sie sich über etwa notwendig werdende Sonderregelungen verständigen.
>
> Artikel 28
> (1) Dieser Vertrag soll ratifiziert und die Ratifikationsurkunden sollen in Bonn ausgetauscht werden.
> (2) Er tritt am Tage des Austausches der Ratifikationsurkunden in Kraft.
>
> Zu Urkund dessen ist dieser Vertrag unterzeichnet worden.
> Geschehen zu Bonn am 22. Februar 1957 in zwei Unterschriften.“[181]

2. Der Militärseelsorgevertrag und die Anfragen an das evangelische Kirchenverständnis

In der Mitte des letzten Jahrhunderts wäre der Protestantismus in Westdeutschland beinahe an der gesellschaftlich höchst umstrittenen Frage der Wiederbewaffnung der Bundesrepublik und an dem Streit um den Militärseelsorgevertrag zerbrochen. Grundlegend für die Bedenken innerhalb der evangelischen Kirchen waren die Kritik Martin Niemöllers an der Wiederbewaffnung und seine ablehnende Haltung gegenüber einem Engagement der EKD zur Einrichtung einer evangelischen Militärseelsorge in der Bundeswehr.[182] In diesem Zusammenhang ist es unverzichtbar, wichtige Ausschnitte aus dem Brief Martin Niemöllers, Präsident der Evangelischen Kirche in Hessen und Nassau und Leiter des Kirchlichen Außenamtes, an Bundeskanzler Konrad Adenauer vom 4. Oktober 1950, zu kennen:

> „[…] Trotz aller gegenteiligen Zeitungsnachrichten wird die Remilitarisierung Westdeutschlands, d.h. die Wiederaufrüstung deutscher Menschen für einen möglichen Krieg zwischen Ost und West, mit allen Mitteln betrieben. […] Eine offizielle Volksbefragung ist durch die Bundesverfassung nicht vorgesehen. Diese Verfassung ist ja so geschickt gearbeitet, dass das deutsche Volk wieder in einen Krieg hineingestürzt werden kann, ohne dass es zuvor überhaupt gefragt wird. […] Die Evangelische Kirche in Deutschland hat mehrfach und deutlich erklärt, dass die Kriegsgefahr zwischen dem westlichen und östlichen Deutschland als Vasallen der westlichen und östlichen Mächte durch die Teilung Deutschlands heraufbeschworen worden ist. Die Kriegsgefahr ist nicht durch die Gründe bedingt, die dem deutschen Volke heute in der Presse aufgetischt werden, um in Ost und West seine Angst zu erhöhen und es williger zu machen, sich in neue Rüstungsabenteuer stürzen zu lassen. Die Evangelische Kirche in Deutschland hat keinen Zweifel gelassen, dass sie einer Militarisierung nicht das Wort reden könne – weder im Osten

-----

immer wieder faktische Abhängigkeiten verstärke, die eigentlich Geist und Buchstaben des Militärseelsorgevertrags widersprechen.

[181] MSV (1957) ebd.

[182] Vgl. Sigurd Rink, Können Kriege gerecht sein? Glaube, Zweifel, Gewissen. Wie ich als Militärbischof nach Antworten suche, Berlin 2019, 103. Niemöller, Mitglied der oppositionellen Bekennenden Kirche, war zwischen 1938 und 1945 als Hitlers persönlicher Gefangener in verschiedenen Konzentrationslagern inhaftiert.

> noch im Westen. Darüber hinaus werden sich evangelische Christen jeder Militarisierung praktisch widersetzen und sich darauf berufen, dass ihnen die Bundesverfassung dieses Recht gibt. Und wenn ihnen durch eine Verfassungsänderung dieses Recht wirklich entzogen werden sollte, so werden wir uns wieder einmal darauf besinnen müssen, dass man Gott mehr gehorchen muß als den Menschen. Vor den Augen und Ohren des gesamten deutschen Volkes bitte ich Sie, Herr Bundeskanzler, in dieser entscheidenden Stunde nicht vollendete Tatsachen zu schaffen, ohne eine vorherige, echte Befragung der Bevölkerung des Bundesgebietes. Wenn diese Befragung aufgrund der Bundesverfassung nicht als Volksabstimmung geschehen kann, so müssten Neuwahlen vorgenommen werden. Diese Neuwahlen hätten aber so zu geschehen, daß die deutsche Bevölkerung in der Lage ist, die von ihr zu wählenden Kandidaten eindeutig zu fragen, ob sie sich in ihrer Amtsführung für oder gegen diese ‚Wiederaufrüstung' einsetzen werden. Wenn der gegenwärtige Bundestag über diese Frage entscheidet, so käme das einem Volksbetrug gleich, da kein deutscher Wähler bei der Wahl im Sommer 1949 die Absicht gehabt hat, dem Deutschen Bund die Vollmacht zu einer Kriegsausrüstung oder Kriegsbeteiligung zu geben. Wenn die westlichen Alliierten von Westdeutschland einen Beitrag an Waffen und Soldaten verlangen, dann sollen sie das selbst offen befehlen und sich nicht hinter einer deutschen Demokratie verstecken [...]."[183]

Nachdem Kanzler Adenauer am 29. August 1950, wohl ohne das Bundeskabinett zu informieren, „seine Bereitschaft erklärt (hatte), im Falle der Bildung einer internationalen westeuropäischen Armee einen Beitrag in Form eines deutschen Kontingents zu leisten"[184], trat der Protestant Gustav Heinemann am 09.10.1950 als Innenminister zurück. Er begründete dies wie folgt:

> „Ist es vertretbar, dass eine Erklärung von solch entscheidungsvoller Tragweite vom Bundeskanzler abgegeben wird, ohne dass das Kabinett an der Willensbildung beteiligt ist? [...] Wenn in irgendeiner Frage der Wille des deutschen Volkes eine Rolle spielen soll, dann muss es in der Frage der Wiederaufrüstung sein."[185]

Mit Gustav Heinemann wurde einer der prominentesten Kritiker des Bundesbeamtenstatus der Seelsorger für die Soldaten 18 Jahre nach seiner öffentlich geäußerten Kritik Bundespräsident. In einem Fernsehinterview, das Günter Gaus mit

---

[183] Martin Niemöller, Schreiben des Präsidenten der Evangelischen Kirche in Hessen und Nassau und Leiters des Kirchlichen Außenamtes an den Bundeskanzler Konrad Adenauer vom 4. Oktober 1950, in Auszügen zitiert nach: „Die Seelen rüsten" Zur Kritik der staatskirchlichen Militärseelsorge, hrsg. v. Peter Bürger (Redaktion), Matthias-W. Engelke, Thomas Nauerth, Rainer Schmid (Hgg.), Norderstedt 2019, (edition pace 8) 139f; vgl. ebd. Fußnote 1: Texterfassung hier nach dem Faksimile in: esg-nachrichten 1+2/2012, 8; Quellenangabe dort: EZA Berlin, Bestand 2/84/345/11; abgedruckt in: Kirchliches Jahrbuch 1950, 174f [aus Dorothee Buchhaas-Birkholz (Hg), „Zum politischen Weg unseres Volkes". Politische Leitbilder und Vorstellungen im deutschen Protestantismus 1945–1952. Eine Dokumentation, Düsseldorf 1989].

[184] Hans Dieter Zepf, Abschaffung der Militärseelsorge, in: „Die Seelen rüsten" Zur Kritik der staatskirchlichen Militärseelsorge, hrsg. v. Peter Bürger, Matthias-W. Engelke, Thomas Nauerth, Rainer Schmid, edition pace 8, Norderstedt 2019, 229–238; hier S. 229.

[185] Zitiert nach Zepf (2019) 229f.

Gustav Heinemann[186] 1968 – also ein Jahr vor seinem Amtsantritt als Bundespräsident führte – beantwortete Heinemann auch Fragen über seine Einschätzungen zu kirchlichen Themen als evangelischer Christ. Heinemann ging dabei ausdrücklich auf den Militärseelsorgevertrag ein. Auf Gaus' Frage, worin seine Kirche ihn nach 1945 enttäuscht habe, antwortete Heinemann:

> „[...] Ein besonderer Kummer bleibt für mich immer, daß die Evangelische Kirche nach diesem Krieg den Militärseelsorgevertrag abgeschlossen hat. Es ist ja nicht einleuchtend, meine ich, daß die Seelsorger der Soldaten Pfarrer im Staatsamt sein müssen. Das könnte wirklich auch anders sein. Sie hätten also kirchliche Pfarrer bleiben sollen. Das wäre mir lieber gewesen. Das ist so ein konkreter Vorgang dieser Gesamtlinie."[187]

Kritik aus den Reihen der Kirchen am Militärseelsorgevertrag bezog sich von Anfang an nicht nur auf den *Inhalt,* sondern auch auf die *Form des Zustandekommens* dieses Vertragswerkes. So sei auf Drängen der Bundesregierung die Unterzeichnung am 22. Februar 1957 durch den EKD-Ratsvorsitzenden Bischof Dibelius für die Gliedkirchen der EKD noch *vor* Zustimmung der Synode vollzogen worden.[188]

> „Die innerkirchliche Kritik hatte, da erst im Januar 1956 die Form – und den meisten die Existenz überhaupt – des Militärseelsorge-Vertrages bekannt wurde, er aber dann auf Drängen der Bundesregierung schnell ratifiziert werden musste, kaum Möglichkeit zur öffentlichen Diskussion. Zugleich ist hierbei zu beobachten, wie sich auch in den evangelischen Kirchen, die weitaus ‚demokratischer' als ihr katholisches Gegenstück strukturiert sind, die Spitze gegenüber denen verselbständigt, die sie kontrollieren und entscheidend beeinflussen sollen. Der ausdrückliche Beschluss der außerordentlichen Synode der EKD vom 29.7.1956, dass in bezug auf die Militärseelsorge keine neuen Tatsachen geschaffen werden sollten, die die EKD binden würden, ist schlicht von der Kirchenleitung in sein Gegenteil gekehrt worden; die Unterzeichnung des Militärseelsorgevertrages durch Dibelius und Brunotte am 22.2.1957 in Bonn stellte – ebenso wie die Ernennung von Prälat Kunst zum Militärbischof, die auch ohne Befragen der Synodalen zustandekam – eine bewusste Missachtung des Synodalbeschlusses dar."[189]

Dieser Vorgang spricht nicht für Transparenz und Achtung der Synode. Obwohl in der o.g. außerordentlichen EKD-Synode vom 29. Juli 1956 beschlossen worden war, dass in Bezug auf die Militärseelsorge keine neuen Tatsachen geschaffen werden sollten, unterzeichneten Bischof Dibelius, EKD-Ratsvorsitzender, und Brunotte, Leiter der Kirchenkanzlei, am 22. Februar 1957 den Militärseelsorgevertrag, obwohl die EKD-Synode *erst später,* nämlich am 8. März 1957 tagte.[190]

---

[186] Gustav Heinemann, „Ein besonderer Kummer bleibt: der Militärseelsorgevertrag". Gustav Heinemann im Gespräch, 3. November 1968. Ein Interview von Günter Gaus, in: Bürger u.a. (2019) 153f.

[187] Zitiert nach: Gustav Heinemann, ebd. 154.

[188] Siehe Bürger (2019), Vorwort, in: ders. (2019) 13–36; hier S. 25.

[189] Hans-Dieter Bamberg, Militärseelsorge in der Bundeswehr. Schule der Anpassung und des Unfriedens, Köln 1970, 57. Siehe Bürger (2019) ebd. Fußnote 20, S. 26.

[190] Siehe Zepf (2019) 230.

Als junger Sozialethiker brachte der spätere Berliner Bischof und EKD-Ratsvorsitzende Wolfgang Huber grundsätzliche Aspekte der Kritik am Militärseelsorgevertrag zugespitzt auf den Punkt:

> „Die Förderung gesellschaftlicher Aggressivität im Sinn des Komplexes von Autoritarismus, Militarismus und Religion hängt [...] eng damit zusammen, daß die Kirche eine Agentur zur Legitimation politischer Herrschaft war und wohl noch ist; sie sieht sich eben in dem Maß zur Legitimation politischer Herrschaft veranlaßt, in dem sie selbst die politische Macht zur Erhaltung ihres Monopols in der ‚Manipulation der Heilsgüter' auszunutzen sucht. Dieses Wechselverhältnis kann man auch in der jüngeren Vergangenheit noch beobachten. So fällt zum Beispiel auf, mit welcher Entschiedenheit der Staat nicht nur in der Bundesrepublik Deutschland, sondern auch in Ländern wie Frankreich und den USA [...] heute noch an einer staatlich organisierten, finanzierten und weithin auch reglementierten Militärseelsorge festhält. An dieser Stelle ist das Interesse des Staates offenbar besonders groß, die Kirche als Agentur der politischen Religion in seinen Dienst zu stellen."[191]

Ihren Kritikern gilt die Militärseelsorge als „militäraffin bis hin zur Militärhörigkeit",[192] wobei die Diskussion im evangelischen Raum lauter geführt worden sei als im römisch-katholischen.[193]

In den evangelischen Kirchen in der DDR war die protestantische Friedensarbeit gemäß Friedemann Stengel äußerst militärkritisch.[194] Es gab keine mit der NVA organisatorisch verflochtene Militärseelsorge, sondern die Gemeindepfarrer der jeweiligen Ortskirchengemeinden übernahmen – unabhängig vom Staat und außerhalb von militärischen Liegenschaften – die seelsorgerliche Betreuung von Soldaten, Bausoldaten und Totalverweigern.[195]

---

[191] Wolfgang Huber, Kirche und Militarismus, in: Ders., G. Liedke (Hrsg.), Christentum und Militarismus (Studien zur Friedensforschung F.E.St. 13), Stuttgart/München 1974, 158–184; hier S. 178.

[192] Angelika Dörfler-Dierken, Zur Entstehung der Militärseelsorge und zur Aufgabe der Militärgeistlichen in der Bundeswehr (SOWI-Bericht 83), Strausberg 2008, 32.

[193] Siehe Dörfler-Dierken (2008) 32.

[194] Vgl. Friedemann Stengel, Frieden, Militär und Kirche in der DDR, in: Reformation und Militär. Wege und Irrwege in fünf Jahrhunderten. Im Auftrag des Zentrums für Militärgeschichte und Sozialwissenschaften der Bundeswehr hrsg. v. Angelika Dörfler-Dierken, Göttingen 2019, 257–266. Waffenloser Wehrdienst bei den „Bausoldaten" und (totale) Verweigerung wurden als ein deutlicheres Zeugnis des Friedensgebots angesehen als der Waffendienst. 1977 standen bereits ca. 10.000 Bausoldaten und ca. 2.000 Totalverweigerer auf den Fürbittenlisten und waren in Gottesdiensten bekannt gegeben worden. Bausoldaten wurden nicht zu Universitäten zugelassen. Vgl. ebd. S. 261ff.

[195] Vgl. Bürger (2019) 27. Ausführlicher: Joachim Garstecki, Friedensarbeit und Friedenszeugnis der Kirchen in der DDR und die Welt-Unordnung des 21. Jahrhunderts. Festvortrag zum 90. Geburtstag von Heino Falcke am 12. Mai 2019 im Augustinerkloster Erfurt, in: Bürger (2019) 163–184; ferner: Uwe Koch, „Friedensethik versus Militärseelsorge" Die Sicht der evangelischen Kirchen in den neuen Ländern (1991), in: Bürger (2019) 185–194; vgl. auch: Bernd Winkelmann, Kirchliche Soldatenseelsorge versus Militärseelsorge. Eine friedensethische Erinnerung (2016), in: Bürger (2019) 195–199; siehe

Bis heute ist vor allem die konkrete Ausgestaltung der Militärseelsorge auf der Basis des evangelischen Militärseelsorgevertrags von 1957 bzw. des Reichskonkordats mit dem Hl. Stuhl von 1933 nicht nur unter Verfassungsrechtlern, sondern auch innerkirchlich umstritten. Zu den Grundsätzen des protestantischen Kirchenverständnisses gehört, dass ein gewählter Kirchengemeinderat zusammen mit der Pfarrerin oder dem Pfarrer die Gemeinde leitet bzw. dass eine Gemeinde bei der Besetzung einer Pfarrstelle an der Auswahl beteiligt wird. Anders ist das in der Militärseelsorge. Seit ihrer Gründung 1957 bis heute entspricht die Struktur der Militärseelsorge den streng hierarchischen militärischen Strukturen. Die Parallelität[196] hat Wolfgang Huber vor einiger Zeit wie folgt dargestellt:

Militärbischof	–	Verteidigungsminister
Militärgeneraldekan	–	Abteilungsleiter
Referenten im EKA	–	Referenten im BMVg
Militärdekane	–	Korps-, Wehrbereichs-, Flottenstäbe
Militärpfarrer	–	Divisionen und Brigaden

Bereits vor Jahren stellte Wolfgang Huber unter kirchenrechtlichem Gesichtspunkt fest, dass man gegen die Struktur der evangelischen Militärseelsorge einwenden muss, dass „hier ein bestimmter Bereich kirchlicher Tätigkeit nicht von den Grundsätzen evangelischen Kirchenrechts, sondern von den Forderungen und Interessen des Staates aus rechtlich geordnet wurde. Dies widerspricht insbesondere der 3. Barmer These, die durch die Grundordnung der EKD rezipiert worden ist."[197] Die Theologische Erklärung der Bekenntnissynode in Barmen von 1934 gilt als die zentrale theologische Äußerung der Bekennenden Kirche. In der dritten Barmer These wird ein unaufgebbarer Einklang zwischen der *Botschaft* und der *Ordnung* der Kirche als Maßstab für die Gestalt der Kirche gefordert.[198] An der Struktur der Militärseelsorge kritisierte Huber in seiner Habilitationsschrift:

> „Mit der Ordnung der Militärseelsorge hat der Staat jedoch in den inneren Verfassungsrechtskreis der Kirchen eingegriffen; bei der Bestellung der Militärpfarrer

———

auch: Axel Noack, Ein Votum aus dem Jahr 1990 von Pfarrer Axel Noack (Kirchenprovinz Sachsen), aus: „Ja zur Militärseelsorge ist ein Blankoscheck in den Händen der Armee." Warum die evangelische Kirche in der ehemaligen DDR dem Bundesverteidigungsministerium nicht dienen will, in: Frankfurter Rundschau vom 7. November 1990, S. 15, abgedruckt in: Bürger (2019) 200.

196 Siehe Wolfgang Huber, Kirche und Öffentlichkeit, Stuttgart 1973, 290.

197 Huber (1973) 269.

198 Im Verwerfungssatz zur 3. These heißt es: „Wir verwerfen die falsche Lehre, als dürfe die Kirche die Gestalt ihrer Botschaft und ihrer Ordnung ihrem Belieben oder dem Wechsel der jeweils herrschenden weltanschaulichen und politischen Überzeugungen überlassen." Siehe unter: https://www.ekd.de/Barmer-Theologische-Erklarung-11292.htm (Zugriff am 18.07.2020).

> wirkt er in ausdrücklichem Widerspruch gegen Art. 137, Abs. 3 WRV an der Verleihung kirchlicher Ämter mit. Denn im Gegensatz zum Amt des Theologieprofessors an staatlichen Universitäten und des Religionslehrers an staatlichen Schulen stellt das Amt des Militärpfarrers [...] nicht ein konfessionell gebundenes Staatsamt, sondern ein kirchliches Amt dar. Daß für den Bereich der Militärseelsorge das geltende Staatskirchenrecht in verfassungsmäßiger Weise durchbrochen werden könne, läßt sich sich weder aus Art. 141 WRV in Verbindung mit Art. 137 GG noch aus der Entstehungsgeschichte der staatskirchenrechtlichen Artikel der Weimarer Verfassung begründen. Vielmehr ergibt sich aus Art. 141 WRV in Verbindung mit Art. 137 GG sowie aus § 36 des Soldatengesetzes lediglich die Pflicht des Staates, eine kirchliche Seelsorge bei den Streitkräften zuzulassen. Eine den geltenden staatskirchenrechtlichen Grundsätzen widersprechende Mitwirkung des Staates bei der Gestaltung dieser Militärseelsorge läßt sich daraus nicht ableiten. [...] Aus alldem ergibt sich der [...] Schluß, dass die gegenwärtige Struktur der Militärseelsorge mit dem geltenden Verfassungsrecht nicht vereinbar ist.“[199]

Ein echtes synodales Element zur Mitbestimmung der Soldatinnen und Soldaten sucht man in der Militärseelsorge vergeblich. Es gibt keinen *gewählten* Kirchengemeinderat aus Soldaten(familien) an der Basis. Vereinzelt gründen Standortpfarrer lokale Beiräte auf Standortebene. Jedoch sind diese Beiratsmitglieder nicht demokratisch gewählt. So sind sie strukturell nicht frei, ggf. ein kritisches Korrektiv zu sein, sondern in ihrer Mitwirkungsmöglichkeit vom sie berufenden Standortgeistlichen abhängig. Auch der Beirat für Militärseelsorge, der vom Rat der EKD für seine eigene Beratung und zur Beratung des Militärbischofs berufen wird, stelle *kein* synodales Vertretungsorgan dar; entgegen einer anders lautenden Behauptung habe dies gemäß Huber der Beirat selbst in einem Gutachten ausdrücklich festgestellt.[200] Während die Mitglieder des Rats der EKD – abgesehen von der/dem Synodenpräses – mehrheitlich von der jeweiligen EKD-Synode gewählt werden, werden die Mitglieder des EKD-Beirats für die Militärseelsorge nicht demokratisch gewählt, sondern berufen.

Die Namen der Mitglieder des Rats der EKD sind öffentlich bekannt.[201] Anders verhält es sich mit den Namen der Mitglieder des EKD-Beirats für die Militärseelsorge. Ein aktiver Bundeswehrsoldat hatte ein Anliegen an die evangelische Militärseelsorge und wollte Namen und Entsendeorganisationen der Beiratsmitglieder für die Militärseelsorge in Erfahrung bringen. Dies war weder über die Homepage der Militärseelsorge, noch über die Homepage der EKD und auch nicht auf schriftliche Anfrage über das Kirchenamt der EKD[202] möglich. Die Haushaltsabteilung des Kirchenamtes für die Bundeswehr informierte den Soldaten darüber, dass die Namen der Beiratsmitglieder der evangelischen Militärseelsorge aus datenschutzrechtlichen Gründen nicht mitgeteilt werden könnten. Ein Vorgang, der Fragen aufwirft. Warum müssen die Namen der Beiratsmitglieder für die Militärseelsorge sogar vor Soldaten geheim gehalten werden? Hier kann

---

[199] Huber (1973) 288.
[200] Siehe (1973) 291.
[201] Vgl. https://www.ekd.de/Rat-10774.htm (am 18.07.2020).
[202] Mir wurde Einblick in den Schriftverkehr in dieser Angelegenheit gewährt.

man wohl kaum von einem Ernstnehmen der Mündigkeit evangelischer Soldaten durch die Militärseelsorge sprechen.

Bemerkenswert ist auch folgende Passage aus dem Tätigkeitsbericht des früheren Militärbischofs Martin Dutzmann vom Herbst 2012, der in Schriftform an die EKD-Synode erging:

> „Veränderung der Leitungsstrukturen: Seit dem 01. Januar 2012 steht an der Spitze des Haushalts Evangelische Seelsorge in der Bundeswehr (HESB) nicht mehr ein Jurist, sondern ein Theologe (OKR Dr. Werner Weinholt), der zugleich das Büro des Militärbischofs leitet. Für die Gesamtleitung der Militärseelsorge in ihren staatlichen und kirchlichen Bezügen wurde ein Kollegium bestehend aus dem Militärgeneraldekan (Leiter des Evangelischen Kirchenamtes für die Bundeswehr), dem Büroleiter und dem Militärbischof (Vorsitz) gebildet. In diesem Kollegium werden die Leitungsentscheidungen für die Militärseelsorge im Rahmen der geltenden Gesetze getroffen."[203]

Von diesem neu ins Leben gerufenen Gremium bestehend aus dem Leiter des Haushalts- bzw. des Bischofsbüros, dem Militärgeneraldekan und dem Militärbischof zur oligarchischen Gesamtleitung der Militärseelsorge steht weder etwas im Militärseelsorgevertrag[204] noch in den beiden korrespondierenden Kirchengesetzen[205]. Dieser Vorgang steht in Spannung zu einem synodalen protestantischen Kirchenverständnis.

2018 wies Niklas Peuckmann darauf hin, dass die Ordnung der katholischen Militärseelsorge im Sinne der römisch-katholischen Ekklesiologie „präzise durchstrukturiert" sei, während der „bikephale" Aufbau der evangelischen Militärseelsorge „nicht trennscharf definierte" Momente enthalte und der protestantischen Ekklesiologie nicht entspreche.206 Die Zuständigkeitsbereiche der Doppelspitze aus Militärgeneraldekan und Militärbischof wirken nicht immer final geklärt.

Im Vertrag über die jüdische Militärseelsorge von 2019 ist das Verhältnis zwischen Militärbundesrabbiner und Militärrabbinatsleiter/in wie folgt geregelt: „Der Militärrabbinatsleiter bzw. die Militärrabbinatsleiterin untersteht der Dienst- und Fachaufsicht des Militärbundesrabbiners"207 Ob sich diese Formulierung als klarer erweist als die vage und interpretationsoffene Formulierung aus dem Militärseelsorgevertrag von 1957 mit der EKD „Der Militärgeneraldekan untersteht dem Militärbischof",208 wird die Zukunft erweisen.

―――――

[203] Bericht des Bischofs für die Evangelische Seelsorge in der Bundeswehr auf der 5. Tagung der 11. Synode der EKD vom 4. bis 7. November 2012 in Timmendorfer Strand, EKD Geschäftsstelle der Synode, Drucksache III d / 1; S. 1.

[204] Vgl. Vertrag der Bundesrepublik Deutschland mit der Evangelischen Kirche in Deutschland zur Regelung der evangelischen Militärseelsorge aus dem Jahr 1957.

[205] Vgl. Kirchengesetz zur Regelung der Evangelischen Militärseelsorge in der Bundesrepublik Deutschland vom 08. März 1957 und das Erste Kirchengesetz zur Änderung der Regelung der Evangelischen Militärseelsorge in der Bundesrepublik Deutschland vom 08. März 1957 vom 01. Januar 2004.

[206] Vgl. Niklas Peuckmann, Kirche(n) unter Soldaten. Zur Ökumene in der Militärseelsorge, in: Lebendige Seelsorge 4 (2018) 288–293, hier: 290.

[207] JüdMilSeelsG Art. 13, Abs. 2, Bundestagsdrucksache 19/18074 (neu), S. 14.

[208] MSV (1957), Art. 15 Abs. 2, Satz 1.

Im Zusammenhang mit der Neubesetzung des Hauptamtes des evangelischen Militärbischofs betonte der EKD-Ratsvorsitzende im März 2020 die Notwendigkeit struktureller Klärungen auf der Leitungsebene der Militärseelsorge.[209] Mit Bernhard Felmberg wird zudem ein Theologe als Nachfolger Sigurd Rinks installiert, der außergewöhnlich große Erfahrung nicht allein im „diplomatischen" Miteinander von Kirche und Staat mitbringe, sondern auch auf eigene Leitungstätigkeit in einem Bundesministerium zurückblicke und so aus Sicht der EKD anscheinend erwarten lasse, den schwierigen Leitungsaufgaben in der Militärseelsorge gewachsen zu sein.[210]

Im Zusammenhang der Ablösung Sigurd Rinks wurde allerdings auch eine Diskrepanz zwischen der journalistisch wahrgenommenen Akzeptanz des Militärbischofs an der „Basis", also innerhalb der Bundeswehr, und seiner mehrheitlichen Ablehnung durch den Rat der EKD zur Sprache gebracht.[211] Diese Gemengelage kann und soll im Konkreten hier nicht beurteilt werden. Der Vorgang zeigt aber an, welches kirchliche Legitimationsdefizit innerhalb der evangelischen Militärseelsorge besteht, wo es keinerlei verfasste Basisvertretung gibt, richtungsweisende Personalentscheidungen auf intrasparente Weise „hinter verschlossenen Türen" gefällt werden und somit dem theologischen Grundsatz, dass Kirche ihre Botschaft auch durch ihre Ordnung zu bezeugen hat (These 3 der Barmer Theologischen Erklärung), nicht ansatzweise Genüge getan wird.

Nicht nur innerprotestantisch ist die Konstruktion der Militärseelsorge im Sinne des Militärseelsorgevertrags von 1957 bzw. auf der Basis des Reichskonkordats von 1933 umstritten. Das zeigt z.B. die ökumenische Basis-Initiative zur Abschaffung/Reform der Militärseelsorge[212], die sich im September 2012 auf einer Tagung des Dietrich-Bonhoeffer-Vereins in Halle an der Saale gründete und v.a. die enge Verflechtung der Militärseelsorge mit dem Staat kritisiert, weil sie die notwendige Unabhängigkeit als gefährdet ansieht. Stattdessen plädiert die Ini-

---

[209] „In den vergangenen Jahren ist deutlich geworden, dass die evangelische Seelsorge in der Bundeswehr eine klare Leitungsstruktur und eine gute Kooperation mit dem Bundesministerium der Verteidigung braucht. Es gilt, notwendige Klärungen herbeizuführen und Zuständigkeiten einvernehmlich zu definieren." Vgl. https:// www.ekd.de/bernhard-felmberg-wird-neuer-bischof-fuer-die-evangelische-54453.htm (30.03.2020).

[210] Der 1965 geborene Felmberg amtierte von 2008 bis 2013 als Bevollmächtigter der EKD bei Bundestag, Bundesregierung und Europäischer Union und wechselte 2014 in das Bundesministerium für wirtschaftliche Zusammenarbeit und Entwicklung (BMZ), wo er zunächst die Unterabteilung 11 (Zivilgesellschaft, Kirchen und Wirtschaft in der Entwicklungszusammenarbeit) leitete, um im März 2018 zum Leiter der Zentralabteilung im BMZ ernannt zu werden.

[211] Vgl. Peter Carstens/Thomas Jansen, Sigurd Rink. Vom Militärbischof zum Büroleiter, in: FAZ vom 01.04.2020.

[212] Siehe unter www.militaerseelsorge-abschaffen.de.

tiative für eine vom Staat völlig unabhängige Seelsorge für Soldaten. Verschiedene Initiativen und Organisationen wie z.B. der bereits 1914 gegründete Internationale Versöhnungsbund unterstützen diese Basisinitiative.[213]

Wichtige Punkte der Kritik am Militärseelsorgevertrag von Seiten dieser Basisbewegungen finden sich bei Hartwig Hohnsbein: Die evangelische Kirche werde, ähnlich wie die katholische Kirche durch ihr Konkordat, durch den Vertrag mit der Bundesrepublik Deutschland zu einem quasi Völkerrechtssubjekt. In den Schlussvorschriften fehle eine Kündigungsklausel; das Adjektiv *ständig* in Artikel 1 des Vertrags bedeute wohl so viel wie *ewigwährend.* Prophetisch wie die Kirchen bisweilen sein könnten, werde der Militärbischof gemäß Artikel 12,12 zuständig für die Seelsorge für evangelische Kriegsgefangene gemacht, was dann auch in einem Angriffskrieg der Fall sein könne. Nach Artikel 2 werde der Militärseelsorge große finanzielle Mittel vom Staat zugestanden.[214] Einschlägige Zitate wie z.B. eine Aussage des damaligen Bundesverteidigungsministers Franz Josef Strauß aus dem Jahr 1958 lassen daran zweifeln, ob der eigentliche Zweck der Militärseelsorge tatsächlich mit den vertraglichen Formulierungen aus der Präambel schon umfassend genannt sei, nämlich „die freie religiöse Betätigung und die Ausübung der Seelsorge in der Bundeswehr zu gewährleisten".[215] „Wir sind fest davon überzeugt, dass das christliche Fundament der Armee festgefügt werden muss. Die Militärseelsorge ist für uns ein fundamentales zentrales Anliegen von vielleicht entscheidender Bedeutung."[216] Es ist nicht ganz von der Hand zu weisen, dass in solchen Worten auch eine Erwartungshaltung von Seiten des Staats an die Militärgeistlichen in der Bundeswehr als gesellschaftliche Werteträger mitschwingen könnte, den politischen und militärischen Entscheidungen loyal verbunden zu sein.[217]

Bemerkenswert ist die recht offen geäußerte kritische Sensibilität für die strukturelle Gefährdung der Unabhängigkeit der Militärgeistlichen, die sogar der bis Sommer 2020 amtierende Militärbischof Rink als oberster kirchlich Verantwortlicher für die evangelische Militärseelsorge in der Bundeswehr nach fünf Jahren im Amt hat erkennen lassen.[218] Es sei dahingestellt, ob man sie im Sinne

---

[213] Zu den unterstützenden Gruppierungen gehören ferner gemäß Rainer Schmid: Das Frauennetzwerk für Frieden, die DVK-VK, die Bundesarbeitsgemeinschaft Christinnen und Christen bei den Grünen, das Institut für Theologie und Politik, der Bund Religiöser Sozialisten Deutschlands, die Internationale der Kriegsdienstgegner/innen, das Friedensbüro Hannover, die Arbeitsgemeinschaft Frieden Trier, das Kölner Friedensforum, die Münchner Bürgerinitiative für Frieden und Abrüstung, das Ökumenische Netz Rhein-Mosel-Saar etc. sowie Einzelpersonen. Siehe: Rainer Schmid, Ökumenische Initiative zur Abschaffung bzw. Reform der Militärseelsorge, in: Bürger (2019) 277–282, hier S. 277.

[214] Hartwig Hohnsbein, Fest in der Tradition verankert: die Militärseelsorge. Kirche von unten 2001, in: Bürger (2019) 155–160; hier S. 157.

[215] MSV (1957) ebd.

[216] Zitiert nach Hohnsbein (2019) 155. Siehe Bamberg (1970) 268.

[217] Siehe Koch (2019) 192.

[218] Vgl. Rink (2019) 107. Dort konzediert Rink, dass es einen Anpassungsdruck gibt, dem Militärgeistliche ausgesetzt sind: „Vor allem in den Auslandseinsätzen, wenn die oder der Militärgeistliche vier Monate lang mit den Soldatinnen und Soldaten im geschlossenen, eigengesetzlichen Kosmos des Camps lebt, verlangt es eine ungeheure innere Festigkeit und Widerstandsfähigkeit, um die Rolle als einzig ‚Anderer' auszuhalten und den

der Kritik der o.g. ökumenischen Basis-Initiative interpretieren kann oder ggf. sogar muss. Die Gefährdung der Unabhängigkeit der Militärgeistlichen wird – aus verschiedenen Perspektiven – Thema mehrerer inzwischen teilweise aktualisierter Beiträge dieser Untersuchung sein.

3. Militärseelsorge oder Seelsorge an Soldaten?

Seit der Wende hat sich ein doppelter Sprachgebrauch eingebürgert: Evangelische Militärseelsorge und evangelische Seelsorge in der Bundeswehr. In der zweiten Bezeichnung setzten sich semantisch die Kirchen der neuen Bundesländer durch. In der Realität kam es dagegen zu einer ‚Durchsetzung' des westdeutschen Modells in den östlichen Landeskirchen durch ‚Integration' in den Militärseelsorgevertrag.

Auf der siebten Tagung der neunten Synode der EKD (Timmendorfer Strand, 3.–8. November 2002) beschloss die Synode die Änderung der Grundordnung der EKD und eine einheitliche Regelung der Militärseelsorge in Ost- und Westdeutschland. Die Evangelische Seelsorge in der Bundeswehr wurde zur Gemeinschaftsaufgabe der EKD und der in ihr verbundenen Gliedkirchen erklärt,[219] und es wurde das Erste Kirchengesetz zur Änderung des Kirchengesetzes zur Regelung der evangelischen Militärseelsorge in der Bundesrepublik Deutschland beschlossen.220 Dieses erste Kirchengesetz zur Änderung des Kirchengesetzes zur Regelung der evangelischen Militärseelsorge in der Bundesrepublik Deutschland aus dem Jahr 2002 bezog sich auf das Kirchengesetz zur Regelung der evangelischen Militärseelsorge in der Bundesrepublik Deutschland vom 8. März 1957. Bei diesen beiden Gesetzen handelt es sich um Kirchengesetze und nicht um einen neuen Staatskirchenvertrag. Die Synode billigte, dass Soldatenseelsorger auch im Einzelfall als kirchlich Angestellte tätig sein könnten und nicht in jedem Fall Bundesbeamte werden müssen und dass teilweise auch ein nebenamtlicher Einsatz von Soldatenseelsorgern möglich sei, aber die Beschäftigung von Soldatenseelsorgern ausschließlich im kirchlichen Dienstverhältnis war endgültig vom Tisch.[221]

Auftrag der Gewissensschärfung wie der vertraulichen Seelsorge zu erfüllen. Die psychische Herausforderung, die es bedeutet, in der vollständigen Fremde und einem isolierten Sozialverband eine Außenseiterposition zu wahren, lässt sich kaum überschätzen." Ebd.

[219] Siehe Zepf (2019) 233.

[220] Vgl. http://ekd.de/synode2002/beschluesse_militaerseelsorge.html (Zugriff 1.5.2011).

[221] Siehe Zepf (2019) 223. Gemäß Zepf (a.a.O.) bestünden folgende Widersprüche: Die EKD-Synode fasste 2001 in Amberg den Beschluss, die Seelsorge in der Bundeswehr solle zur Gemeinschaftsaufgabe der EKD erklärt werden, während der Beschluss zur Änderung der Grundordnung der EKD von 2002 in Timmendorfer Strand von einer Gemeinschaftsaufgabe der EKD *und* der in ihr verbundenen Gliedkirchen spricht. Der Beschluss in Timmendorfer Strand stehe im Widerspruch zu §1 des Kirchengesetzes zur Regelung der evangelischen Militärseelsorge in der Bundesrepublik Deutschland vom 8. März

Am 8. November 2002 schrieb die Frankfurter Rundschau:

> „[...] Im Kirchenparlament wurde daher auch kritisiert, die Vereinbarung trage den grundsätzlichen Bedenken gegen die zu große Staatsnähe zu wenig Rechnung und sei in erster Linie von pragmatischen Überlegungen geleitet. [...]. Der Magdeburger Bischof Axel Noack sagte, die Neuregelungen gingen zwar in die richtige Richtung, aber die ‚Kröte', die die östlichen Kirchen jetzt schlucken müssten, schmecke ihm nicht."[222]

Die Gestaltungskraft und der für die deutsche Geschichte einzigartige Erfahrungsschatz der Vertreter der staatsfernen Kirche in der ehemaligen DDR sowie ihr friedensethischer ‚Nonkonformismus' konnten sich nach der Wende in den Verhandlungen mit der Bundesregierung und den Vertretern der westdeutlichen Landeskirchen nicht ausreichend behaupten.[223] Dass die eine Dekade andauernde Kontroverse um die zukünftige Form der Seelsorge an Soldaten nach der Wiedervereinigung mehr oder weniger durch Übernahme des Militärseelsorgevertrags von 1957 ‚gelöst' wurde, hat nach Peter Bürger wohl nicht nur mit dem strategischen Geschick der westdeutschen Kirchenbehörden, sondern auch mit den Besoldungsvorteilen und der *neuen* Wertschätzungserfahrung als Seelsorger in einem staatlichen Bereich zu tun.[224]

Im innerkirchlichen, zivilen Sprachgebrauch wurden die Begriffe ‚evangelische Seelsorge in der Bundeswehr' und ‚evangelische Militärseelsorge' offiziell spätestens seit der Timmendorfer Synode parallel bzw. verwendet.[225]

Als z.B. 2010 der Militärbischof seinen Bericht vor der Synode der EKD über die Militärseelsorge ablegte, tat er dies unter der Überschrift: „BERICHT des Bischofs für die Evangelische Seelsorge in der Bundeswehr".[226] Es kamen aber neben der Bezeichnung *evangelische Seelsorge in der Bundeswehr* noch weitere Bezeichnungen in Mode, die den Begriff ‚*Militär*' kaschieren: *z.B. Soldatenseelsorger, Soldatenpfarrer* oder sogar *Afghanistan-Pfarrer*.[227] Einen vertraglich fixierten Namenswechsel von ‚*evangelischer Militärseelsorge*' in ‚*evangelische Seelsorge in der Bundeswehr*' auf der Ebene eines neuen *Staatskirchenvertrages*

———

1957, in welchem die *Militärseelsorge einen Teil der den Gliedkirchen obliegenden allgemeinen Seelsorge* bilde. Gemäß Zepf (a.a.O) bedeute die Änderung der Grundordnung eine Stärkung der EKD und eine Entmündigung der Landeskirchen.

222 Zitiert nach Zepf (2019) 234.

223 Vgl. Bürger (2019) 28.

224 Siehe Bürger (2019) 27f.

225 Vgl. zum gesamten Themenkomplex: Ines-Jacqueline Werkner, Soldatenseelsorge versus Militärseelsorge. Evangelische Pfarrer in der Bundeswehr, Baden-Baden 2001. Dies., Von der Militär- und Soldatenseelsorge zur gemeinsamen Bundeswehrseelsorge, in: epd-Dokumentation, Nr. 30/1, 2001. Dies., Militärseelsorge. Eine Reform vor ihrem Scheitern. Der ostdeutsche Sonderweg der evangelischen Soldatenseelsorge (1990–1996), in: 4/3. Fachzeitschrift zu Kriegsdienstverweigerung, Wehrdienst und Zivildienst 20/3 (2002) 102–112. Dies., Der ostdeutsche Weg der evangelischen Soldatenseelsorge – eine Retrospektive (SOWI-Arbeitspapier Nr. 138), Strausberg, Sozialwissenschaftliches Institut der Bundeswehr, 11/2004.

226 http://ekd.de/synode2010/berichte/weitere_berichte.html (Zugriff 26.4.11).

227 So auf: http://www.ekd.de/aktuell_presse/news_2012_04_03_2_afghanistan.html; (Zugriff am 04.04.2012).

zwischen der Bundesrepublik Deutschland und der EKD gab es nicht. Der Militärseelsorgevertrag aus dem Jahr 1957 wurde diesbezüglich nicht geändert. Die Homepage der Militärseelsorge bzw. der Seelsorge in der Bundeswehr hat die Anschrift: www.bundeswehr.de/de/betreuung-fuersorge/militaerseelsorge; es handelt sich also um einen Teil der Homepage der Bundeswehr. Auf Briefköpfen und auf dienstlichen Einladungen zu Veranstaltungen, die Soldaten(familien) erhalten, steht weiterhin Militärpfarrer/in, Militärpfarramt, Militärdekan/in, Militärgeneraldekan und Militärbischof. Die offizielle Dienstbezeichnung innerhalb der Bundeswehr gegenüber Soldaten(familien) lautet nach wie vor Militärpfarrer/in und nicht Soldatenseelsorger/in oder Seelsorger/in in der Bundeswehr, der Militärbischof nennt sich innerhalb der Bundeswehr nicht evangelischer Bischof für die Bundeswehr oder evangelischer Soldatenbischof, sondern zurzeit meist Militärbischof. Daher wird in diesem Beitrag der offizielle Name ‚Militärseelsorge' verwendet.

4. Die Organisationsstruktur der evangelischen Militärseelsorge

Das Evangelische Kirchenamt für die Bundeswehr ist die zentrale Verwaltungsbehörde der evangelischen Militärseelsorge unter Leitung eines Militärgeneraldekans.[228]

> „Dort fließen die kirchliche Leitung durch den Evangelischen Militärbischof und die staatliche Verwaltung und Organisation durch das Bundesministerium der Verteidigung zusammen. Beides wird beim Evangelischen Kirchenamt für die Bundeswehr so umgesetzt, dass die Militärpfarrerinnen und Militärpfarrer der Evangelischen Militärpfarrämter die ihnen übertragenen Aufgaben erfüllen können. Dabei bedient sich das Kirchenamt der Evangelischen Militärdekanate als Dienstaufsicht führender Mittelinstanz."[229]

Die Militärpfarrer/innen an den Standorten sind nach dem kirchlichen Parochialprinzip jeweils für alle Soldaten in einem Gebiet zuständig und zwar unabhängig von deren Zugehörigkeit zu einer militärischen Einheit oder Teilstreitkraft. Eine Ausnahme hiervon bilden die Militärpfarrer/innen bei der Marine, die den Flottillen zugeordnet sind. An den auf Dauer angelegten Auslandsstandorten der Bundeswehr in den USA, Italien und in Belgien unterstehen die deutschen evangelischen Militärgeistlichen keinem der vier Militärdekanate in der Mittelinstanz,

———

[228] Siehe die Selbstdarstellung der Organisationsstruktur auf der Homepage der evangelischen Militärseelsorge unter: www.eka.militaerseelsorge.bundeswehr.de/portal/a/eka/start/geschich/organisa/!ut/p/z1/04Sj9CPykssy0xPLMnMz0vMAfIjo8zinSx8QnyMLI2MQvxcXAw8XQP8XMNcjQwtE30wwkpiAJKG-AAjgb6wSmp-pFAM8xxm2GqH6WfpR-lViWWKFXkF9UkpNaopeYDHKhfmRGYl5KTmpAfrIjRKAgN6LcoNxREQCNKP2v/dz/d5/L2dBISEvZ0FBIS9nQSEh/#Z7B8LTL2922TNDD0IEPNEVE218O5 (Ensicht 22.08.2019). Auf dieser Seite konnte bis zur Umstrukturierung der Homepage der Bundeswehr und der Militärseelsorge ein Organigramm eingesehen werden.

[229] Ebd. (abgerufen am 22.08.2019).

sondern sie werden unmittelbar vom Evangelischen Kirchenamt für die Bundeswehr in Berlin geführt. Die vier evangelischen Militärdekanate Berlin, Kiel, Köln und München orientieren sich noch an den ehemaligen Wehrbereichen der Bundeswehr. Im Rahmen der Neuausrichtung der Bundeswehr wurden die Wehrbereichskommandos[230] als mittlere Verwaltungsgrößen seit 01. Februar 2013 aufgelöst, nur in der Militärseelsorge existiert die Verwaltungsmittelinstanz quasi noch weiter.

Nach Auskunft des Bundesministeriums für Verteidigung gibt es „derzeit etwa 100 evangelische und 80 katholische Militärpfarrämter – sowohl in Deutschland als auch im Ausland“.[231] Der frühere evangelische Militärbischof Sigurd Rink232 nennt leicht variierende Zahlen, demnach seien 23 Frauen und 85 Männer als evangelische Militärgeistliche an den Bundeswehrstandorten und in den Auslandseinsätzen der Bundeswehr tätig – das wären 108 evangelische Militärgeistliche in Summe. Wenn von 183.000 Soldatinnen und Soldaten der Bundeswehr nach Auskunft von Militärbischof Rink ca. ein Drittel[233] einer evangelischen Kirche angehören, dann gibt es ca. 61.000 evangelische Soldatinnen und Soldaten in der Bundeswehr. Gemäß Art. 3, Abs. 1 MSV wird für „je eintausendfünfhundert evangelische Soldaten [...] ein Militärgeistlicher berufen“,[234] daher müsste es für die ca. 61.000 evangelischen Soldatinnen und Soldaten 40,6 Stellen für evangelische Militärgeistliche geben, tatsächlich ist jedoch die Anzahl mit ca. 100 oder 108 evangelischen Militärgeistlichen mehr als doppelt so hoch.

5. Die Pluralisierung der Militärseelsorge

Die Gesellschaft in Deutschland ist in religiös-weltanschaulicher Hinsicht sehr plural. Die weltanschaulich-religiöse Pluralisierung zog eine Pluralisierung der Militärseelsorge in der Bundeswehr nach sich. Neben der evangelischen und katholischen Militärseelsorge wurde – wie oben bereits erwähnt – am 28.05.2020 die Einrichtung einer jüdischen Militärseelsorge vom Deutschen Bundestag beschlossen.[235]

In einem Tagesbefehl der damaligen Verteidigungsministerin Ursula von der Leyen vom 02.04.2019 stand zu lesen, dass derzeit an einem Staatsvertrag mit dem Zentralrat der Juden im Blick auf eine jüdische Militärseelsorge gearbeitet wurde bzw. dass auch für Muslime ein geistliches Angebot in der Bundeswehr geschaffen werden soll:

———

230 Die Aufgaben der Wehrbereichskommandos wurden im Wesentlichen vom Kommando Territoriale Aufgaben der Bundeswehr in Berlin sowie den unterstellten Landeskommandos übernommen. Siehe den Artikel Wehrbereichskommando unter: https://de.wikipedia.org/wiki /Wehrbereichskommando (eingesehen am 22.08.2019).

231 https://www.bmvg.de/de/themen/personal/fuer-und-seelsorge (am 22.08.2019).

232 Vgl. Siehe Rink (2019) 270.

233 Siehe Rink (2019) 271.

234 Art. 3 MSV (1957).

235 Vgl. https://www.bmvg.de/de/aktuelles/bundestag-gesetz-juedische-militaerseelsor ge-260948 (29.05.20). Siehe auch unter https://www.bundestag.de/#url=L2Rva3Vt ZW 50ZS90ZXh0YXJjaGl2LzIwMjAva3cyMi1kZS1qdWVkaXNjaGUtbWlsaXRhZXJzZ WVsc29yZ2UtNjk2MDQ2&mod=mod493054 (eingesehen am 04.06.2020).

„[…] Ich habe entschieden, eine jüdische Seelsorge in der Bundeswehr einzurichten. Nach rund 100 Jahren sollen wieder Militärrabbiner in deutschen Streitkräften Dienst tun. Hierzu streben wir einen Staatsvertrag zwischen der Bundesrepublik Deutschland und dem Zentralrat der Juden als Vertreter der jüdischen Gemeinschaft in unserem Land an. Dies entspricht der für die katholische und evangelische Militärseelsorge gewählten Form. Erste Gespräche sind dazu bereits erfolgt. Der Zentralrat der Juden in Deutschland soll künftig Kandidaten für Militärrabbiner vorschlagen, die Auswahl erfolgt letztendlich durch die Bundeswehr. Die Seelsorger sollen bei Bedarf auch in die Einsatzgebiete der Bundeswehr reisen. Deshalb wird im Rahmen der Auswahl der Seelsorger auf die gesundheitliche und fachliche Eignung ebenso Wert gelegt, wie auf eine Sicherheitsüberprüfung. Die fachliche Aufsicht über das theologische Wirken soll beim Zentralrat liegen, die Dienstaufsicht über die Arbeit der Militärrabbiner bei der Bundeswehr. Für den Anfang soll eine niedrige einstellige Zahl an Militärrabbinern eingestellt werden, um Erfahrungen mit dem neuen Angebot zu sammeln.
Auch für die Muslime in der Bundeswehr soll ein geistliches Angebot geschaffen werden. Mangels einer zentralen Institution, die in Deutschland mit der notwendigen Repräsentativität für die muslimischen Glaubensrichtungen sprechen könnte, kann jedoch bereits aus rechtlichen Gründen gegenwärtig kein Staatsvertrag geschlossen werden. Damit die muslimischen Soldatinnen und Soldaten in der Bundeswehr mit Sorgen und Nöten in Bezug auf ihren Glauben dennoch feste Ansprechpartner erhalten, sollen muslimische Geistliche über so genannte Gestellungsverträge an die Bundeswehr gebunden werden.
Folgende Voraussetzungen für islamische Militärseelsorger wurden im Rahmen der Deutschen Islamkonferenz einvernehmlich formuliert. Ein muslimischer Militärseelsorger in der Bundeswehr muss die deutsche Sprache in Wort und Schrift beherrschen, einen in Deutschland anerkannten Hochschulabschluss in islamischer Theologie besitzen, über eine seelsorgliche oder gemeindliche Erfahrung in Deutschland verfügen und von islamischen Religionsgemeinschaften, die die Zielgruppe der Soldatinnen und Soldaten repräsentieren, in die Bundeswehr entsandt und seitens der Bundeswehr akzeptiert werden. Die Gespräche, wie dies praktisch umsetzbar ist, werden wir zeitnah aufnehmen.“[236]

Nach Auskunft der wissenschaftlichen Dienste des Deutschen Bundestags tragen heute ungefähr 200 bis 300 Menschen jüdischen Glaubens die Uniform der Bundeswehr.[237] Josef Schuster, der Präsident des Zentralrats der Juden in Deutschland, betonte, dass Rabbiner mehr leisten sollen, als Soldaten bei moralischen und ethischen Problemen zur Seite zu stehen. Im Rahmen des Lebenskundlichen Unterrichts – so die Hoffnung Schusters – könnten sie auch junge Soldaten für antisemitische Entwicklungen in der Gesellschaft sensibilisieren, Vorurteile abbauen und Missständen entgegentreten.[238]

———————

[236] Ursula von der Leyen (Bundesministerin für Verteidigung vom 17. Dezember 2013 bis 17. Juli 2019): www.bmvg.de/resource/blob/37956/d1fc7f71684183a115a033237f221e2f/20190403-tagesbefehl-der-ministerin-data.pdf (abgerufen am 20.08.19).
[237] Wissenschaftliche Dienste des Deutschen Bundestages: Die Militärgeistlichkeit in der Bundeswehr. Grundlagen, Organisation und die Einbeziehung der Militärrabbiner sowie Geistlicher anderer Religionen, Aktenzeichen: WD 2–3000–034/19; S. 4.
[238] www.bmvg.de/de/aktuelles/rueckkehr-zur-normalitaet-38292 (Artikel des BMVG vom 03.04.2019, abgerufen am 21.08.2019)

Darüber hinaus wurden auch Angebote für andere Glaubensgemeinschaften angekündigt. Man darf gespannt sein, wann es für die rund 3.000 Soldatinnen und Soldaten muslimischen Glaubens[239] eine muslimische Militärseelsorge geben wird. Unklar ist, ob auch in gleicher Weise eine Militärseelsorge für christlich-orthodoxe Soldatinnen und Soldaten eingerichtet werden soll?

Die im Grundgesetz gewährte Freiheit des religiösen und weltanschaulichen Bekenntnisses hat – wie oben beschrieben – im Soldatengesetz ein Echo gefunden und gilt allen Soldaten der Bundeswehr. Aus diesem Grund hat die Bundeswehr in Koblenz am Zentrum Innere Führung am 1. Juli 2015 eine offiziell so genannte „Zentrale Ansprechstelle für Soldatinnen und Soldaten anderer Glaubensrichtungen“[240] eingerichtet, um folgende Aufgaben zu erfüllen:

- „Den Soldaten der Bundeswehr, die nicht der evangelischen oder katholischen Kirche angehören, bei Bedarf seelsorgerische Betreuung vermitteln.
- Den Vorgesetzten der Bundeswehr, die Soldaten führen, die anderen Religionsgemeinschaften als der evangelischen oder katholischen Kirche angehören, mit kompetenter Beratung zur Seite stehen.
- Kontakte zu möglichst vielen Ansprechpartnern der verschiedensten Religionsgemeinschaften pflegen mit dem Ziel, unsere Kompetenz für die Beratung zu erhöhen.“[241]

Den Tagesbefehl vom 2. April 2019 nahmen Vertreter des Humanistischen Verbandes als Weltanschauungsgemeinschaft in der Auricher Erklärung vom 15. und 16. Juni 2019 zum Anlass[242], eine Humanistische Beratung/Seelsorge analog zu den institutionalisierten Militärseelsorgen der Religionsgemeinschaften für Soldatinnen und Soldaten der Bundeswehr zu fordern, wie es sie in der belgischen, niederländischen und norwegischen Armee bereits gebe.[243]

———

[239] Wissenschaftlichen Dienste des Deutschen Bundestages (2019): Die Militärgeistlichkeit in der Bundeswehr. Grundlagen, Organisation und die Einbeziehung der Militärrabbiner sowie Geistlicher anderer Religionen, Aktenzeichen: WD 2–3000–034/19; S. 4.

[240] www.innerefuehrung.bundeswehr.de/portal/a/innerefue/start/ansprechstellen/zentrale ansprechstelle_fuer_soldatinnen_und_soldaten_anderer_glaubensrichtungen/ (22.8.19).

[241] Ebd. Seit 1.4.20 wurden die Aufgaben der „Zentralen Ansprechstelle für Soldatinnen und Soldaten anderer Glaubensrichtungen“ in die „Zentrale Ansprechstelle für den Umgang mit Vielfalt“ integriert, die ebenfalls im Zentrum Innere Führung verortet ist. Vgl. https://www.bundeswehr.de/de/organisation/weitere-bmvg-dienststellen/zentrum-innere-fuehrung/abteilungen-und-bereiche/abteilung-weiterentwicklung-innere-fuehrung/dezernat-vier/zentrale-ansprechstelle-fuer-den-umgang-mit-vielfalt (am 19.7.20).

[242] https://hvd-niedersachsen.de/nachrichten-nds/auricher-erklaerung.html (am 19.8.19)

[243] Vgl. die kritischen Erwägungen bei Sigurd Rink/Klaus Beckmann, Superkonfessionell. Herausforderungen der Pluralisierung der Seelsorge in der Bundeswehr, Materialdienst des Konfessionskundlichen Instituts Bensheim 70/5 (2019) 118–122, S. 122, wo der Anspruch des Humanistischen Verbandes, die konfessionslosen Angehörigen der Bundeswehr zu repräsentieren, problematisiert und die offene Frage eines gleichrangigen Zeugnisverweigerungsrechtes für Nicht-Geistliche angesprochen wird.

5

Evangelische Militärseelsorge und Friedensethik Eine Problemanzeige[244]

Sylvie Thonak

Durch die Beteiligung der Bundeswehr an den Einsätzen OAF im Kosovo, OEF und ISAF am Horn von Afrika und in Afghanistan ist für Militärseelsorge und Friedensethik der Ernstfall eingetreten: Zum ersten Mal sind Soldaten der Bundeswehr in Kampfhandlungen und (umgangssprachlich formuliert) in einen „Krieg" verwickelt worden. Dieser „Krieg" spitzte sich in jüngster Zeit tragisch zu. Exemplarisch sei an die Bombardierung der Tanklaster am 4. September 2009 bei Kunduz mit vielen zivilen Opfern oder an die getöteten Soldaten am Karfreitag 2010 erinnert. In dieser Situation ist es verdienstvoll, dass Angelika Dörfler-Dierken mit ihrem Beitrag zum Thema *Militärseelsorge und Friedensethik*[245] für eine längst überfällige Diskussion aus ethischer und praktisch-theologischer Perspektive werben[246] möchte. Sie schreibt:

> Soldatinnen und Soldaten sollen ihren Dienst als friedensethisch gebildete und friedensfördernd handelnde ‚Staatsbürger in Uniform' verrichten. Um sie darin zu stärken, gibt es die Militärseelsorge. Diese soll nicht als Appendix des militärischen Apparates und eingebunden in die Befehlsstrukturen der Armee wirken, sondern in größtmöglicher zivilkirchlicher Einbindung ein ‚Wächteramt' (Karl Barth) wahrnehmen können.[247]

---

[244] Dieser Beitrag wurde erstmals 2012 in der Rubrik „Zur Situation" veröffentlicht: Sylvie Thonak, Evangelische Militärseelsorge und Friedensethik. Eine Problemanzeige, EvTh 72 (2012) 220–238, als Replik auf Angelika Dörfler-Dierkens, Militärseelsorge und Friedensethik, EvTh 70 (2010) 278–292. Dörfler-Dierken publizierte aus der Perspektive einer Kirchenhistorikerin am sozialwissenschaftlichen Institut der Bundeswehr. Mein Beitrag fragt kritisch nach, inwieweit die friedensethischen Positionen der evangelischen Kirchen, wie sie exemplarisch in der EKD-Friedensdenkschrift aus dem Jahr 2007 entwickelt worden sind, in der Praxis der Angebote der evangelischen Militärseelsorge tatsächlich eine Rolle spielen. Es geht auch um das Loyalitätsdilemma, in das sowohl Militärgeistliche an der Basis als auch die jeweiligen Militärbischöfe geraten können, wenn sie z.B. für den Einsatz der Bundeswehr in Afghanistan die in der EKD-Friedensdenkschrift genannten Bedingungen nicht für gegeben halten, aber zugleich die dort eingesetzten Soldaten begleiten (sollen). Die (weiterhin strittige) friedensethische Diskussion hat auch eine professionsethische Dimension, die zumindest als Problem wahr- und ernstgenommen werden sollte. (vgl. Bernd Oberdorfer, Zu diesem Heft, EvTh 72 (2012) 163f, hier: S. 164). Mein Beitrag wurde inzwischen an manchen Stellen leicht gekürzt bzw. an einigen Stellen ergänzt.

[245] Dörfler-Dierken (2010) 278–292.

[246] Dörfler-Dierken (2010) 278.

[247] Dörfler-Dierken (2010) 292.

Dörfler-Dierken erhebt hier die Notwendigkeit friedensethischer Bildung der Soldaten zu den Hauptaufgaben der *Militärseelsorge* bzw. – dem weniger militärnah wirkenden neueren innerkirchlichen Sprachgebrauch folgend – *Seelsorge in der Bundeswehr* und begründet mit ihr deren Daseinsberechtigung. Ob es sich hier eher um ein Postulat der Verfasserin aus der Perspektive des Sozialwissenschaftlichen Instituts der Bundeswehr zur Zielsetzung der Militärseelsorge[248] oder um eine realistische Zustandsbeschreibung handelt, mag offenbleiben. Folgende Beobachtungen weisen eher darauf hin, dass das Verhältnis von Militärseelsorge und Friedensethik ein Problem ist.

1. Die Friedensdenkschrift der EKD im Bildungsangebot der Militärseelsorge

Ausgangspunkt ist die Beobachtung, dass das Thema *Friedensethik* in der auch von Dörfler-Dierken angeführten Auflistung der Themen für den Lebenskundlichen Unterricht der Militärgeistlichen fehlt. Genannt werden: „Individuum und Gesellschaft, Menschenbild und Toleranz, persönliche Lebensführung und soldatischer Dienst".[249] Von Friedensethik ist hier keine Rede. Das passt nicht zur vorher von Dörfler-Dierken genannten Aufgabenbestimmung der Militärseelsorge, nach der sie die friedensethische Bildung der Soldaten stärken soll. Nun könnte man dagegen einwenden: Die EKD hat sich 2007 mit einer Friedensdenkschrift an die Öffentlichkeit gewandt. Sie hat dort das Nötige gesagt. Aber gerade deshalb ist es erstaunlich, dass diese friedensethische Denkschrift in der Militärseelsorge bisher praktisch nur eine marginale Rolle spielt. Stellvertretend für verschiedene Begegnungen und Gespräche sei hier eine Erfahrung geschildert: Im Herbst 2008, also ein Jahr nach dem Erscheinen der neuesten Friedensdenkschrift der EKD, wies ich auf einer Tagung an einer Evangelischen Akademie in einer Diskussion auf einen Aspekt der Friedensdenkschrift hin, daraufhin sprachen mich nach der Diskussion einige anwesende Offiziere verschiedener Truppengattungen von unterschiedlichen Bundeswehrstandorten interessiert auf diese Denkschrift an. Nach eigenen Angaben hatten sie noch nie etwas von ihrer Existenz und ihrem Inhalt gehört, weder im Rahmen des Lebenskundlichen Unterrichts (= LKU) noch bei sonstigen Veranstaltungen der Militärseelsorge. Wenn sich Soldaten oder Soldatenfamilien für friedensethische Fragen interessieren, ist es auch bei aufwändiger Recherche in der Tat *nicht einfach,* innerhalb der evangelischen Militärseelsorge Veranstaltungsangebote in Form von Tagungen (z.B. Rüstzeiten bzw. Familienrüstzeiten) etc. mit friedensethischem Inhalt ausfindig zu machen: Eine systematische Durchsicht der Veranstaltungsangebote aller 102 evangelischen Standortpfarrämter auf der Homepage der evangelischen Militärseelsorge an einem Stichtag (27.04.2011) erbrachte folgendes Ergebnis:[250] Von den 102

―――――

[248] http://www.sowi.bundeswehr.de.
[249] Dörfler-Dierken (2010) 291.
[250] www.militaerseelsorge.bundeswehr.de/portal/a/eka/kcxml/04Sj9SPyksy0xPLMnMz0vM0YQzKLN3KLNzRx9gZJQjnmvvqRCPGglFR9b31fj_zcVP0A_YLciHJHR0VFAFFtY80!/delta/base64xml/L3dJdyEvd0ZNQUFzQUMvNElVS82XzJGXzE0SVY!#par1

evangelischen Militärpfarrämtern bieten 74 Militärpfarrämter *keinerlei* Ausschreibungen (Termine, Programme mit Anmeldeformularen) zu Tagungen wie Familienrüstzeiten etc. auf der Homepage an. Bei diesen Militärpfarrämtern findet man hin und wieder Berichte über *vergangene* Veranstaltungen. 23 der 102 evangelischen Standortpfarrämter stellen ihre *aktuellen* Angebote zu ihren Tagungen (Rüstzeiten, Familienrüstzeiten mit Terminen, Themen und Anmeldeformularen) auf der Homepage ein; allerdings gibt es bei diesen 23 evangelischen Militärpfarrämtern im laufenden Jahr *kein einziges* Angebot zu *friedensethischen* Themen. *Fünf* evangelische Militärpfarrämter veröffentlichen nur ihre Familienrüstzeiten aus den *Vorjahren, nicht* aber die *aktuellen* Angebote des laufenden Jahres. Die inhaltliche Durchsicht der Berichte über *vergangene* Familienrüstzeiten und der Ausschreibungen *zukünftiger* Rüstzeiten für Soldatenfamilien der 102 evangelischen Standortpfarrämter ergab zusammengefasst folgendes Bild: Die Familienrüstzeiten sind eher jahreszeitlich angepassten Bastelarbeiten zu Advent, Weihnachten und Ostern, Wellnessangeboten oder Ausflügen mit Besichtigungen und nur äußerst selten friedensethischen Fragen gewidmet. Einen einzigen Bericht über eine bereits vergangene Familienrüstzeit zum Thema „*Ein bisschen Frieden*“[251] ließ sich bei der Analyse der Berichte und Angebote von 102 evan-

---

(Zugriff am 27.04. 2011). Die aus dem kirchlichen Haushalt der evangelischen Militärseelsorge finanziell stark subventionierten Familienrüstzeiten der Militärpfarrämter werden breit beworben: „Ein besonderes Angebot der Militärseelsorge sind Rüstzeiten. [...] Hier im Netz erfahren Sie es immer schon ein bisschen früher. Nach dem Aushang im Schaukasten sollten Sie sich rasch entscheiden, da auch hier der Grundsatz gilt: Wer zuerst kommt, mahlt zuerst! – Was Ihre Entscheidung sehr erleichtern dürfte, ist der äußerst geringe Eigenanteil, den Sie als Teilnehmer zu bezahlen haben. Gerade bei Familienrüstzeiten ist das eine feine Sache [...]“ (www.militaerseelsorge.bundeswehr.de/portal/a/eka/dienstst/standort/sigmarin/veranstaltungen?ywcontentURL=/01DB09020000 0001/W278BE5 Q632INFODE/′content.jsp (Zugriff 27.4.11). Einladungen zu öffentlich ausgeschriebenen Familienrüstzeiten der evangelischen Militärseelsorge oder Familienrüstzeiten der zuständigen evangelischen Standortpfarrämter mit friedensethischem Schwerpunkt wie z.B. zur Friedensdenkschrift der EKD aus dem Jahr 2007 oder zu den jährlich erscheinenden Friedensgutachten der Friedensforschungsinstitute konnten auf der offiziellen Homepage der evangelischen Militärseelsorge *nicht* gefunden werden. (Als Beispiel sei hier stellvertretend genannt: C. Fröhlich/M. Johannsen/B. Schoch/A. Heinemann-Grüder/J. Hippler (Hrsg.), Friedensgutachten 2010, Münster 2010). *Anders* verhält es sich *für Admirale und Generale,* die vom evangelischen Militärbischof regelmäßig zu Tagungen mit friedensethischen Themen und externen Referenten (wie z.B. mit renommierten Friedensethikern) eingeladen werden wie z.B. am 22.–24. Juli 2010 in Wittenberg. Zu solchen Veranstaltungen haben Soldaten niederer Dienstgrade und deren Angehörige allerdings keinen Zutritt. Vergleichbare Angebote der evangelischen Militärseelsorge für friedensethisch interessierte Soldaten *niederer* Dienstgrade und deren friedensethisch interessierte *Angehörige* sind mir nicht bekannt.

[251] Http://www.militaerseelsorge.bundeswehr.de/portal/a/eka/?yw_contentURL=/01D B090200000 001/W282WHBN568INFODE/content.jsp (eingesehen am 27.04.2011) In dem Bericht vom 22.02.2010 heißt es, dass auf der Familienrüstzeit des evangelischen Militärpfarramts Speyer über die bekannte Neujahrspredigt von Bischöfin Käßmann und

gelischen Standortpfarrämtern ausfindig machen. Das evangelische Militärpfarramt Ellwangen benennt die Zielgruppen der Rüstzeitarbeit der evangelischen Militärseelsorge: „Rüstzeiten gibt es für Soldaten, Familien, Frauen, Motorradfahrer, Trauernde".[252] Bei Angeboten für Frauen von Soldaten wird die Tendenz sichtbar, die Interessen der Soldatenfrauen auf den Wellnessbereich zu reduzieren; dies spiegelt sich in typischen Frauenrüstzeitangeboten wider wie z.B. zum Thema „Leib und Seele mit Kräutern in Einklang bringen".[253] Dass (Ehe-)Partner/innen von Soldaten und Soldatinnen auch sicherheitspolitische oder friedensethische Fragen im Zusammenhang der Auslandseinsätze ihrer Partner/innen haben, scheint von der evangelischen Militärseelsorge übersehen zu werden. Bei Interesse an friedensethischen Themen sind evangelische Soldatenfamilien bis heute stark auf Eigeninitiative angewiesen. Um sich friedensethisch orientieren und weiterbilden zu können, findet man *eher außerhalb als innerhalb der evangelischen Militärseelsorge* Möglichkeiten. Wer die Tagungsprogramme von Evangelischen Akademien liest, kann vereinzelt Glück haben und auf Tagungen mit friedensethischem Inhalt stoßen; sofern sich Soldaten deren Teilnahme zeitlich und finanziell leisten können, können sie wie jeder andere Bürger daran teilnehmen.

Anders ist es in der katholischen Militärseelsorge. Dort sind friedensethisch interessierte Soldaten und Soldatenfamilien nicht allein auf die Veranstaltungsangebote des jeweiligen Standortpfarrers angewiesen. Vielmehr unterhält die katholische Militärseelsorge in Hamburg ein eigenes „Institut für Theologie und Frieden",[254] wo es regelmäßig Seminarangebote zu friedensethischen Fragen gibt,[255] die sich an Soldaten wenden und von diesen auch besucht werden können.

Umso mehr ist zu fragen: Wodurch lässt sich die Tendenz zur Marginalisierung der Friedensethik in der evangelischen Militärseelsorge erklären? Liegt es

———————

die sich daran anschließenden Voten aus Kirche und Gesellschaft diskutiert wurde und Salzkristalle gezüchtet wurden.

252 Http://www.militaerseelsorge.bundeswehr.de/portal/a/eka/kcxml/04Sj9SPyksy0xPLMnMz0vM0YQjzKLN3KLNzRxDAZJQjnmvvqRCPGglFR9X483FR9b0AYLciHJHR0VFAF1OkOY!/delta/base64xml/L3dJdyEvd0ZNQUFzQUMvNElVRS82XzJGXzE0REo!#par5(Zugriff 27.04.2011).

253 http://www.militaerseelsorge.bundeswehr.de/portal/a/eka/?yw_contentURL=/01DB090200000 001/W28ALFFR508INFODE/content.jsp (Zugriff 23.04.2011). Der Bericht der Frauenrüstzeit des evangelischen Militärpfarramts Sigmaringen stammt vom 26.10.2010.

254 Vgl. http://www.ithf.de (Zugriff 27.12.2010).

255 Während es mehrere Stunden kostete, am 27.04.2011 bei allen 102 evangelischen Standortpfarrämtern nach aktuellen friedensethischen Angeboten der evangelischen Militärseelsorge zu suchen, und dabei nur ein Bericht über eine Veranstaltung der Vergangenheit (s. o. zum Thema ‚Ein bisschen Frieden') gefunden wurde, dauerte es nur wenige Sekunden, um am 27.04.2011 beim zebis im Institut für Theologie und Frieden der katholischen Militärseelsorge (http://www.ithf.de/index.php/de/veranstaltungen) eine friedensethisch relevante Veranstaltung zum Thema „Macht Töten im Krieg immer schuldig?" für Mai 2011 ausfindig zu machen, zu der sich Soldaten mit Angehörigen und andere Interessierte anmelden können (http://www.zebis.info/anmeldung/).

daran, dass Militärpfarrer Staatsbeamte auf Zeit sind?[256] Sie werden vom Staat und nicht von ihren Gliedkirchen besoldet. Im Auftrag des Staats erteilen sie Lebenskundlichen Unterricht (LKU), der für alle Soldatinnen und Soldaten verpflichtend ist.[257] Obwohl der LKU derzeit ausschließlich von Militärseelsorgerinnen und Militärseelsorgern evangelischer oder katholischer Konfession erteilt wird, soll er gemäß Dörfler-Dierken *nicht konfessionell* geprägt sein, vielmehr wird ausdrücklich eine Abgrenzung von konfessionellem Religionsunterricht vollzogen.[258] Dörfler-Dierken spricht von einem Inhalt, der „transchristlich"[259] ist. Man darf bezweifeln, dass die Mehrheit der evangelischen Militärgeistlichen z.B. die EKD-Friedensdenkschrift[260] aus dem Jahr 2007 und die sich aus ihr ergebenden friedensethischen Fragen regelmäßig in diesen ‚trans-christlichen' Lebenskundlichen Unterricht einbringt. Katholische Militärpfarrer haben dagegen durch ihre Veranstaltungen des „Instituts für Theologie und Frieden" in Hamburg – unterstützt durch diese besondere institutionelle Rahmenbedingung – eher die Chance, unbefangen die Position ihrer Kirche sichtbar zu machen. Innerhalb dieses Instituts für Theologie und Frieden wurde ein neues Zentrum für ethische Bildung in den Streitkräften (zebis)[261] errichtet. Das zebis bietet Angehörigen der Bundeswehr über den standardisierten LKU hinaus eine fundierte berufs- und friedensethische (Weiter-) Qualifikation an. Die Angebote des zebis können auch von der interessierten Öffentlichkeit wahrgenommen werden.[262] Auch Partner/innen von Soldaten haben in dieser katholischen Einrichtung die Möglichkeit zur friedensethischen Weiterqualifikation. Durch die Angebote des Instituts für Theologie und Frieden kann eine Grundlage geschaffen werden, um die katholische Position auf breiter Basis zu diskutieren. Eine vergleichbare Einrichtung, an der ständig Veranstaltungen zu friedensethischen Themen angeboten werden, gibt es in der evangelischen Militärseelsorge bisher nicht.

2. Legitimation von Auslandseinsätzen durch Anwesenheit von Militärseelsorge

Die beobachtete Neigung zur Ausklammerung der friedensethischen Position der evangelischen Kirche bietet Anlass zur Sorge, denn sie ist m.E. nicht folgenlos.

---

[256] Siehe: Vertrag der Bundesrepublik Deutschland mit der Evangelischen Kirche in Deutschland zur Regelung der evangelischen Militärseelsorge (BGBl 1957 II, S. 702 ff; VMBl 1957, S. 757).
[257] Vgl. Dörfler-Dierken (2010) 291.
[258] Vgl. Dörfler-Dierken (2010) 291.
[259] Dörfler-Dierken (2010) 291.
[260] Aus Gottes Frieden leben – für gerechten Frieden sorgen. Eine Denkschrift des Rates der Evangelischen Kirche in Deutschland, Gütersloh [1]2007; zitiert nach Ziffern; abgekürzt: EKD Friedensdenkschrift 2007.
[261] Vgl. http://www.ithf.de/index.php/de/zebis (eingesehen am 27.12.2010).
[262] Vgl. http://www.ithf.de/index.php/de/zebis (eingesehen am 27.12.2010).

Dies wird z.B. in der Reflexion über die Funktion der Militärseelsorge bei Auslandseinsätzen deutlich. Im Folgenden weise ich auf eine zirkulär wirkende Argumentationsfigur, die man in der Militärseelsorge und auch bei Fragen der Inneren Führung immer wieder antrifft, und verdeutliche sie exemplarisch an einer Publikation von Uwe Hartmann mit dem Titel „Innere Führung, Erfolge und Defizite der Führungsphilosophie für die Bundeswehr"[263] aus dem Jahr 2007. In ihr vertritt der Verfasser u.a. die These: „*Allein* die *Begleitung* durch den *Militärpfarrer* bewirkt bei den Soldaten das Gefühl, dass ihr Tun angemessen und *ethisch legitim* ist."[264] Ich halte es für problematisch, allein die (physische) *Anwesenheit* von Militärpfarrern als *ethische* Legitimation soldatischen Handelns zu deuten, es sei denn, dass unter Begleitung auch seelsorgerliche Gespräche verstanden werden. *Zirkulär* wirkt das Argument, wenn Militärpfarrer ihre Präsenz bei Auslandseinsätzen *nicht primär friedensethisch,* sondern *rein seelsorgerlich* mit dem Argument begründen, dass sie dort hingehen, wo ‚ihre Soldaten' sind, während die Soldaten die Präsenz der Militärgeistlichen als *ethische Legitimation* des soldatischen Auftrags interpretieren. Die *rein seelsorgerlich* begründete Präsenz der Militärseelsorge hat zum Beispiel der frühere Militärbischof Hartmut Löwe in einem in der evangelischen Militärseelsorge häufig aufgegriffenen Diktum formuliert und damit richtungweisend auch im Zusammenhang der Frage nach einer Begleitung in Kampfeinsätzen vorgegeben: „Der Hirt gehört zu seiner Herde, der Militärpfarrer zu den ihm anbefohlenen Soldaten."[265] Diese Argumentationsstruktur weist m.E. auf ein gewisses Plausibilitätsdefizit in der jeweiligen *ethischen* Begründung der Militärseelsorge hin. Ein seelsorgerlich begründeter Auftrag zur Begleitung von Auslandseinsätzen darf die Beschäftigung mit Friedensethik weder verdrängen noch ersetzen. Aber man muss natürlich zugeben: Eine friedensethische Reflexion und Problematisierung eines Militäreinsatzes kann potentiell in Spannung zum militärischen Auftrag treten. Menschlich kann man dafür Verständnis haben, dass eine friedensethische Reflexion außen vorgelassen wird. Die über viele Jahre sichtbare Tendenz zur Ausklammerung der Friedensethik in der evangelischen Militärseelsorge erfährt dadurch aber noch einmal eine Verstärkung, auch wenn sich in jüngerer Zeit Ansätze zu einer Thematisierung einzelner friedensethischer Aspekte auf einer sehr hohen Führungsebene finden, die freilich im Alltag der Militärseelsorge bisher nur vereinzelt erkennbar sind. Durch den neuen Militärbischof und Landessuperintendenten der Lippischen Kirche, Martin Dutzmann, der am 25.09.2008 die Nachfolge von Peter Krug antrat, sind solche Ansätze zu Veränderungen wahrnehmbar. Vom neuen Militärbischof sind vereinzelt friedensethische Äußerungen auffindbar.[266]

―――――

[263] Uwe Hartmann, Innere Führung, Erfolge und Defizite der Führungsphilosophie für die Bundeswehr, Berlin 2007.
[264] Hartmann (2007) 50 (Hervorhebungen durch S.Th.).
[265] Hartmut Löwe, Dürfen Militärpfarrer Soldaten in Kampfeinsätze begleiten? In: Für Ruhe in der Seele sorgen. Evangelische Militärpfarrer im Auslandseinsatz der Bundeswehr, hrsg. v. Evangelischen Kirchenamt für die Bundeswehr, verantwortlich: Peter Michaelis, Leipzig 2003, 45–47, hier S. 46.
[266] Dazu ein Beispiel: Martin Dutzmann, Ethische und seelsorgerliche Aspekte des Dienstes in der Bundeswehr. Vortrag des evangelischen Militärbischofs Martin Dutzmann im

Wenn man zwischen einer *friedensethischen* und einer *seelsorgerlichen* Legitimation des Einsatzes von Militärpfarrern bei Auslandseinsätzen der Bundeswehr unterscheidet, muss man aber noch einmal genau hinschauen, worin diese Seelsorge bei Auslandseinsätzen besteht. Zur Häufigkeit seelsorgerlicher Inanspruchnahme der Militärgeistlichen im Auslandseinsatz liegt eine empirische Studie von Martin Bock aus dem Bosnieneinsatz vor.[267] Glaubt man den Untersuchungen des Sozialwissenschaftlichen Instituts der Bundeswehr, dann besprachen 54,8% der Soldaten ihre persönlichen Ängste und Gefühle während ihres Auslandseinsatzes mit ihren Kameraden und/oder 46,4% mit ihrer Partnerin, während nur 1,3% der Soldaten ihre persönlichen Gefühle und Ängste einem Militärpfarrer oder dem Truppenpsychologen vortrugen; während 22,6% allein damit fertigwurden (Mehrfachnennungen waren möglich).[268]

Gemäß Martin Bocks Darstellung[269] wurden Soldaten sowohl direkt im Bosnien-Einsatz als auch nach der Rückkehr auf der Basis standardisierter Antwortmöglichkeiten befragt. Als mögliche Gesprächspartner/innen bei persönlichen Ängsten und Gefühlen wurden zur Auswahl gestellt: Mit dem Militärgeistlichen, mit Ärzten, mit dem Truppenpsychologen, ich muss damit alleine fertigwerden, mit meiner Frau/Freundin bzw. meinem Mann/Freund, mit meinem Vorgesetzten, mit Kameraden. Ferner gab es die Möglichkeit, Ergänzungen vorzunehmen oder die Auskunft zu verweigern. Das Ergebnis: Kameraden (knapp 55 %) sowie Frau/Freundin bzw. Mann/Freund (gut 46 %) seien bei der Einsatzbefragung mit Abstand die bevorzugten Anlaufstellen, wenn sich die befragten Soldaten über persönliche Ängste und Gefühle aussprechen wollen. Mit großem Abstand folgten Vorgesetzte, denen sich knapp 7 % anvertraut hätten. So gut wie keine Rolle als Gesprächspartner spielten gemäß Bock in diesem Zusammenhang erstaunlicherweise die professionellen Helfer wie Militärgeistliche (gut 1 %), Truppenpsychologen (gut 1 %) und Ärzte (weniger als 1 %). Knapp 23 % der Befragten äußerten, allein mit persönlichen Krisensituationen fertigwerden zu müssen. Nicht äußern wollten sich knapp 3 % der Befragten. Ergänzungen nahmen gut 9 % vor und nannten in der Hauptsache Eltern, Verwandte, Freunde und Bekannte. Bei der Befragung der *Einsatzrückkehrer*[270] gebe es besonders in der Spitzengruppe Veränderungen: Die Kameraden stiegen als bevorzugte Gesprächspartner

-----

Rahmen der Klausurtagung des Planungsstabes des BMVg am 09.01.2009, digitales Manuskript: www.militaerseelsorge-bundeswehr.de (eingesehen im Juli 2010). Ferner möchte ich noch auf eine Publikation von Hartwig von Schubert (Hrsg.) hinweisen: Friedensethik im Einsatz, Gütersloh 2009. Demgegenüber enthält die von der Militärseelsorge herausgegebene evangelische Ethik für den Offizierberuf *kein* Kapitel über Friedensethik. Vgl. De officio. Zu den ethischen Herausforderungen des Offizierberufs, hrsg. v. Peter H. Blaschke im Auftrag des evangelischen Militärbischofs vom evangelischen Kirchenamt für die Bundeswehr, völlig neu bearbeitete Auflage, Leipzig ²2000.

[267] Martin Bock, Religion als Lebensbewältigungsstrategie von Soldaten. Die Einstellung von Soldaten zu Glaube, Werten und Seelsorge und ihre Veränderung im Bosnieneinsatz der Bundeswehr, hrsg. v. Sozialwissenschaftlichen Institut der Bundeswehr, Strausberg 2002. Die Studie von Martin Bock bietet u.a. Daten zur Inanspruchnahme der Militärseelsorge durch Soldaten im Bosnieneinsatz der Bundeswehr.

[268] Siehe Tabelle bei Bock a.a.O. S. 71.

[269] Vgl. Bock a.a.O. S. 68f.

[270] Siehe Bock a.a.O. S. 69f.

um 10 Prozentpunkte und lägen bei gut 64%. Hingegen verlören die Partner (Frau/Freundin bzw. Mann/Freund) in dieser Bedeutung um 12 Prozentpunkte und kämen nur noch auf knapp 35 %. Bei den professionellen Helfern gebe es kaum Veränderungen. Truppenpsychologen und Ärzte seien in dieser Hinsicht mit einem Anteil von jeweils etwa 1 % ohne Bedeutung. Bock bemerkt: „Lediglich die Militärpfarrer verzeichnen eine Steigerung von 3 Prozentpunkten und liegen jetzt immerhin bei bescheidenen 4 %."[271] Sieben Textseiten später bezieht Bock sich in einer Zwischenzusammenfassung auf die gleiche Prozentzahl von 4 % der Inanspruchnahme von Militärgeistlichen bei persönlichen Krisensituationen, deutet sie aber *nicht* mehr als *bescheiden,* sondern völlig entgegengesetzt: „Ein Anteil von knapp 4 % der Befragten, die in persönlichen Krisenfällen einen Militärpfarrer in Anspruch nehmen, ist zudem vergleichsweise beachtlich. Denn hochgerechnet bedeutet dies pro Pfarrer etwa drei intensive Seelsorgefälle pro Woche. Eine derartige Frequentierung eines Pfarrers würde – zumindest für protestantische Verhältnisse – am Standort oder in einer Kirchengemeinde als ungewöhnlich gelten."[272] Was Bock unter intensiven Seelsorgefällen genau versteht, wird ebenso wenig transparent gemacht wie sein Vergleich mit der Frequentierung eines Pfarrers in einer zivilen evangelischen Kirchengemeinde – es werden keine Bezüge auf empirische Studien über die seelsorgerliche Inanspruchnahme von evangelischen Geistlichen im zivilkirchlichen Leben genannt.
Die Frage „Hatten Sie während Ihres Einsatzes familiäre Probleme?",[273] sei bei der Einsatzbefragung von gut 16 % der Teilnehmer bejaht worden. Diesen galt die weiterführende Frage nach den Gesprächspartnern aus folgender Auswahl: Kameraden, Truppenpsychologen, Militärpfarrer, ‚Chef', ‚Spieß', Vertrauensperson, Arzt, Angehörige (nur Einsatzbefragung), niemand, will ich nicht beantworten, sonstige. Von den befragten Soldaten, die in der Einsatzzeit familiäre Probleme hatten, hätten sich knapp 45 % an Kameraden, gut 21 % an den ‚Chef', knapp 16 % an den ‚Spieß' und gut 13 % an Angehörige gewandt. Auch hier hätten die professionellen Helfer Truppenpsychologe und Arzt nahezu keine Rolle gespielt. Militärpfarrer seien mit 0% gar nicht genannt worden.[274]

In einem Zwischenresümee interpretiert Bock die erhobenen Daten zur Bewertung und Inanspruchnahme der Militärseelsorge:

> Die oben ausgeführten Ergebnisse zeigen auf der einen Seite, dass die Tätigkeit der Militärseelsorge und insbesondere die Möglichkeit des persönlichen Gesprächs mit den Pfarrern äußerst positiv bewertet wird, und dass über ein Viertel (knapp 28 %) der Teilnehmer der Rückkehrerbefragung mit den Militärpfarrern selbst solche persönlichen Gespräche geführt haben. Auf der anderen Seite jedoch werden die Seelsorger dort, wo nach konkreten Konfliktsituationen gefragt wurde, nicht als Gesprächspartner genannt. Dieses Schicksal teilen sie mit den übrigen professionellen Helfern wie Ärzten und Truppenpsychologen.[275]

Heiko Biel sprach in diesem Zusammenhang in Anlehnung an Martin Bock vom „Militärpfarrerparadoxon",[276] denn Militärpfarrer sprechen meist mit hoher Zu-

---

[271] Bock a.a.O. S. 70.
[272] Bock a.a.O. S. 76.
[273] Bock a.a.O. S. 71. Zu den Ergebnissen vgl. Bock a.a.O. S. 71–74.
[274] Vgl. Bock a.a.O. S. 71–74.
[275] Bock a.a.O. S. 77.
[276] Heiko Biehl, Hochgeschätzt und ungenutzt?, in: Zur sache.bw. Evangelische Kommentare zu Fragen der Zeit 4 (2003) 32–39; hier S. 33.

friedenheit über ihre Auslastung. Kameraden und die Lebens- und Ehepartner/innen der Soldaten haben jedoch nach dieser Studie eine (was zu erwarten war[277]) weitaus größere Bedeutung für die Bewältigung von Problemen für Soldaten im Auslandseinsatz als die Militärgeistlichen oder die Truppenpsychologen.

Andererseits sollte man m.E. die Bedeutung freier seelsorgerlicher Aussprachmöglichkeit nicht allein an der Quantität der tatsächlich eingetretenen „Nutzung" festmachen. Über die Qualität und Intensität der jeweiligen Aussprachen wird in dieser Studie des Sozialwissenschaftlichen Instituts der Bundeswehr nichts Valides gesagt; eine „Aufarbeitung" belastender Einsatzerlebnisse mit Vertrauenspersonen aus dem alltäglichen Berufs- und privaten Lebensumfeld der Soldatinnen und Soldaten kann, sachgerecht betrachtet, nicht unbedingt mit dem gleichgesetzt werden, was professionelle Seelsorge oder psychologische Betreuung leisten. Zudem sollten die scheinbar geringen Prozentangaben der Inanspruchnahme von Seelsorge nicht vorschnell interpretiert werden. Dies sei in einer fiktiven Beispielrechnung erläutert: Wenn 13 Soldaten in einem Kontingent von 1000 Soldaten vertrauliche Gespräche mit einem Militärgeistlichen führen, dann sind das zwar nur 1,3%, aber genau diese professionelle seelsorgerliche Begleitung kann für diese 13 Menschen enorm wichtig sein. So ist insgesamt Vorsicht geboten bei einer Bewertung der seelsorgerlichen Einsatzbegleitung oder -nachsorge durch Militärgeistliche hinsichtlich Quantität und Intensität, denn insbesondere die Vergleichsgrößen in der Arbeit von Gemeindepfarrämtern bilden ein Forschungsdesiderat.[278]

Im Lichte der genannten Untersuchung machen jedoch Aussagen wie die oben zitierte, dass „allein die Begleitung" durch einen Militärpfarrer Soldaten ein Gefühl der Legitimität ihres Einsatzes verleiht, nachdenklich. Seelsorge durch ergebnisoffene, keiner militärischen Stützung oder „Ertüchtigung" verpflichtete Gespräche scheint in *dieser* Argumentationslinie keine besonders große Rolle zu spielen. Vielleicht liegt die Bedeutung der Begleitung von Auslandseinsätzen tatsächlich v.a. in der Präsenz der Militärgeistlichen und in der Wichtigkeit des Vorhandenseins der Möglichkeit freier Aussprache! Vielleicht bietet die Anwesenheit der Kirche tatsächlich eine Art unreflektierter Hintergrundslegitimation für das eigene Tun. Man kann nicht einmal ausschließen, dass sie von manchen Soldaten in Grenzsituationen als ein quasi „magischer Schutz" erlebt wird. Interessant wäre die Einsichtnahme in weitere, neuere sozialwissenschaftliche Nutzungsstudien der Militärseelsorge; doch dies ist nicht möglich, da sie als interne

---

[277] Auffallend ist jedoch, dass gut ein Drittel der Befragten ihre belastenden Erlebnisse auch nach der Rückkehr aus dem Einsatz nicht mit Lebens- oder Ehepartner/innen zu teilen scheint.

[278] Sofern es nicht bei einem einmaligen Gesprächskontakt bleibt, kann es für die Seelsorgerin oder den Seelsorger durchaus auch zeitaufwändig sein. Wünschenswert wären in diesem Zusammenhang vom Forschungsdesign her vergleichbare aktuelle empirische Untersuchungen zur Inanspruchnahme der Seelsorgeangebote sowohl in zivilen Kirchengemeinden als auch in der Militärseelsorge.

Gutachten[279] eingestuft werden und nicht zu wissenschaftlichen Zwecken frei zugänglich sind.

Zwischen der faktischen Legitimation der Auslandseinsätze im gelebten Leben der Militärseelsorge und der Friedensdenkschrift der EKD tut sich dann aber eine *deutliche Spannung* auf. Im Zentrum der friedensethischen Denkschrift von 2007 steht der Begriff des „gerechten Friedens“[280] als Leitbild und Zielperspektive einer ‚*Ethik rechtserhaltender Gewalt*‘, die sich von der Vorstellung eines ‚*gerechten Krieges*‘ abgrenzt.[281] In der Denkschrift werden Kriterien[282] und Grenzen[283] für Formen legitimer Gewaltanwendung in äußersten Notsituationen wie z.B. für einen Bundeswehreinsatz formuliert, der dazu dienen soll, Recht zu erhalten.[284] Man darf die Frage stellen: Zöge die evangelische Militärseelsorge ihre Militärgeistlichen wirklich zurück, wenn sich herausstellen sollte, dass ein Bundeswehreinsatz einer Ethik rechtserhaltender Gewalt nicht (mehr) entspricht? Im Blick auf den inzwischen sehr umstrittenen Einsatz in Afghanistan könnte *dies* die *friedensethische Zerreißprobe* für die *Glaubwürdigkeit der Militärseelsorge* in ihrer Berufung auf die Friedensdenkschrift der EKD sein. Den Worten Dörfler-Dierkens ist voll zuzustimmen:

> Damit [mit den Auslandseinsätzen der Bundeswehr] sind die Anforderungen an die Militärseelsorge deutlich komplexer geworden: Es reicht nicht mehr aus, neben den Soldatinnen und Soldaten und loyal hinter der jeweiligen politischen Entscheidung zu stehen. Vielmehr müssen die einzelnen Seelsorgerinnen und Seelsorger die Friedensbotschaft der Kirche in der militärischen Organisation laut werden lassen. Sie sind gehalten – ebenso wie die Christen in Gesellschaft und Politik – immer wieder danach zu fragen, ob die militärischen Operationen, an denen

---

[279] Meine diesbezügliche Anfrage vom 13.03.2011 an das Sozialwissenschaftliche Institut der Bundeswehr wurde vom zuständigen Projektdirektor Oberst i.G. Dr. Wöckener am 14.03.2011 per Email negativ beschieden: „Zwar sind zu Ihrem Fragenkomplex sozialwissenschaftliche Untersuchungen durchgeführt worden, jedoch sind deren Ergebnisse zurzeit als ressortinternes Gutachten eingestuft und als solches nicht für den öffentlichen/allgemein-wissenschaftlichen sic? Gebrauch bestimmt.“

[280] EKD Friedensdenkschrift 2007, Ziffer 73ff.

[281] Vgl. EKD Friedensdenkschrift 2007, siehe die Überschrift zu Abschnitt 3.2. „Rechtserhaltende Gewalt“ statt „gerechter Krieg“ bzw. Ziffer 98–103. Programmatisch ist folgender Gedanke: „Recht ist auf Durchsetzbarkeit angelegt. In der Perspektive einer auf Recht gegründeten Friedensordnung sind Grenzsituationen nicht auszuschließen, in denen sich die Frage nach einem (wenn nicht gebotenen, so doch zumindest) erlaubten Gewaltgebrauch und den ethischen Kriterien dafür stellt.“ Ebd. Ziffer 98.

[282] Vgl. EKD Friedensdenkschrift 2007, Ziffer 102f.

[283] Vgl. EKD Friedensdenkschrift 2007, Ziffer 104ff.

[284] Reiner Anselm kritisiert im Blick auf Afghanistan den Begriff rechtserhaltende Gewalt in der EKD Friedensdenkschrift. In Fällen wie Afghanistan – so sein Argument – handelt es sich um ‚neue Kriege‘ (vgl. Herfried Münkler, Neue Kriege, Reinbek ^{2}2005), bei denen die wichtigste Aufgabe darin bestehe, die Bedingungen für die Existenz eines staatlichen Gewaltmonopols wiederherzustellen. Diese Situation sei – gemäß Anselm – in der Friedensdenkschrift nicht ausreichend berücksichtigt. Anselm spricht im Blick auf Afghanistan nicht von „rechtserhaltender“, sondern von „rechtsschaffender Gewalt“. Vgl. Reiner Anselm, Über die Eigenarten des evangelischen Umgangs mit gegenwärtigen Konflikten, in: ZEE 54 (2010) 83–88, hier S. 84.

> die Bundeswehr sich beteiligt, tatsächlich friedensförderlich in dem in der Friedensdenkschrift vorgezeichneten Sinne sind, oder ob sie die Spirale der Gewalt anheizen.[285]

An dieser Frage muss sich die *Tragfähigkeit der Berufung* auf die Friedensdenkschrift der EKD bewähren.

Im inhaltlichen Widerspruch zur EKD-Friedensdenkschrift stehen öffentliche Äußerungen des Leitenden Militärdekans Armin Wenzel, der für die Leitung des evangelischen Militärdekanats Kiel zuständig ist. Am 01.12.2010 strahlte die ARD eine Reportage des Filmemachers Tilman Jens (NDR) aus mit dem Titel: „Töten für den Frieden, die Politik, die Kirche und der Krieg".[286] Darin untersucht Jens u.a. friedensethische Äußerungen von Politikern, Wissenschaftlern und Vertretern der Militärseelsorge. Im Zusammenhang des Umgangs mit dem Gebot ‚*du sollst nicht töten*' antwortet Militärdekan Wenzel, auf die Frage, ob das fünfte Gebot ein Stück weit nach hinten rücke:

> Nein, es rückt für mich nicht ein Stück weit hinten an, es behält seine Bedeutung und gleichzeitig glaube ich, dass wir eben in einer ethischen Abwägung immer wieder in Situationen sind, wo wir dann eben sagen müssen: wir *verstoßen gegen das eine oder gegen das andere Gebot, um wiederum anderen Geboten zu dienen.*[287]

Mit dieser Denkfigur einer relativierenden, instrumentellen Subordination des fünften Gebots unter andere Gebote, die man von Militärgeistlichen nicht selten hört, hat sich Militärdekan Wenzel theologisch und ethisch von der Friedensdenkschrift der EKD aus dem Jahr 2007 entfernt.

Einer der Hauptinitiatoren der neuesten EKD-Friedensdenkschrift, der ehemalige Ratsvorsitzende Wolfgang Huber, stellt in einem Interview im Blick auf eine Denkfigur zur Legitimation eines Verstoßes gegen das fünfte Gebot unmissverständlich klar:

> Nein, das ist eine durch die Friedensdenkschrift der EKD nicht gedeckte Auffassung, es geht nicht darum, sozusagen *lässig* mit dem fünften Gebot umzugehen. Es geht auch *nicht* darum, durch die *Übertretung des fünften Gebots andere Gebote zu schützen.* Es geht um die Frage, ob man *Menschenleben schützt* und ob es dafür *keinen anderen* Weg gibt als mit Gewalt zu drohen und die Gewalt einzusetzen. Und wenn es darum geht, also um das, was man auch schon einen ‚Ver-

---

[285] Dörfler-Dierken (2010) 283.

[286] http://www.daserste.de/doku/beitrag_dyn~uid,9d0hp15som9992h4~cm.asp (eingesehen am 23.4.2011).

[287] Armin Wenzel, in: Tilman Jens (NDR) Töten für den Frieden, die Politik, die Kirche und der Krieg. Vgl. http://www.youtube.com/watch?v=s8fuYXpwAV0&feature=related (eingesehen am 23.04.2011, ausgestrahlt am 01.12.2010 in der ARD); Hervorhebungen von S.Th.

antwortungspazifismus‘ genannt hat, also sich ganz und gar von der Frage bestimmen [zu] lassen, wie Menschen leben und überleben können, dann ist es klar, dass eine *Abschwächung* des fünften Gebots *nicht* der richtige Weg ist.[288]

3. Ist das geistliche Sonderethos der Militärseelsorge wirklich völlig überwunden?

Im Artikel von Dörfler-Dierken findet sich eine wohltuende Absage an ein militarisiertes geistliches Sonderethos: „Dass Militärgeistliche die Soldaten zu Töten und Kampf aufreizen – wie das in der preußischen Tradition häufig genug geschah –, soll durch die freiheitliche Regelung der Militärseelsorge für die Bundeswehr ausgeschlossen sein.“[289] Aus der *rein zeitlichen Befristung* des Dienstes evangelischer Pfarrer/innen als Militärgeistliche auf eine Amtszeit von sechs bis zwölf Jahre in der Bundeswehr leitet Dörfler-Dierken ab, dass dadurch „der Entstehung eines militarisierten geistlichen Sonderethos organisationssoziologisch und strukturell ein Riegel vorgeschoben worden“[290] sei. Hier darf man freilich fragen, ob sie damit kontrafaktisch einen Wunsch formuliert oder eine schon erfüllte Norm beschreiben will. In jedem Fall passen einige Faktoren und Fakten in der Laufbahnstruktur der Bundeswehr nicht zu ihrer Feststellung. Gerade die Personen, die für die *Personalauswahl*[291] und die *Personalführung* in der Militärseelsorge zuständig sind, scheiden in der Regel *nicht* nach spätestens zwölf Jahren aus der Militärseelsorge und der Bundeswehr aus, sondern bleiben oft als Bundesbeamte *auf Lebenszeit* bis zu ihrer Pensionierung in der Militärseelsorge und tragen als Dienstvorgesetzte zur *Formung* ihres Personals bei. Zur Personengruppe der Lebenszeitbeamten in der Militärseelsorge gehören beispielsweise die Leitenden Militärdekane der Militärdekanate, bis vor kurzer Zeit auch ihre Stellvertreter. Ferner sind auch die Referatsleiter („Amtsdekane“) im evangelischen Kirchenamt für die Bundeswehr Lebenszeitbeamte, und natürlich ist auch der Militärgeneraldekan Bundesbeamter auf Lebenszeit. Solche Karriere- und Abhängigkeitsstrukturen können – wie Dörfler-Dierken meint – zweifellos die Herausbildung und Formung eines militärnahen Habitus begünstigen. Und es ist nicht ausgeschlossen, dass sich solch ein Habitus gegebenenfalls mit einem gewissen ‚militarisierten geistlichen Sonderethos‘ verbinden kann, auch wenn das nicht notwendig so sein muss. Denn hier kommt es auf die Wechselwirkung von Personalführung, eigener Mentalität und Persönlichkeit an. In Gesprächen mit Soldaten und Insidern ist mir folgende Einschätzung begegnet: Personen mit einer

---

[288] Wolfgang Huber, in: Tilman Jens (NDR), Töten für den Frieden, die Politik, die Kirche und der Krieg. Einsehbar unter http://www.youtube.com/watch?v=s8fuYXpwAV0&feature=related (eingesehen am 23.4.11, ausgestrahlt am 1.12.10 in der ARD); Hervorhebungen von S.Th. Sinngemäß wurde das Wort ‚zu‘ in eckigen Klammern ergänzt.
[289] Dörfler-Dierken (2010) 292.
[290] Dörfler-Dierken (2010) 281.
[291] Ein inzwischen pensionierter Wehrbereichsdekan, der in seinem Wehrbereich gemeinsam mit dem evangelischen Kirchenamt für die Bundeswehr und dem Militärbischof für die Personalauswahl zuständig war, nannte auf die Frage nach den Kriterien für die Auswahl von Militärpfarrern, dass sie eine gewisse Altersgrenze möglichst nicht überschritten haben dürfen und dass sie *Pazifismus und ähnlichen Quatsch ablehnen* sollten.

gewissen Affinität zu hierarchischen Strukturen und dem Willen, darin aufzusteigen, können in der Militärseelsorge Karriere machen.[292] Zu bedenken ist auch: Anders als in den Gliedkirchen der EKD gibt es in der Leitung der Militärseelsorge *kein synodales* Element, sondern – fast spiegelbildlich zur Bundeswehr – eine klare Hierarchie. Dabei ist die Militärseelsorge anders als die Soldaten nicht auf die Prinzipien der Inneren Führung als Führungskultur verpflichtet, auch wenn man davon ausgehen darf, dass die Militärseelsorge diesen Prinzipien zumindest theoretisch zustimmt.

Um die Gefahr einer Annäherung des seelsorgerlichen Ethos an militärisches Denken zu illustrieren, sei ein Beispiel angeführt. Militärdekan Karsten Wächter war zur Jahreswende 2009/10 als evangelischer Militärseelsorger beim Deutschen Einsatzkontingent ISAF im PRT Kunduz, Afghanistan. Er kritisierte die bekannte Neujahrspredigt[293] und andere Äußerungen der damaligen Ratsvorsitzenden Bischöfin Margot Käßmann zu Afghanistan in einem (offenen) Brief, der per Email und über das Internet[294] öffentlich verbreitet wurde öffentlich verbreitet wurde. Hier ein Zitat aus diesem (öffentlichen) Brief:

> Ich bin derzeit mit der Begleitung der deutschen Soldaten als evangelischer Seelsorger beauftragt. Die gesamte Thematik ist sehr komplex, trotzdem möchte ich aus meiner Perspektive – und vielleicht darf ich hinzufügen: als Vertreter unserer Kirche dazu Stellung nehmen. Ich muß Ihnen leider gestehen, dass mich Ihre Äußerungen ärgern. Einerseits halte ich sie für sachlich nicht zutreffend. Andererseits sehe ich darin nicht gerade eine Unterstützung in meiner Aufgabe. [...] Man hat den Eindruck, dass Sie auf abstrakter und theoretischer Ebene über eine Sache diskutieren, ohne sich selbst erstens einen persönlichen Eindruck von der Realität vor Ort verschafft zu haben und zweitens Ihre Verbesserungsvorschläge in Allgemeinplätzen, wie z.B. ‚mehr Phantasie für den Frieden' verbleiben. Wenn man die militärische Option grundweg [sic!] ablehnt, muss man mindestens Alternativvorschläge mit konkreten Handlungsmöglichkeiten aufzeigen. Sonst fällt das Ernstnehmen schwer.[295]

―――――

[292] Die Beförderung von Militärpfarrern von A13 zu A14 hängt in der Regel nicht wie im zivilen Bereich von der Größe der Pfarrstelle und dem Aufgabengebiet ab, sondern erfolgt nach einer relativ kurzen Dienstzeit in der Militärseelsorge als Regelbeförderung. Jeder Standortpfarrer hat Anspruch auf einen Dienstwagen. Anders als bei zivilen Pfarrstellen, gibt es an jedem Standortpfarramt eine/n Pfarrhelfer/in mit einer 100% Stelle zur Unterstützung des Militärpfarrers z.B. in der Verwaltung. In der Militärseelsorge gibt es neben den Leitenden Dekanen (A16-Stellen mit Dienstwagen und Fahrer) als Vorgesetzte in den Wehrbereichen auch viele Dekane (auf A15–Stellen) als Standortgeistliche, die abgesehen von ihrem/ihrer Pfarrhelfer/in keine Personalverantwortung als Vorgesetzte haben, doch da es an deren Standort z.B. einen General gibt, wurden die Standortpfarrstellen zu Dekanstellen aufgewertet.

[293] Vgl. Margot Käßmann, Predigt im Neujahrsgottesdienst in der Frauenkirche Dresden am 01.01.2010, vgl. http://www.ekd.de (eingesehen im Januar 2010) bzw. dies., Fantasie für den Frieden oder: Selig sind, die Frieden stiften, Frankfurt a.M. 2010.

[294] Brief von Militärdekan Wächter an Bischöfin Dr. Margot Käßmann: http://www.freiewelt.net (eingesehen am 14.01.1010).

[295] Ebd.

Militärdekan Wächter deutet sodann an, dass er ein *schärferes militärisches Vorgehen für sinnvoll* hält, denn er schreibt: „Ich habe mich daher in einem Interview mit dem ZDF sogar soweit geäußert, dass ich eher den Eindruck habe, dass wir zu wenig gegen diese Gewalt tun und ihr nichts entgegensetzen."[296] Die sowohl innerhalb als auch außerhalb der Bundeswehr weit verbreitete Email-Fassung[297] des Briefes von Militärdekan Wächter enthielt den Briefkopf der evangelischen Militärseelsorge in Kunduz. Militärdekan Wächter betont in seinem offenen Brief, dass er „als Vertreter unserer Kirche dazu Stellung"[298] nimmt. Da Militärdekan Wächter von seinem Recht zur freien Meinungsäußerung im Blick auf eine härtere militärische Gangart unter Verwendung des Briefkopfs der Militärseelsorge Gebrauch macht, erhält sein Schreiben an die damalige Ratsvorsitzende als Repräsentantin einer „friedensaffinen Zivilkirche" einen amtlichen Charakter. [299] einen amtlichen Charakter. Der offizielle Briefkopf stützt den Eindruck, dass militärische Erwägungen (in diesem Fall zu mehr militärischer Gewalt) zum dienstlichen Auftrag eines Militärdekans gehören. Ist dies Seelsorge in (*kritischer*) Solidarität mit den Soldaten oder ein Beispiel dafür, dass sich ein Militärgeistlicher vielleicht etwas zu sehr mit seiner Klientel identifiziert?

Manche Äußerungen von Militärgeistlichen lösen die Sorge aus, dass die *kritische* Solidarität zu den Soldaten aufgegeben wird, und damit das eigentlich notwendige *kritische* Hinterfragen der *friedensethischen Angemessenheit oder Rechtmäßigkeit* eines jeden Auslandseinsatzes zugunsten einer ‚Auslandseinsatzbegeisterung' der Militärgeistlichen weicht. Denn hier haben sie das Gefühl, gebraucht zu werden. Schon ihrer Anwesenheit schreiben sie eine legitimierende Funktion zu. Eine gewisse ‚Auslandseinsatzeuphorie' bei gleichzeitigem Desinteresse an theologisch reflektierter Friedensethik lässt sich bei Militärgeistlichen immer wieder beobachten.[300]

Auch der zweite evangelische Militärdekan, der zu Beginn des Jahres 2010 in Afghanistan stationiert war, bereicherte die Meinungsvielfalt und protestantische

------

296 Ebd.

297 Der Brief von Militärdekan Wächter an Bischöfin Dr. Margot Käßmann wurde Anfang 2010 ähnlich wie ein Kettenbrief per Email verschickt. Auf der Homepage http://www.freiewelt.net wurde der offizielle Briefkopf nicht veröffentlicht.

298 Brief von Militärdekan Wächter an Bischöfin Dr. Margot Käßmann: http://www.freiewelt.net (eingesehen am 14.01.2010)

299 Dörfler-Dierken (2010) 281.

300 In einer Arbeitsgruppe auf einer öffentlichen Tagung an einer Evangelischen Akademie, die von einem Bundeswehrpsychologen geleitet wurde, betonte ein Militärpfarrer, dass seiner Meinung nach Friedensethik im Auslandseinsatz nicht wichtig ist. Er sei im Auslandseinsatz an Entscheidungen für oder gegen die vorzeitige Repatriierung von Soldaten beteiligt gewesen, und auf solche Frage komme es an. Ein stellvertretender Wehrbereichsdekan mit Auslandseinsatzerfahrung sagte, dass für ihn alle friedensethischen Fragen mit dem Ende des Kalten Krieges erledigt seien, friedensethisch gäbe es nichts zu diskutieren. Ist es schon alarmierend, wenn Militärdekane viele Monate nach dem Erscheinen der Friedensdenkschrift der EKD der Bitte von Soldatenfamilien zu einem Gespräch über die EKD-Friedensdenkschrift und über die jährlichen Friedensgutachten der wissenschaftlichen Friedensforschungsinstitute mit der Begründung absagen, dass sie die Friedensdenkschrift der EKD noch nicht gelesen haben und das Friedensgutachten nicht kennen?

Streitkultur durch einen Beitrag, indem er sich aus Kunduz öffentlich zu Wort meldete. „Im Streit über den Sinn des Einsatzes wurde Bischöfin Margot Käßmann für ihre Kritik vom evangelischen Militärdekan am Bundeswehr-Stützpunkt Masar-i-Scharif, Hartwig von Schubert, scharf gerügt.“[301] So berichteten es Matthias Kamann und Martin Lutz. „Empört zeigte sich von Schubert über Andeutungen der EKD-Ratsvorsitzenden, sie habe mit dem Einsatz nie viel anfangen können. ‚Ich empfinde es als einen Skandal, dass sie uns damals verschwiegen hat, dass sie die Beteiligung in Afghanistan noch nie nachvollziehen konnte‘, sagte von Schubert.“[302] Politikkritisch wirken seine militärpolitischen Überlegungen *für eine neue deutsche Strategie*[303] *am Hindukusch*. Mit dem Titel „Afghanistan und die Tugend strategischer Geduld“,[304] ist von Schuberts neues Konzept für Afghanistan überschrieben: Von Schubert fordert eine schnelle Bekämpfung von Widerstandsgruppen. Solch eine Vorgehensweise müsse eingebettet sein in ein neues ziviles Konzept der Zusammenarbeit mit den Einheimischen. Um diese Aufgaben bewältigen zu können, müsse die deutsche Armee gemäß von Schubert zu einer flexiblen „Agentur der Sicherheitsvorsorge“[305] umgebaut werden. Gemäß Ulrich Exner[306] ist sich Militärdekan von Schubert dessen bewusst, dass seine evangelische Kirche wohl nicht besonders einverstanden ist mit seinem Tun und mit seinem Ansatz, doch dies scheint mir eher ein weiterer Beleg für einen lebendigen Pluralismus im Protestantismus zu sein.

Aufschlussreich sind auch Predigten und Ansprachen evangelischer Militärgeistlicher im Auslandseinsatz. Am 2. Oktober 2010 hielt der evangelische Militärpfarrer Bernd Göde in Kunduz eine Totengedenkstunde[307] im Lager der Bundeswehr für drei am Karfreitag 2010 getötete Bundeswehrsoldaten. In seiner Ansprache bietet er eine heroisch anmutende Deutung des Todes der drei von Taliban-Kämpfern erschossenen Soldaten:

> Liebe Kameradinnen und Kameraden, sie kamen gut ausgebildet und motiviert nach Afghanistan, sie hatten eine gute Kameradschaft im Golf-Zug und sie wussten, zusammen können wir einiges erreichen, zusammen können wir diese Zeit hier gut schaffen. Die Angehörigen haben mir erzählt, dass sie alle gern Soldaten

---

[301] Matthias Kamann und Martin Lutz, in: DIE WELT online (eingesehen am 17.01.2010).
[302] Ebd.
[303] Vgl. Ulrich Exner, Was ein Bundeswehr-Pfarrer zu Afghanistan sagt, in: http://www.welt.de/politik/deutschland/article7074409/Was-ein-Bundeswehr-Pfarrer-zu-Afghanistan-sagt.html (eingesehen am 08.04.2010).
[304] Ebd. Die bestehenden patriarchalen Strukturen in Afghanistan müssten gemäß H. von Schubert von der internationalen Gemeinschaft anerkannt werden. Gebraucht werde Bares gegen Arbeit. H. von Schubert entwirft die Vision einer von außen ‚moderierten Meritokratie‘, die die Zusammenarbeit mit der internationalen Gemeinschaft belohnt. Den Afghanen müsse man auf Augenhöhe statt von oben herab gegenübertreten (vgl. Ulrich Exner a.a.O.).
[305] Hartwig v. Schubert, in: Exner, Ulrich a.a.O.
[306] Vgl. Ulrich Exner, a.a.O.
[307] Vgl. http://www.youtube.com/watch?v=q-bPAOXBUrM (eingesehen 23.04.2011).

> waren, und dass sie dachten, ja sie könnten etwas bewirken in diesem Land, sie könnten Licht hinbringen, da wo es dunkel ist. Ja sie waren so eine Art *Krieger des Lichts* unsere Kameraden Martin Augustyniak, Nils Bruns und Robert Hartert.[308]

Die metaphorischen Redewendungen ‚*Licht hinbringen, da wo es dunkel ist*' und ‚*Krieger des Lichts*' klingen nicht nach unbedachten Spontanbemerkungen, sondern nach bewusster Rhetorik. Das wirft Fragen auf; ein Reporter formuliert kritisch: „Da ist es zu Begriffen wie Gotteskrieger und Märtyrer nicht mehr weit."[309] Handelt es sich hier wirklich um eine Form der Heroisierung? Die Predigt der Totengedenkstunde wurde im Film festgehalten. Im Interview wiederholt Militärpfarrer Göde zweimal die Metaphorik von den ‚Kriegern des Lichts':

> Ich weiß, dass die Soldaten alle gerne Soldaten waren und ihren Auftrag gerne ausgeführt haben. Insofern waren sie eigentlich für mich auch – und das habe ich auch mit den Angehörigen so besprochen – *Krieger des Lichts,* weil sie eben versuchen, und das tun hier auch alle, Frieden in dieses Land hineinzubringen und stehen auch hinter ihrem Auftrag. *Krieger des Lichts* heißt nicht für mich jetzt unbedingt, dass nur wir hier alles richtig machen, sondern es sind sicherlich auch Situationen, wo wir auch Schuld auf uns nehmen usw., aber insgesamt stehen die Soldaten hinter ihrem Auftrag, *Licht und etwas Gutes in diese Welt hineinzubringen,* und wir sehen das ja an den Augen der Kinder, wenn wir hier durch die Ortschaften fahren, wie wichtig das ist, *Licht* hier hineinzubringen.[310]

Was könnte hinter dieser pathetisch anmutenden Formulierung stecken? Einerseits ist es von außen – trotz Fernsehmitschnitt – nicht möglich, die spezielle Lageratmosphäre in Kunduz nachzuempfinden, in der diese Ansprache sich an die Soldatinnen und Soldaten richtete, andererseits löst die Verwendung des heroisch anmutenden Begriffs ‚Krieger des Lichts' als Bezeichnung der Bundeswehrsoldaten Besorgnis aus. Riskieren oder wollen wir eine neue Heldenverehrung? Sind die Krieger- und Lichtmetaphern angemessene Bezeichnungen für deutsche Staatbürger in Uniform? Die Soldaten, mit denen ich die Reportage von Tilman Jens ansah, reagierten unterschiedlich auf den metaphorischen ‚Heldenkult': Militärpfarrer Göde zitiere – mehr oder weniger bedacht – den Popsong „Krieger des Lichts" der Gruppe Silbermond,[311] sagte ein Soldat. Ein anderer Soldat fragte besorgt, ob jeder Militärpfarrer ein Medientraining absolviert habe, um absehen zu können, welche problematischen Assoziationen wie z.B. ‚Gotteskrieger' oder ‚Märtyrer' Metaphern wie ‚Krieger des Lichts' wecken können. Es gehöre nicht zu seinem militärischen Auftrag, ‚Luzifer' zu sein, äußerte ein dritter Soldat.

-----

308 Bernd Göde, in: Tilman Jens (NDR), Töten für den Frieden, die Politik, die Kirche und der Krieg. Einsehbar unter http://www.youtube.com/watch?v=q-bPAOXBUrM (eingesehen 23.4.11, ausgestrahlt 1.12.10 in der ARD); Hervorhebungen von S.Th.

309 Tilman Jens (NDR), Töten für den Frieden, die Politik, die Kirche und der Krieg, ebd.

310 Bernd Göde, in: Tilman Jens (NDR), Töten für den Frieden, die Politik, die Kirche und der Krieg, a.a.O.

311 http://www.magistrix.de/lyrics/Silbermond/Krieger-Des-Lichts-381697.html (eingesehen am 26.4.11).

Auch der damalige evangelische Militärbischof Dutzmann betonte bei einer Podiumsdiskussion am ‚Tag der Militärseelsorge‘[312] auf dem 33. DEKT 2011 in Dresden, dass es sich in der Ansprache von Militärpfarrer Göde bei der Verwendung des Begriffs *Krieger* um ein Liedzitat von Silbermond handelte. Auch wenn es sich dabei – wie von einzelnen Soldaten und dem Militärbischof bemerkt – um ein *Zitat* handelt, bleibt m.E. die Frage, ob die *Kriegermetaphorik,* die in der Ansprache von Militärpfarrer Göde beipflichtend gewählt wurde, eine angemessene Formulierung für den Anlass des *öffentlichen Totengedenkens* ist. Ist der von Militärpfarrer Göde benutzte *Kriegerbegriff* in Kombination mit der *Lichtmetaphorik* eher gewaltkritisch verwendet oder befördert er – eventuell sogar unbeabsichtigt – eine Tendenz zu Verherrlichung von Gegengewalt? Gegen die Deutung als *intendierte* Heroisierung spricht, dass Militärpfarrer Göde auch das eventuelle ‚Nicht-richtig-Machen‘ und die Schuldübernahme thematisiert. Hatte Militärpfarrer Göde aus Empathie gegenüber den trauernden Soldaten noch genügend professionelle Distanz zu seiner eigenen Wortwahl oder haben sich hier im Sinne des Sprachgebrauchs des ehemaligen Militärbischofs „militäraffine Scheuklappen“ gebildet?[313] Es macht mir Sorgen, dass hier – evtl. aus Verlegenheit oder auch äußert empathisch motiviert – eine beginnende Heroisierung (evtl. unbedacht) weitergeführt worden zu sein scheint, die man in Ansätzen z.B. auch schon bei der Ansprache des inzwischen zurückgetretenen Verteidigungsministers Karl Theodor zu Guttenberg wahrnehmen konnte. Zu Guttenberg zitierte ein halbes Jahr zuvor eine seiner Töchter in seiner Ansprache bei der Trauerfeier in Selsingen für die o.g. drei am Karfreitag 2010 in Afghanistan getöteten Soldaten: Seine Tochter hatte gefragt, ob die drei jungen Männer „tapfere Helden“[314] unseres Landes gewesen seien. Zu Guttenberg bejahte[315] diese Frage.

4. Die Verlegenheit bei der Bewertung des Afghanistaneinsatzes

Die Leitungsebene der Militärseelsorge zeigt eine Verlegenheit bei der friedensethischen Bewertung des Bundeswehreinsatzes in Afghanistan. Die existentielle friedensethische Kardinalfrage für evangelische Soldatenfamilien, die im Einklang mit Grundsätzen der evangelischen Friedenethik leben und handeln wollen,

——————

[312] Diese Podiumsdiskussion zum Thema „‚Gefallen …‘. Öffentliches Gedenken zwischen Heldenverehrung und Gewaltkritik“, fand am 03.06.2011 am ‚Tag der Militärseelsorge‘ auf dem 33. DEKT in Dresden im Exerzierhaus der Offiziersschule des Heeres in der Albertstadtkaserne statt. Vgl die Programmdatenbank: www.kirchentag.de/no_cache /programm/programmdatenbank.html? tx_saltpgh_pi1%5BshowUid%5D=1753 (eingesehen am 13.06.2011).

[313] Martin Dutzmann, „Ich befürchte ein abruptes Erwachen“. Militärbischof Martin Dutzmann über die Zukunft der Bundeswehr und die Soldatenseelsorge, Interview geführt von Kathrin Jütte und Helmut Kremers, in: http://zeitzeichen.net/interview/militaer-seelsorge/ (Zeitzeichen 1/2011).

[314] www.youtube.com/watch?v=wJCR0yfnOyM&feature=autoplay&list=PLC34A8C59 0B91E6C2&index=29&playnext=2 (eingesehen am 01.05.2011).

[315] Ebd.

lautet: Entspricht der deutsche Einsatz der Bundeswehr in Afghanistan den Kriterien einer rechtserhaltenden Gewalt im Sinne der Friedensdenkschrift der EKD von 2007 oder nicht?

Am 25. Januar 2010, also unmittelbar vor der Londoner Afghanistan-Konferenz, war auf der Homepage der evangelischen Militärseelsorge eine Erklärung mit dem Titel „Aus Gottes Frieden leben – für gerechten Frieden sorgen. Ein evangelisches Wort zu Krieg und Frieden in Afghanistan“[316] zu lesen, die der evangelische Militärbischof Martin Dutzmann zusammen mit Renke Brahms, Margot Käßmann und Nikolas Schneider[317] verfasst hat. Auffallend ist, dass hier nicht wie bisher üblich die Kammer für öffentliche Verantwortung der EKD zu sicherheits- und außenpolitischen Themen bzw. friedensethischen Fragen Stellung nahm, sondern dass sich leitende Geistliche unter Aufnahme des Titels der EKD-Friedensdenkschrift zu Wort meldeten. Unter Ziffer sieben dieser Erklärung[318] heißt es:

> Bei den in der Friedensdenkschrift der EKD entwickelten *Kriterien* für den Einsatz *rechtserhaltender Gewalt* handelt es sich um *Prüfgesichtspunkte,* die es erlauben sollen, die Handlungsoptionen ethisch zu beurteilen. *Wir sehen gegenwärtig nicht, dass der Einsatz anhand der friedensethischen Kriterien eindeutig gebilligt oder abgelehnt werden könnte.*[319]

Hier zeigt sich eine Nachdenklichkeit hinsichtlich der Legitimation des Afghanistaneinsatzes, die im Alltag der Militärseelsorge kaum eine Rolle zu spielen scheint. Hofft man in der Kirchenleitung und der Leitung der Militärseelsorge insgeheim, dass der Abzug aus Afghanistan die Entscheidung über die friedensethische Beurteilung der Angemessenheit des Militäreinsatzes *zeitlich überholt*? Oder kommt hier einfach *Ratlosigkeit* zum Ausdruck?

Dazu passt folgende Beobachtung: Auf dem zweiten Ökumenischen Kirchentag reagierte der evangelische Militärbischof am 14.05.2010 im Rahmen einer Podiumsdiskussion beim Tag der Militärseelsorge unerwartet ausweichend auf die Frage nach der friedensethischen Bewertung des Afghanistan Einsatzes der Bundeswehr im Sinne der EKD-Friedensdenkschrift, indem er sagte: „*Evangelische Friedensethik funktioniert nicht mit dem Abhaken von Kriterien. Das ist*

------

[316] Der Titel lautet: „Aus Gottes Frieden leben – für gerechten Frieden sorgen. Ein evangelisches Wort zu Krieg und Frieden in Afghanistan“, – siehe unter: http://www.militaerseelsorge.bundeswehr.de (eingesehen am 25.01.2010).

[317] Unterzeichnet ist die Erklärung vom Schriftführer der Bremischen Kirche Renke Brahms, von Militärbischof Martin Dutzmann, von der damaligen Ratsvorsitzenden Margot Käßmann und ihrem Stellvertreter Nikolaus Schneider; vgl. http://www.militaerseelsorge.bundeswehr.de (eingesehen am 25.01.2010).

[318] Haben die leitenden Geistlichen mit dem bischöflichen Kirchenwort hier eine *neue Gattung* kirchlicher Stellungnahmen zu gesellschaftspolitischen und friedensethischen Fragen geschaffen? Aus der Zeit vor dem 25.01.2010 konnte ich trotz Recherche keine vergleichbare protestantische Verlautbarung der EKD ausfindig machen. Markiert diese neue Gattung eine Wendung zur „Pastorenkirche“ oder fehlte nur die Zeit für eine Äußerung des Rats der EKD oder der Kammer für öffentliche Verantwortung der EKD?

[319] Siehe unter: http://www.militaerseelsorge.bundeswehr.de (eingesehen am 25.01. 2010) Hervorhebungen durch S.Th.

schrecklich kompliziert und bedarf des Dialogs.“[320] Auf den auch aus seiner Sicht notwendigen *Dialog* über die Anwendung der Prüfkriterien aus der Friedensdenkschrift auf den Afghanistaneinsatz ließ sich der Militärbischof allerdings gegenüber den Fragenden aus dem Kreis der Soldatenfamilien nicht ein, sondern er belässt es mit dem Hinweis, dass es „schrecklich kompliziert“ ist. Hier wäre das offene Eingeständnis eines Dilemmas ehrlicher gewesen. Die Leitung der Militärseelsorge steht oft in der Gefahr, Militäreinsätze positiver darzustellen, als sie es nach ihrer eigenen Einsicht sind, riskiert aber dadurch einen Verlust an Glaubwürdigkeit. Wie aber sollen Soldaten(familien) damit umgehen, wenn nicht einmal der evangelische Militärbischof gegenüber Betroffenen entweder zu einem Gespräch bereit ist oder weniger ausweichend Stellung zum Afghanistaneinsatz der Bundeswehr bezieht, obwohl er sonst vieles, was in der Bundeswehr geschieht, offiziell als Militärbischof durch förmliche Erklärungen kommentiert: So z.B. das Rücktrittsgesuch des katholischen Militärbischofs Mixa[321] oder der Rücktritt von Verteidigungsminister zu Guttenberg[322]. Die Frage, ob der deutsche Einsatz der Bundeswehr in Afghanistan den Kriterien einer rechtserhaltenden Gewalt im Sinne der neuen EKD-Friedensdenkschrift entspricht, bleibt jedoch unbeantwortet.

Auch im Zusammenhang seines dreitägigen Pastoralbesuchs[323] Anfang des Jahres 2011, den der evangelische Militärbischof gemeinsam mit dem Nachfolger Margot Käßmanns, Präses Nikolaus Schneider und Renke Brahms Soldaten und zivilen Fachkräften in Afghanistan abstattete, ließ Militärbischof Dutzmann die Frage weiterhin in der Schwebe, ob der Afghanistaneinsatz anhand der friedensethischen Kriterien der EKD-Friedensdenkschrift gebilligt oder abgelehnt werden müsste, indem er sich anderen Themen wie z.B. der neuen Strategie der ‚Counterinsurgency‘[324] widmete. Er stellte in Aussicht, dass auf Angeboten für

―――――

[320] Vgl. http://www.militaerseelsorge.bundeswehr.de (eingesehen am 31.05.2010).

[321] Martin Dutzmann, „Zum Rücktrittsgesuch von Bischof Dr. Walter Mixa erklärt der Evangelische Militärbischof Dr. Martin Dutzmann“, http://www.militaerseelsorge.bundeswehr.de (eingesehen am 23.04.1010).

[322] Martin Dutzmann, „Erklärung des Evangelischen Militärbischofs zum Rücktritt des Bundesministers der Verteidigung“, in: http://www.militaerseelsorge.bundeswehr.de (eingesehen am 2.3.11). Dutzmann äußerte sich bei seinem Besuch in Brenkhausen über Karl Theodor zu Guttenberg: „Er ist ein politisches Talent und wird sicherlich wiederkommen“ (zitiert nach: http://www.eka.militaerseelsorge.bundeswehr.de, eingesehen im März 2011). Kurz nimmt der Militärbischof dabei auch zum Rücktritt der Ratsvorsitzenden der EKD Bischöfin Dr. Margot Käßmann Stellung (http://www.militaerseelsorge.bundeswehr.de, eingesehen am 24.02.2010).

[323] http://www.militaerseelsorge.bundeswehr.de/portal/a/eka/?ywcontentURL=/01DB 090200000001/W28DUJMP939INFODE/content.jsp (eingesehen am 27.04.2011).

[324] http://www.militaerseelsorge.bundeswehr.de/portal/a/eka/?yw_contentURL=/01D B090200000 001/W28DUJMP939INFODE/content.jsp (eingesehen am 27.04.2011). Mit der Strategie der ‚Counterinsurgency‘ sind verstärktes ziviles Engagement bzw. militärische Angriffe gegen Aufständische gemeint.

Veteranen[325] zukünftig ein neuer Arbeitsschwerpunkt der Militärseelsorge liegen wird. Nach der o.g. Afghanistanreise mit dem Militärbischof urteilt Präses Schneider, der Einsatz der Bundeswehr sei „in gewisser Weise eine ethische Grauzone“[326] und sei insofern ethisch „hinnehmbar“[327]. In einer Zeitschrift für Soldaten vom Mai 2011 formuliert der Militärbischof, dass Soldaten „ein Recht darauf“[328] haben, nur in Einsätze entsandt zu werden „wenn es für den Einsatz eine klare ethische, politische und zeitliche Perspektive gibt“[329]. Für die *politische und zeitliche* Perspektive ist das *Parlament* zuständig. Wäre im Blick auf die *ethische* Bewertung nicht auch die Militärseelsorge gefragt? Unter der Überschrift „Welche Militärpfarrer braucht das Militär?“,[330] legte ein Militärdekan und Referatsleiter im Evangelischen Kirchenamt für die Bundeswehr zu Beginn der Bundeswehreinsätze in Afghanistan selbstbewusst die Messlatte hoch:

> Zur theologischen Kompetenz gehört natürlich die Auskunftsfähigkeit in friedensethischen Angelegenheiten. Das verstand sich schon immer von selbst, gewinnt aber in den sicherheitspolitischen Fragestellungen der jüngeren Zeit eine so nicht da gewesene Relevanz. Die Beanspruchung des Militärgeistlichen als unabhängiger Ratgeber in existentiellen Fragen gewinnt in einer Situation, wo in Deutschland der Beruf des Soldaten faktisch neu definiert wird, einen neuen Stellenwert.[331]

Demnach gehört also einerseits die Auskunftsfähigkeit in friedensethischen Fragen zum speziellen Profil der evangelischen Militärseelsorge und wird in der Außendarstellung hin und wieder sogar als Alleinstellungsmerkmal beansprucht, andererseits weichen Vertreter der Militärseelsorge bis hin zum Militärbischof konkreten friedensethischen Fragen aus. Entspricht das der Wahrnehmung eines „Wächteramtes“ im Sinne Karl Barths?[332] Beschreibt Dörfler-Dierken nicht eine Wunschvorstellung, wenn sie formuliert: „Gegebenenfalls müssen die Militärseelsorgerinnen und -seelsorger mit der nötigen christlichen Distanz für die friedensethische Linie ihrer Kirche eintreten, sei es in öffentlicher Rede oder im seelsorgerlichen Gespräch.“[333] Beurteilt die *staatliche* evangelische Militärseelsorge militärpolitische Entscheidungen des Parlaments *friedensethisch* im Sinne eines *unabhängigen Wächteramtes?*

---

325 http://www.militaerseelsorge.bundeswehr.de/portal/a/eka/?yw_contentURL=/01D B090200000 001 W28DUJMP939INFODE/content.jsp (eingesehen am 27.04.2011).
326 Nikolaus Schneider, in: Tillmann Elliesen/Bern Ludermann, Interview mit Nikolaus Schneider aus der März-Ausgabe des ökumenischen Magazins „welt-sichten“. Vgl. Http://www.evangelisch.de/themen/politik/schneider-sofortiger-abzug-ist-nicht-zu-verantworten35357 (eingesehen am 06.03.2011).
327 Ebd.
328 Siehe Martin Dutzmann a.a.O.
329 Ebd.
330 Helmut Aßmann, Kirche in alten, Bundeswehr in neuen Strukturen?, in: Zwischenbilanz. Zum Abschied von Militärbischof Dr. Hartmut Löwe aus der Evangelischen Militärseelsorge, hrsg. v. Evangelischen Kirchenamt für die Bundeswehr, verantwortlich Peter H. Blaschke, Leipzig 2003, 101–110; hier S. 107.
331 Aßmann (2003) 108.
332 Vgl. Dörfler-Dierken (2010) 292.
333 Dörfler-Dierken (2010) 284.

Im Blick auf die oben bereits erwähnte, situationsbezogene Stellungnahme zu Krieg und Frieden in Afghanistan vom 25. Januar 2010 des evangelischen Militärbischofs und weiterer leitender evangelischer Geistlicher[334] möchte ich abschließend eine wichtige Anfrage an die evangelische Militärseelsorge formulieren: Sie bezieht sich auf die oben angeführte Erklärung, in der einer eindeutigen[335] Stellungnahme zu Afghanistan ausgewichen wird. Ein *Militärbischof* und andere leitende Geistliche können vielleicht eine Stellungnahme offenhalten, aber Soldaten *müssen sich* zu einem Befehl verhalten und können auch als Christen einen Befehl nicht *aussetzen,* bis ihre Kirche friedensethische Klarheit hat. Es ist zwar Aufgabe aller Kirchenglieder unter Einschluss der Soldaten, aber in besonderem Maße die Verantwortung derer, die dafür als Militärgeistliche oder als Militärbischof dafür freigestellt sind und die Zeit bzw. Gelegenheiten dazu haben, die Debatte mit den politisch Verantwortlichen voranzutreiben. Wenn die *Prüfkriterien rechtserhaltender Gewalt erlauben sollen, die Handlungsoptionen ethisch zu beurteilen,* aber der evangelische Militärbischof[336] und andere leitende Geistliche gegenwärtig *nicht sehen, dass der Einsatz anhand der friedensethischen Kriterien eindeutig gebilligt oder abgelehnt werden könnte, wann ist dann mit einer ethischen Bewertung durch den Militärbischof und die EKD zu rechnen?* Erst aus der Rückschau? Dann wird die Exekutive mit der Beurteilung der ethischen Angemessenheit alleingelassen und verstrickt sich in Schuld – noch bevor ihre Kirche den Soldaten und deren Familien eine klare ethische Orientierung anbietet.

Müssen evangelische Soldaten auf unbestimmte Zeit auf eine friedensethische Antwort ihrer Kirche warten? Eine EKD-Denkschrift ist weder das Buch eines Einzelnen noch *ein* Bischofswort. Sie ist einerseits die komprimierte Darstellung von Grundlagenforschung und andererseits Ergebnisprotokoll eines mehrjährigen Diskussionsprozesses einer Kommission oder Kammer. Die Kammer für Öffentliche Verantwortung der EKD ist ein Gremium aus 20 bis 25 evangelischen Laien, Theologen und anderen Wissenschaftlern aus unterschiedlichsten Bereichen des Protestantismus unserer pluralistischen Gesellschaft. Denkschriften wollen eine breite Diskussion in Kirche und Gesellschaft anregen. Sie sind aber keine mit einer ‚Unfehlbarkeitsaura' umgebenen römischen Enzykliken.

Im Blick auf Afghanistan und die jüngste Friedensdenkschrift der EKD scheint sich folgendes Dilemma abzuzeichnen: Das verantwortungsethische Konzept des gerechten Friedens und die Ethik rechtserhaltender Gewalt scheint für eher selten vorkommende Situationen mit optimalen Bedingungen geeignet zu sein. Jedoch bleiben viele Fragen offen und wird die Exekutive im Stich gelassen,

---

[334] Vgl. Martin Dutzmann u.a., Aus Gottes Frieden leben – für gerechten Frieden sorgen. Ein evangelisches Wort zu Krieg und Frieden in Afghanistan; siehe unter: http://www.militaerseelsorge.bundeswehr.de (Zugriff 25.01.2010).

[335] Vgl. Siehe hier insbesondere unter Ziffer 7.

[336] Vgl. Martin Dutzmann u.a.: http://www.militaerseelsorge.bundeswehr.de (Zugriff 25.01.2010).

wenn sich Stabilisierungseinsätze in ‚Kriege' verwandeln, wenn sie Recht nicht ermöglichen können, sondern allenfalls ein Minimum an Stabilität – und wenn selbst das zu scheitern droht. Man kann fragen: Wenn die EKD-Friedensdenkschrift in der Militärseelsorge eine so geringe Rolle spielt – könnte es vielleicht auch an der Friedensdenkschrift liegen, dass sie nicht ausreichend Antworten auf die Fragen ermöglicht, die sich im Blick auf Afghanistan stellen?

Wir waren ausgegangen von einer doppelten seelsorgerlichen und friedensethischen Aufgabenbestimmung kirchlichen Handelns in der Bundeswehr. In grundsätzlichen Aussagen werden beide von der Militärseelsorge bejaht und von Soldaten angefordert. Schaut man aber auf die Praxis, so tritt die Friedensethik weitgehend zurück. Gerade bei vom Misslingen bedrohten Militäreinsätzen könnte sie in Konflikt mit der seelsorgerlichen Aufgabe treten.

Worum es mir mit meinen Anfragen geht, ist die Sorge, dass die evangelische Kirche und ihre Friedensethik versagen. Es herrscht verlegenes *Schweigen,* wo klare Worte hilfreich und notwendig wären. Das Verhältnis der evangelischen Militärseelsorge zur Friedensethik ist zu einem Problem geworden. Der erste Schritt zur Bewältigung dieses Problems besteht darin, sich einzugestehen, dass hier ein Problem vorliegt.

6

Vom ratlosen Schweigen zum offenen Dissens: Wo stehen EKD und evangelische Militärseelsorge friedensethisch im Blick auf Afghanistan?[337]

Sylvie Thonak

Im Juni 2012 hängt in einem Kasernenflur in Koblenz ein Infoblatt der Militärseelsorge. Im Impressum ist u.a. das evangelische Militärpfarramt Lahnstein angegeben. Auf dem Infoblatt steht: „Die Aufgaben eines Militärpfarrers unterscheiden sich nicht grundsätzlich von denen der Gemeindepfarrer: [...] Sie erteilen Lebenskundlichen Unterricht und führen Arbeitsgemeinschaften durch, hierbei soll die religiöse und konfessionelle Einstellung des Militärpfarrers keine Rolle spielen."[338] Es macht stutzig, dass die *religiöse und konfessionelle* Identität des *Militärpfarrers keine Rolle* spielen *soll.* Warum dann überhaupt *konfessionelle* Militärseelsorge, wenn die *religiöse* und *konfessionelle Identität* des Militärgeistlichen beim Lebenskundlichen Unterricht und in den Arbeitsgemeinschaften *unberücksichtigt* bleiben soll.

1. Der Auftrag der evangelischen Militärseelsorge

„Es obliegt nicht der Militärseelsorge, den Einsätzen einen Sinn zu geben. Doch hat sie im Interesse der Selbstverantwortung der Soldaten auf eine Diskussionskultur zu drängen, die Argumente zur ethischen Orientierung bereitstellt und ‚Handeln aus Einsicht' unterstützt."[339] So lautet 2012 die Aufgabenbeschreibung für die Militärseelsorge gemäß Klaus Beckmann, Militärpfarrer in Lahnstein, in seinem Aufsatz „Gelöbnis ohne Gewissensprüfung? Die Militärseelsorge und der ‚Staatsbürger in Uniform'."[340] Weiter heißt es bei Beckmann: „Militärseelsorge

---

[337] Erstabdruck: Sylvie Thonak, Vom ratlosen Schweigen zum offenen Dissens. Wo stehen EKD und evangelische Militärseelsorge friedensethisch im Blick auf Afghanistan? (Gastbeitrag in): DtPfBl 11 (2012) 619–624. Der Beitrag wurde an wenigen Stellen gekürzt bzw. ergänzt. Dieser Beitrag führt den vorangehenden Artikel, Evangelische Militärseelsorge und Friedensethik. Eine Problemanzeige. EvTh 72 (2012) 220–238, fort und fragt kritisch nach der Sinngebung von Militäreinsätzen und nach der Bereitstellung von Argumenten zur ethischen Orientierung als Auftrag der Militärseelsorge. Zehn Jahre nach Beginn der Afghanistan-Einsätze der Bundeswehr und fünf Jahre nach dem Erscheinen der EKD-Friedensdenkschrift kann man fragen, wie sich die Standpunkte der EKD und der evangelischen Militärseelsorge zur Frage nach der friedensethischen Bewertung der Afghanistan-Einsätze entwickelt haben.

[338] Den Text des Infoblattes habe ich wörtlich abgeschrieben.

[339] Klaus Beckmann, Gelöbnis ohne Gewissensprüfung? Die Militärseelsorge und der „Staatsbürger in Uniform", in: Deutsches Pfarrerblatt 112 (2012) 256–261, hier S. 259.

[340] Ebd., 256.

muss zur individuellen Auseinandersetzung mit dem Dienst auffordern und unbequem sein im Namen der Menschenwürde jedes einzelnen Soldaten."[341] Fragen wir nach, wie es um die Sinngebung der Militäreinsätze und die Bereitstellung der Argumente zur ethischen Orientierung als Auftrag der Militärseelsorge[342] aktuell steht.

Im Blick auf die Sinngebung der Afghanistaneinsätze klaffen die Meinungen innerhalb der Militärseelsorge weit auseinander: Militärpfarrer Torsten Amling sagte kurz nach seiner Rückkehr aus Afghanistan: „Pfarrer im Auslandseinsatz der Bundeswehr seien nicht dafür da, parlamentarische Entscheidungen zu kommentieren."[343] Der Militärbischof dagegen will 2012 klare Sinnvorgaben: „Der evangelische Militärbischof Martin Dutzmann begrüßt den Bundestagsbeschluss zur Mandatsverlängerung für Afghanistan. ‚Die Verlängerung ist notwendig, aber auch die klare Zielperspektive ist sinnvoll und hilfreich', erklärte Dutzmann am Donnerstag in Berlin."[344] Im gleichen Zusammenhang sagt Dutzmann: „Den deutschen Soldatinnen und Soldaten wünsche ich, dass sie am Ende dieses Mandats sehen können, dass ihr Einsatz sinnvoll war."[345]

2. Klerikalisierung der Friedensethik? – Wohin entwickelt sich die Friedensethik der EKD?

Zehn Jahre nach Beginn der Afghanistan-Einsätze und fünf Jahre nach dem Erscheinen der Friedensdenkschrift kann man fragen, wie sich die Standpunkte der EKD und der evangelischen Militärseelsorge zur Frage nach der friedensethischen Bewertung der Afghanistan-Einsätze entwickelt haben.

Im Herbst 2007 wandte sich der Rat der EKD mit der von der Kammer für öffentliche Verantwortung verfassten Friedensdenkschrift[346] an die Öffentlichkeit. Dort wurde bleibend Wichtiges formuliert. Eine Grundeinsicht der EKD-Friedensdenkschrift lässt sich so zusammenfassen: Die Ansicht, dass man sich nach den Regeln des Rechts unter bestimmten Umständen an Waffengewalt beteiligen darf, ist nicht identisch mit der Rechtfertigung eines Krieges. Deshalb verträgt sich eine deutliche Absage an die Lehre vom gerechten Krieg mit der Aufnahme ihrer Kriterien für die Klärung der Frage, ob militärische Gewalt zur Erhaltung des Rechts eingesetzt werden darf bzw. wo die Grenzen solcher rechtserhaltenden Gewalt zu ziehen sind. An die Stelle einer Lehre vom gerechten Krieg tritt also in der Friedensdenkschrift eine Ethik rechtserhaltender Gewalt: „Auch wer nicht die Position des unbedingten Pazifismus vertritt (also bereit ist,

---

341 Ebd., 260.
342 Zur Bezeichnung *Militärseelsorge* oder *Seelsorge in der Bundeswehr* vgl. S. Thonak, Evangelische Militärseelsorge und Friedensethik, EvTh 72 (2012) 220f. Anm. 5.
343 http://www.ekd.de/aktuell_presse/news_2012_04_03_2_afghanistan.html (Zugriff am 4.4.12).
344 http://www.epd.de/landesdienst/landesdienst-west/schwerpunktartikel/ekd-militärbischof-begrüßt-abzugsperspektive-der-b (am 7.7.12).
345 Ebd.
346 Aus Gottes Frieden leben – für gerechten Frieden sorgen. Eine Denkschrift des Rates der Evangelischen Kirche in Deutschland, 1. Aufl. Gütersloh 2007; zitiert nach Ziffern; abgekürzt: EKD-Friedensdenkschrift 2007.

in jeder denkbaren Situation auf die Anwendung potenziell tötender Gewalt zu verzichten), sondern von einer vorrangigen Option für die Gewaltfreiheit ausgeht, wird, wenn er sich in einer äußersten Notsituation vor die Frage des Gewaltgebrauchs gestellt sieht, immer kritische Fragen stellen wie etwa diese: Gibt es dafür einen hinreichenden Grund? Sind diejenigen, die zur Gewalt greifen, dazu ausreichend legitimiert? Verfolgen sie ein verantwortbares Ziel? Beantworten sie ein eingetretenes Übel nicht mit einem noch größeren? Gibt es eine Aussicht auf Erfolg? Wird die Verhältnismäßigkeit gewahrt? Bleiben Unschuldige verschont?"[347] Die Friedensdenkschrift enthält zwar die o.g. Prüfkriterien, aber keine konkrete Stellungnahme zur friedensethischen Bewertung der Afghanistaneinsätze.

Kurz nach der viel diskutierten Neujahrspredigt Margot Käßmanns 2010 bzw. kurz vor der Londoner Afghanistan-Konferenz 2010 stand auf der Homepage der evangelischen Militärseelsorge eine Erklärung mit dem Titel „Aus Gottes Frieden leben – für gerechten Frieden sorgen. Ein evangelisches Wort zu Krieg und Frieden in Afghanistan"[348], die der evangelische Militärbischof Martin Dutzmann zusammen mit Renke Brahms, Margot Käßmann und Nikolas Schneider[349] verfasste. Auffallend ist, dass hier weder wie bisher üblich der aus Laien und Geistlichen zusammengesetzte Rat der EKD noch die EKD-Kammer für öffentliche Verantwortung Stellung nahm, sondern dass sich ausschließlich vier leitende Geistliche unter Aufnahme des Titels der Friedensdenkschrift zu Wort melden. Unter Ziffer sieben dieser Erklärung heißt es:

> Bei den in der Friedensdenkschrift der EKD entwickelten *Kriterien* für den Einsatz *rechtserhaltender Gewalt* handelt es sich um *Prüfgesichtspunkte,* die es erlauben sollen, die Handlungsoptionen ethisch zu beurteilen. *Wir sehen gegenwärtig nicht, dass der Einsatz anhand der friedensethischen Kriterien eindeutig gebilligt oder abgelehnt werden könnte.*[350]

Dieser Vorgang wirft viele Fragen auf: Haben jene vier leitenden Geistlichen mit dem *bischöflichen Kirchenwort* eine *neue Gattung* kirchlicher Stellungnahmen zu gesellschaftspolitischen und friedensethischen Fragen geschaffen? Aus der Zeit vor Januar 2010 konnte ich keine vergleichbare protestantische Verlautbarung der EKD ausfindig machen. Markiert diese *neue Gattung eines bischöflichen Kirchenwortes* eine *Wendung zur „Pastorenkirche" bzw. zur „Bischofskirche"* oder fehlte nur die Zeit für eine Äußerung des Rats der EKD oder der Kammer für öffentliche Verantwortung? Hoffen leitende Geistliche in der EKD und

---

[347] EKD-Friedensdenkschrift 2007, Ziffer 99.

[348] Der Titel lautet: „Aus Gottes Frieden leben – für gerechten Frieden sorgen. Ein evangelisches Wort zu Krieg und Frieden in Afghanistan" – siehe unter: http://www.militaerseelsorge.bundeswehr.de (am 25.1.10).

[349] Unterzeichnet ist die Erklärung vom Schriftführer der Bremischen Kirche Renke Brahms, von Militärbischof Martin Dutzmann, von der damaligen Ratsvorsitzenden Margot Käßmann und ihrem Stellvertreter Nikolaus Schneider – vgl. http://www.militaerseelsorge.bundeswehr.de (am 25.1.10).

[350] Siehe unter: http://www.militaerseelsorge.bundeswehr.de (am 25.1.10).

der Militärbischof insgeheim, dass der Abzug aus Afghanistan die Entscheidung über die friedensethische Beurteilung der Angemessenheit des Militäreinsatzes *zeitlich überholt?* Oder kommt hier nur *Ratlosigkeit* zum Ausdruck?

Meldeten sich im Januar 2010 noch die damalige Ratsvorsitzende der EKD, ihr Stellvertreter bzw. der Militärbischof und der Friedensbeauftragte der EKD ‚einträchtig' mit gemeinsamem ‚*gegenwärtigem Noch-Nicht-Wissen*' zu Wort, so begann bereits im Mai 2010 auf dem ökumenischen Kirchentag die Allianz zu zerbrechen. In kleinen Schritten vollzieht sich seit Januar 2010 bis heute die Abkehr vom ratlosen Konsens über den gemeinsamen Verzicht auf eine friedensethische Stellungnahme zum unausgesprochenen, aber an divergenten Äußerungen faktisch wahrnehmbaren friedensethischen Dissens zwischen dem Militärbischof, dem EKD Ratsvorsitzenden und dem Friedensbeauftragten der EKD. Diese Entwicklung sei hier anhand öffentlicher Äußerungen skizziert

3. „Abhaken geht nicht!" Kündigen leitende Militärseelsorger die Loyalität zur EKD-Friedensdenkschrift auf?

Wie halten es der Militärbischof und einflussreiche Militärdekane mit der Loyalität zu den o.g. Prüfkriterien und weiteren Grundeinsichten der EKD-Friedensdenkschrift? Auf das ausweichende Diktum von Militärbischof Dutzmann gegenüber Soldaten und Soldatenfamilien vom zweiten ökumenischen Kirchentag „*Evangelische Friedensethik funktioniert nicht mit dem Abhaken von Kriterien. Das ist schrecklich kompliziert und bedarf des Dialogs*"[351] wurde bereits hingewiesen. Doch die Ausweichstrategie wurde fortgesetzt:

Im Rahmen ihrer Begabtenförderung[352] luden die Konrad-Adenauer-Stiftung und die evangelische Militärseelsorge zu einem Seminar. In einem Bericht vom 2. Juli 2010 auf der Homepage der evangelischen Militärseelsorge heißt es: „Die Studenten bringen die friedensethische ‚Gretchenfrage' schnell auf den Punkt: Rechtfertigt die Kirche nicht gerade durch die Lehre vom ‚gerechten Frieden' und durch ihre ‚Prüfkriterien für den Einsatz rechtserhaltender Gewalt' den Krieg und damit das Töten?'"[353] Die Antwort des evangelischen Militärbischofs lautet ähnlich ausweichend wie schon kurz zuvor auf dem ökumenischen Kirchentag: „*Abhaken geht nicht! Es gibt keinen ethischen Freifahrschein.*"[354]

Welche Bedeutung haben die Prüfkriterien der EKD-Friedensdenkschrift, wenn man sie im Sinne des Militärbischofs nicht als Prüfgesichtspunkte heranziehen kann? Wie *geht* Friedensethik im Sinne des Militärbischofs?

Beim Blick in eine kirchliche, von Militärpfarrern verteilte Soldatenzeitschrift wird man zwar nicht direkt fündig, doch immerhin konstatiert dort im Mai 2011 der Militärbischof viel versprechend, dass Soldaten „ein Recht darauf"[355] haben,

-----

351 Vgl. Martin Dutzmann am 14. Mai 2010 in München vgl. http://www.militaerseelsorge.bundeswehr.de (am 31.5.10).
352 Siehe www.militaerseelsorge.bundeswehr.de (am 3.7.12).
353 www.militaerseelsorge.bundeswehr.de (am 3.7.12).
354 Martin Dutzmann: www.militaerseelsorge.bundeswehr.de (am 3.7.12).
355 Martin Dutzmann, in: JS Magazin. Die evangelische Zeitschrift für junge Soldaten, Mai (2011) 32.

nur in Einsätze entsandt zu werden „wenn es für den Einsatz eine klare ethische, politische und zeitliche Perspektive gibt“[356]. Das klingt nach Kriterien. Für die *politische und zeitliche* Perspektive ist bei uns das *Parlament* zuständig. Ist im Blick auf die *ethische* Bewertung nicht auch die evangelische Militärseelsorge als eine für Soldaten ganz besonders wichtige Instanz ethischer Urteilsbildung in unserer Gesellschaft gefragt?

Beim Jahresempfang des Reservistenverbandes Bielefeld 2012 schwankt der Militärbischof noch immer im Blick auf die ethische Bewertung der Afghanistaneinsätze. Im Bericht vom 6.7.12 heißt es:

> Rund zehn Jahre nach Beginn des Bundeswehreinsatzes in Afghanistan hat der evangelische Militärbischof Martin Dutzmann eine ethische Bewertung des Einsatzes als schwierig bezeichnet. ‚Eine eindeutige Ablehnung oder Zustimmung scheint mir bis zum heutigen Tag nicht möglich‘, sagte Landessuperintendent der Lippischen Landeskirche am Mittwochabend in Augustdorf.[357]

Militärbischof Dutzmann kritisiert gemäß einem epd-Bericht die Friedensbewegung: „Der Theologe forderte die Christen auf, sich stärker für den Frieden zu engagieren. Dabei würde er sich durchaus auch ein stärkeres Engagement der Friedensbewegung wünschen, die sich ‚sehr viel deutlicher äußern und zu Wort melden könnte.‘“[358] Warum er den Wunsch nach Deutlichkeit an die Friedensbewegung delegiert und nicht selbst klarer spricht, bleibt offen.

Während der evangelische Militärbischof Dutzmann seit Jahren in Interviews oder auf Kirchentagen den Anschein erweckt, durch rhetorische Anstrengung der friedensethischen Bewertung der Afghanistan-Einsätze auszuweichen, haben andere leitende Geistliche der Militärseelsorge weniger Skrupel, sich friedensethisch zu profilieren – doch nicht immer stehen solche Einlassungen im Einklang mit der EKD-Friedensdenkschrift. Inhaltlich in gravierendem Widerspruch zur Friedensdenkschrift stehen beispielsweise öffentliche Äußerungen Militärdekan Armin Wenzels, zuständig für die Leitung der evangelischen Militärseelsorge in Norddeutschland:

> In der Reportage „Töten für den Frieden, die Politik, die Kirche und der Krieg“[359], die am 1.12.2010 in der ARD gezeigt wurde, untersucht der Filmemacher Tilman Jens u.a. friedensethische Äußerungen von Politikern, Wissenschaftlern und Vertretern der Militärseelsorge. Im Kontext des Umgangs mit dem Gebot ‚*du sollst nicht töten*‘ antwortet Militärdekan Wenzel, auf die Frage, ob das fünfte Gebot ein Stück weit nach hinten rücke: „Nein, es rückt für mich nicht ein Stück weit hinten an, es behält seine Bedeutung und gleichzeitig glaube ich, dass wir eben in einer ethischen Abwägung immer wieder in Situationen sind, wo wir dann eben sagen

———

[356] Ebd.
[357] http://www.epd.de/landesdienst/landesdienst-west/schwerpunktartikel/militärbischof-ethische-bewertung-von-afghanistan (am 7.7.12).
[358] http://www.ekd.de/aktuell_presse/news_2011_08_18_3_friedenssicherung.html (am 18. 8.11).
[359] Vgl. http://www.daserste.de/doku/beitrag_dyn~uid,9d0hp15som9992h4~cm.asp (eingesehen am 23.4.11).

müssen: wir *verstoßen gegen das eine oder gegen das andere Gebot, um wiederum anderen Geboten zu dienen.*"[360] Mit diesem Ansatz einer instrumentellen, relativierenden Unterordnung des fünften Gebots unter andere Gebote, die man von Militärgeistlichen nicht selten hört, hat sich Militärdekan Wenzel ethisch und theologisch von der Friedensdenkschrift der EKD aus dem Jahr 2007 entfernt.[361]

4. Sterben für einen ‚ethisch hinnehmbaren' militärischen Auftrag? Konsequenz der ethischen Bewertung durch den Ratsvorsitzenden der EKD?

„Wir sind gekommen, um zu sagen: Wir stehen dazu, dass Sie unsere Leute sind. Sie sind unsere Gemeindeglieder, Christinnen und Christen hier. Und ordentliche Pfarrerinnen und Pfarrer besuchen ihre Leute"[362] – so begründet der Ratsvorsitzende Nikolaus Schneider in seiner Predigt am 2.2.2011 im Feldgottesdienst im Camp Marmal seine Afghanistanreise den Soldaten. Nach seiner dreitägigen Pastoralreise, die er gemeinsam mit dem Militärbischof unternahm, urteilt Schneider, der Einsatz der Bundeswehr sei „in gewisser Weise eine ethische Grauzone"[363] und sei insofern ethisch „hinnehmbar"[364]. Man kann schon fragen, ob mit dieser Kategorie ethischer Urteilsbildung des EKD-Ratsvorsitzenden evangelische Soldaten letztlich allein gelassen werden: Wird die *friedensethische* Dimension des kirchlichen Bildungsauftrags sowie der seelsorgerlichen Begleitung der Soldaten in den Bereich ethischer Adiaphora gerückt? Einerseits weicht Präses Schneider mit diesem Urteil ab vom 2010 gemeinsam vereinbarten friedensethischen Schweigen, andererseits kann die unscharfe Argumentation in der *ethischen*

———————

[360] Armin Wenzel, in: Tilman Jens (NDR): Töten für den Frieden, die Politik, die Kirche und der Krieg. Einsehbar unter http://www.youtube.com/watch?v=s8fuYXpwAV0&feature=related (eingesehen am 23.4.11, ausgestrahlt am 1.12.10 in der ARD); Hervorhebungen von S.Th.

[361] Der ehemalige Ratsvorsitzende Wolfgang Huber, einer der Hauptinitiatoren jener EKD-Friedensdenkschrift, stellt in einem Interview im Blick auf eine Denkfigur zur Legitimation eines Verstoßes gegen das fünfte Gebot unmissverständlich klar: „Nein, das ist eine durch die Friedensdenkschrift der EKD nicht gedeckte Auffassung, es geht nicht darum, sozusagen *lässig* mit dem fünften Gebot umzugehen. Es geht auch *nicht* darum, durch die *Übertretung des fünften Gebots andere Gebote zu schützen.* Es geht um die Frage, ob man *Menschenleben schützt* und ob es dafür *keinen anderen* Weg gibt als mit Gewalt zu drohen und die Gewalt einzusetzen. Und wenn es darum geht, also um das, was man auch schon einen ‚Verantwortungspazifismus' genannt hat, also sich ganz und gar von der Frage bestimmen [zu] lassen, wie Menschen leben und überleben können, dann ist es klar, dass eine *Abschwächung* des fünften Gebots *nicht* der richtige Weg ist." – Wolfgang Huber, in: Tilman Jens (NDR), Töten für den Frieden, die Politik, die Kirche und der Krieg. Einsehbar unter http://www.youtube.com/watch?v=s8fuYXpwAV0&feature=related (eingesehen am 23.4.11, ausgestrahlt am 1.12.10 in der ARD). Hervorhebungen von S.Th. Sinngemäß wurde das Wort ‚zu' in eckigen Klammern ergänzt.

[362] Verschriftlichung von Gerhard Arnold nach einer Filmaufzeichnung der evangelischen Militärseelsorge.

[363] Nikolaus Schneider, in: Elliesen, Tillmann / Ludermann, Bernd, Interview mit Nikolaus Schneider aus der März-Ausgabe des ökumenischen Magazins "welt-sichten". Http://www.evangelisch.de/themen/politik/schneider-sofortiger-abzug-ist-nicht-zu-verantworten35357 (am 6.3.11).

[364] Ebd.

Grauzone sowohl die Friedensbewegung als auch Soldaten demotivieren. Sollen Soldaten ihr Leben für einen *ethisch hinnehmbaren Auftrag* riskieren?

1. EKD-Friedensbeauftragter schert aus dem bischöflichen Konsens aus

Der EKD-Friedensbeauftragte Renke Brahms grenzt sich deutlicher als Präses Schneider von der 2010 vereinbarten EKD-Linie des Schweigens im Blick auf eine friedensethische Bewertung der Afghanistaneinsätze ab. Im März 2012 meldet sich Brahms kritisch zu Wort: „Zu der notwendigen Sensibilität passt nach Auffassung von Brahms nicht, dass auf der neuen ‚Taschenkarte‘ der Bundeswehr der Grundsatz der Gewaltfreiheit *gestrichen* worden ist: ‚Das ist ein Signal in die falsche Richtung.‘ Die Taschenkarte hat jeder Soldat stets bei sich. Darauf sind die Einsatzregeln der Soldaten am Hindukusch kurz zusammengefasst.“[365] Weitere Aussagen von Brahms in einem im Mai 2012 veröffentlichten Interview stehen in Spannung zu Äußerungen des EKD-Ratsvorsitzenden und des evangelischen Militärbischofs. In dem von Walter Linkmann verschriftlichten Interview heißt es: „Wie wird der Einsatz beurteilt? ‚Hat der Einsatz der ISAF- und OEF-Truppen die Lage im Land verbessert oder verschlimmert?‘ Mit der Beurteilung tut sich die kirchliche Friedensethik schwer; im Januar 2010 gaben die damalige Ratsvorsitzende der Evangelischen Kirche, ihr Stellvertreter, der Militärbischof und der Friedensbeauftragte gemeinsam eine Erklärung ab: ‚Wir sehen gegenwärtig nicht, dass der Einsatz anhand der friedensethischen Kriterien eindeutig gebilligt oder abgelehnt werden könnte.‘ Zwei Jahre später kommt Brahms zu dem Ergebnis, dass der Einsatz, vor allem dessen Beginn und Begründung, den Kriterien der Denkschrift nicht standhält. Und doch warnt er vor einem Abzug, ‚von heute auf morgen‘.“[366]

2. Wo finden Soldaten friedensethische Orientierung? Katholische zebis und evangelische AEBIS – ein institutioneller Vergleich

Wo bieten die beiden konfessionellen Zweige der Militärseelsorge friedensethische Orientierung für Soldaten(familien) an, auf die Soldaten laut Militärbischof Dutzmann ein Recht haben? Die katholische Militärseelsorge hat in Hamburg ein eigenes „Institut für Theologie und Frieden“[367]. Innerhalb dieses Instituts für Theologie und Frieden wurde ein neues Zentrum für ethische Bildung in den Streitkräften (zebis)[368] errichtet. Das zebis bietet Angehörigen der Bundeswehr über den Lebenskundlichen Unterricht hinaus fundierte berufs- und friedensethische Fortbildungen an. Die Veranstaltungen des zebis können auch von Partner/inne/n

———

[365] Renke Brahms, http://www.ekd.de/aktuell_presse/news_2012_03_13_2_brahms grund satz_gewaltfreiheit.html (am 19.3.12).
[366] Walter Linkmann, Wenn die Waffen schweigen, in: zur sache bw. Evangelische Kommentare zu Fragen der Zeit (Nr. 21/2012) 21–23.
[367] Vgl. http://www.ithf.de (am 27.12.10).
[368] Vgl. http://www.ithf.de/index.php/de/zebis (am 27.12.10).

von Soldaten oder der interessierten Öffentlichkeit besucht werden. Durch die Angebote des Instituts für Theologie und Frieden besteht die Möglichkeit, die katholische Position auf breiter Basis zu diskutieren. Eine vergleichbare Einrichtung, an der ständig Veranstaltungen zu friedensethischen Themen angeboten werden, gibt es bisher nicht in der evangelischen Militärseelsorge.

Im schriftlich bei der EKD-Synode eingereichten jährlichen Tätigkeitsbericht des evangelischen Militärbischofs vergleicht Dutzmann die katholische und die evangelische Militärseelsorge: „Daher haben wir auch von der Möglichkeit abgesehen, externe kirchliche Bildungsinstitute mit Lebenskundlichen Seminaren zu beauftragen, wie dies im katholischen Zweig der Militärseelsorge nicht selten geschieht. Wir meinen: Wenn wir daran festhalten wollen, dass die Militärgeistlichen als Unterrichtende für den LKU besonders qualifiziert sind, dann müssen diese den Unterricht auch halten. Zur Unterstützung dieser Arbeit wurde ein ‚Arbeitskreis Ethische Bildung in den Streitkräften' (AEBIS) aus Militärgeistlichen, Soldaten und Experten aus dem wissenschaftlichen Bereich ins Leben gerufen. Auf diese Weise ist ein Netzwerk verschiedener Verantwortungsträger für ethische Bildung in den Streitkräften entstanden."[369] Ein interdisziplinärer *Arbeitskreis Ethische Bildung in den Streitkräften* klingt sehr verheißungsvoll! Enttäuschend ist leider das Ergebnis gezielter Nachfrage nach friedensethischen Bildungsangeboten im Zusammenhang des AEBIS für Soldaten(familien) bei dem von Amts wegen zuständigen Referat für Seelsorge, theologische Grundsatzangelegenheiten, Lebenskundlichen Unterricht etc. im evangelischen Kirchenamt für die Bundeswehr. „Die Evangelische Militärseelsorge hat kein eigenes Institut für Theologie und Frieden"[370] war die behördliche Auskunft. Ergänzend heißt es: „Ebenso haben wir kein direktes Pendant zur zebis. Allerdings gibt es einen Arbeitskreis Ethische Bildung in den Streitkräften, der den Militärbischof in friedensethischen Fragen berät. Allerdings führt er keine eigenen Veranstaltungen durch."[371] Hier stellt sich umso drängender die Frage: Wenn der Arbeitskreis Ethische Bildung in den Streitkräften nur dazu da ist, den Militärbischof in friedensethischen Fragen zu beraten, aber selbst keine eigenen Veranstaltungen durchführt, wer berät evangelische Soldaten und ihre Angehörigen in friedensethischen Fragen? Wird hier nicht eine Lücke offenbar? Kommt da zur inhaltlichen Ratlosigkeit noch eine institutionelle Schwäche?

---

[369] Martin Dutzmann, BERICHT des Bischofs für die Evangelische Seelsorge in der Bundeswehr (http://ekd.de/synode2010/berichte/weitere_berichte.html; am 26.4.11).
[370] So lautet die Behördenauskunft per Email am 17.10.11.
[371] Ebd.

3. Fragen an die evangelische Militärseelsorge und die EKD

Im Gespräch mit dem katholischen Militärbischof und dem Verteidigungsminister im Mai 2012 betonte Militärbischof Dutzmann: „Aber wir Kirchen sind gefordert, uns auch unbequemen Fragen zu stellen.“[372] Im Anschluss an die Friedensdenkschrift der EKD aus dem Jahr 2007 gibt es unter Soldatenfamilien[373] offene friedensethische Fragen. An dieser Stelle möchte ich einen Gedanken eines Brigadegenerals aufgreifen. Gemäß General Wittmann[374], Mitautor der neuesten Friedensdenkschrift[375] der EKD, erwarten Soldaten mehr als Seelsorge von ihrer Kirche: „Aber in einer Hinsicht geht das, was ‚der Soldat braucht‘, auch über den weitgefassten Begriff der Seelsorge hinaus. Denn der Soldat braucht von seiner Kirche klare friedensethische Orientierung.“[376] Ein Soldat brauche – gemäß General Wittmann – die Gewissheit, dass die Militäreinsätze im Einklang und nicht im Widerspruch zu den ethischen Normen seiner Kirche stehen.[377]

---

[372] Martin Dutzmann, in: Susanne Lopez (am 7.5.12), Der Minister im Dialog mit den Kirchen,http://www.bmvg.de/portal/a/bmvg/!ut/p/c4/NYtNC8IwEET0W4i-IE3ay9ei9 DGW9qGsNIkZbupF3-8ycEZeId5DL6wNNqdvBVK0S44oJnoOn5gDLuHd8pcVgg UaR PHlAP29TM7mFJ0UikuChV6tpIY1sSyVJOZiwGa0SjdNkqrfT38hzu5ng4ndtH0-Eawu0Hmr1SRw!!/ (eingesehen am 12.5.12).

[373] In unserer Verwandtschaft und in unserem Bekannten- und Freundeskreis gab und gibt es neben ehemaligen Zivildienstleistenden auch mehrere Soldaten.

[374] Zum Zeitpunkt der Veröffentlichung seines Aufsatzes war Klaus Wittmann Brigadegeneral.

[375] Aus Gottes Frieden leben – für gerechten Frieden sorgen. Eine Denkschrift des Rates der Evangelischen Kirche in Deutschland, 1. Aufl. Gütersloh 2007; zitiert nach Ziffern; abgekürzt: EKD-Friedensdenkschrift.

[376] Klaus Wittmann, Der Soldat braucht mehr als Seelsorge, in: Zwischenbilanz. Zum Abschied von Militärbischof Dr. Hartmut Löwe aus der Evangelischen Militärseelsorge; hrsg. v. Evangelischen Kirchenamt für die Bundeswehr, verantwortlich Peter H. Blaschke, Leipzig 2003, 162–173, hier S. 167. Vgl. Sylvie Thonak, Evangelische Militärseelsorge und Friedensethik. Eine Problemanzeige, in: EvTh 72 (2012) 220–238, S. 236.

[377] Vgl. Wittmann, a.a.O., 167. Für manche Leserinnen und Leser mag Wittmanns Argumentation mit „seiner Kirche“ eher typisch für katholische Positionen wirken und zu sehr auf ethische „Sicherheit“ orientiert sein. Einerseits ist es wichtig, unter dem Horizont der sola-gratia-Zusage des Evangeliums die Vielfalt und zugleich das generelle Ungenügen möglicher Lösungswege einzugestehen und zu kommunizieren: „In der evangelischen Theologie wird der Charakter der Unverlierbarkeit und Bedingungslosigkeit dieses Würdeverständnisses auch mit der Rechtfertigungslehre verbunden. Nicht die faktische Abwesenheit von Sünde, sondern der bleibend gültige Zuspruch der Gnade Gottes ist es, der den Menschen ‚gerecht‘ spricht […] Rechtfertigung in diesem Sinn ist weit davon entfernt, ‚bedingungslose Rechtfertigung jeglichen sittlichen Zustands des Einzelnen und der Gemeinschaft‘ zu sein, sondern ist vielmehr Befreiung und Ermutigung zur Übernahme sittlicher Verantwortung.“ Vgl. Stefan Tobler, Menschenrechte als kirchentrennender Faktor? In: ZThK 107 (2010) 325–347, S. 342. Gute Werke sind reformatorisch „von der Aufgabe befreit, Mittel zur Erreichung des eigenen Seelenheiles zu sein“ (vgl. Tobler a.a.O. S. 342f), können wirklich auf den Nächsten und dessen Bedürfnis gerichtet

Im Blick auf Afghanistan lassen Militärbischof Dutzmann und leitende Amtsinhaber der Militärseelsorge m.E. die wichtigsten Fragen oft in der Schwebe. Einige dieser offenen Fragen möchte ich hier exemplarisch zusammenstellen, in der Hoffnung den notwendigen Diskurs innerhalb und außerhalb der evangelischen Militärseelsorge zu befördern:

- Welche Bedeutung haben die Prüfkriterien der EKD-Friedensdenkschrift, wenn man sie im Sinne des Militärbischofs nicht als Prüfgesichtspunkte heranziehen kann? Wie *geht* Friedensethik im Sinne des Militärbischofs?
- Halten die Bundeswehreinsätze OEF und ISAF in Afghanistan *allen* in der EKD-Friedensdenkschrift genannten Prüfkriterien[378] einer Ethik rechtserhaltender Gewalt stand? Stehen sie im Einklang mit der Friedensdenkschrift der EKD von 2007?
- In einem Exklusivinterview, das am 4.9.12 auf der Homepage des Bundeswehrmagazins „Y" stand, sagt der evangelische Militärbischof: „Seelsorge heißt für uns auch immer, die Frage zu stellen, ob ein Einsatz friedensethisch zu rechtfertigen ist."[379] Wann beantwortet der evangelische Militärbischof diese Frage ganz konkret im Blick auf Afghanistan gegenüber evangelischen Soldaten(familien)?
- Wie setzt die evangelische Militärseelsorge mit ihrem Engagement im Transformationsprozess der Bundeswehr die in der Friedensdenkschrift genannte Ansicht der EKD um, die Bundeswehr ‚zwischen' Militär und Polizei anzusiedeln?[380]
- Was ist aus der Sicht der evangelischen Militärseelsorge die Konsequenz der 2007 in der Friedensdenkschrift vollzogenen Abkehr[381] von der Komplementaritätsformel der Heidelberger Thesen in der Haltung gegenüber Atomwaffen?
- Warum stehen – anders als im älteren friedensethischen Schrifttum der EKD[382] – in der Friedensdenkschrift aus dem Jahr 2007 die Exit-Kriterien nicht mehr bei den *allgemeinen Kriterien einer Ethik rechtserhaltender*[383] *Gewalt?* Ist deren Fehlen politische oder friedensethische Absicht oder nur ein Versehen, denn an anderer Stelle kommt die Notwendigkeit von Exit-Kriterien in der Friedensdenkschrift von 2007 wieder[384] vor.

werden und ermöglichen Übernahme von Verantwortung in der Gesellschaft. Andererseits ist das Bedürfnis von Soldaten(familien) nach ethischer Vergewisserung im Blick auf die Auslandseinsätze psychologisch nachvollziehbar.

378 Vgl. EKD-Friedensdenkschrift, Ziffer 102.

379 Martin Dutzmann, in: Thomas Klatt (29.8.12), http://www.y-punkt.de/portal/a/ypunkt (am 4.9.12).

380 Ebd., Ziffer 153.

381 Vgl. ebd., Ziffer 162.

382 Vgl. Schritte auf dem Weg des Friedens, EKD-Texte 48, Hannover 1994, 28; Friedensethik in der Bewährung. Eine Zwischenbilanz, Hannover 2001, 79; Siehe auch Engelke, Matthias: Frieden mit dem Militär?! 2009, 10.

383 Vgl. EKD-Friedensdenkschrift, Ziffer 102.

384 Vgl. ebd., Ziffer 122.

– Wird die evangelische Militärseelsorge ihre Militärgeistlichen aus Afghanistan zurückziehen, wenn sich herausstellt, dass die Afghanistan-Einsätze der Bundeswehr den ethischen Prüfkriterien der EKD-Friedensdenkschrift widersprechen?
– Einen Einsatz nicht zu rechtfertigen, ihn aber als ‚*ethisch hinnehmbar*' zu bezeichnen – ist das eine angemessene und tragfähige Kategorie zur ethischen Bewertung von Militäreinsätzen, die zunehmend eskalieren?
– Soll man bereit sein, für einen *ethisch hinnehmbaren* Einsatz zu sterben?
– Ist es *friedensethisch zu verantworten,* wenn evangelische Militärgeistliche im Auslandeinsatz getötete Soldaten in Ansprachen und Predigten bei Totengedenkstunden als „Krieger des Lichts"[385] bezeichnen? Besteht hier nicht die Gefahr, den Soldatentod zu instrumentalisieren und zu heroisieren, um dem Militäreinsatz Sinn zu geben? Leistet die Rede von den *Kriegern des Lichts* – ungewollt oder gewollt – einer religiösen Überhöhung und „Re-Sakralisierung des Militärischen"[386] Vorschub?
– Werden *kritische Solidarität* bzw. *professionelle Distanz* gewahrt, wenn Militärgeistliche Soldaten als *Kameraden*[387] anreden?
– Wird die evangelische Militärseelsorge eine dem zebis vergleichbare Institution schaffen, wo evangelische Soldaten(familien) sich friedensethisch fortbilden können?
– Von April 2009 bis November 2011 waren 3981 Bundeswehrsoldaten an Feuergefechten[388] beteiligt. Reagiert die evangelische Militärseelsorge auf die Streichung des Grundsatzes der Gewaltfreiheit auf der o.g. neuen Taschenkarte der Bundeswehr – und wenn ja, wie?

Eine Villigsttagung zum Thema „Säkular oder sakral? Militär und Kirche zwischen religiöser Sinnstiftung und politischer Vereinnahmung" vom 24.–25.1.12 in Mainz wirft Fragen auf:
– Kann man von *militärchristlichem Synkretismus* sprechen, wenn der Soldatentod kognitiv und emotional an Jesu Hingabe assimiliert wird?[389]

———

[385] Militärpfarrer Bernd Göde in einer Totengedenkstunde am 2.10.10 in Kunduz, in: Tilman Jens (NDR), Töten für den Frieden, die Politik, die Kirche und der Krieg. Einsehbar unter http://www.youtube.com/watch?v=q-bPAOXBUrM (am 23.4.11). Vgl. Thonak, a.a.O., 232f.
[386] Albert Fuchs, Re-Sakralisierung des Militärischen? Titel des Vortrags am 24.1.12 in Mainz im Rahmen einer Tagung zum Thema „Säkular oder sakral? Militär und Kirche zwischen religiöser Sinnstiftung und politischer Vereinnahmung", epd Dokumentation 29/12, 12–17.
[387] Vgl. Bernd Göde, a.a.O.
[388] Vgl. Angelika Dörfler-Dierken, Trauer in Zeiten des Krieges, in: epd Dokumentation 29/12, S. 8–11; hier S. 11.
[389] Fuchs (a.a.O., 14–16) bezieht sich auf Ansprachen der Militärbischöfe Dutzmann und Mixa bzw. des ehemaligen Verteidigungsministers zu Guttenberg.

– Gehört der Staatsakt anlässlich des Todes von Soldaten einer Parlamentsarmee nicht eigentlich an den Ort, wo der Einsatz mandatiert wurde, also in den Bundestag?
– Wäre es sinnvoll, den Staatsakt und die kirchliche Trauerfeier räumlich klar zu trennen bzw. sollen Militärgeistliche Akteure oder nur Gäste bei solchen Staatsakten sein?[390]

Auf wissenschaftlicher Seite gibt es Nachbesserungsvorschläge zur EKD-Friedendenkschrift. So kritisiert Reiner Anselm im Blick auf Afghanistan den Begriff rechtserhaltende Gewalt in der Friedensdenkschrift. In Fällen wie Afghanistan handle es sich um *neue Kriege*[391], bei denen die wichtigste Aufgabe darin bestehe, die Bedingungen für die Existenz eines staatlichen Gewaltmonopols wieder herzustellen. Diese Situation sei – gemäß Anselm – in der Friedensdenkschrift nicht ausreichend berücksichtigt. Anselm spricht im Blick auf Afghanistan nicht von *rechtserhaltender,* sondern von *„rechtsschaffender Gewalt*“[392].

Eine *weitere Differenzierung* führt Wolfgang Huber ein: „Dennoch ist einzuräumen, dass der Begriff einer ‚Ethik rechtserhaltender Gewalt‘ diese Fälle einer ‚rechtsermöglichenden Gewalt‘ nicht ausreichend erfasst. Um solche Fälle aber geht es in militärischen Konflikten wie denjenigen im zerfallenen Jugoslawien während der neunziger Jahre oder heute in Afghanistan.“[393] Doch sowohl für *rechtserhaltende* als auch für *rechtsermöglichende* Gewalt mahnt Huber kritisch an: „Doch solche Fälle können kein hinreichender Grund dafür sein, die Grenzen vertretbarer Formen der Gewaltanwendung prinzipiell weiter zu ziehen als in den Fällen rechtserhaltender Gewalt. Ein Vorgehen, das Soldaten und Zivilisten unterschiedslos zu Opfern macht, ist auch in Bürgerkriegssituationen nicht akzeptabel.“

———

[390] Vgl. Zusammenfassung o.g. Tagung v. Renke Brahms, epd Dokumentation 29/12, S. 6f.
[391] Vgl. Herfried Münkler, Neue Kriege, Reinbek ^{2}2005.
[392] Reiner Anselm, Über die Eigenarten des evangelischen Umgangs mit gegenwärtigen Konflikten, in: ZEE 54/2 (2010) 83–88; hier S. 84.
[393] Wolfgang Huber, Vom gerechten Krieg zum gerechten Frieden. Zur Entwicklung der evangelischen Friedensethik, unveröffentlichtes Manuskript eines Vortrags im Rahmen des Colloque International in Straßburg zum Thema „Dire la guerre, penser la paix“ am 15.5.12.

7

Loyalitätskonflikte zwischen kirchlichem und militärischem Auftrag Vorschläge zur Reform der evangelischen Militärseelsorge

Sylvie Thonak

Das 2013 geäußerte und seither diskutierte Ansinnen der Militärseelsorge, die Kirchengemeinden mögen für die Trauerfeiern für gefallene Soldaten bzw. für die damit kombinierten Staatsakte das Hausrecht in ihren eigenen Räumen an die Militärpolizei abtreten, macht einen Reformbedarf der Militärseelsorge deutlich. Dieser Beitrag[394] setzt sich für solch eine Reform ein. Die Verfasserin hält dafür die Zeit für reif und formuliert zehn Vorschläge.

1. Evangelische Gotteshäuser als militärische Sperrbezirke?

„Kirche soll Hausrecht an Feldjäger abgeben“[395] titelte die „Hannoversche Allgemeine Zeitung“ Anfang Juni 2013 und schrieb dazu:

> Einen ungewöhnlichen Schritt empfiehlt die hannoversche Landeskirche Gemeinden, wenn sie in ihren Kirchen einen Trauergottesdienst für gefallene Soldaten aus dem Afghanistan-Krieg abhalten. In diesem Fall sollten sie das ‚Hausrecht an die Feldjäger der Bundeswehr‘ übertragen – ‚aus Gründen der Gefahrenabwehr und um Störungen vermeiden zu können‘. [...] So steht es in einem Informationsschreiben des evangelischen Militärbischofs Martin Dutzmann, das das hannoversche Landeskirchenamt am 16. Mai verschickte.[396]

Die „Frankfurter Rundschau“ stellt dazu die Frage: Will man „Militärangehörige, die in evangelischen Kirchen dem Pastor das Wort entziehen, oder kritische Kirchenmitglieder aus dem Gottesdienst entfernen? Theoretisch wäre das möglich“[397]. Kein Wunder, dass es Proteste gab.

Die „taz“ zitiert das Friedensbüro Hannover:

> ‚Das Hausrecht der Kirche und das darauf beruhende Asylrecht fußen auf dem ‚Heiligtumsasyl‘ und gehören zu den ältesten kulturellen Errungenschaften der

―――――

[394] Vortrag auf der Tagung *Der Friedensauftrag der Kirche und die evangelische Militärseelsorge* der württembergischen Friedensbeauftragten am 8.4.2013 in Stuttgart; durch Impulse aus der Diskussion bzw. um eine Einleitung ergänzt. Erstabdruck: Sylvie Thonak, Loyalitätskonflikte zwischen kirchlichem und militärischem Auftrag. Vorschläge zur Reform der evangelischen Militärseelsorge (Gastbeitrag in): DtPfBl 11 (2013) 617–620. Inzwischen wurde der Beitrag an wenigen Stellen gekürzt bzw. ergänzt.

[395] Michael Berger, Kirche soll Hausrecht an Feldjäger abgeben, www.haz.de (3.6.13).

[396] Berger, ebd. Vgl. Militärbischof Martin Dutzmann, *Informationen für Kirchengemeinden im Fall einer zentralen Trauerfeier für gefallene Soldatinnen und Soldaten der Bundeswehr,* undatiert.

[397] Karin Dalka, Feldjäger als Hausherren unerwünscht, www.fr-online.de (5.6.13).

> Menschheit überhaupt'. Das Kirchenasyl habe unzähligen Menschen das Leben gerettet, weil es vom Staat unabhängig sei. Mit der Übergabe des Hausrechts an die Bundeswehr würde ,ohne Not eine Grenze überschritten, die selbst in der DDR und in der Nazizeit nicht angetastet wurde', erklärt der Verein.[398]

Dabei ist unklar, ob die Feldjäger der Bundeswehr das Hausrecht überhaupt anstreben, denn die „taz" meldet: „Bei der Pressestelle der Bundeswehr zeigte man sich überrascht von der Annahme, dass die Feldjäger das Hausrecht in der Kirche beanspruchten. Eine verbindliche Auskunft konnte man dazu nicht geben."[399]

Der Vorgang wirft Fragen auf: Warum bemüht sich die evangelische Militärseelsorge darum, dass Gotteshäuser vorübergehend zu einer Art militärischem Sperrbezirk werden und dass Kirchengemeinden ihr Hausrecht befristet an die Militärpolizei abtreten? Die *Militärpolizei* hat *nur Befugnisse gegenüber Soldaten* bzw. *innerhalb* eines *militärischen Sicherheitsbereichs. Schutz* des *Verteidigungsministers* ist Aufgabe der *Bundespolizei* und *nicht* der *Militärpolizei.* Auch der Kirchentag tritt das Hausrecht nicht an die Bundeswehr ab, wenn der Verteidigungsminister einen Gottesdienst besucht oder einen Vortrag hält. Wenn ein Staatsakt absehbar gefährdet sein könnte, wäre die Frage, ob eine Kirche ein geeigneter Ort für ihn wäre.

2. Trennung von kirchlichen Trauerfeiern und Staatsakten

Zwischen der Friedensarbeit der EKD und der evangelischen Militärseelsorge gibt es schon lange Kontroversen um den Ort/die Orte für kirchliche Trauerfeiern und für Staatsakte bzw. um die Liturgie der kirchlichen Trauergottesdienste für Soldaten und um die Rolle der Militärseelsorge als Vertreter/innen der evangelischen Kirche bei solchen Staatsakten. Auf einer vorwiegend von Delegierten der Konferenz für Friedensarbeit in der EKD besuchten Tagung zum Thema *,Säkular oder sakral? Militär und Kirche zwischen religiöser Sinnstiftung und politischer Vereinnahmung*' vom 24.–25.1.12 in Mainz wurde Kritik an der bisherigen Praxis geäußert, dass Staatsakte für gefallene Soldaten in Kirchen stattfinden. Viele Tagungsteilnehmer waren der Meinung, dass ein Staatsakt anlässlich des Todes von Soldaten einer Parlamentsarmee eigentlich *um der politischen Verantwortung willen* an den Ort gehört, wo der Einsatz mandatiert wurde, also in den Deutschen Bundestag. Daher plädierten viele dafür, dass die kirchlichen Trauerfeiern unter Mitwirkung der Militärseelsorge und die Staatsakte künftig auch räumlich klar zu trennen seien bzw. Militärgeistliche eher nur Gäste und nicht Mitwirkende bei solchen Staatsakten sein sollten.[400] Neben dem ethischen Argument, dass das Parlament als Ort der politischen Verantwortung auch Ort des Staatsaktes sein sollte, wurde ein *theologisch-liturgisches* Argument genannt: „Eine bewaffnete

---

[398] Gernot Knödler, Gottesdienste für gefallene Soldaten, www.taz.de (4.6.13).
[399] Knödler, ebd.
[400] Vgl. die Zusammenfassung o.g. Tagung (Konferenz für Friedensarbeit in der EKD *Säkular oder sakral? Militär und Kirche zwischen religiöser Sinnstiftung und politischer Vereinnahmung* vom 24.-25.1.2012 in Mainz) von Renke Brahms, epd Dokumentation 29/12, S.6f.

Eskorte gehört nicht in eine Kirche."[401] Kritik gab es ferner daran, dass bei solchen Staatsakten Politiker vom Ambo aus sprechen.

Nun äußerten Militärgeistliche die Befürchtung, dass bei einer räumlichen Trennung von kirchlicher Trauerfeier und Staatsakt das Fernsehen weniger Aufmerksamkeit auf die Trauergottesdienste richten könnte.

Die Beerdigung eines gefallenen Bundeswehrsoldaten aus meinem Heimatort hielt z.B. der evangelische Gemeindepfarrer, den Fernsehgottesdienst jedoch leiteten hochrangige Militärgeistliche. Vermutlich gäbe es weniger Medienpräsenz im Gottesdienst bei einer räumlichen Trennung von Staatsakt und zentraler kirchlicher Trauerfeier. Soldatenfamilien diskutieren diese Frage auch, unter ihnen erlebt man es zum Teil als ambivalent, dass die Militärseelsorge vor allem offizielle Fernsehgottesdienste abhält, aber die Trauergottesdienste bei den Bestattungen vor Ort an die Gemeindepfarrer delegiert werden.

Der frühere Militärbischof Dutzmann sieht hier kein Problem. Er kommentiert diese Kontroverse in seinem Synodenbericht 2012 ohne inhaltlich auf die Argumente einzugehen:

> Die Kirche Jesu Christi hat den Auftrag, die Traurigen zu trösten und feiert Gottesdienst. Der Staat muss die Soldaten, die in seinem Auftrag ihr Leben gelassen haben, ehren und seinen Dank für den geleisteten Dienst zum Ausdruck bringen. Dass Staat und Kirche in gemeinsamer Feier Abschied nehmen, hat sich – das hat die Trauerfeier in Detmold im Juni 2011 eindrücklich gezeigt – bewährt.[402]

Die Kriterien der bischöflichen Evaluation für die gemeinsame Trauerfeier an seinem Amtssitz als Landessuperintendent in Detmold hat er nicht offengelegt, sondern thesenhaft behauptet. Gerne hätte man gewusst, was der Maßstab dafür ist, dass sich etwas *eindrücklich gezeigt* und *bewährt* habe. Vermutlich gäbe es weniger Medienpräsenz im Gottesdienst bei einer räumlichen Trennung von reinem Staatsakt und kirchlicher Trauerfeier – für die Hinterbliebenen wäre dies in gewisser Hinsicht ein Vorteil.

Man könnte meinen, dass es sich bei dieser Frage um eine geringfügige Angelegenheit handelt, die man pragmatisch lösen sollte. Aber die Militärseelsorge hat das *symbol-politische Signal* unterschätzt, das vom Ansinnen ausging, das kirchliche Hausrecht bei Trauerfeiern an das Militär abzutreten. Hier stellt sich eine Grundsatzfrage, die immer wieder bei Diskussionen um die Reform der Militärseelsorge im Raum steht: Nach welchen Werten und Prinzipien richtet die Militärseelsorge ihr Handeln aus? Offiziell sind es *kirchliche* Grundsätze. Die Befürchtung aber ist, dass *militärische* Erwartungen und Vorstellungen ihr Handeln bewusst oder unbewusst bestimmen. Das Ansinnen, die Kirchengemeinden mögen ihr Hausrecht in ihren eigenen Räumen an die Militärpolizei abtreten, ist wenig geeignet, diese Befürchtungen zu zerstreuen. Es macht aber m.E. vor allem

---

[401] Brahms, ebd.,7.

[402] Martin Dutzmann, Bericht des Bischofs für die Evangelische Seelsorge in der Bundeswehr auf der 5. Tagung der 11. Synode der EKD vom 4. bis 7. November 2012 in Timmendorfer Strand, EKD Geschäftsstelle der Synode, Drucksache III d / 1, S.4.

einen Reformbedarf der Militärseelsorge deutlich. Wenigstens setzt sich die Verfasserin dieser Zeilen für solch eine Reform ein. Vielleicht ist die Zeit dafür reif.

Wie Ines-Jacqueline Werkner in *Soldatenseelsorge versus Militärseelsorge*[403] zeigte, gab es bereits im Zusammenhang der deutschen Vereinigung Reformansätze für die evangelische Militärseelsorge, um die Eigenständigkeit der Militärseelsorge als *kirchliche* Arbeit mit Soldaten(familien) sicherzustellen. Leider wurden diese Ansätze v.a. aus Gründen der Besitzstandswahrung nicht konsequent umgesetzt. Derzeit befindet sich die Bundeswehr ohnehin in einem Reformprozess von der Wehrpflichtarmee zur weltweit agierenden Berufsarmee. Soldaten sind häufiger im Auslandseinsatz und leben auch im Inland in Fernbeziehung mit ihren Familien. Daher ist es wichtig, auch die *Strukturen und Ziele* der Militärseelsorge neu zu diskutieren.

3. Zehn Vorschläge zur Reform der evangelischen Militärseelsorge

Die Grundfrage ist dabei immer wieder: Wie kann die evangelische Militärseelsorge den Friedensauftrag *der Kirche* unter Soldaten eigenständig und *frei von staatlichen* Einschränkungen als *kirchliche* Arbeit an und mit Soldaten(familien) ausüben? Wie kann sie dabei *Loyalitätskonflikte* zwischen *militärischem* und *kirchlichem Auftrag* vermeiden? Wie kann die Ausrichtung allen kirchlichen Handelns auf den Frieden zum Ausdruck kommen? Dabei wird es wichtig sein, alle Gliedkirchen der EKD in dieser Umbruchsphase in die Diskussion um die Reformnotwendigkeit der evangelischen Militärseelsorge einzubeziehen. In diesem Sinne formuliere ich im Folgenden zehn Vorschläge zur Reform der evangelischen Militärseelsorge. Dabei beginne ich mit dem Problem der Trauerfeiern, da wir von ihm ausgegangen sind.

3.1 Eigene kirchliche Trauergottesdienste

Zentrale kirchliche Trauergottesdienste für getötete Soldaten sollen zeitlich, räumlich und liturgisch klar von zentralen Staatsakten getrennt werden. Es geht dabei nicht nur um die Autonomie der Kirche. Es sollte vielmehr im Interesse der Kirche liegen, den Schutz der Trauernden in einem Gottesdienst nicht dem Medieninteresse zu opfern. Die Befürchtung von Militärgeistlichen, dass das Fernsehen das Interesse an ihren Gottesdiensten verliert, wenn der zentrale Staatsakt vom zentralen kirchlichen Trauergottesdienst getrennt werden soll, kann nicht schwerer wiegen als der Schutz trauernder Angehöriger und das Selbstbestimmungsrecht der zivilen Kirchengemeinden. Aus der Sicht von Soldatenfamilien sollten die Militärgeistlichen trauernden Soldatenfamilien am Grab beistehen. Nicht selten wird gerade diese Aufgabe an zivile Gemeindepfarrer delegiert.

Wenn das Hausrecht in Kirchen für Staatsakte und Trauergottesdienste an die Bundeswehr abgetreten wird, entscheidet die Bundeswehr indirekt darüber, wer an den Trauergottesdiensten teilnehmen darf und wer nicht: Zwischen den zentralen Staatsakten und den zentralen Gottesdiensten gab es bisher keine Pause. Der

-----

[403] Ines-Jacqueline Werkner, Soldatenseelsorge versus Militärseelsorge. Evangelische Pfarrer in der Bundeswehr, Baden-Baden 2001, 115–250.

Staat hat zweifellos das Recht, das Protokoll und die Sitzordnung für Staatsakte vorzugeben. Ist es aber angemessen, dass er damit auch über Teilnahme, Nicht-Teilnahme und Sitzordnung eines evangelischen Gottesdienstes entscheidet? Mir wurde folgendes Beispiel geschildert: Einen zentralen Trauergottesdienst für gefallene Soldaten, der zeitlich und räumlich mit dem Staatsakt verknüpft war, durften Personen nicht besuchen, die einem Gefallenen persönlich nahe standen. Weil *Protokoll und Sitzordnung des Staatsaktes* ihre Teilnahme nicht vorsah, konnten sie nicht zum Gottesdienst in die Kirche hinein. Jedoch: Evangelische Gottesdienste sind *öffentlich* und sollten es auch bleiben.

3.2 Unabhängiger Status der Militärseelsorge

Die Freiheit zum prophetischen Wächteramt bei der Seelsorge und friedensethischen Bildung von Soldaten soll durch einen vom Staat unabhängigen kirchlichen Status der Militärseelsorge abgesichert werden. Derzeit wirkt der Staat bei der Besetzung bzw. im Extremfall bei der Absetzung von Militärgeistlichen als Staatsbeamten mit. Bevor der Militärseelsorgevertrag von 1957 auch in den neuen Bundesländern Anwendung fand, nahmen Soldatenseelsorger in den ostdeutschen EKD-Gliedkirchen ihren Seelsorgedienst als EKD-Kirchenbeamte und nicht als Staatsbeamte wahr. Mit diesem Modell hatte man inhaltlich in den neuen Bundesländern gute Erfahrung gemacht.

Zu den Grundsätzen des protestantischen Kirchenverständnisses gehört, dass ein *gewählter* Kirchengemeinderat zusammen mit der Pfarrerin oder dem Pfarrer die Gemeinde leitet und dass eine *Gemeinde bei der Besetzung einer Pfarrstelle beteiligt* wird. Anders ist das in der Militärseelsorge. Seit ihrer Gründung 1957 bis heute entspricht die *Struktur der Militärseelsorge* den streng *hierarchischen militärischen Strukturen.* An der Spitze der Militärseelsorge[404] stehen der Militärbischof auf Augenhöhe mit dem Verteidigungsminister und der Militärgeneraldekan analog einem Abteilungsleiter im BMVg. Es gibt *keinen gewählten* Kirchengemeinderat aus Soldaten(familien) an der Basis und *keine Synode.*

Bereits vor Jahren stellte Wolfgang Huber unter kirchenrechtlichem Gesichtspunkt fest, dass „hier ein bestimmter Bereich kirchlicher Tätigkeit nicht von den Grundsätzen evangelischen Kirchenrechts, sondern von den Forderungen und Interessen des Staates aus rechtlich geordnet wurde. Dies widerspricht insbesondere der 3. Barmer These, die durch die Grundordnung der EKD rezipiert worden ist.“[405] In der 3. Barmer These wird ein unaufgebbarer Einklang zwischen der *Botschaft* und der *Ordnung* der Kirche[406] als Maßstab für die Gestalt der Kirche

———

404 Vgl. Wolfgang Huber, Kirche und Öffentlichkeit, Stuttgart 1973, 290.

405 Huber, ebd., 269.

406 http://www.ekd.de/glauben/bekenntnisse/barmer_theologische erklaerung.html (eingesehen am 27.12.12). Der Verwerfungssatz lautet: „Wir verwerfen die falsche Lehre, als dürfe die Kirche die Gestalt ihrer Botschaft und ihrer Ordnung ihrem Belieben oder dem Wechsel der jeweils herrschenden weltanschaulichen und politischen Überzeugungen überlassen.“ (a.a.O.)

gefordert. An der Struktur der Militärseelsorge kritisierte Huber: „Mit der Ordnung der Militärseelsorge hat der Staat jedoch in den inneren Verfassungsrechtskreis der Kirchen eingegriffen; bei der Bestellung der Militärpfarrer wirkt er in ausdrücklichem Widerspruch gegen Art. 137, Abs. 3 WRV an der Verleihung kirchlicher Ämter mit.“[407]

Auch der *Beirat* für die Militärseelsorge, der vom Rat der EKD für seine eigene Beratung und zur Beratung des Militärbischofs berufen wird, stelle *kein* synodales Vertretungsorgan dar; entgegen einer anders lautenden Behauptung habe dies[408] der Beirat selbst in einem Gutachten ausdrücklich festgestellt. Während die Mitglieder des Rats der EKD von der EKD-Synode gewählt werden, werden die Mitglieder des EKD-Beirats für die Militärseelsorge *nicht demokratisch gewählt,* sondern berufen. Die Namen der Mitglieder des Rats der EKD sind öffentlich[409] bekannt. Anders verhält es sich mit den Namen der Mitglieder des EKD-Beirats für die Militärseelsorge. Diese werden selbst auf schriftliche Bitte *nicht* an Soldaten[410] mitgeteilt. Wie steht es um Transparenz und basisdemokratische Legitimation? Der jährliche Bericht des Militärbischofs für die EKD-Synode wird meist nur schriftlich eingebracht. Eine Diskussion des Berichts ist in der Regel nicht vorgesehen.

3.3 Nebenamtliche Soldatenseelsorger

Ein (signifikanter) Teil der evangelischen Soldatenseelsorge in Deutschland soll nebenamtlich als Teil eines Dienstauftrags in der Mitte von Kirche und Gesellschaft verankert werden anstatt einer eigengesetzlichen Militärseelsorge anvertraut zu werden. Um die ostdeutschen Gliedkirchen zu gewinnen, wurde das in ähnlicher Weise 2002 in einer Protokollnotiz zur Auslegung des Militärseelsorgevertrages[411] auch angestrebt. Umgesetzt wurde es im Westen nicht in großem Stil, eher wurden nebenamtliche Stellen abgebaut. Das Argument, nebenamtliche Soldatenseelsorger könnten nicht in den Auslandseinsatz, weil sie in den Gemeinden fehlen und keine Bundesbeamte sind, lässt sich durch die katholische Praxis hinterfragen. Diese haben im Ausland auch nebenamtliche Soldatenseelsorger[412]. Katholische Pastoralreferentinnen und Pastoralreferenten[413] als Soldatenseelsorger sind keine Staatsbeamten, sondern haben einen Gestellungsvertrag als Angestellte ihrer Diözese. Die Personalkosten werden den Diözesen vom Bund erstattet.

---

407 Huber, a.a.O., 288.
408 Vgl. Huber, a.a.O., 291.
409 Vgl. http://ekd.de/ekd_kirchen/rat/rat_der_ekd.html (1.4.13).
410 Mir wurde Einsicht in ein solches Gesuch gewährt.
411 Ines-Jacqueline Werkner, Soldatenseelsorge – eine Reform vor ihrem Scheitern. Der ostdeutsche Sonderweg der evangelischen Soldatenseelsorge (1990–1996), 2002; vgl. www.frieden-schaffen.de (1.4.13).
412 Vgl. www.kmba.militaerseelsorge.bundeswehr.de (21.12.12).
413 Nach Auskunft eines Militärgeistlichen waren katholische Pastoralreferenten im Kosovo als Soldatenseelsorger im Einsatz und unterstützten dort einheimische katholische Priester.

Eine Information aus neuester Zeit erlaube ich mir nachträglich zu ergänzen: Wie man an einem Tagesbefehl Ursula von der Leyens (Bundesministerin für Verteidigung vom 17.12.2013 bis 17.7.2019) sehen kann, wird derzeit am Aufbau einer muslimischen Seelsorge in der Bundeswehr gearbeitet, dabei ist beabsichtigt, muslimische Geistliche über Gestellungsverträge an die Bundeswehr zu binden.[414] (Nebenamtliche) Militärseelsorger ohne Beamtenstatus im Angestelltenverhältnis auf der Basis von Gestellungsverträgen sind nicht nur für katholische Pastoralreferent/innen praktikabel, sondern scheinen nun auch für Muslime denkbar.

3.4 Seelsorger für Soldaten und Friedensarbeiter

Es soll für Auslandseinsätze eine hauptamtliche Seelsorge für NGOs, Entwicklungshilfeorganisationen, medizinisches Personal, Diplomaten, Bundespolizisten und Soldaten in Kriegs- und Krisengebieten eingerichtet werden statt einer isolierten Berufsgruppenseelsorge an Soldaten. Die biblische Botschaft von Frieden und Versöhnung gilt allen Menschen. Es wäre sachlich angemessen und gerecht, wenn es bei deutscher Beteiligung in Krisen- und Kriegsgebieten eine gemeinsame evangelische oder vielleicht sogar ökumenische Seelsorge für NGOs, medizinische Fachkräfte, Entwicklungshilfeorganisationen, Diplomaten, Bundespolizisten und Soldaten gäbe. Diese Seelsorge für Krisengebiete könnte vor Ort auch interkulturelle und interreligiöse Kontakte knüpfen und so einen eigenständigen Beitrag zur Friedensarbeit in Krisenregionen leisten.

3.5 Friedensethik im berufsethischen Unterricht

Evangelische Friedensethik soll sichtbarer werden anstelle der aktuellen Verpflichtung zu einer konfessions- und religionsneutralen Haltung im berufsethischen Unterricht. Der kirchliche Friedensauftrag kann nur in Freiheit erfüllt werden, wenn die unterrichtenden Militärgeistlichen nicht zu konfessions- und religionsneutraler Haltung verpflichtet werden. Berufsethische und friedensethische Qualifizierung der Soldaten im LKU durch Geistliche sollte so umgestaltet werden, dass die Kirche und nicht der Staat Veranstalter[415] ist. „Denn im Gegensatz zum Amt des Theologieprofessors an staatlichen Universitäten und des Religionslehrers an staatlichen Schulen stellt das Amt des Militärpfarrers (…) nicht ein konfessionell gebundenes Staatsamt, sondern ein kirchliches Amt dar.“[416]

---

[414] Vgl. www.bmvg.de/resource/blob/37956/d1fc7f71684183a115a033237f221e2f/20 190403-tagesbefehl-der-ministerin-data.pdf (Ursula von der Leyen Tagesbefehl vom 2.4.19; abgerufen am 20.8.19).

[415] Von Militärgeistlichen hört man immer wieder das Argument, dass evtl. weniger Soldatinnen und Soldaten am LKU teilnehmen würden, wenn dieser keine staatliche Pflichtveranstaltung mehr sei.

[416] Huber, a.a.O., 288.

3.6 Lehrplan- und Laufbahnrelevanz der Friedensethik

Friedensethische Kompetenzen sollen examens- und laufbahnrelevant gestaltet werden. Wenn friedensethische Kompetenzen sowohl für Militärgeistliche als auch für Soldaten prüfungs- oder laufbahnrelevant werden, wird dies eine sinnvolle Aufwertung der friedensethischen Bildung aus evangelischer Sicht. Ebenso soll Friedensethik fester Bestandteil der theologischen Ausbildung werden. Dabei ist wichtig, dass nicht nur (angehende) Militärgeistliche oder in der zivilen Friedensarbeit Tätige, sich mit Friedensethik befassen. Wenn die Arbeit der Militärseelsorge in der ganzen Kirche akzeptiert werden soll, braucht sie ein kirchliches Umfeld, das sie begleitet, sie ggf. kritisch-konstruktiv hinterfragt und darin unterstützt, ihr Handeln am Evangelium sowie an kirchlichen Grundsätzen und Zielen auszurichten.

3.7 Bildungsangebote für Friedensethik

Friedensethische Bildungsangebote sollen immerwährend institutionalisiert werden. Die Hauptaufgabe des Arbeitskreises ethische Bildung in den Streitkräften (AEBIS) in der evangelischen Militärseelsorge ist nach Auskunft des Evangelischen Kirchenamtes für die Bundeswehr die Beratung des Militärbischofs und *nicht* die Durchführung regelmäßiger friedensethischer Bildungsangebote für alle Soldaten und ihre Familien. Die katholische Militärseelsorge hat mit ihrem Zentrum für ethische Bildung in den Streitkräften (ZEBIS) am Institut für Theologie und Frieden (in Hamburg) eine kirchliche Institution geschaffen, wo Soldaten regelmäßig die Chance auf eine Auseinandersetzung mit der katholischen Friedensethik haben. Es ist zu wünschen, dass die evangelische Militärseelsorge eine vergleichbare Einrichtung schafft.

3.8 Gerecht verteilte Ressourcen

Aus dem Gedanken der Verteilungsgerechtigkeit ergibt sich, dass Ressourcen gerecht auf alle Handlungsfelder kirchlicher Friedensarbeit (einschließlich der Militärseelsorge) verteilt werden. Laut Militärseelsorgevertrag trägt der Staat die Sach- und Personalkosten[417] für die Militärseelsorge. Historisch hat das folgenden Hintergrund[418]: Im Gegensatz zur Weimarer Republik werden Soldaten, die Mitglied einer evangelische Landeskirche sind, heute zur Kirchensteuer herangezogen. In der Weimarer Republik vertrat der Reichswehrminister die Auffassung, dass dann jeder Grund dafür entfalle, dass das Reich für die Kosten der Militärseelsorge aufkomme. Zusätzlich stehen der Militärseelsorge kirchliche Finanzmittel zur Verfügung. Nach Auskunft der EKD[419] sind dies für die ca. 90 bis 100

---

[417] Vgl. Vertrag der Bundesrepublik Deutschland mit der Evangelischen Kirche in Deutschland zur Regelung der evangelischen Militärseelsorge: BGBl 1957 II, 702 ff; VMBl 1957, 757, abgekürzt: MSV (1957), Art. 2, Abs. 2.
[418] Vgl. Huber, a.a.O., 289.
[419] Vgl. www.ekd.de/kirchenfinanzen/finanzen/622.html (1.6.13).

evangelische Militärpfarrstellen 13.815.200 € zusätzlich zur staatlichen Finanzierung. Ein Vergleich mit der kirchlichen Friedensarbeit im zivilen Bereich liegt nahe:

> Nach meinen Informationen sind 2010 rund 36 Prozent der Kirchensteuern der Soldaten an den Militärhaushalt geflossen, 64% bei der Landeskirche geblieben. 2011 erhöhte sich der Anteil an den Militärhaushalt auf 45%, 55% verblieben bei der Landeskirche. [...] 2011 waren im landeskirchlichen Haushalt 380.000 Euro unter dem Stichwort Friedensarbeit verbucht, im EKD-Haushalt waren es eine Million Euro.[420]

Die evangelische Landeskirche in Württemberg trat für das Jahr 2012 ca. 1,4 Mio. Euro Soldatenkirchensteuern[421] an die evangelische Militärseelsorge ab.

3.9 Soldaten in Fernbeziehungen

Die Betreuung der 70–90% Soldatenfamilien in Fernbeziehungen soll ermöglicht werden. Evangelische Militärseelsorge in einer reduzierten Freiwilligenarmee muss sich neu legitimieren und verändern. Das bisherige Argument: Wir *müssen* dorthin gehen, wo Menschen *unfreiwillig* sind, also in Gefängnisse, in Krankenhäuser und in Kasernen, verliert in einer Freiwilligenarmee zunächst an Überzeugungskraft. *Unfreiwillig* leiden jedoch vor allem die Angehörigen von Soldaten, also die Kinder, die (Ehe-)Partnerinnen und -partner unter den berufsbedingten Trennungen und Fernbeziehungen. Hier beginnen die Probleme, zu deren Lösung die rechtlichen Rahmenbedingungen des Militärseelsorgevertrags nicht mehr passen.

Zurzeit leben 70–90% der Soldatenfamilien meist unfreiwillig in Fernbeziehungen in verschiedenen Bundesländern. Laut Militärseelsorgevertrag[422] gehören zum Seelsorgebereich der Militärpfarrer nicht nur die Soldaten selbst, sondern auch deren engste Familienangehörige, also Ehefrauen und Kinder, die dem Hausstand am Standort angehören. Im Militärseelsorgevertrag zwischen der Bundesrepublik Deutschland und der EKD ist jedoch *nicht* geregelt, welches evangelische Militärpfarramt für (Ehe-)Partner/innen und Kinder von Soldaten/Soldatinnen zuständig ist, wenn – wie häufig – der familiäre Hauptwohnsitz nicht am Bundeswehrstandort, sondern weit entfernt und z.B. in einem anderen Bundes-

---

[420] Auskunft des Sprechers der evangelischen Landeskirche in Württemberg per e-Mail am 18.12.12 auf Anfrage vom 7.8.12.

[421] Gemäß Auskunft des bei der Kirchenleitung der evangelischen Landeskirche in Württemberg für die evangelischen Militärseelsorge zuständigen Kirchenrats vom 18.9.13 flossen diese Mittel an den Haushalt der evangelischen Seelsorge in der Bundeswehr (HESB), aus dem Zuschüsse für die evangelische Arbeitsgemeinschaft Soldatenbetreuung auf Bundesebene kommen, und (v.a. die vom HESB nicht verbrauchten Mittel) z.B. an die Militärkirchengemeinde Sigmaringen sowie an die evangelische Arbeitsgemeinschaft Soldatenbetreuung Baden-Württemberg.

[422] MSV (1957) Art. 7, Abs. 1, Ziff. 6.

land liegt. In der katholischen Militärseelsorge gehören auch die Familienangehörigen von Soldaten – unabhängig von ihrem Wohnort – zum Zuständigkeitsbereich des Militärgeistlichen am Bundeswehrstandort. Auch die Militärrabbinerinnen und Militärrabbiner der jüdischen Militärseelsorge[423] sind für die (Ehe-)Partner/innen und Kinder von Soldat/inn/en zuständig, unabhängig davon, ob die Familienangehörigen direkt am Bundeswehrstandort wohnen oder in Fernbeziehung leben. Der Vertrag zur Einrichtung einer jüdischen Militärseelsorge ist zwar in weiten Teilen dem Vertrag zwischen der Bundesrepublik Deutschland und der EKD angeglichen, aber die Engführung und Einschränkung der evangelischen Militärseelsorge, nur für „Ehefrauen (ergänzt: von Soldaten) und die unter elterlicher Gewalt stehenden Kinder [...] *sofern sie deren Hausstand am Standort angehören*"[424] zuständig zu sein, wurde *nicht* wiederholt. „Die jüdische Militärseelsorge umfasst auch die Familienangehörigen der jüdischen Soldaten und Soldatinnen."[425] Im Gesetz über die jüdische Militärseelsorge findet sich folgende Erläuterung bei der Zuständigkeit der Militärrabbiner/innen: „Auch die Familien sind durch die besonderen Anforderungen, die an die Soldaten und Soldatinnen gestellt werden, betroffen. Auch sie bedürfen einer religiösen Ansprechperson, die mit den berufsspezifischen Herausforderungen vertraut ist."[426] In der evangelischen Militärseelsorge sind Angehörige von Soldaten – wenn sie in Fernbeziehung leben – sowohl in der Theorie des Vertrags als auch in der Praxis benachteiligt, weil sie – anders als Angehörige von katholischen oder jüdischen Soldaten – kein vertraglich abgesichertes Recht auf Militärseelsorge haben, was in der Praxis durchaus zu Benachteiligungen führt.

Die Bundestagsabgeordnete Evers-Meyer ist[427] Mitglied im Verteidigungsausschuss. Sie bringt die Probleme im Blick auf die evangelische Militärseelsorge auf den Punkt: „Heute pendeln etwa 70 Prozent der Soldaten zwischen Standort und Familie. Das bringt erhebliche familiäre Belastungen mit sich. Die Folgen sind leider viel zu hohe Trennungs- und Scheidungsraten."[428] Darüber hinaus heißt es in dem Bericht:

> Die Abgeordnete fordert deshalb eine umfassende Überarbeitung der bestehenden Seelsorgevereinbarungen zwischen der Bundeswehr und den Kirchen. [...] ‚Zum Teil stammen diese Vereinbarungen noch aus den 50er Jahren. Die Lebenswirk-

---

[423] Siehe Bundestagsdrucksache 19/18074 (neu), S. 9ff. Bis zum Redaktionsschluss (dieses Sammelbandes) war das Gesetz über die jüdische Militärseelsorge (JüdMilSeelsG) vom Deutschen Bundestag angenommen worden, jedoch noch nicht im Bundesgesetzblatt verkündet. Daher wird als Quelle im Folgenden die Bundestagsdrucksache 19/18074 (neu), mit dem Gesetzentwurf zitiert, der auch den Vertrag zwischen der Bundesrepublik Deutschland und dem Zentralrat der Juden in Deutschland – Körperschaft des öffentlichen Rechts – zur Regelung der jüdischen Militärseelsorge enthält.

[424] MSV (1957), Art. 7, Abs.6.

[425] JüdMilSeelsG Art. 7, Abs. 2, Bundestagsdrucksache 19/18074 (neu), S. 12.

[426] Siehe JüdMilSeelsG zu Art. 7, Abs. 2, Satz 1 und 2; vgl. Bundestagsdrucksache 19/18074 (neu), S. 27.

[427] Bezogen auf den Zeitpunkt der Erstveröffentlichung dieses Artikels.

[428] Karin Evers-Meyer, www.spd-whv.de/karin-evers-meyer-im-gesprach-mit-vertretern-der-militarseelsorge/ (am 21.2.12). Kurz danach auch auf der Homepage der evangelischen Militärseelsorge: www.militaerseelsorge.bundeswehr.de.

lichkeit in der Bundeswehr hat sich aber inzwischen völlig verändert. Wir brauchen weniger offizielle Repräsentation und dafür mehr individuelle Unterstützung für den einzelnen Bundeswehrangehörigen, seine Angehörigen und Lebenspartner – und zwar dort, wo die Betroffenen tatsächlich leben.', so Evers-Meyer abschließend.[429]

Hauptamtliche in der Militärseelsorge sagen, dass die Mindestzahl aus dem Militärseelsorgevertrag –„Für je eintausendfünfhundert evangelische Soldaten wird ein Militärgeistlicher berufen"[430] – in der Praxis auf die Hälfte, also auf ca. 800 evangelische Soldaten abgesenkt wurde. Die wohl seit längerer Zeit in die Praxis umgesetzte Absenkung der Mindestsollgröße zur Einrichtung einer Militärpfarrstelle, könnte genutzt werden, um die freien Kapazitäten zur Betreuung von Soldatenfamilien in Fernbeziehung einzusetzen, oder man könnte sie für andere Zielgruppen wie z.B. die friedensethische Bildungsarbeit unter Bundespolizisten und NGOs in Krisengebieten nutzen, wo es keine vergleichbare Pastorationsdichte gibt.

3.10 Seelsorger an der Basis

Mehr nebenamtliche und hauptamtliche Seelsorger sollen an der Basis Soldaten und deren Familien betreuen anstelle einer überbordenden Hierarchie mit einer Fülle an offiziellen Repräsentanten. Auch der zweite Punkt, den MdB Evers-Meyer angesprochen hat, Bedarf der Reform: Es gebe zu viel offizielle Repräsentation und zu wenig individuelle Unterstützung für den einzelnen Soldaten, seine Angehörigen und Lebenspartner an der Basis.

Wenn man die Stellenstruktur der evangelischen Militärseelsorge gemäß Bundeshaushalt 2012 betrachtet, dann ist im Vergleich zum zivilkirchlichen Bereich das Verhältnis von Dekanstellen (A16/A15) zu normalen Standortpfarrstellen (A14/A13) bemerkenswert: Neben zwei B6-Stellen (Generalvikar/Generaldekan) gibt es gemäß Bundeshaushalt[431] in der evangelischen und katholischen Militärseelsorge zusammen 58 Dekane auf 149 Militärpfarrer und Verwaltungsbeamte im Kirchenamt für die Bundeswehr. Genauer: 14 Leitende Dekane mit A16, 44 Dekane mit A15, 142 Pfarrer bzw. Oberräte mit A14 und 7 Pfarrer bzw. Räte mit A13. Für die ca. 90 bis 100 evangelische Standortpfarrämter stehen in Berlin 53 Mitarbeiter/innen zur Verfügung: 37 im Evangelischen Kirchenamt für die Bundeswehr, einer staatlichen Behörde, und weitere 16 Mitarbeiter/innen, die den kirchlichen Haushalt für die evangelische Seelsorge für die Bundeswehr (HESB) verwalten. Zusätzlich werden die ca. 90 evangelischen Standortpfarrämter noch von vier regionalen Militärdekanaten in den Wehrbereichen mit jeweils einem

—————

429 www.spd-whv.de/karin-evers-meyer-im-gesprach-mit-vertretern-der-militarseelsorge/ (21.2.12).

430 MSV Art. 3,1.

431 Vgl. Bundeshaushalt 2012, Einzelplan 14.

leitenden Wehrbereichsdekan, Verwaltungsbeamten und Schreibkräften verwaltet. Eine Verschlankung dieser *überbordenden Verwaltung* zugunsten einer *Stärkung der Seelsorge an der Basis* wäre sinnvoll.[432]

Ein Vergleich mit dem *zivilen* Bereich liegt nahe: In der württembergischen Landeskirche ist im Schnitt ein Dekan[433] für 30 Kirchengemeinden zuständig. Nun wird es darauf ankommen, ob die evangelische Militärseelsorge und mit ihr die Synode der EKD sowie die Gliedkirchen z.B. um der Kinder und Ehepartner/innen von Soldaten bzw. um der Glaubwürdigkeit willen zu grundsätzlichen Strukturänderungen bereit sind. Eine offene Diskussion auf allen Ebenen in den Gliedkirchen der EKD ist überfällig.

Noch einmal sei betont: Diese Reformvorschläge zielen darauf, dass sich die Militärseelsorge erneuert. Sie hätte eine Chance, in der kirchlichen Öffentlichkeit mehr Verständnis zu finden, wenn sie sich einer Diskussion um ihre Reform öffnet. Schreiben wie das o.g. des früheren Militärbischofs Dutzmann, in denen man empfiehlt, dass die Gemeinden vorübergehend ihr Hausrecht in ihren Kirchen an militärische Stellen abtreten, sind keine guten Diskussionsbeiträge zu dieser Frage; sie schmälern das Vertrauen in die Unabhängigkeit der Kirche. Dadurch bieten sie denen einen Anlass, welche die Militärseelsorge abschaffen wollen. Gleichzeitig erschweren sie die Position derer, die sich um eine Reform der *kirchlichen* Arbeit mit Soldaten(familien) bemühen und die im Blick auf die Wahrung der Freiheit der Kirche besorgt sind.

------

432 Die Angaben beziehen sich auf die Zeit kurz vor dem Erstabdruck dieses Artikels. Aktuelle Zahlen waren der Verfasserin leider nicht zugänglich.

433 Vgl. www.elk-wue.de/landeskirche/kirchenbezirke/ (27.8.13).

8

Vorrang für zivil? – Wohin treiben Friedensethik und Militärseelsorge?

Sylvie Thonak

Jüngst wurden Aufgaben der Bundeswehr neu definiert. Gleichzeitig zeichnen sich Verselbständigungstendenzen bei der Militärseelsorge ab hin zu einem besonders privilegierten Bereich kirchlicher Arbeit mit einem erstmals hauptamtlichen Militärbischof. Das sorgt für das Aufbrechen alter Konflikte in der friedensethischen Debatte des Protestantismus. Dieser Beitrag[434] fragt danach, ob der „Vorrang für zivil" nicht mehr gilt.[435]

Auf der 50. Münchner Sicherheitskonferenz[436] Anfang 2014 war von einer wachsenden Verantwortung Deutschlands in der Welt die Rede. Bundespräsident Joachim Gauck forderte von Deutschland ein deutlich ausgeweitetes Engagement in seiner Außenpolitik[437] unter Einschluss von militärischem Engagement im Rahmen von EU und NATO: „Die Bundesrepublik sollte sich als guter Partner früher, entschiedener und substantieller einbringen. [...] Deutschland wird nie rein militärische Lösungen unterstützen, es wird politisch besonnen vorgehen und alle diplomatischen Möglichkeiten ausschöpfen."[438] Ähnlich hat auch Außenminister Frank-Walter Steinmeier[439] künftig ein stärkeres außenpolitisches Engagement Deutschlands gefordert. Verteidigungsministerin Ursula von der Leyen[440]

---

434 Erstabdruck: Sylvie Thonak, Vorrang für zivil? Wohin treiben Friedensethik und evangelische Militärseelsorge? (Gastbeitrag in): DtPfBl (5/2015) 258–262. Inzwischen wurde der Beitrag an wenigen Stellen gekürzt oder ergänzt.

435 Vom Primat des Zivilen spricht die Friedensdenkschrift des Rats der EKD aus dem Jahr 2007 ganz ausdrücklich. Siehe: Aus Gottes Frieden leben – für gerechten Frieden sorgen. Eine Denkschrift des Rates der Evangelischen Kirche in Deutschland, 1. Aufl. Gütersloh 2007, Ziffer 118; abgekürzt: EKD-Friedensdenkschrift 2007. Jüngst erinnerte Eberhard Martin Pausch im Deutschen Pfarrerblatt an die Grammatik der EKD-Friedensethik: „Die Friedensdenkschrift vertritt *zwei wesentliche friedensethische Prinzipien*: a) Zivil geht vor militärisch, b) Prävention geht vor Intervention." Ders., Friedensbildung als Teil des friedensethischen Diskurses, „Alles fließe von selbst. Gewalt sei ferne den Dingen", DtPfBl (11/2014) Abschnitt IV; vgl. www.pfarrerverband. de/pfarrerblatt/archiv.php?a=show& id=3709.

436 Vgl. www.tagesschau.de am 31.1.14.

437 Vgl. www.zeit.de am 31.1.14.

438 Joachim Gauck gemäß Redemanuskript www.bundespraesident.de/SharedDocs/ Reden/DE/Joachim-Gauck/Reden/2014/01/140131-Muenchner-Sicherheitskonferenz.html.

439 „„Deutschland ist eigentlich zu groß, um Weltpolitik nur von der Außenlinie zu kommentieren"", sagte Steinmeier gemäß www.spiegel.de/politik/ausland/ sicherheitskonferenz-steinmeier-will-aktivere-deutsche-aussenpolitik-a-950518.html am 1.2.14 bei der Münchner Sicherheitskonferenz.

440 „„Europa kommt im Spiel der globalen Kräfte nicht voran, wenn die einen sich immer dezent zurückhalten, wenn es um militärische Einsätze geht, und die anderen unabge-

rückte von der Position des früheren FDP-Außenministers Guido Westerwelle ab, der für eine Politik der militärischen Zurückhaltung plädiert hatte. Auf der 51. Münchner Sicherheitskonferenz 2015 bekräftigte von der Leyen Deutschlands Bereitschaft, international eine sicherheitspolitische Führungsrolle[441] zu übernehmen.

Wie ein ausgeweitetes außenpolitisches Engagement Deutschlands konkret aussehen soll, wird in der Gesellschaft und damit auch innerhalb der evangelischen Kirchen gegensätzlich gesehen. Auf zwei Beispiele aktueller friedensethischer Kontroversen möchte ich eingehen: Erstens auf die Frage nach Anschaffung und Einsatz bewaffneter Drohnen, da der Besitz bewaffnungsfähiger Drohnen ggf. die Hemmschwelle für Militäreinsätze senken könnte. Zweitens auf den Streit um Waffenlieferungen in Kriegsgebiete wie z.B. an Kurden im Nordirak. An diesen innerhalb der EKD kontrovers diskutierten friedensethischen Fragen kommen die Spannungen zwischen der *zivilkirchlichen* friedensethischen Haltung, die von der Kammer für öffentliche Verantwortung der EKD geprägt wird bzw. den Äußerungen der *evangelischen Seelsorge in der Bundeswehr* und den in sich auch nicht homogenen Positionen der *Friedensbewegung* deutlich zum Ausdruck.

1. Kampfdrohnen– ein ethischer Quantensprung?

Drohnen sind Trägersysteme. Im Unterschied zu anderen Luftfahrzeugen sind sie unbemannt. Ausgestattet mit Geräten zur Aufklärung aus der Luft nutzte die Bundeswehr unbewaffnete israelische Aufklärungsdrohnen vom Typ Heron im Rahmen eines Leasingvertrags[442] in Afghanistan. Der Vorgänger von Verteidigungsministerin Ursula von der Leyen, Thomas de Maizière, stieß zum Thema Kampfdrohnen selbst eine Debatte mit Kirchenvertretern an. Der katholische Militärbischof Franz-Josef Overbeck zog eine *rote Linie* und betonte in der Diskussion um Kampfdrohnen, die Tötung eines Menschen dürfe nicht durch einen Mechanismus ausgelöst werden. Gemäß Darstellung des Verteidigungsministeriums mahnte er: „Drohnen als Hinrichtungsinstrumente einzusetzen wäre fatal“[443].

Das so genannte „Targeted Killing“ ist höchst umstritten. Zur Erklärung für Laien lasse ich einen Soldaten im Originalton zu Wort kommen. Leutnant zur See Frank Lechner spitzt die Probleme in rechtlicher und ethischer Hinsicht differenziert zu: „Diese Praxis des Targeted Killing fördert nicht nur die Spirale der zunehmenden Asymmetrisierung der Gewalt, sondern birgt eine Vielzahl völkerrechtlicher und ethischer Probleme. Diese bedürfen einer konstruktiven und vor allem transparenten politischen und völkerrechtlichen Klärung, bevor sich auch Deutschland dieser moralisch zumindest fragwürdigen Waffe bedient. Denn es darf nicht verkannt werden, dass der Einsatz von Drohnen nicht nur den Kern des

———————

stimmt nach vorne stürmen.‘ Auf die Frage, ob Deutschland mehr internationale Verantwortung übernehmen müsse, sagte sie: ‚Im Rahmen unserer Bündnisse, ja.‘“ www.fr-online.de am 26.1.14.

441 Vgl. www.bmvg.de am 6.2.15.

442 Vgl. www.sueddeutsche.de am 1.7.14.

443 Franz-Josef Overbeck gemäß www.bmvg.de am 26.4.13.

Unterscheidungsgebots infrage stellt, da dieser nicht auf den effektiven Schutz Unschuldiger zielt, sondern den Eigenschutz und Risikominderung der potentiell eigenen Verluste privilegiert. Dadurch werden die wirtschaftlichen, moralischen und politischen Kosten und somit die Hemmschwelle des Einsatzes militärischer Gewalt für Staaten herabgesetzt. Im Gegensatz zu den indifferenten Raketenangriffen durch Drohnen können Menschen gezielter und effektiver die Eliminierung rechtmäßiger Ziele bewerkstelligen, weshalb der Einsatz von Soldaten in Zukunft dem der Drohnen vorgezogen werden sollte. Auch wenn das für die postheroischen Gesellschaften bedeutet, dass sie ihren Traum vom unblutigen und durch Maschinen chirurgisch präzise geführten Krieg gegen mutmaßliche Terroristen aufgeben müssen. Nur so können jedoch im Krieg gegen den Terrorismus elementare moralische und völkerrechtliche Mindeststandards aufrechterhalten werden."[444]

Martin Dutzmann sah – damals noch evangelischer Militärbischof – nach Darstellung des Verteidigungsministeriums *ethisch keinen Qualitätssprung:* „Die Antwort des evangelischen Militärbischofs Martin Dutzmann auf die Frage, ob tatsächlich mit den Drohnen eine neue Qualität gegeben sei, lautet: ‚Der Minister hat gesagt, sicherheitspolitisch nicht. Ich sehe auch ethisch den Qualitätssprung nicht und verstehe auch nur sehr begrenzt die Aufregung darum.'"[445] Es ist *nachvollziehbar,* dass das Verteidigungsministerium diese Äußerung Dutzmanns auf der *Ministeriumshomepage* veröffentlichte, um Bedenken zu minimieren.

Anders als Dutzmann ist Renke Brahms als Friedensbeauftragter der EKD im Blick auf Kampfdrohnen für die Bundeswehr *sehr besorgt:* „Nach Abwägung aller Argumente stehe ich den Kampfdrohnen ausgesprochen kritisch gegenüber und lehne eine Anschaffung ab"[446]. Unter anderem führte Brahms, der gleichzeitig der leitende Theologe der Bremischen Evangelischen Kirche ist, die hohen Kosten für Entwicklung und Anschaffung von bewaffnungsfähigen Drohnen und den *unbedingten friedensethischen Vorrang größerer Investitionen in Prävention und zivile Konfliktbearbeitung* an.[447] „‚Wir kommen nicht umhin, die Diskussion auch vor einem völkerrechtlichen Missbrauch (der Drohnen)[448] durch die USA zu sehen, selbst wenn die Bundesregierung andere Regeln aufstellen sollte', fügte der Friedensbeauftragte hinzu. Solange nicht außerdem über mehr Rüstungskontrolle geredet werde, könne er die Diskussion um die Anschaffung von Kampfdrohnen ‚überhaupt nicht nachvollziehen'"[449].

-----

[444] Frank Lechner, Der Tod kommt von oben, in: Zur sache bw. Evangelische Kommentare zu Fragen der Zeit, hrsg. im Auftrag des Evangelischen Militärbischofs von Arnulf Scheliha und Gottfried Küenzlen, Nr. 22/2012: Der digitale Mensch. Wie der Cyberspace unser Leben verändert, 26–28; S. 28.
[445] Martin Dutzmann, gemäß www.bmvg.de am 26.4.13.
[446] Renke Brahms, www.ekd.de am 2.7.14.
[447] Vgl. www.ekd.de am 2.7.14.
[448] Sinngemäß ergänzt durch S.Th.
[449] www.ekd.de am 2.7.14.

Unbestreitbar ist: Vertreter der Militärseelsorge und der zivilkirchlichen Friedensarbeit der EKD vertreten diametral entgegengesetzte Positionen in dieser Frage. Nun sind Differenzen in ethischen Entscheidungen, gerade bei komplexen Fragen wie denen der Waffentechnik, innerhalb des Protestantismus grundsätzlich legitim. Die evangelische Kirche verfügt über kein ‚bischöfliches Lehramt', sondern bildet ihre Positionen im Streit um Argumente und Konzepte und in Achtung der individuellen Gewissensfreiheit aus. Dennoch kann gefragt werden, ob die Voten aus der Militärseelsorge ausschließlich aus einer von christlichen Grundüberzeugungen geleiteten Beschäftigung mit den Sachfragen entspringen – oder ob eventuell mitunter auch zusätzlich eine pragmatische ‚Anlehnung' an die Position der politischen Führung der Bundeswehr den Ausschlag geben mag. Immerhin ist das Evangelische Kirchenamt für die Bundeswehr faktisch nichts anderes als eine Abteilung des Bundesministeriums für Verteidigung, und seine leitenden Personen sind, obwohl in ihrer beruflichen Vergangenheit als Pfarrer ordiniert, Bundesbeamte auf Lebenszeit und bis zur Pensionierung keiner Kontrolle durch kirchliche Gremien unterworfen. Der neuerdings hauptamtliche, freilich durch die EKD besoldete Militärbischof könnte diese Tendenz evtl. sogar verstärken.

Am 1. Juli 2014 titelte die Online-Ausgabe der Süddeutschen Zeitung: „Von der Leyen bereit für Kampfdrohnen"[450]. Die Bundeswehr solle in Zukunft die umstrittenen Fluggeräte einsetzen können – allerdings nur mit Billigung des Parlaments.[451] Erstmals positionierte[452] sich damit die Verteidigungsministerin in der kontrovers geführten Debatte über Kampfdrohnen.

Der EKD-Friedensbeauftragte Brahms kritisierte, dass die Linie des früheren Verteidigungsministers Thomas de Maizière *nicht* fortgesetzt worden sei, zunächst eine *breite öffentliche Diskussion* über Kampfdrohnen zu führen: Er gehe davon aus, dass die Äußerung von Verteidigungsministerin Ursula von der Leyen noch *keine* politische Umsetzungsentscheidung sei.[453]

Nachdem Brahms eine breite *öffentliche* Debatte über Kampfdrohnen anmahnte, führte die EKD am 25. September 2014 in Berlin einen weitgehend *nichtöffentlichen* Studientag zur Frage *‚Braucht die Bundeswehr bewaffnete Drohnen*' durch.[454] Gemäß Brigadegeneral Lebert sei geplant, 16 Systeme bewaffnungsfähiger Drohnen bis 2025 anzuschaffen. Der Friedensbeauftragte der EKD Brahms blieb bei seiner o.g. Skepsis: Er würde der Bundesregierung die Anschaffung von Drohnen *nicht* empfehlen.[455] Sigurd Rink, der Nachfolger Martin Dutzmanns im Amt des Militärbischofs, lehnt Kampfdrohnen dagegen nicht

―――――

[450] www.sueddeutsche.de am 1.7.14.
[451] Vgl. www.sueddeutsche.de am 1.7.14.
[452] Ursula von der Leyen: „Ich bin der Überzeugung, dass wir in die Entwicklung einer europäischen bewaffnungsfähigen Drohne einsteigen müssen. Für ein solches Projekt, das mindestens ein Jahrzehnt dauert, werden wir nun Partner suchen" (www.sueddeutsche.de am 1.7.14). Zugleich hob sie den zivilen Nutzen dieser anvisierten Entwicklung hervor. Vgl. www.sueddeutsche.de am 1.7.14.
[453] www.ekd.de am 2.7.14.
[454] Vgl. epd vom 26.9.14 bzw. www.eka.militaerseelsorge.bundeswehr.de am 30.9.14.
[455] Vgl. ebd.

grundsätzlich ab.[456] In seinem Schlussvotum betonte der neue Militärbischof in Anlehnung an die Position des früheren Verteidigungsministers Thomas de Maizière, die ethische Kernfrage sei nicht die, *welche Waffe* eingesetzt werde, sondern die nach der *Legitimation des militärischen Waffengebrauchs* als solchem.[457] Die Frage nach der Anschaffung und dem Einsatz bewaffneter bzw. bewaffnungsfähiger Drohnen sei wichtig und bedürfe ethischer Expertise, allerdings sei sie nach seiner Einschätzung *nachgeordnet* gegenüber Fragen wie z.B. wie Deutschland mehr Verantwortung in der Welt wahrnehmen solle, welche Rolle die Bundeswehr in der deutschen Außen- und Sicherheit spiele, welche friedenssichernden Mittel Deutschland beitragen könne, ehe militärische Gewalt eingesetzt werde.[458]

Im Gegensatz zu den Voten des inzwischen abgelösten, damals noch nebenamtlichen Militärbischofs Dutzmann und seines Nachfolgers Rink, aber durchaus auf der Linie des EKD-Friedensbeauftragten Brahms hat der Exekutivausschuss des Ökumenischen Rates der Kirchen (ÖRK) die Staatengemeinschaft aufgefordert, auf den Einsatz bewaffneter Drohnen zu verzichten, denn Kampfdrohnen seien nicht nur eine tödliche Bedrohung, sondern sie gefährdeten auch die Beziehungen zwischen Staaten.[459]

2. Waffenlieferungen in Kriegsgebiete

Angesichts eines drohenden Genozids an verfolgten Minderheiten von Jesiden, schiitischen Turkmenen und Christen im Nordirak stand auf der Homepage der Bundesregierung am 1. September 2014 zu lesen, dass eine Ministerrunde unter dem Vorsitz Angela Merkels am Vorabend beschlossen hatte, Waffen an Kurden im Nordirak zu liefern. Damit sollten die Kurden im Kampf gegen die Terrormiliz ‚Islamischer Staat' unterstützt werden, denn dem Irak drohe eine humanitäre Katastrophe.[460] Der Protestantismus in Deutschland ist auch in der Frage der *ethischen* Bewertung von Waffenlieferungen an Kurden im Nordirak seit Monaten *gespalten*:

Der ehemalige Militärbischof und jetzige Prälat Martin Dutzmann ist derzeit in Personalunion *Bevollmächtigter*[461] *des Rats der EKD zur Vertretung kirchlicher Interessen bei der Bundesrepublik Deutschland* sowie einer der Vorsitzenden der rüstungskritischen *Gemeinsamen Konferenz Kirche und Entwicklung*. Es

---

456 Vgl. ebd.
457 „Braucht die Bundeswehr bewaffnete Drohnen?" – Positionen evangelischer Ethik. Ein Studientag der EKD am 25.9.14. Schlussstatement des Militärbischofs Dr. Sigurd Rink vgl. www.eka.militaerseelsorge.bundeswehr.de am 3.10.14.
458 Vgl. Rink ebd.
459 Vgl. http://ekd.de/aktuell/edi_2014_02_15_oerk_bewaffnete_drohnen.html.
460 www.bundesregierung.de/Content/DE/Artikel/2014/09/2014-09-01-irak-regierungserklaerung. html.
461 Vgl. www.ekd.de am 1.7.13.

scheint, als seien seine beiden Aufgaben nicht immer ganz spannungsfrei zu vereinbaren. Als absehbar war, dass die Bundesregierung Waffenlieferungen in den Nordirak ernsthaft in Erwägung zog, lehnte Dutzmann[462] eine Waffenlieferung an die Kurden zur Unterstützung im Kampf gegen die Islamisten *nicht* grundsätzlich ab: „Ich sage in aller Vorsicht: Wenn die Bundesregierung sich entscheiden sollte, Waffen als Soforthilfe in den Nordirak zu schicken, könnte ich das nicht verurteilen“[463]. Gleichzeitig betont Dutzmann, der Grundsatz, keine Rüstungsgüter in Spannungs- und Konfliktgebiete zu schicken, sei und bleibe richtig; ferner schreibe ein weiterer Grundsatz vor, Rüstungsgüter nur an Staaten abzugeben.[464] Für die derzeitige Lage im Irak reklamiert der Prälat:

> ‚Diese richtigen Grundsätze lassen sich in der aktuellen Situation im Nordirak nicht ohne weiteres umsetzen‘, erklärte der Theologe. Es scheine zumindest so, als seien nur die kurdischen Rebellen in der Lage, die Islamisten zurückzudrängen und dem Blutvergießen ein Ende zu bereiten.[465]

Kurz nach der Veröffentlichung von Dutzmanns Einlassungen als Bevollmächtigter der EKD in Berlin zu eventuellen Waffenlieferungen an Kurden im Nordirak meldete sich nämlich der Friedensbeauftragte der EKD mit einer gegensätzlichen Position zu Wort. Der Evangelische Pressedienst teilt mit:

> Renke Brahms hält mögliche Waffenlieferungen an die kurdischen Truppen im Irak für falsch. ‚Deutschland hat sich zu einer Rüstungsexportpolitik verpflichtet, die Lieferungen in Kriegs- und Krisenregionen ausschließt‘, schreibt Brahms in einem Beitrag für das Online-Portal ‚evangelisch.de‘. Daran solle die Bundesregierung festhalten. [...] Deutschland solle sich stattdessen um humanitäre Hilfe für Flüchtlinge kümmern, forderte Brahms. [...] ‚Die Finanzierung und Ausrüstung der ‚IS‘ durch Saudi-Arabien und Katar ist ein Skandal‘, sagte er. Waffenexporte in diese Länder müssten daher beendet werden. Der aktuelle militärische Einsatz der USA gegen den IS drohe wiederum terroristische Gruppen zu radikalisieren und ihnen Sympathisanten zuzuführen, warnte Brahms. Gewalt dürfe nur begrenzt eingesetzt werden, um die verfolgten Minderheiten zu retten und den Vormarsch der IS zu stoppen.[466]

---

462 www.ekd.de/aktuell_presse/news_2014_08_14_1_bevollmaechtiger_zu_irak.html („bevollmaechtiger“ sic!).
463 Martin Dutzmann, www.ekd.de/aktuell_presse/news_ 2014_08_14_1_bevollmaechtiger_zu_ irak.html (sic!).
464 www.ekd.de/aktuell_presse/news_2014_08_14_1_bevollmaechtiger_zu_irak.html.
465 www.ekd.de/aktuell_presse/news_2014_08_14_1_bevollmaechtiger_zu_irak.html.
466 www.ekd.de/aktuell_presse/news_2014_08_15_1_ekd_friedensbeaufragter_gegen _ waffenlieferung_irak.html.

Ähnlich kritisch argumentierte der Berliner Bischof Markus Dröge[467] und der Kirchenpräsident der EKHN Volker Jung[468], der in Waffenlieferungen einen Widerspruch zur EKD-Friedensdenkschrift sieht. Für einen völligen Verzicht auf Waffenlieferungen sprach sich Margot Käßmann[469] aus.

Als kurzes *Zwischenfazit* ist festzuhalten: Ähnlich wie in der Frage nach den Kampfdrohnen[470] stehen die friedensethischen Äußerungen der Funktionsträger Dutzmann und Brahms in großer Spannung zueinander. Dutzmann als Bevollmächtigter der EKD in Berlin spricht sich friedensethisch – wenn auch verhalten – für Waffenlieferungen an die Kurden im Nordirak aus, während Brahms in seiner Funktion als Friedensbeauftragter der EKD eindeutig dagegen ist. Entscheiden zu wollen, wer hier nun *kraft Amtes* im Auftrag der EKD *offiziell friedensethisch* für die EKD spricht, der Bevollmächtigte des Rates der EKD in Berlin *oder* der Friedensbeauftragte des Rats der EKD, ginge an der Grundverfassung des Protestantismus vorbei. Antworten auf derart komplexe ethische Herausforderungen können wohl nicht einfach oder allgemein verbindlich, geschweige denn bekenntnismäßig verpflichtend sein. Unterschiedliche ethische Positionen müssen innerhalb der protestantischen Kirchengemeinschaft ausgehalten werden. Gleichwohl erhebt sich die Frage, weshalb ausgerechnet der ‚staatsnahe' Vertreter der EKD die Haltung der Bundesregierung – wenn auch zögerlich – übernimmt und die von Brahms vorgetragenen zusätzlichen Aspekte (Waffenlieferungen an die Golfstaaten!) bei Dutzmann *keine* Rolle zu spielen scheinen.

Der damalige Vorsitzende des Rats der EKD Nikolaus Schneider[471] äußert Verständnis für beide Positionen. Für ein Gesamtpaket, bei dem Waffen auf kei-

———

[467] Dröge warnte davor, Waffen aus der Hand zu geben, ohne personell dafür Verantwortung zu übernehmen, da dies Tür und Tor für Missbrauch öffne; militärische Interventionen müssten von der Weltgemeinschaft abgestimmt und völkerrechtlich angemessen legitimiert werden. Ferner sieht Dröge auch die Amerikaner im Irak historisch in der größeren Verantwortung als andere Staaten – vgl. www.tagesspiegel.de/politik/kampf-gegen-is-im-irak-bischoefe-streiten-ueber-waffenlieferungen/10618708.html (28.8.14).

[468] Vgl. www.ekhn.de/aktuell/detailmagazin/news/kirchenpraesident-jung-gegen-waffenlieferungen-in-den-irak.html (am 9.9.14).

[469] Vgl. www.spiegel.de/spiegel/vorab/kaessmann-fuer-abschaffung-der-bundeswehr-a-985264. html (am 10.8.14).

[470] Der Artikel spiegelt den Stand der Diskussion bis Anfang 2015 wider. Zu der durch Digitalisierung der Kriegsführung und durch neue Waffen entstandenen veränderten Situation vgl. Ines-Jacqueline Werkner: Neue friedensethische Herausforderungen. Autonome Waffen, Cyberwar und nukleare Abschreckung, in: „Kirche auf dem Weg zu Gerechtigkeit und Frieden", Leipzig 2019, 141–158.

[471] Nikolaus Schneider: „Aus allen diesen Erwägungen heraus habe ich Respekt gegenüber den pazifistischen Positionen, die jede Waffenlieferung ablehnen. Aber ich befürworte in diesem konkreten Fall eine Politik, die durch humanitäres, diplomatisches und militärisches Handeln zu helfen sich bemüht. Dieser Konflikt im Irak macht mir erneut deutlich, dass es Situationen gibt, in denen wir nicht schuldfrei entscheiden können." http://ekd.de/vortraege/2014/20140828_schneider irak.html am 28.8.14.

nen Fall im Zentrum stehen dürfen, plädiert der bayerische Bischof Heinrich Bedford-Strohm.[472] Seiner Meinung nach sollen UNO-Truppen eine Schutzzone für diese direkt bedrohten Menschen errichten und trotz innerem Widerstand sprach er sich für Waffenlieferungen[473] an die Peschmerga aus. Die Bereitschaft zur Verantwortung führt in Risiken. Einen schuldlosen Weg scheint es in solchen Dilemma-Situationen gemäß Bedford-Strohm nicht zu geben, der seine Position als „Verantwortungspazifismus"[474] bezeichnet. Ende 2014 wurde er zum EKD-Ratsvorsitzenden[475] gewählt. Bedford-Strohms Argumentation im o.g. Interview vom 12.10.2014 erinnert an Bonhoeffer, der Pazifismus und die Bereitschaft zu gewaltsamem Widerstand in seinem Leben vereinte und formulierte: „Die letzte verantwortliche Frage ist nicht, wie ich mich heroisch aus der Affäre ziehe, sondern wie eine kommende Generation weiterleben soll."[476] Dieser Gedanke bildete für Bonhoeffer die Grundlage einer Verantwortungsethik, welche die Bereitschaft zur Schuldübernahme einschließt.[477]

Ende September 2014 versucht der Rat der EKD die gegensätzlichen Stellungnahmen exponierter protestantischer Geistlicher in einer kurzen, zwei Druckseiten umfassenden Stellungnahme[478] vorsichtig zu harmonisieren, wobei man sich bei der Frage der Waffenlieferungen an die kurdischen Peschmerga stärker an die Position Dutzmanns als an die Ausführungen des Friedensbeauftragten Brahms anschloss. Die Zustimmung zu den Waffenlieferungen an die Peschmerga-Milizen steht in Spannung zu mehreren friedensethischen Grundsätzen der EKD-Friedensdenkschrift aus dem Jahr 2007: Deutsche Waffen sollen *nicht* in Spannungsgebiete[479] geliefert werden, um ambivalente Verwendungsmöglichkeiten (dual use) zu vermeiden. Da die meisten Menschen, die durch Waffengewalt sterben, durch Kleinwaffen umkommen, gehört es zu den in der Denkschrift genannten friedenspolitischen Zielen, der Verbreitung dieser Waffenkategorie[480] entgegenzutreten. Ferner trägt die Waffenlieferung an nichtstaatliche Akteure zur Erosion des staatlichen Gewaltmonopols[481] bei.

Eine weitere Frage gehört in diesen Zusammenhang: Warum war Dutzmann als Bevollmächtigter des Rats der EKD und Militärbischof als ständiger Gast in der Kammer für öffentliche Verantwortung an der Abfassung der Schrift ‚*Selig sind die Friedfertigen*'. *Der Einsatz in Afghanistan: Aufgaben evangelischer*

-----

[472] Heinrich Bedford-Strohm am 8.9.14, vgl. www.deutschlandradiokultur.de/irak-krieg-waffen-sind-leider-noetig.1008.de.html?dram:article_id=296853.
[473] Ders. am 12.10.14, vgl. www.deutschlandradiokultur.de/irak-menschen-mit-waffen-beschuetzen.1278.de.html?dram:article_id=300082.
[474] Vgl. Bedford-Strohm am 12.10.14 a.a.O.
[475] Vgl. www.tagesschau.de/inland/ekd-bedford-strohm-101.html am 11.11.14.
[476] Dietrich Bonhoeffer, Ethik, DBW 6, München 1992, 438.
[477] Vgl. Bonhoeffer ebd. 275f.
[478] UN-Mandat für Einsatz gegen IS-Terror. Schutz von Flüchtlingen hat höchste Priorität. Eine friedensethische Stellungnahme des Rates der EKD, Hannover, im September 2014, www.elk-wue.de/arbeitsfelder/meldungen-arbeitsfelder/detail/?txttnews%5Btt-news %5 D=57175&txtt news %5BbackPid%5D=68176&no_cache=1 (am 26.9.14).
[479] Vgl. EKD-Friedensdenkschrift 2007, Ziffer 159.
[480] Vgl. EKD-Friedensdenkschrift 2007, Ziffer 165.
[481] Vgl. EKD-Friedensdenkschrift 2007, Ziffer 167.

Friedensethik offiziell *beteiligt*[482] und warum war *im Gegensatz dazu* Brahms als *Friedensbeauftragter* der EKD *nicht* beteiligt?

3. Karlsruher Aufruf an die EKD und das autonome Zentrum Frieden zum 35. DEKT in Stuttgart 2015

Jüngst hinterfragte Becker-Hinrichs in seiner Darstellung des Prozesses zur friedensethischen Neuorientierung[483] in der badischen Landeskirche zwei Argumentationsmuster: „Die ‚Dilemmathese' postuliert, dass man sich in bestimmten politischen Situationen in einem ethischen Dilemma befinde. Man werde schuldig, wenn man wegschaue und so z.B. Völkermord zulasse, und man werde schuldig, wenn man militärisch eingreife. In der Regel dient die Dilemmathese dann zur Begründung militärischen Eingreifens."[484] So heißt es z.B. in der EKD-Friedensdenkschrift: „In Situationen, in denen die Verantwortung für eigenes oder fremdes Leben zu einem Handeln nötigt, durch das zugleich Leben bedroht oder vernichtet wird, kann keine noch so sorgfältige Güterabwägung von dem Risiko des Schuldigwerdens befreien."[485]

Die Dilemmathese sei gemäß Becker-Hinrichs[486] unzureichend für die ethische Urteilsbildung, weil sie ausblende, dass es in jeder Situation mehr als nur zwei Handlungsmöglichkeiten gibt; es gebe niemals nur die Wahl zwischen Nichtstun oder militärischer Gewalt! In unserer heutigen komplexen Wirklichkeit stünden immer Dutzende von Handlungsmöglichkeiten zur Verfügung, die Unrecht eindämmen oder verringern können.

„Die zweite ethische Denkfigur wird regelmäßig von Vertretern der Militärseelsorge angeführt. Sie verweisen in ihren Stellungnahmen auf die sog. ‚unerlöste Welt', in der wir als Christen leben. In dieser müsse man gelegentlich zu militärischen Mitteln greifen, wenn auch nur als ultima ratio."[487] Becker-Hinrichs nimmt ein Argument von Fernando Enns auf: „Wer die Unerlöstheit der Welt zum Argument nutzen will, ein unerlöstes Leben als Christ zu führen, stellt damit nichts weniger als die Erlösung in Christus selbst in Frage."[488] Enns – und mit ihm Becker-Hinrichs – wirft mit seiner Argumentation sehr wichtige Fragen auf.

---

[482] Vgl. EKD-Text 116, 2014, 57.
[483] Vgl. www.ekiba.de/html/content/friedensethik.html.
[484] Dieter Becker-Hinrichs, Friedensethische Ergebnisse aus dem badischen Diskussionsprozess. Kirche des gerechten Friedens werden, DtPfBl (11/2014); vgl. www.pfarrerverband.de/pfarrerblatt/archiv.php?a=show&id=3710.
[485] EKD-Friedensdenkschrift 2007, Ziffer 103.
[486] Vgl. Becker-Hinrichs a.a.O.
[487] Becker-Hinrichs a.a.O.
[488] Becker-Hinrichs a.a.O. bzw. Fernando Enns, Kommentar zum »Entwurf eines Positionspapiers zur Friedensethik«, in: Reader z. Studientag d. Landessynode v. 7. Juni 2013 zum friedensethischen Diskussionsprozess i. d. Ev. Landeskirche in Baden, hrsg. Arbeitsstelle Frieden, Karlsruhe 2013, 13.

Allerdings kann man fragen, ob man ausgerechnet der Barmer Theologischen Erklärung[489], aus deren fünfter These der Ausdruck ‚*noch nicht erlöste Welt*' stammt, vorwerfen kann, sie leugne die Erlösung in Jesus Christus. Auch sind die Handlungsmöglichkeiten von Christen kaum in dem Sinne ‚*erlöst*' zu nennen, dass gute Absicht und Absage an jegliche Gewaltanwendung *immer* ein gutes Resultat zeitigen. Doch muss sich die ‚Gegenseite' – und hier natürlich auch die Protagonisten der Militärseelsorge – die Frage gefallen lassen, ob sie nicht mitunter zu schnell die militärische Option als ultima ratio bejaht und dadurch zumindest indirekt unterstützt, ohne alle zivilen Alternativen nachdrücklich ins Spiel gebracht zu haben.

Am 30. 3.2015 – und damit rechtzeitig vor dem 35. DEKT in Stuttgart – brachten die Arbeitsstelle Frieden und das Forum Friedensethik der evangelischen Landeskirche in Baden den ‚*Karlsruher Aufruf 2015 an die EKD: Gewaltfrei für den Frieden*' auf den Weg. Die Initiative fordert eine Neuorientierung der friedensethischen Position der EKD angesichts zunehmender Gewöhnung an Gewalt als Instrument der Politik:

> Wir bitten den Rat und die Synode der Evangelischen Kirche in Deutschland (EKD) um die Weiterentwicklung ihrer friedensethischen Position im Sinne der aktuellen landeskirchlichen und ökumenischen Diskussionen. Die EKD braucht ein klares friedensethisches Leitbild zur Überwindung des Krieges. Die Bereithaltung, Androhung und Anwendung militärischer Gewalt wird nicht mehr kirchlich mitgetragen, auch nicht als äußerstes Mittel (*ultima ratio),* wie es in der EKD-Friedensdenkschrift 2007 vertreten wird. Dies entspricht der Nachfolge des auf Gewalt verzichtenden Jesus Christus. Die EKD möge sich in Gesellschaft und Politik für einen friedenspolitischen Wandel engagieren, weg von der gegenwärtigen, auf militärischer Stärke und Einsatzbereitschaft basierenden Sicherheitslogik hin zu einer friedenslogischen Politik, die auf gewaltfreie Konfliktbearbeitung und eine gerechte Weltwirtschaftsordnung setzt. Wie die EKD-Ostdenkschrift von 1965 ein wichtiger Impuls für die dann einsetzende Ost-West-Entspannungspolitik war, könnte eine friedenslogische EKD-Denkschrift eine Neuorientierung in der deutschen Außen- und Sicherheitspolitik anregen und fördern. [...] Für den Weg der Gewaltfreiheit ermutigt uns Jesus Christus: Er preist die Sanftmütigen und die Friedenstifter selig und ruft zu Gewaltverzicht und Feindesliebe auf *(Matthäus 5).* Die Friedensforschung belegt ein solches Verhalten als vernünftig: Gewaltfreies Konfliktverhalten führt schneller zum Erfolg, fordert weitaus weniger Opfer und ist wesentlich nachhaltiger als militärisches Vorgehen.[490]

Es ist kein Zufall: Mit zunehmender Annäherung der evangelischen Militärseelsorge an die Realität erhöhter Militäreinsätze und neuer Waffen(technik) werden auch die Positionen der zivilen kirchlichen Friedensorganisationen wieder stärker hörbar artikuliert. Der durch die Friedensdenkschrift von 2007 mühsam erreichte und von Anfang an nicht ganz unumstrittene protestantische Mehrheitskonsens scheint sich aufzulösen. Auf beiden Seiten werden auch organisatorische Folgen mit großer symbolpolitischer Aussagekraft sichtbar: Die evangelische Militär-

―――――

[489] Zum Text der Barmer Erklärung siehe: www.ekd.de/download/handzettel barmer_theologische_erklaerung.pdf.

[490] Der vollständige Text ist als Pdf-Datei abrufbar unter: www.ekiba.de/html/content/friedensethik.html.

seelsorge wird seit 2014 erstmals durch einen *hauptamtlichen* Militärbischof vertreten. Dies verstärkt Tendenzen zu einer *militärkirchlichen*[491] *Parallelstruktur* zu den Landeskirchen, gleichzeitig organisiert sich ein *autonomes* ‚Zentrum Frieden' als *Parallelstruktur* zum Kirchentag.

Auf dem Programm für den 35. DEKT in Stuttgart 2015 stehen zwar 20 Zentren[492] für verschiedene Zielgruppen und zu unterschiedlichen Themen. Doch anders als z.B. auf dem Kirchentag in Dresden, bleibt die Suche nach einem *Zentrum Frieden* unter dem Dach des Stuttgarter Kirchentags vergeblich. War ein *Zentrum Frieden,* in dem Veranstaltungen mit friedensethischer Relevanz *räumlich und organisatorisch gebündelt* werden, in der aus ca. 100 Personen bestehenden Präsidialversammlung[493] des DEKT trotz höchst angespannter Weltlage nicht erwünscht? Zwar werden friedensethische Fragen in einigen Kirchentagsveranstaltungen *mitbedacht,* doch diese liegen teilweise räumlich weit auseinander, was für Menschen, die den Kirchentag aus friedensethischem Interesse aufsuchen und auf den ÖPNV angewiesen sind, die Teilnahme sehr erschwert und z.T. nicht ermöglicht. Die Friedensbewegung reagiert: 38 Friedensorganisationen bilden erstmals unter der Federführung der Aktionsgemeinschaft Dienst für den Frieden (AGDF) ein *autonomes* ‚Zentrum Frieden 2015' mit 60 Veranstaltungen und Ausstellungen *parallel* zum DEKT, *nicht* als *Konkurrenz,* sondern als *Ergänzung:* „‚Frieden stiften' ist für uns eine zentrale Aufgabe für Kirche und Gesellschaft und Politik. Beim Kirchentag in Stuttgart sieht das DEKT-Programm keinen zentralen Ort vor, um das breite Spektrum an Friedensarbeit und -spiritualität vorzustellen und aktuelle friedenspolitische Fragen zu diskutieren. Deshalb ergriffen verschiedene Friedensorganisationen und kirchliche Ein-

---

[491] Ein wichtiger Unterschied zwischen der evangelischen Seelsorge in der Bundeswehr und den evangelischen Landeskirchen ist das Fehlen einer synodalen Rückbindung der Militärseelsorge an eine synodale Basis. Um das für den Protestantismus charakteristische *synodale Prinzip* und die damit verbundene Transparenz und Legitimation ist es nach dem Maßstab protestantischer Standards in der Militärseelsorge nicht gut bestellt, denn es gibt *weder* eine *gewählte* Synode noch *gewählte* Presbyterien / Kirchengemeinderatsgremien. Der Militärbischof muss sich nur vor Funktionseliten in der EKD, nicht aber vor einer *synodalen Basis* verantworten. Sein jährlicher Bericht für die EKD-Synode wird in aller Regel *nur schriftlich* eingebracht. Eine *Diskussion* des Berichts in der EKD-Synode ist in der Regel *nicht* vorgesehen. Die für die Personalführung verantwortlichen Leitenden Militärdekane und der Militärgeneraldekan sind bislang Bundesbeamte auf Lebenszeit und haben – obwohl als Pfarrer ordiniert – nicht die persönliche Perspektive, jemals wieder vor einer kirchlichen Synode Rechenschaft abzulegen. Soldaten haben kein Recht, bei der Besetzung einer Militärpfarrstelle mit zu entscheiden.

[492] Wie z.B. Zentrum Älterwerden, Bibel, Bibliodrama/Bibliolog, Bildung, Gemeinde, Gender, Gottesdienst, Juden und Christen, Jugend, Kinder, Kirchenmusik, Kulturkirche, Mobilität/Energie/ Ressourcen, Regenbogen, Studierende, Weltanschauung – vgl. www.kirchentag.de/no_cache/programm/programm/programmsuche.html am 3.4.15.

[493] Die AGDF als Dachorganisation der zivilen kirchlichen Friedensarbeit ist in der Präsidialversammlung des DEKT *nicht* vertreten.

richtungen die Initiative für das Zentrum Frieden, um Gewaltfreiheit, Friedenstheologie und Pazifismus eine starke Stimme auf dem Kirchentag zu geben."[494] Fühlen sich (teilweise radikale) pazifistisch ausgerichtete Gruppen im offiziellen Programm des DEKT nicht mehr ausreichend repräsentiert? In einer Pressemeldung bemüht sich der DEKT um Schadensbegrenzung und spricht von einem „Friedenskirchentag in vielfältigen Dimensionen"[495].

Ausblick

Im Blick auf den DEKT in Stuttgart ist der Eindruck entstanden, dass es nicht mehr so ganz gelungen ist, die zivilen kirchlichen Friedensorganisationen zu integrieren. Für Wittenberg 2017 wird es darauf ankommen, genau zu analysieren, was sich hinter dem Symptom des autonomen ‚Zentrums Frieden 2015' verbirgt. Es wird zu den Aufgaben der Friedensethik innerhalb der EKD und der Militärseelsorge gehören, sich konstruktiv mit den friedensethischen Anfragen aus Baden zu befassen und etwas Mut zur ‚Sperrigkeit' gegenüber der Bundesregierung zu beweisen.

Nach dem Zweiten Weltkrieg wäre der Protestantismus in Deutschland fast am *Streit um die Wiederbewaffnung* Deutschlands und um den Militärseelsorgevertrag zerbrochen. Derzeit scheint sich ein neues Streitthema abzuzeichnen, falls die Politik der ‚größeren außenpolitischen Verantwortung' Deutschlands sich in Richtung wachsender Bereitschaft zu entpersönlichten Militäreinsätzen entwickelt: Die prinzipielle Bereitschaft zur Anschaffung bewaffnungsfähiger Drohnen und die Einzelfallentscheidung zu Waffenlieferungen an nichtstaatliche Kriegsparteien als Nothilfe weisen zumindest in diese Richtung.

Auch wenn sich nur wenige Militärgeistliche so pointiert in der Öffentlichkeit zu Wort melden wie Militärpfarrer Pascal Kober[496], der dem in viel diskutierten Meinungsbeiträgen vertretenen Pazifismus von Margot Käßmann die „‚theologische Aussagekraft einer Palmenstrandtapete'"[497] attestierte, scheint ein Konsens im Blick auf aktuelle friedensethische Fragen im Protestantismus in weite Ferne zu rücken. In der Friedensethik und der Friedensarbeit der EKD tut sich eine *tiefe Kluft* auf:

———————

494 www.zentrumfrieden2015.de/allgemein/warum-wir-nicht-teil-des-offiziellen-dekt-programm-sind/ (am 3.4.15).

495 www.ekd.de/aktuell_presse/pm_2015_03_24_89_kirchentag_programm.html.

496 Verteidigungsministerin v. d. Leyen sprach ein Grußwort bei Kobers Amtseinführung in Stetten am Kalten Markt vgl. www.eka.militaerseelsorge.bundeswehr.de (am 19.1.15). Früher wurden Militärgeistliche vom regionalen Lt. Militärdekan des Wehrbereichs in ihr Amt eingeführt, um die Verbundenheit zur jeweiligen Landeskirche auszudrücken. Diesmal übernahm der erste hauptamtliche Militärbischof diese Aufgabe.

497 Pascal Kober gemäß Matthias Kamann: www.welt.de/politik/deutschland/article132216486/Dieser-Pfarrer-ist-die-Antwort-der-FDP-auf-Kaessmann.html (13.9.14). Käßmanns Beispiel Costa Rica verzichtet zwar auf eigene Streitkräfte, ist aber in den Pakt von Rio, einen interamerikanischen gegenseitigen Beistandspakt (Inter-American Treaty of Reciprocal Assistance) eingebunden. Vgl. www.auswaertiges-amt.de/sid8A04F0F1B70203F3D8F319402B418388/DE/Aussenpolitik/Laender/Laenderinfos/CostaRica/Aussenpolitik_node.html (am 23.3.15).

Auf der einen Seite gibt es eine Position im Umfeld der Militärseelsorge, welche militärische Mittel und Maßnahmen ggf. im Einklang mit der Politik der größeren außenpolitischen Verantwortung sieht. Diese Position geht zumindest teilweise einher mit einer *Aufwertung der Hierarchie der Militärseelsorge* durch einen *hauptamtlichen* Militärbischof. Der neue Militärbischof Sigurd Rink betonte: Als Lehre aus den Ereignissen des 20. Jahrhunderts müsse Deutschland in den europäischen Kontext eingebunden sein und dürfe gerade *keinen Sonderweg* gehen. Das gelte auch für das Vorgehen in Krisengebieten.[498]

In Spannung dazu steht eine (teilweise radikalere) pazifistische Haltung. Manche kritisieren diese Sichtweise als (protestantischen) Nationalpazifismus[499]. Die Kritiker dieser Haltung suggerieren, es handle sich hier um einen *Sonderweg* der Deutschen und Ausdruck eines egoistischen Nationalismus, der die Last internationaler Verantwortung scheut. Brahms machte sich den problematischen Begriff *Sonderweg* nicht zu eigen. Traditionell vom 19. Jahrhundert her bezieht sich dieser Begriff auf Deutschlands Mittellage zwischen Ost und West. Als EKD-Friedensbeauftragter hob Brahms[500] hervor, er sehe eine *besondere* Rolle Deutschlands v.a. in der *Prävention* und in der *zivilen* Konfliktbearbeitung und wünschte sich ein *‚stehendes Heer‘ ziviler Kräfte* als Alleinstellungsmerkmal Deutschlands.

Die Einstellung zu Bundeswehr und Militärseelsorge haben den deutschen Protestantismus oft gespalten. Der Konflikt zwischen ‚Pazifisten‘ und ‚Nationalprotestanten‘ hat ihn fast zerrissen. Stark abgemildert kehrte er wieder in Spannungen zwischen einer Friedensethik, die das Gewissen schärfen will, und einer Militärseelsorge, die zunehmend Menschen in Grenzsituationen begleiten und Gewissen trösten will. Die friedensethische Denkschrift von 2007 schien die gespaltenen Lager auf einen gemeinsamen Nenner zu bringen. Militäreinsätze konnten als Friedenseinsätze definiert werden. Die jüngste Entwicklung einer Neudefinition der Bundeswehraufgaben und die gleichzeitigen Verselbständigungstendenzen der Militärseelsorge zu einem besonders privilegierten Bereich kirchlicher Arbeit mit einem *erstmals hauptamtlichen* Militärbischof – ohne dass analog dazu auch ein *hauptamtlicher Bischof* für *zivile* Friedensarbeit beauftragt wurde – lassen erwarten, dass alte Konflikte an neuen Problemen erneut aufbrechen und erneut zu Verwerfungen bzw. Spaltungstendenzen im Protestantismus führen könnten. Auf diese Sorge rechtzeitig aufmerksam zu machen, ist Ziel meines Beitrags.

---

[498] Vgl. www.tagesspiegel.de (am 8.9.14).

[499] Vgl. www.welt.de/debatte/kommentare/article131317525/Die-Kirche-ist-laengst-nicht -so-naiv-wie-Kaessmann.html (am 3.9.14).

[500] Sinngemäße Wiedergabe aus einem Vortrag von Renke Brahms zum Thema „‚Friedenszeugnis kontrovers‘ – Was dient dem Frieden heute?“ am 6.9.14 im Rahmen des Bausoldatenkongresses 2014 vom 5. bis 7. September 2014 in Wittenberg.

9

Nicht öffentlicher „Gottesdienst" zur Einführung des Militärbischofs in ein öffentliches Amt – Eine Problemanzeige

Sylvie Thonak

Zur Vorbereitung auf das Reformationsjahr 2017 eröffnete die EKD 2008 die Lutherdekade, weil Luther 500 Jahre zuvor als Mönch nach Wittenberg gekommen war. In der Lutherdekade wurde 2009 bis 2014 das Themenspektrum der Reformation in Themenjahren aufgenommen und entfaltet: „Bekenntnis", „Bildung", „Freiheit", „Musik", „Toleranz", „Politik", „Bild und Bibel" sowie „Eine Welt".[501] Ein Herzstück der lutherischen Reformation fand jedoch *keinen direkten Eingang* in diese Reihe: Die reformatorische Erneuerung des Gottesdienstes. Und das, obwohl sich Luthers Entdeckung der Rechtfertigung des Sünders allein aus Glauben unmittelbar auf das Verständnis und die Ordnung des Gottesdienstes auswirkte.[502] Natürlich kann man argumentieren, dass der evangelische Gottesdienst z.B. in den Themenjahren über Bildung, Freiheit, Musik, Bild und Bibel vorkommt und mitgemeint ist. Dennoch kann das, was als selbstverständlich mitgemeint gilt, nur allzu leicht aus dem Blick geraten. Gerade für das Reformationsjubiläum hätte Geltung verdient, was Wolfgang Huber im Vorwort zu einer Orientierungshilfe des Rats der EKD zu Verständnis und Praxis des Gottesdienstes in der evangelischen Kirche schrieb: „Der Gottesdienst bildet für jede christliche Gemeinde das Kernstück ihrer Existenz."[503]

1. Gerät reformatorisches Erbe bei der evangelischen Militärseelsorge in Vergessenheit?

„Christlicher Gottesdienst ist öffentlich, seinem Wesen, seinem Inhalt und seinem Anspruch nach"[504] formuliert Peter Cornehl und führt an anderer Stelle aus, dass „durch die reformatorische Predigtöffentlichkeit das Verhältnis von Gottesdienst und Öffentlichkeit eine neue positive Dynamik erhielt"[505]. Zu den bleibend wichtigen Errungenschaften Luthers im Blick auf die evangelische Erneuerung

―――――

[501] Vgl. www.luther2017.de/luther-dekade/themenjahre (abgerufen am 28.10.014).
[502] Der Gottesdienst. Eine Orientierungshilfe zu Verständnis und Praxis des Gottesdienstes in der evangelischen Kirche, hrsg. v. Rat der EKD, Gütersloh 2009, abgekürzt: EKD Orientierungshilfe evangelischer Gottesdienst, 24.
[503] Wolfgang Huber, Vorwort: EKD Orientierungshilfe evangelischer Gottesdienst, 7.
[504] Peter Cornehl, Gottesdienst und Öffentlichkeit, in: H.J. Eckstein u.a. (Hrsg.), Kompendium Gottesdienst, Tübingen 2011, 185–203, hier S. 191.
[505] Cornehl, 187.

des Gottesdienstes gehört die konstitutive Öffentlichkeit und die Abkehr von bestimmten Formen käuflicher Privatmessen, also interner kirchlicher Feiern ohne Gemeinde, die Luther als Winkelmessen[506] bezeichnete.

In der Orientierungshilfe des Rats der EKD zum evangelischen Gottesdienst heißt es:

> Der Gottesdienst ist keine Vereinsversammlung von Kirchenmitgliedern. Zu ihm wird *öffentlich* eingeladen, und jeder hat Zutritt, weil der Gottesdienst die Veröffentlichung von Gottes Zuwendung ist. Man kann die christliche Gemeinde beim Beten beobachten. Man muss bei den Christen ‚sehen, wie die glauben, leben und lehren' (Martin Luther).[507]

Unter dem Stichwort Öffentlichkeit heißt es weiter: „Evangelische Gottesdienste sind öffentlich."[508] Diese Ausschnitte belegen, dass der Öffentlichkeit auch eine reale Chance auf Informationen über Ort und Zeit eines Gottesdienstes sowie freie Zutrittsmöglichkeit zu evangelischen Gottesdiensten gegeben werden muss.

Wie ernst werden insbesondere *öffentliche* Ankündigung bzw. *öffentliche* Zugänglichkeit eines Gottesdienstes in der Gottesdienstpraxis der EKD genommen? Im Rahmen der EKD-Synode nimmt die EKD das konstitutive Merkmal der Öffentlichkeit eines evangelischen Gottesdienstes sehr ernst: Bereits im Vorfeld einer EKD-Synode werden Ort und Uhrzeit der öffentlich zugänglichen Gottesdienste auf der Homepage der EKD[509] angekündigt. Wer sich für die Arbeit der EKD-Synode oder die zu diesen Anlässen stattfindenden Gottesdienste interessiert, hat Zutrittsmöglichkeiten zur Zuschauer- und Pressetribüne und freien Zutritt zu den Gottesdiensten, in denen auch die gewählten Ratsvorsitzenden *öffentlich* in ihr Amt eingesetzt werden.

Anders scheint dies im EKD-Handlungsfeld Militärseelsorge zu sein. Anstelle eines öffentlich zugänglichen Gottesdienstes zur Amtseinführung von Sigurd Rink als erstem hauptamtlichen Militärbischof veranstalteten die evangelische Militärseelsorge bzw. die EKD am 8. September 2014, also zwei Monate vor der Tagung der EKD-Synode, eine interne kirchliche Feier in der Kaiser-Wilhelm-Gedächtniskirche[510] in Berlin. Diese fiel durch mehrere Besonderheiten aus dem Rahmen üblicher evangelischer Gottesdienstpraxis:

---

[506] Vgl. Martin Luther, Von der Winkelmesse und Pfaffen Weihe, Wittenberg 1534; siehe auch: Michael Mayer-Blanck, Gottesdienstlehre, Tübingen 2011, 154–159.

[507] EKD Orientierungshilfe evangelischer Gottesdienst, 44.

[508] EKD Orientierungshilfe evangelischer Gottesdienst, 54. Weiter wird dort ausgeführt: „Ihr Öffentlichkeitscharakter erschließt sich aus dem Evangelium. Hier ist der Auftrag zur öffentlichen Wortverkündigung wesentlich begründet. Durch die Verkündigung des Evangeliums partizipiert die Institution Kirche an der vorhandenen gesellschaftlichen, aber auch publizistischen Öffentlichkeit. Von daher sind ihre Gottesdienste in der säkularen Gesellschaft auch beheimatet, obwohl sie als Kirche darauf zu achten hat, dass sie in der Welt nicht aufgeht und ihr gesellschaftskritisches Potenzial behält." (Ebd. 54f).

[509] Vgl. z.B. www.ekd.de/verlaufsplan-synode-2018-38406.htm – Programme der Synodentagungen sind dort vorab einsehbar (abgerufen am 28.8.14).

[510] Vgl. Erst am Veranstaltungstag am 8.9.14 zu Beginn der 37. Kalenderwoche hat die EKD die Uhrzeit des Gottesdienstbeginns und den Veranstaltungsort in der Gedächtniskirche öffentlich bekannt gegeben. Vgl. http://ekd.de/aktuell_presse/95007.html am 8.9.14.

- *Ausschließlich geladenen Gästen wurde Zutritt gewährt.*
- *Nicht allen, die bei der Amtseinführung des Militärbischofs dabei sein wollten, wurde die Teilnahme auch gestattet, obwohl es nach Auskunft der Gedächtniskirchengemeinde noch viele freie Plätze in der Kirche gab.*
- *Die Pfarrhelferinnen und Pfarrhelfer als hauptamtliche Mitarbeiter/innen und Vertreter/innen des diakonischen Auftrags der evangelischen Militärseelsorge, die jedem/jeder Militärpfarrer/in an den Bundeswehrstandorten zur Seite gestellt sind, wurden nach Auskunft eines erfahrenen Pfarrhelfers nicht zu der kirchlichen Amtseinführung des neuen Militärbischofs eingeladen.*

  Man stelle sich einmal vor, dass man bei der Amtseinführung eines neuen Bischofs einer Landeskirche Mitarbeiter/innen der Diakonie oder der Kirchenmusik zugunsten von Pfarrer/innen und Politiker/inne/n von der Teilnahme ausschließen würde.
- *Die Modalitäten, um der feierlichen Amtseinführung in der Gedächtniskirche beiwohnen zu dürfen, wurden nicht im Vorfeld für jeden öffentlich zugänglich gemacht.*

  Selbst für Soldatenfamilien, die nicht auf der Liste der geladenen Gäste standen, oder für eine interessierte Öffentlichkeit außerhalb der geladenen Vertreter aus Kirche, Militär und Bundestag, waren Informationen über Zugangsvoraussetzungen und Anmeldefristen *nicht* öffentlich zugänglich, um sich rechtzeitig für eine Chance auf Teilnahme bewerben zu können. Bereits in der Vorwoche der Veranstaltung war es zur Abweisung gekommen, obwohl es nach Auskunft der Berliner Gedächtniskirchengemeinde genügend freie Plätze in der Kirche gegeben hätte. Ein Gottesdienst, bei dem man sich anmelden muss – und dazu auch noch rechtzeitig, *ohne* dass eine *öffentliche* Mitteilung zu den *Anmeldeformalitäten* und *Anmeldefristen* erfolgt ist, ist *kein öffentlicher Gottesdienst.*[511]
- *Nach Auskunft der Kaiser Wilhelm Gedächtnisgemeinde in Berlin verzichtete die Gedächtnisgemeinde ausnahmsweise auf Wunsch der Militärseelsorge auf eine öffentliche Ankündigung dieser Veranstaltung in ihrem Gotteshaus.*[512]

Darüber hinaus erhielt ich von dem Bach-Chor, der bei diesem „Gottesdienst“ mitwirkte, die Information[513], der Chor selbst habe sehr kurzfristig erfahren, dass nur „geladene“ Gäste Eintrittsrecht haben.

---

[511] Diese Bedingung war nach meiner Erfahrung und Recherche nicht erfüllt.
[512] Dies erfuhr ich am 25.10.14 aus dem Kreis der Mitarbeitenden der Kaiser Wilhelm Gedächtniskirche.
[513] Geschehen am 22.10.14. Protestantischer Tradition folgend ging der Chor wohl davon aus, dass ein Gottesdienst öffentlich ist und wollte folglich seine Mitwirkung öffentlich ankündigen, hatte aber anstelle des Namens des neuen Bischofs Sigurd Rink vermutlich versehentlich den Namen eines Militärdekans eingesetzt. So konnte man in

Die in Rede stehende interne Veranstaltung zur Einführung des neuen Militärbischofs fand in der 37. Kalenderwoche 2014 statt. In der 36. Kalenderwoche hatte ich auf meine Nachfrage bei der Militärseelsorge die Auskunft erhalten, dass die Veranstaltung *nicht öffentlich,* sondern eine *„geschlossene Gesellschaft"* ist, für die es eine Gästeliste mit geladenen Gästen, Namensschildern, Eingangskontrollen durch Feldjägereinsatz etc. gibt. Nach der Veranstaltung wurde die Veranstaltung vom Evangelischen Kirchenamt für die Bundeswehr, einer dem Verteidigungsministerium unterstellten staatlichen Behörde, als *öffentlicher* „Gottesdienst" mit *„Zugangsbeschränkungen"*[514] bezeichnet.

Ein Leitender Militärdekan nannte die *„hohe Zahl der Teilnehmenden"*[515] als *Beleg für* Öffentlichkeit. Nach Mt 18,20 ist die Anzahl der Teilnehmer kein zwingendes Indiz für Öffentlichkeit. Auffällig war allerdings, dass sich kein Augenzeugenbericht über den *angeblich öffentlichen „Gottesdienst"* zur Amtseinführung des neuen Militärbischofs in einschlägigen Tageszeitungen finden ließ, obwohl ein Bischof eine öffentliche Person ist. Über den Einführungsgottesdienst von Bischof Dröge hingegen in der Berliner Marienkirche berichtete seinerzeit z.B. die Berliner Morgenpost[516]. Auf dem Bausoldatenkongress an der Evangelischen Akademie in Wittenberg vom 5. bis 7. September 2014 hatte ich erfahren, dass angeblich aus der EKHN, aus der der neue Militärbischof stammt, besonders viele Gäste zu der kirchlichen Einführungsfeier am 8. September 2014 eingeladen worden sind. Selbst wenn eventuell einzelne Soldaten(familien) anwesend waren, kann daraus nicht gefolgert werden, der Gottesdienst sei öffentlich, wenn diese zu den geladenen Gästen gehörten.

Auf meine gezielte Nachfrage nach einem Kontingent an Plätzen für Menschen, die nicht auf der protokollarischen VIP-Einladungsliste stehen, aber gerne die kirchliche Amtseinführung mitfeiern wollen, erhielt ich ebenfalls in der 36. Kalenderwoche die Auskunft, dass man so etwas zwar einmal erwogen, aber wieder verworfen habe.

Feldjägern[517] der Bundeswehr wurden hausrechtliche Befugnisse übertragen, obwohl die kirchliche Einführung eines Bischofs *kein Staatsakt,* sondern eine

———————

der 36. Kalenderwoche folgende Ankündigung bei „Musik in Kirchen" lesen: „Mitwirkung im Einführungsgottesdienst des neuen Militärbischofs *Christian Renovanz* Bach-Chor an der Kaiser-Wilhelm-Gedächtnis-Kirche" (Hervorhebung des nicht korrekten Namens durch S.Th.) unter: www.musikinkirchen.de/Public/ShowEventDetails/eventID/44339.html.

514 Schreiben des Evangelischen Kirchenamtes für die Bundeswehr in Berlin vom 9.10.14 mit dem Adressaten „Kein Empfänger", das mir als Blindkopie zugeleitet wurde und in welchem ich namentlich angeredet werde.

515 Ebd. am 9.10.14.

516 Vgl. www.morgenpost.de/berlin/article1207350/Neuer-Berliner-Landesbischof-ins-Amt-eingefuehrt.html (14.11.2009; eingesehen am 22.11.14).

517 Nachdenklich stimmt auch der Umstand, dass die Militärseelsorge den Anschein erweckt, als sei sie noch immer nicht sensibilisiert durch Vorgänge aus dem Jahr 2013: „Kirche soll Hausrecht an Feldjäger abgeben" (Michael Berger: Kirche soll Hausrecht an Feldjäger abgeben, www.haz.de; am 3.6.2013) titelte damals im Juni 2013 die „Hannoversche Allgemeine Zeitung" und schrieb dazu: „Einen ungewöhnlichen Schritt empfiehlt die hannoversche Landeskirche Gemeinden, wenn sie in ihren Kirchen einen Trauergot-

kirchliche Aufgabe ist und im Normalfall in einem öffentlichen Gottesdienst stattfindet.

Bei einigen Ministerinnen und Ministern der Bundesregierung gibt es besondere Anforderungen an Maßnahmen zum Personenschutz. Doch es stellt sich die Frage, warum diese Aufgaben bei dieser kirchlichen Feier nicht – wie sonst üblich – vorwiegend von zivilen Kräften wie der Bundespolizei, sondern von Feldjägern der Bundeswehr übernommen wurde. Es war wohl nicht die Absicht der Veranstalter, dass die Gedächtniskirche wie eine Art ‚militärisches Sperrgebiet‘ wirken sollte.

Bei allem Verständnis für Sicherheitsfragen: Selbst, wenn bei dieser Bischofseinführung unter den geladenen Gästen eine Bundesministerin und weitere Politiker waren, die möglicher Weise besondere Wünsche im Blick auf Sicherheitsfragen haben, so bleibt die Frage, warum ausgerechnet in einem „Gottesdienst“ interessierte Bürger ohne kirchliches oder politisches Mandat keinen Zugang haben und somit die Öffentlichkeit nicht gesichert werden kann, sondern *ausgeschlossen* wird? In einer Demokratie treten Politiker schließlich ständig in der Öffentlichkeit auf.

2. Amtseinführung ohne öffentlichen ‚Gottesdienst‘

Im Blick auf die Amtseinführung des neuen Militärbischofs am 8. September 2014 geht es um nichts weniger als um die Frage, unter welchen Bedingungen

---

tesdienst für gefallene Soldaten aus dem Afghanistan-Krieg abhalten. In diesem Fall sollten sie das ‚Hausrecht an die Feldjäger der Bundeswehr‘ übertragen – ‚aus Gründen der Gefahrenabwehr und um Störungen vermeiden zu können‘. [...] So steht es in einem Informationsschreiben des evangelischen Militärbischofs Martin Dutzmann, das das hannoversche Landeskirchenamt am 16. Mai verschickte“ (Berger, ebd. Vgl. Militärbischof Martin Dutzmann: *Informationen für Kirchengemeinden im Fall einer zentralen Trauerfeier für gefallene Soldatinnen und Soldaten der Bundeswehr,* undatiert). Die „Frankfurter Rundschau“ stellte dazu die Frage: Will man „Militärangehörige, die in evangelischen Kirchen dem Pastor das Wort entziehen oder kritische Kirchenmitglieder aus dem Gottesdienst entfernen? Theoretisch wäre das möglich“ (Karin Dalka, Feldjäger als Hausherren unerwünscht, www.fr-online.de; am 5.6.13). Bei jener Debatte (Vgl. dazu ausführlich: Sylvie Thonak, Loyalitätskonflikte zwischen kirchlichem und militärischem Auftrag. Vorschläge zur Reform der evangelischen Militärseelsorge, DtPfBl (11/2013) 617–620) aus dem Jahr 2013 ging es um zwei nicht ausreichend klar erkennbar getrennte Veranstaltungstypen, die nach gängiger Praxis am gleichen Ort (nämlich in einer Kirche) zeitlich nacheinander stattfinden, aber kategorial verschieden sind, nämlich um kirchliche Trauergottesdienste und um räumlich und zeitlich damit verbundene Staatsakte anlässlich des Todes von im Auslandseinsatz der Bundeswehr gefallenen Soldaten. Die Veranstaltung am 8. September 2014 in der Kaiser-Wilhelm-Gedächtniskirche zur Einführung eines neuen Bischofs war dagegen eindeutig eine *kirchliche* Feier und gerade *kein Staatsakt,* da der Militärbischof *kein* Staatsbeamter ist, sondern die EKD als *Dienstherren* hat. Insofern ist es m.E. seitens des Veranstalters erklärungsbedürftig, wenn hausrechtliche Befugnisse für eine Veranstaltung in einer Kirche bei eventuell drohender Gefahr nicht an die Polizei, sondern an die Feldjäger der Bundeswehr abgetreten werden.

eine kirchliche Feier im Sinne reformatorischer Theologie als *öffentlicher* evangelischer Gottesdienst gelten kann. Auf wessen Wunsch hin haben EKD und Militärseelsorge ausgerechnet bei einer Bischofseinführung auf Öffentlichkeit verzichtet? Hier geht es keineswegs um eine mehr oder weniger belanglose Nebensache, sondern mit dem Charakter des Amtes des Militärbischofs steht der kirchliche Charakter der evangelischen Militärseelsorge überhaupt in Frage. „Die Geschichte der Kirche ist geprägt durch die Dialektik von Anpassung und Widerstand, Korruption und Reform. Die damit gegebene Spannung durchzieht die Beziehung zwischen Gottesdienst und Öffentlichkeit bis heute“[518] heißt es bei Cornehl.

Sofern die Einführung eines Bischofs in ein *öffentliches* Predigtamt an einen *öffentlichen* Gottesdienst gebunden ist, wirft dies die Frage auf, ob es überhaupt eine gültige Einführung im Sinne des 14. Artikels des Augsburger Bekenntnisses[519] war. Eigentlich kann man die Veranstaltung in der Kaiser-Wilhelm-Gedächtniskirche am 8. September 2014 nur als eine *interne kirchliche Feier* bezeichnen. *Konstitutiv* für das Verständnis eines evangelischen Gottesdienstes ist nämlich gemäß Artikel 14 des Augsburger Bekenntnisses, dass er *öffentlich* ist: In CA 14 geht es um das *publice docere.* Dafür ist eine *ordnungsgemäße Beauftragung* notwendig. Daher wäre es sinnvoll, eine *öffentliche gottesdienstliche Einführung* eines neuen Militärbischofs *im Rahmen der jeweils zeitlich nächsten EKD-Synode öffentlich* zu vollziehen. Die Militärseelsorge hat ohnehin Akzeptanzschwierigkeiten im Protestantismus, daher müsste dies auch im Sinne der Militärseelsorge sein. Ein Bischofsamt ist nach evangelischem Verständnis ein Pfarramt mit besonderer kirchlicher Leitungsverantwortung und insofern ein herausgehobenes Amt zur *öffentlichen* Predigt. Einem Bischof, der nicht in einem *öffentlichen* Gottesdienst eingeführt wurde, wird es immer an einer *geistlichen Legitimation* fehlen – ganz *unabhängig* davon, wie die Einführung *kirchenrechtlich* beurteilt wird. Warum schickt man einen neuen Militärbischof mit solch einem *Legitimationsdefizit* in sein schwieriges Amt?

3. Evangelische Militärseelsorge auf dem Weg zu einer Sonderkirche?

Welches Verständnis von Kirche, Gottesdienst, Zielgruppe der Militärseelsorge und Öffentlichkeit wird durch solch eine Veranstaltung transportiert? Die Darstellung des Verteidigungsministeriums spricht für sich: „Ministerin von der Leyen [wurde][520] von den Staatssekretären und dem Generalinspekteur der Bundeswehr begleitet. Der Wehrbeauftragte und zahlreiche Mitglieder des Verteidigungsausschusses des Bundestages sind in die Gedächtniskirche gekommen.“[521]

—————

[518] Cornehl, 186f.
[519] CA 14: „Vom Kirchenregiment (kirchlichen Amt) wird gelehrt, daß niemand in der Kirche öffentlich lehren oder predigen oder die Sakramente reichen soll ohne ordnungsgemäße Berufung.“ www.ekd.de/glauben/bekenntnisse/augsburger_bekenntnis.html.
[520] Sinngemäß ergänzt.
[521] www.bmvg.de/portal/a/bmvg/!ut/p/c4/NYuxDsIwDET_yE6EOsBGVAYWBhigbGkRUZNXBmnLHw8ycCd9IZ7OnxibfYbRa_E2S_4wGGiw_iBMW0RXlykrpAo01uDUEl4b585wMQ5aKOGrFQZxSsLrCy6NFNEqgGacTC2d8aaf-x3f7mdOrfrbH92V1xTOv4A4Yyqmw!!/ (am 9.9.14, abgerufen am 27.10.14)

Dass bei der Anwesenheit der Verteidigungsministerin besondere Sicherheitsauflagen gewünscht sein könnten, schließt nicht zwingend aus, dass man die Teilnahme in überschaubarem Umfang für Menschen öffnet, die vorher angefragt haben und gerne dabei gewesen wären, um die Öffentlichkeit außerhalb der geladenen Funktionäre zu vertreten. Ging es hier wirklich ausschließlich um Sicherheitsfragen?

Das *symbolpolitische Signal* dieser nicht-öffentlichen Veranstaltung macht sichtbar, dass sich hier ein kirchlicher *Sonderbereich* entwickelt, der sich auf eine *geladene Machtelite beschränkt,* sich der *kirchlichen Basis* und dadurch *sogar seiner eigenen Zielgruppe evangelischer Soldaten und ihrer Familien entzieht* und ein gewisses *Eigenleben* führen will.

Unter den zielgruppenspezifischen Gottesdiensten für Menschen, die sich unfreiwillig in Institutionen wie in Kliniken, in Gefängnissen und beim Militär aufhalten, hat das Militär seit der Aussetzung der Wehrpflicht seine „Sonderstellung" verloren: Derzeit wird niemand mehr zum Dienst in der Bundeswehr gezwungen. Evangelische Gottesdienste in Kliniken sind in aller Regel öffentlich und es wird nach meiner Erfahrung öffentlich über Aushang, Presse und Internet dazu eingeladen, so dass neben den Patienten und Patientinnen auch Angehörige, Besucher/innen, Bedienstete oder Menschen aus dem Wohnumfeld einer Klinik teilnehmen können und auch teilnehmen. Selbst bei Gottesdiensten in Justizvollzugsanstalten ist ein Zugang für die Öffentlichkeit *nicht* gänzlich ausgeschlossen und nicht selten sogar vom Konzept der Einrichtungen her erwünscht. Wie mir sowohl von ehrenamtlicher Seite als auch von einem hauptamtlichen Mitglied des Bundesvorstands der Gefängnisseelsorge[522] erläutert wurde, müssen zwar gewisse Sicherheitsauflagen für externe Gottesdienstbesucher/innen erfüllt sein, doch dies sind keine unüberwindlichen Hürden. Da der Justizvollzug in die Hoheit der Länder fällt, und die evangelische Gefängnisseelsorge in den einzelnen Landeskirchen unterschiedlich geregelt ist, gibt es zwar keine einheitlichen Bestimmungen für externe Gottesdienstbesucher/innen, aber folgende allgemeine Tendenz lässt sich aufgrund von Erfahrungswerten formulieren: Für interessierte Bürger ist es nach Prüfung von Sicherheitsfragen durchaus möglich an Gefängnisgottesdiensten teilzunehmen. Ehrenamtliche Mitarbeiter/innen und Kontaktgruppen gestalten in vielen Gefängnissen teilweise regelmäßig Gottesdienste aktiv mit. Wenn es sogar für Außenstehende möglich ist, an Gefängnisgottesdiensten teilzunehmen, um wie viel mehr hätte die Militärseelsorge interessierte Bürger/innen, die keine persönliche Einladung zur Amtseinführung des Militärbischofs erhielten, aber gerne teilgenommen hätten, zur Amtseinführung des Militärbischofs zulassen können? – Platz genug hätte es ja gegeben! Die Militärseelsorge begibt sich m.E. mit solchem Verhalten auf den Weg zu einer Sonderkirche.

Die Tendenz zu einem Eigenleben der Militärseelsorge ist eingebettet in ein allgemeines Defizit in ihrer jetzigen Struktur: Sie hat *keine presbyterial-synoda-*

———————

[522] Gespräch am 6.1.15 mit Gefängnispfarrer Adrian Tillmanns.

len Strukturen. Die von ihr betreuten „Gemeindeglieder" werden nicht in gewählten Ältestenräten oder gewählten Gemeindeleitungsgremien vertreten. Der Militärbischof muss sich nur vor Funktionseliten in der EKD, nicht aber vor einer *synodalen Basis* verantworten. Der jährliche Bericht des Militärbischofs für die EKD-Synode wird in aller Regel *nur schriftlich* eingebracht. Eine *Diskussion* des Berichts in der EKD-Synode ist in der Regel *nicht* vorgesehen. Der Militärgeneraldekan und der Personalchef des Evangelischen Kirchenamts für die Bundeswehr (beide gehören zur oberen Ministerialbürokratie des Verteidigungsministeriums), die (leitenden) Militärdekane und Militärpfarrer müssen vor *keiner* gewählten Synode Rechenschaft über ihr Tun ablegen.[523] Doch das ist ein eigenes Thema.[524] Die Loskoppelung von der Basis der Gemeindeglieder wurde ohnehin durch die Bestellung eines hauptamtlichen Militärbischofs verstärkt. Anders als die letzten „nebenamtlichen" Militärbischöfe, die in ihren zivilen Kirchen synodal begleitet und hinterfragt wurden, die dadurch immer wieder in Kontakt mit dem Leben und den Problemen der kirchlichen Basis standen und bei ihren Entscheidungen in der Militärseelsorge zumindest mit bedenken mussten, wie ihre Arbeit in ihren zivilen Gemeinden aufgenommen wurde, handelt ein hauptamtlicher Militärbischof ganz unabhängig von „normalen" Gemeinden. Nichts bringt das deutlicher zum Ausdruck als seine Einführung in einem *nicht-öffentlichen* „Gottesdienst". Die Botschaft an die kirchliche Basis war klar und unmissverständlich: Wir wollen unter uns bleiben – als „geschlossene Gesellschaft".

Militärseelsorge sei „sensibel für externe und interne Exklusionen"[525] so lautet die Selbstdarstellung der evangelischen Militärseelsorge in einer Anfang 2019 erschienenen Veröffentlichung des evangelischen Kirchenamts der Bundeswehr zum Seelsorgeverständnis der evangelischen Seelsorge in der Bundeswehr – dies sollte dann auch für einen „Gottesdienst" zur Amtseinsetzung des evangelischen Militärbischofs im Blick auf die exkludierten Soldatinnen und Soldaten sowie die ebenso ausgeschlossenen Pfarrhelferinnen und Pfarrhelfer und nicht zuletzt für die wohl nicht erwünschte interessierte Öffentlichkeit gelten. In ihrem Schrifttum stellt sich die evangelische Militärseelsorge gern als Brückenbauer zwischen der „‚Sonderwelt' Bundeswehr und der ‚Normalwelt'"[526]dar, in der Realität schottet sie sich übermäßig ab.

Drei Ereignisse zeigen, dass die evangelische Militärseelsorge droht, sich auf Abwege zu begeben. Sie zeigt Tendenzen zu einer Sonderkirche, die protestantischem Kirchenverständnis widerspricht: der Vorstoß, das Hausrecht in der Kirche an Feldjäger abzutreten, die Etablierung eines *hauptamtlichen* Militärbischofs, der sich *strukturell* Kontrollen durch die synodale Basis entzieht. Dessen

———————

523 Ferner können haupt- und ehrenamtliche Mitarbeiter/innen – im Gegensatz zu zivilen kirchlichen Strukturen – z.B. in Konflikten mit der Leitungshierarchie zur Wahrung kirchlicher Freiheiten aufgrund mangelnder Zuständigkeit nicht auf Unterstützung durch presbyterial-synodale Strukturen zurückgreifen.

524 Sylvie Thonak, Ecclesiola extra ecclesiam? Zur Zukunft der evangelischen Militärseelsorge (Gastbeitrag in): DtPfBl (11/2015) 632–634 und 642–644.

525 Begleitung im Licht des Evangeliums. 10 Thesen zum Seelsorgeverständnis, hrsg. v. Evangelischen Kirchenamt für die Bundeswehr im Auftrag des evangelischen Militärbischofs, Berlin 2019, 25.

526 Ebd. 23.

Einführung in einem *nicht-öffentlichen* „Gottesdienst“ ist der symbolische Ausdruck dieser Tendenz zu einer Sonderkirche.[527] Gottesdienste übermitteln ihre Botschaft nicht ausschließlich durch Worte, sondern durch die Symbolik ihres Vollzugs. Hier wirkt die Botschaft ziemlich eindeutig: ‚Wir möchten unter uns bleiben‘. Wenn die Militärseelsorge Gottesdienste als „geschlossene Gesellschaft“ veranstaltet, ist das für ihre Akzeptanz in einer offenen Kirche und demokratischen Gesellschaft nicht gerade förderlich. Es widerspricht reformatorischem Kirchenverständnis. Niemand sollte sagen, es habe keiner davor gewarnt.

---

[527] Bemerkenswert ist, dass Militärbischof Sigurd Rink am 22. Juli 2020 in der St. Louis-Kirche der Julius-Leber-Kaserne in Berlin durch Verteidigungsministerin Kramp-Karrenbauer und in Vertretung von Bischof Heinrich Bedford-Strohm durch die stellvertretende EKD-Ratsvorsitzende Annette Kurschus verabschiedet wird (vgl. https://www.bundeswehr.de/de/betreuung-fuersorge/militaerseelsorge/evangelische-militaerseelsorge/militaerbischof/neu-nachdenken-ueber-gleichberechtigte-dienstpflicht-355918 (Zugriff 18. Juli 2020). Warum für die Verabschiedung des Militärbischofs aus seinem *öffentlichen kirchlichen* Amt eine Kasernen-Kirche und kein für die Öffentlichkeit allgemein zugängliches Gotteshaus ausgewählt wurde, wird auf der Homepage der evangelischen Militärseelsorge nicht erläutert.

10

Ecclesiola extra ecclesiam? Zur Zukunft der evangelischen Militärseelsorge

Sylvie Thonak

Militärgeistliche stehen in einem merkwürdigen Zwitterverhältnis zwischen ihrem kirchlichen Seelsorgeauftrag und dem hierarchischen Gefüge der Bundeswehr. Dieser Beitrag[528] widmet sich den schwierigen, in sich nicht widerspruchsfreien Rahmenbedingungen der Militärseelsorge und versucht, Lösungswege aufzuzeigen, damit die Militärseelsorge nicht eine ecclesiola extra ecclesiam wird.

Militärgeistliche sind im hierarchischen Gefüge der Bundeswehr ein Fremdkörper. In ihren Predigten sind sie theoretisch frei und nur ihrem Gewissen sowie dem Bekenntnis der entsendenden Landeskirche verpflichtet. Anders als Truppenpsycholog(inn)en, gewählte soldatische Vertrauenspersonen oder militärische Vorgesetzte müssen sie ihnen von Soldat(inn)en anvertraute Inhalte in jedem Fall für sich behalten, denn Seelsorgegespräche unterliegen dem Beichtgeheimnis. Wie ich von Soldaten gehört habe, sind Militärgeistliche als unabhängige Gesprächspartner wichtig.

Andererseits: Militärgeistliche können aus Sicht der Hierarchie als Strukturproblem empfunden werden. Nicht selten erfahren sie, wie es um die Berufszufriedenheit und die Meinungen in der Truppe z.B. zu den Einsätzen bestellt ist – und sie dürfen keinem Vorgesetzten davon berichten. Gleichwohl wirken sie zuweilen durch Gottesdienste und ggf. durch den Lebenskundlichen Unterricht auf die Stimmung der Truppe ein. Es wäre nicht verwunderlich, wenn da von militärischer Seite Begehrlichkeiten entstünden wie etwa, Einfluss nehmen zu wollen auf den Verkündigungsauftrag, damit die Stimmung immer schön oben gehalten wird. Militärgeistliche[529] selbst berichten über Beispiele versuchter Einflussnahme.

Rechtlich ist die Frage eigentlich klar: Obwohl Bundesbeamte auf Zeit, unterstehen Militärpfarrer/innen in Ausübung ihres Dienstes allein *kirchlichem* Recht. *Praktisch* und vor Ort aber – so wurde mir erzählt – sind Militärpfarrer/innen oft recht allein und auf das Wohlwollen der militärischen Führung angewiesen. Ihre Vorgesetzten, die den Militärgeistlichen in Konfliktfällen eigentlich den Rücken

—————

[528] Erstabdruck: Sylvie Thonak, Ecclesiola extra ecclesiam? Zur Zukunft der evangelischen Militärseelsorge (Gastbeitrag in): DtPfBl (11/2015) 632–634 und 642–644. Inzwischen wurde der Beitrag an einigen Stellen aktualisiert.

[529] Davon berichten z.B. Militärdekan Dirck Ackermann und Militärpfarrer Klaus Beckmann in Veröffentlichungen sowie die Frankfurter Rundschau – vgl. u. Anm. 29, 30, 31, 41.

stärken und das geltende Recht durchsetzen sollten, sind Bundesbeamte auf Lebenszeit und gehören faktisch in die Struktur des Geschäftsbereichs des Verteidigungsministeriums. Ist die evangelische Seelsorge in der Bundeswehr eine Art ‚ecclesiola *extra* ecclesiam'?

Dieser Artikel widmet sich den schwierigen, in sich nicht widerspruchsfreien Rahmenbedingungen der Militärseelsorge und will versuchen, Lösungswege zu zeigen. Das Novum eines *hauptamtlichen* evangelischen Militärbischofs wirft ein aktuelles Schlaglicht auf das generelle Strukturproblem im ungeklärten Dickicht zwischen kirchlichem Auftrag und staatlichen Interessen, Rechtsgarantien und hierarchischer Eigendynamik. Die seit ihrer Gründung 1957 fehlende Rückbindung der evangelischen Seelsorge in der Bundeswehr an eine synodale Basis wird zentral zu bedenken sein. In Zeiten, in denen über die *Abschaffung*[530] der Militärseelsorge diskutiert wird, geht es mir um ihre *Reform*.

1. Ekklesiologische Anfragen an die neue Hauptamtlichkeit eines Militärbischofs

Am 1.7.2013 wurde es öffentlich: Martin Dutzmann, damals hauptamtlicher Landessuperintendent in Lippe, legte sein *Nebenamt* als Militärbischof[531] nieder. Der damalige EKD-Ratsvorsitzende Nikolaus Schneider begründete die *künftige Hauptamtlichkeit* des Militärbischofs mit folgenden Worten: „'In den vergangenen Jahren ist deutlich geworden, dass das Amt des Militärbischofs in nebenamtlicher Wahrnehmung den Herausforderungen nicht mehr in der Weise gerecht werden kann, die wir als notwendig erachten. Deshalb hat sich der Rat der EKD entschlossen, das Amt des Militärbischofs als Hauptamt zu besetzen.'"[532]

Mit Sigurd Rink[533] setzte die EKD 2014 erstmals einen *hauptamtlichen* Militärbischof ein, während die *zivile* Friedensarbeit in der Ämterstruktur der EKD bis heute ein Schattendasein führt, obwohl die EKD friedensethisch vom „Primat des Zivilen"[534] spricht. Auch der begehrte Vorsitz im Rat der EKD ist ein klassisches Ehrenamt.[535]

---

[530] Siehe z.B. die ökumenische Basis-Initiative unter: www.militaerseelsorge-abschaffen.de.
[531] Vgl. ekd.de am 1.7.13.
[532] Nikolaus Schneider, www.eka.militaerseelsorge.bundeswehr.de am 27.3.14.
[533] Vgl. www.eka.militaerseelsorge.bundeswehr.de am 27.3.14.
[534] Aus Gottes Frieden leben – für gerechten Frieden sorgen. Eine Denkschrift des Rates der Evangelischen Kirche in Deutschland, Gütersloh 2007, Ziff. 118; Vgl. auch: „Selig sind die Friedfertigen". Der Einsatz in Afghanistan: Aufgaben evangelischer Friedensethik, EKD-Text 116, 2014; vgl. http://ekd.de/EKD-Texte/afghanistan_ekdtext_116.html (am 27.1.14 abgerufen).
[535] Finanziert werde der neue Militärbischof nicht vom Bund, sondern aus dem Haushalt der Evangelischen Seelsorge für die Bundeswehr. Dieser speise sich vor allem aus Kirchensteuermitteln evangelischer Soldaten. Der Haushaltsausschuss der EKD-Synode habe die nötigen Mittel bereitgestellt, teilte ein Sprecher der EKD der Katholischen Nachrichten-Agentur (KNA) nach der Berufung Rinks im Frühjahr mit. Die Mehrkosten dieser Personalentscheidung seien „‚im Rahmen des Gesamtvolumens des EKD-Haushalts von rund 200 Millionen Euro abbildbar – insbesondere angesichts der Wichtigkeit'" des

Im Blick auf die Leitung der Militärseelsorge liegt die Frage nahe, warum eine staatliche Einrichtung, eine Bundesoberbehörde, die dem/der Verteidigungsminister/in unmittelbar nachgeordnet ist, auf einmal eine *hauptamtliche Doppelspitze* von *zwei Theologen* in Form des *vorwiegend kirchlich bezahlten* Militärbischofs und des *staatlich besoldeten* Militärgeneraldekans benötigt. Zwar hat der Militärbischof die oberste *kirchliche* Dienstaufsicht über die Militärgeistlichen, *Lehrzucht* und *Disziplinargewalt verbleiben jedoch* bei den *Gliedkirchen*[536]; in den staatlichen[537] Aufgaben unterstehen die Militärgeistlichen dem Militärgeneraldekan bzw. dem/der Verteidigungsminister/in. Wenn bei der EKD der Eindruck entstanden ist, die evangelische Seelsorge in der Bundeswehr müsse *kirchlicher* werden, wäre es konsequent, den bisherigen Staatsbeamtenstatus der Militärgeistlichen zugunsten eines kirchlichen Status für die Soldatenseelsorger zu verändern – wie dies von den östlichen EKD-Gliedkirchen bis 2003 auch praktiziert worden war, jedoch v.a. aus finanziellen Gründen *nicht* beibehalten wurde.[538]

Ein erster Schritt zur stärkeren Anbindung der Militärseelsorge an die Zivilkirche könnte die konsequente Abschaffung aller Lebenszeit-Bundesbeamtenstellen für Militärgeistliche in den Leitungsämtern (leitende Dekane in den vier Dekanatsbezirken sowie im Evangelischen Kirchenamt für die Bundeswehr) sein. Dadurch würde die von der Zivilkirche erheblich abweichende, den kirchlichen Charakter in Frage stellende Hierarchiestruktur der Militärseelsorge korrigiert.

Ein *hauptamtlicher* Militärbischof ist ein Novum *sowohl in der Geschichte der Bundeswehr als auch der evangelischen Kirche.* Der Vorteil: Ein Hauptamtlicher hat mehr Zeit. Sorgen bereiten die Nachteile. Sie werfen ernste Bedenken auf – nicht nur im Blick auf das Ausscheren aus ökumenisch koordiniertem Vorgehen, behalten die Katholiken doch die Nebenamtlichkeit bei.

Wenn für einen kirchlichen Arbeitszweig ein *hauptamtlicher* Bischof investiert wird, entsteht der Eindruck, die evangelische Militärseelsorge sei so etwas wie eine selbständige Kirche für das Militär, eine ‚ecclesiola in ecclesia'. Eine *eigenständige* ‚Kirche' oder ‚Gliedkirche' der EKD ist die Militärseelsorge *nicht.* In der Militärseelsorge gibt es *weder* eine *gewählte* Synode noch *gewählte* Presbyterien oder Kirchengemeinderatsgremien. Auch der sogenannte *Beirat*[539] für

―――――

neuen Amtes. Siehe www.katholisch.de/artikel/3367-erstmals-im-hauptamt (abgerufen am 4.1.20).

[536] Vgl. Vertrag der Bundesrepublik Deutschland mit der Evangelischen Kirche in Deutschland zur Regelung der evangelischen Militärseelsorge: BGBl 1957 II S. 702ff; abgekürzt: MSV 1957; Art. 12. Abs. 2.

[537] Vgl. MSV 1957, Art. 12–25.

[538] Vgl. Sylvie Thonak, Loyalitätskonflikte zwischen kirchlichem und militärischem Auftrag. Vorschläge zur Reform der evangelischen Militärseelsorge, in: DtPfBl (11/2013) 617–620; vgl. www.pfarrerverband.de/pfarrerblatt/archiv.php.

[539] Vgl. Ordnung für den Beirat Evangelische Seelsorge in der Bundeswehr vom 20./21.2. 2004 unter www.kirchenrecht-ekd.de/showdocument/id/3140, abgekürzt: Ordnung Beirat, §1, Ziff. 1.

die Militärseelsorge, der vom Rat der EKD zu seiner eigenen Beratung und zur Beratung des Militärbischofs berufen wird, stellt laut Wolfgang Huber[540] *kein* synodales Vertretungsorgan dar; dies habe der Beirat selbst durch ein Gutachten[541] betont. Die Mitglieder des Rats der EKD werden von der EKD-Synode gewählt. Anders ist dies bei den Mitgliedern des EKD-Beirats für die Militärseelsorge: Sie werden *nicht demokratisch* gewählt, sondern *berufen:* Gemäß der Ordnung für den Beirat Evangelische Seelsorge in der Bundeswehr vom 20./21. Februar 2004 besteht der Beirat aus bis zu zwölf Mitgliedern.[542] „Die Beiratsmitglieder werden vom Rat der EKD berufen. Die Gliedkirchen und der Bischof oder die Bischöfin haben ein Vorschlagsrecht für je 6 Mitglieder."[543]

Um das für den Protestantismus charakteristische *synodale Prinzip* und die damit verbundene Transparenz und Legitimation der Militärseelsorge ist es in der Militärseelsorge nicht so gut bestellt: Der Militärbischof muss sich *nur* vor Funktionseliten in der EKD, nicht aber vor einer *synodalen Basis* verantworten. Sein jährlicher Bericht für die EKD-Synode wird in aller Regel *nur schriftlich* eingebracht. Eine *Diskussion* des Berichts in der EKD-Synode ist in der Regel *nicht* vorgesehen. Wenn nun die Kontrolle *von unten* durch die Synode der EKD schon fehlt, und der nun erstmals hauptamtliche Militärbischof nicht einmal mehr eine Form von kritischer Begleitung durch seine zivile Heimatkirche erfährt, die ein nebenamtlicher Militärbischof früher gleichzeitig leitete, *kann die Tendenz zur Eigendynamik militärkirchlicher Institutionen verstärkt* werden, wie man im Falle der kirchlichen Amtseinführungsfeier *ausschließlich* vor geladenen Gästen und gleichzeitig unter *Ausschluss der Öffentlichkeit*[544] am 8.9. 2014 bereits gesehen hat.

Die EKD hat wohl ein ähnliches Problem wie demokratische Länder und Staaten, die zusammenarbeiten: Ihre Koordination wird wenig parlamentarisch kontrolliert. Sie funktionieren durch Absprachen der Herrschaftseliten wie z.B. in Bund-Länder-Kommissionen, Europäischem Rat der Regierungschefs usw. Wo man das durch ein EU-Parlament zu korrigieren und auszugleichen versucht, zeigen sich große Spannungen.

———

540 Vgl. Wolfgang Huber, Kirche und Öffentlichkeit, Stuttgart 1973, 291.
541 Vgl. ebd. 291; vgl. Thonak, ebd. 2013, 618.
542 Vgl. Ordnung Beirat, §2, Ziff. 1.
543 Ordnung Beirat, §2, Ziff. 2.
544 Nicht alle, die an der kirchlichen Amtseinsetzungsfeier teilnehmen wollten, wurden zugelassen, obwohl es noch genügend freie Plätze in der Kirche gab. Niklas Peuckmann hat darauf hingewiesen, dass die Ordnung der katholischen Militärseelsorge im Sinne der römisch-katholischen Ekklesiologie „präzise durchstrukturiert" sei, während der „bikephale" Aufbau der evangelischen Militärseelsorge „nicht trennscharf definierte" Momente enthalte und der protestantischen Ekklesiologie nicht entspreche; vgl. Niklas Peuckmann, Kirche(n) unter Soldaten – Zur Ökumene in der Militärseelsorge, in: Lebendige Seelsorge 4/2018, 288–293, hier: 290.

2. Die Frage der Finanzierung und der innerkirchlichen Signalwirkung angesichts von Sparmaßnahmen

Ist die Schaffung eines *hauptamtlichen* evangelischen Militärbischofsamtes für ca. 98 Militärpfarrämter bei ca. 53.900 evangelischen Bundeswehrsoldaten in Zeiten finanziell bedingter Fusionen traditionsreicher Landeskirchen das richtige Signal? Innerkirchlich wird die überbordende Hierarchie- und Verwaltungsstruktur[545] der Militärseelsorge als Problem empfunden. Für insgesamt 104 evangelische Militärpfarrämter[546] im Inland, in den USA und beim NATO-Hauptquartier in Belgien stehen derzeit in Berlin mehr als 50(!) Mitarbeiter/innen zur Verfügung: knapp 40 im evangelischen Kirchenamt für die Bundeswehr, welches als Bundesoberbehörde dem Verteidigungsministerium untersteht und vom Militärgeneraldekan geleitet wird, sowie eine nach meinen Informationen zweistellige Zahl von im selben Gebäude untergebrachten Mitarbeiter/innen, welche von der Kirche bezahlt werden, um den *zusätzlichen kirchlichen* Haushalt für die evangelische Seelsorge für die Bundeswehr (HESB) zu verwalten. *Zusätzlich* werden die evangelischen Standortpfarrämter im Inland noch in vier regionalen Militärdekanaten von weiteren 17 Personen verwaltet und versorgt: vier Leitende Militärdekane sowie Verwaltungsbeamte, Schreibkräfte und Kraftfahrer. Die Sach- und Personalkosten der Militärseelsorge trägt der Staat. *Zusätzlich* zur staatlichen Finanzierung standen 2013 im Haushalt der EKD 13.815.200 Euro an kirchlichen Mitteln für die evangelische Seelsorge in der Bundeswehr zur Verfügung; 2014 waren es bereits 21.425.750 Euro.[547] *Neuere Zahlen habe ich nicht greifbar.* Selbst wenn von den 21 Mio Euro noch ein Teil an die Landeskirchen zurückfließt, sind die Haushaltsmittel der EKD für das Handlungsfeld *Frieden, Versöhnung, Freiwilligendienste* deutlich geringer: Dafür waren 2013 im Haushalt[548] der EKD 1.037.300 Euro vorgesehen, im Jahr 2014 waren es 1.145.615 Euro. Jüngst erinnerte Eberhard Pausch an die Grammatik der EKD-Friedensethik: „Die Friedensdenkschrift vertritt *zwei wesentliche friedensethische Prinzipien*: a) Zivil geht vor militärisch, b) Prävention geht vor Intervention."[549] Die Verteilung der kirchlichen Haushaltsmittel spiegelt diese Grundsätze *bisher noch nicht* wider.

—————

[545] Vgl. Thonak ebd. 2013, 619f.

[546] Die Zahlenangaben schwanken, je nachdem, ob man sich beim BMVg (ca. 100 evangelische Militärpfarrämter) oder auf der Homepage der evangelischen Militärseelsorge (104 evangelische Militärpfarrämter) oder beim evangelischen Militärbischof (108 evangelische Militärpfarrämter) informiert. Zur Angabe von 108 evangelischen Militärpfarrämtern vgl. Rink (2019) 270.

[547] Vgl. Haushalt 2014 der Ev. Kirche in Deutschland mit mittelfristiger Finanzplanung 2015 bis 2017 vgl. www.ekd.de/kirchenfinanzen/assets/haushalt_ekd_2014(1).pdf, Seite 139 am 1.9.14.

[548] Ebd., 89.

[549] Eberhard Martin Pausch, Friedensbildung als Teil des friedensethischen Diskurses, „Alles fließe von selbst. Gewalt sei ferne den Dingen", DtPfBl (11/2014) Abschnitt IV; vgl. www.pfarrerverband.de/pfarrerblatt/archiv.php.

3. Die theologische Frage nach der Freiheit des prophetischen ‚Wächteramts'

Laut Militärseelsorgevertrag zwischen der Bundesrepublik Deutschland und der EKD aus dem Jahr 1957 hat die Bundesregierung bei „schwerwiegenden Einwendungen"[550] eine Art Widerspruchsrecht gegen eine vom Rat der EKD für das Amt des Militärbischofs vorgeschlagene Person.

Die nebenamtlichen Militärbischöfe waren bisher in erster Linie leitende Geistliche ihrer Landeskirchen. Die hauptamtliche Anbindung an eine Landeskirche kostete zwar Zeit, ermöglicht aber auch zivilkirchliche Bodenhaftung und schuf im Gefüge der EKD eine „Hausmacht". Diese Konstruktion scheint besser geeignet, die Freiheit zum prophetischen Wächteramt zu wahren: Der geistliche Leiter der evangelischen Militärseelsorge muss die Freiheit haben können, ggf. unbequem in seinen ethischen Stellungnahmen zu sein. Ein hauptamtlicher Militärbischof begibt sich evtl. in ambivalente Abhängigkeiten: Gesetzt den Fall, die Bundesregierung möchte z.B. aufgrund seiner als unbequem empfundenen friedensethischen Äußerungen nicht mehr mit ihm zusammenarbeiten, so könnte sie den Rat der EKD indirekt zur Abberufung eines hauptamtlichen Militärbischofs nötigen, indem sie z.B. alle von diesem Militärbischof vorgeschlagenen Militärgeistlichen ablehnt. Früher oder später müsste ihn der Rat der EKD abberufen. Ein hauptamtlicher Militärbischof stünde dann ohne Amt da und müsste ggf. vom Rat der EKD irgendwo „untergebracht" oder (zeitlich befristet) versorgt werden.

Die *Freiheit zum prophetischen Wächteramt* kann man in Zeiten nicht unumstrittener Militäreinsätze, kontroverser Diskussionen über Kampfdrohnen und Waffenlieferungen in Kriegsgebiete *nicht hoch genug schätzen.* Nach Darstellung Roger Töpelmanns, des durch die EKD bezahlten Pressereferenten von Militärbischof Sigurd Rink, dienen kirchliche Äußerungen für Verteidigungsministerin von der Leyen als Bestätigung ihrer Entscheidungen: „Sehr hilfreich sei es für die Politik gewesen, bei der Frage der Waffenlieferungen in den Irak auf die Stimme der Kirche zu hören und bestärkt zu werden."[551] Interessant ist, dass hier nur von einer (einheitlichen) Stimme der Kirche ausgegangen wird, obwohl der Protestantismus in der Frage der Waffenlieferungen[552] gespalten ist. Militärbischof Sigurd Rink wirkt im Gegensatz zum EKD-Friedensbeauftragten Renke Brahms bisher darum bemüht, den Vorstellungen des Verteidigungsministeriums möglichst nicht zu widersprechen. Dies kann man z.B. an den Äußerungen zum Thema Kampfdrohnen[553] sehen.

Im Gespräch mit Militärbischof Rinks Vorgänger Martin Dutzmann hinterfragten einst Kathrin Jütte und Helmut Kremers die angebliche Unabhängigkeit der staatlichen Militärseelsorge: „Militärpfarrer sind Staatsbeamte auf Zeit. Besteht da nicht die Gefahr der Überidentifikation, indem etwa ein Militärgeistlicher

[550] MSV 1957, Art. 11, Abs. 1.

[551] Roger Töpelmann, www.eka.militaerseelsorge.bundeswehr.de (am 30.4.15).

[552] Vgl. Sylvie Thonak, Vorrang für zivil? – Wohin treiben Friedensethik und Militärseelsorge? DtPfBl 115 (5/2015) 258–262; vgl. www.pfarrerverband.de/pfarrerblatt/archiv.php.

[553] Vgl. Thonak, ebd. 2015, 258f.

nicht mehr so recht unterscheidet zwischen seinem Auftrag und dem, was das Militär von ihm verlangt?“[554] Militärbischof Martin Dutzmann konterte:

> Wir haben seit 1957 den Militärseelsorgevertrag, der festlegt, dass Militärpfarrer Bundesbeamte auf Zeit sind. Insgesamt haben wir also weit über fünfzig Jahre Erfahrung damit. Ich kenne keinen Fall, wo etwa ein Pastor in der Freiheit seiner Verkündigung behindert worden wäre durch diese staatliche Einbindung.[555]

Aus der Behauptung des Bischofs, keine Beispiele zu kennen, kann nicht geschlossen werden, dass es sie nicht gebe. Militärgeistliche an der Basis widersprechen teilweise der Darstellung des Militärbischofs.

Wie gefährdet die Freiheit zum prophetischen Wächteramt nicht nur beim Militärbischof, sondern in der Arbeit der Militärgeistlichen an der Basis ist, lässt sich durch dokumentierte Erfahrungen Militärgeistlicher belegen: Bereits 2003 bilanzierte Militärdekan Dirck Ackermann: „Auch auf deutscher Ebene habe ich mehrfach Versuche von militärischer Seite erlebt, direkten Einfluss auf die Tätigkeit des Militärseelsorgers zu nehmen.“[556] Militärpfarrer Klaus Beckmann benannte 2013 – zehn Jahre nach Ackermann – noch immer die gleichen Strukturprobleme der Militärseelsorge, die sich bei Auslandseinsätzen zuspitzen:

> Mancher Vorgesetzte wünscht den Militärpfarrer als ‚Führungsinstrument‘ (‚Meinungsverstärker‘ in die Truppe hinein und Zuträger über ‚Moral der Truppe‘). [...] So eindeutig der die Souveränität der Militärseelsorge schützende Rechtsstatus ist, so engagiert muss die Freiheit des Dienstes gegen den Druck des hierarchischen Systems Militär faktisch immer wieder verteidig[t] werden. [...] Die Ausübung der Militärseelsorge im Sinne des Militärseelsorgevertrags und der Inneren Führung benötigt, da der Militärpfarrer ‚vor Ort‘ – allen Rechtsgarantien zum Trotz – eine strukturell schwache Position gegenüber der militärischen Hierarchie innehat, Unterstützung durch eine couragierte Leitung und kritische Begleitung in der (kirchlichen) Öffentlichkeit.[557]

Auch ein in der Frankfurter Rundschau dargestellter Fall aus der jüngeren Geschichte stimmt nachdenklich: „Ein Militärpfarrer an der Artillerieschule der Bundeswehr in Idar-Oberstein verlas im Ostersonntagsgottesdienst 1999 eine Stellungnahme zum Kosovo-/Jugoslawien-Krieg, die er auch an einem Schriftenstand der evangelischen Militärseelsorge auslegte. [...] Ein Offizier und das

---

[554] Kathrin Jütte und Helmut Kremers, „Ich befürchte ein abruptes Erwachen.“ Militärbischof Martin Dutzmann über die Zukunft der Bundeswehr und die Soldatenseelsorge, in: http://zeitzeichen.net/interview/militaerseelsorge/ (Zeitzeichen 1/2011; Zugriff 26.9.12).

[555] Martin Dutzmann, „Ich befürchte ein abruptes Erwachen.“ Militärbischof Martin Dutzmann über die Zukunft der Bundeswehr und die Soldatenseelsorge, Interview geführt von Kathrin Jütte und Helmut Kremers, in: http://zeitzeichen.net/interview/militaerseelsorge/ (Zeitzeichen 1/2011; am 26.9.12).

[556] Dirck Ackermann, Das deutsche evangelische Militärseelsorgemodell im internationalen Praxistest, in: Für Ruhe in der Seele sorgen. Evangelische Militärpfarrer im Auslandeeinsatz der Bundeswehr, hrsg. i. A. des Evangelischen Militärbischofs durch das EKA für die Bundeswehr, Bonn 2003, 116–121; S. 121.

[557] Klaus Beckmann, Damit „autoritär” nicht „totalitär” wird, Pfälzisches Pfarrerblatt 103 (12/2013) 464–467; 466f. Vgl. www.pfarrerblatt.de/text_439.htm.

Evangelische Kirchenamt für die Bundeswehr (Behörde des Verteidigungsministeriums) schritten dagegen ein."[558] Dies interpretiert der Journalist[559] als Verstoß gegen die Glaubens- und Gewissensfreiheit und gegen das Recht auf freie Meinungsäußerung. Jener Militärpfarrer verlor seine Militärpfarrstelle und wurde in seine Herkunftskirche zurückgeschickt. Weiter heißt es: „Der evangelische Militärbischof Hartmut Löwe erklärte 1999, Militärgeistliche hätten nicht darüber zu urteilen, ob Auslandseinsätze der Bundeswehr richtig sind. Der Einfluss des Staates auf die Militärseelsorge ist unverkennbar. Offenbar haben Militärgeistliche Ja zu sagen zur Bundeswehr mit allen Konsequenzen, den Ernstfall eingeschlossen."[560] Ob man in der Interpretation so weit gehen muss, mag offen bleiben. Mir wurde jedoch Einsicht in einen Brief von Militärbischof Löwe[561] an die Pfarrer/innen der Militärseelsorge gewährt, in welchem er alle Militärpfarrer/innen kurz nach Beginn des umstrittenen Einsatzes im Kosovo nachdrücklich bittet, zu rechtlich und politisch kontrovers diskutierten Fragen öffentlich *nicht* Stellung zu nehmen. Sowohl innerhalb als auch außerhalb der Militärseelsorge wurde dies teilweise als „Schweigegebot" interpretiert.

Bis heute hat der Fall des aus dem Dienst entfernten Militärpfarrers Nachwirkungen in der Militärseelsorge. Immer wieder begegnet man Militärgeistlichen, die den Verzicht auf die Beschäftigung mit friedensethischen Fragen durch jene Amtsenthebung ihres ehemaligen Kollegen begründen: Es gehöre zu den Einstellungsbedingungen, sich im Dienst *nicht friedensethisch* zu äußern, erhielt ich als Antwort aus dem Kreis der Militärgeistlichen auf eine friedensethische Frage. Wer als Soldatenfamilie friedensethische Fragen an Militärgeistliche stellt, riskiert sogar von Veranstaltungen der Militärseelsorge ausgeladen zu werden. Dies macht mir Sorge.

Die friedensethische Problematisierung eines Militäreinsatzes kann in Spannung zu militärischen Erwartungen treten. Menschlich kann man dafür Verständnis haben, dass es einfacher ist, kritische friedensethische Fragen außen vor zu lassen. Auch der zurückgetretene Militärbischof Dutzmann hat die Begleitung der „Kampftruppen"[562] durch die Militärseelsorge in einem seiner Jahresberichte vorwiegend seelsorgerlich bzw. durch den Verkündigungsauftrag begründet und ähnlich wie seine Vorgänger die friedensethische Stellungnahme zu Bundeswehreinsätzen recht vage[563] offen gehalten, obwohl er selbst programmatisch[564] formuliert, dass die Militärseelsorge ergründet, wie Soldaten militärische Stärke verantwortlich einsetzen. Das wirft die Frage auf, wo der Ort im Umgang mit Soldaten(familien) für den *kirchlichen friedensethischen* Auftrag in der Militärseel-

---

558 Hans Dieter Zepf, „Wir verwerfen die falsche Lehre …", in: Frankfurter Rundschau vom 28.11.2002.
559 Vgl. Zepf a.a.O.
560 Zepf a.a.O.
561 Brief vom 1.5.1999.
562 Martin Dutzmann, Bericht des Bischofs für die Evangelische Seelsorge in der Bundeswehr für die Synode der EKD am Timmendorfer Strand 2012, 2.
563 Vgl. Sylvie Thonak, Vom ratlosen Schweigen zum offenen Dissens, in: DPfBl 112 (11/2012) 619–624 vgl. www.pfarrerverband.de/pfarrerblatt/archiv.php.
564 Vgl. Dutzmann, Synodenbericht ebd.

sorge ist. Im Gegensatz zur Seelsorge und Verkündigung hat der Lebenskundliche Unterricht (LKU), an dem Soldaten teilnehmen müssen, keine Verankerung im Militärseelsorgevertrag. Er wird lediglich auf der Basis einer zentralen Dienstvorschrift[565] von Militärgeistlichen erteilt, wobei die inhaltlichen Vorgaben dieser zentralen Dienstvorschrift häufigen Wandlungen unterzogen sind.

Selbst der (bis Ende September 2020)[566] amtierende Militärbischof Sigurd Rink als oberster kirchlich Verantwortlicher des Handlungsfeldes ließ inzwischen relativ offen kritische Sensibilität für die strukturelle Gefährdung der Unabhängigkeit der Militärgeistlichen erkennen. Nach fünf Jahren im Amt schrieb er 2019, es komme „vereinzelt" vor, dass „insbesondere ranghohe" Soldaten von Militärgeistlichen erwarteten, „die Soldaten von ihrem möglicherweise widerständigen Gewissen zu befreien und die seelischen Voraussetzungen für ihr reibungsloses Funktionieren in der Armee zu schaffen. Dass nach der Ordnung der Bundeswehr gerade die Bildung und Schärfung des Gewissens die Aufgaben der Militärseelsorge sind, widerstrebt der militärischen Führung zuweilen. Denn es konfrontiert sie mit potenziell ‚unbequemen', kritisch-reflektierten Soldaten, die nicht bedingungslos gehorchen."[567]

---

[565] Siehe ZDv 10/4 Nummer 104: www.eka.militaerseelsorge.bundeswehr.de (am 3.1.13) sub voce ‚Lebenskundlicher Unterricht' bzw. dem Punkt ‚Grundsätzliches zum Lebenskundlichen Unterricht'. Nach dem Erstabdruck dieses Beitrags gab es mehrfach Änderungen bei den zentralen Dienstvorschriften zum LKU; die aktuelle Zentrale Dienstvorschrift A-2620/3 „Lebenskundlicher Unterricht" ist seit 6.2.18 gültig. Dort heißt es unter Ziffer 108: „Der Lebenskundliche Unterricht bietet einen Ort freier und vertrauensvoller Aussprache und lebt von der engagierten Mitarbeit der Soldatinnen und Soldaten. Er ist kein Religionsunterricht und auch keine Form der Religionsausübung im Sinne von § 36 des Soldatengesetzes, sondern eine berufsethische Qualifizierungsmaßnahme und damit verpflichtend. Er wird in der Regel von Militärseelsorgerinnen und Militärseelsorgern erteilt. Diese werden durch das Evangelische Kirchenamt für die Bundeswehr (EKA) und das Katholische Militärbischofsamt (KMBA) verpflichtet, den LKU zu erteilen. Im Bedarfsfall kann der LKU auch von anderen berufsethisch besonders qualifizierten Lehrkräften erteilt werden. Sämtliche Lehrkräfte sind verpflichtet, den LKU in Übereinstimmung mit den Vorgaben dieser Zentralen Dienstvorschrift, insbesondere religiös neutral zu unterrichten." (A-2620/3 Zentrale Dienstvorschrift Lebenskundlicher Unterricht, hrsg. v. Bundesministerium der Verteidigung. Abrufbar unter: www.kmba.militaerseelsorge.bundeswehr.de/resource/resource/V3BDdElxVWxrNmNIVnphTU1QaU8wYnl CNTFFRWlCVUIxbk1Zb3hKUUZhT3lDckR0YmsySWlibDZXSDRYdHVLU2lIO-Edpay9kSFM4VW0wL25LRkYxZUlkVC9VZG9sY28xTUdWekkyY25jVU09/ LKU % 20A2620_3.pdf)

[566] In der FAZ vom 1.4.20 stand zu lesen, dass Bernhard Felmberg mit Wirkung zum 1.10.20 zum neuen Militärbischof berufen wurde und Sigurd Rink nach seinem turnusgemäßen Ausscheiden Ende September als Büroleiter des Präsidenten der Diakonie, Ulrich Lilie, tätig sein wird. Vgl. Peter Carstens / Thomas Jansen, Sigurd Rink: Vom Militärbischof zum Büroeiter, www.faz.net/aktuell/politik/inland/sigurd-rink-vom-militaerbischof-zum-bueroleiter-16705707.html.

[567] Sigurd Rink, Können Kriege gerecht sein? Glaube, Zweifel, Gewissen – Wie ich als Militärbischof nach Antworten suche, Berlin 2019, 107.

Im Konfliktfall sollten Militärgeistliche für die Wahrung ihrer kirchlichen Freiheiten wirksame Unterstützung vom Militärbischof und ihrer Landeskirche gegenüber militärischer Hierarchie erhalten. Überlegungen[568], ob etwa militärische Führer über Militärgeistliche Voten im Sinne von ‚Beurteilungsbeiträgen' abgeben sollten, spiegeln wider, wie gefährdet die Freiheit der Verkündigung in der Bundeswehr sein kann, selbst wenn man derzeit solche ‚Beurteilungen' wohl nicht einholt. Die Abhängigkeit der Militärpfarrer/innen von militärischem Führungspersonal, etwa in Fragen der Dienstzeitverlängerung, würde letztlich dazu führen, dass der faktische Status der Militärseelsorge sich dem der Truppenpsychologie angliche und das derzeit vorhandene besondere Vertrauen der Soldaten auf die Unabhängigkeit der Militärseelsorge verloren ginge.

Die Frage nach einem *Beauftragten* für die evangelische Seelsorge an Soldaten und ihren Familien bzw. einem *neben- oder hauptamtlichen* Militärbischof ist *keine* Nebensächlichkeit. Letztlich steht hier das *protestantische Kirchenverständnis* auf dem Spiel. Es geht um die Ernsthaftigkeit, heute eine klare Beziehung zwischen Kirche und Staat bzw. Militär herbeizuführen.

Durch welche konkreten Maßnahmen könnte man Verbesserungen erreichen im Blick auf die bisher fehlende Rückbindung der evangelischen Seelsorge in der Bundeswehr an eine synodale Basis? Wie kann man die evangelische Soldatenseelsorge sinnvoll weiterentwickeln? Diesen Fragen gehen wir nun nach.

4. Schaffung transparenter Möglichkeiten synodaler Verantwortung und Mitgestaltung

Bereits 1973 hat Wolfgang Huber ein alternatives Strukturmodell[569] als Reformvorschlag für die Militärseelsorge vorgelegt, um Elemente synodaler Verantwortung in der Militärseelsorge zu ermöglichen und um zu verdeutlich, dass die Militärseelsorge primär ein *kirchlicher* Dienst an den Soldaten und ihren Familien ist. Leider wurde Hubers Alternativmodell bisher nicht umgesetzt. Wie oben dargelegt, sollte die Arbeit der evangelischen Militärseelsorge dringend an eine synodale Basis rückgebunden werden und ein synodales Prinzip eingeführt werden. Dies könnte durch Schaffung von Gremien geschehen, die von der Basis gewählt werden:

———

[568] Davon habe ich im Anfang 2015 bei einem Vortrag eines Militärdekans in Tübingen erfahren. Besorgniserregend ist in diesem Kontext, dass zwar nicht auf höchster politischer Leitungsebene, jedoch innerhalb des Verteidigungsministeriums Erwägungen angestellt – und auch publiziert – werden, ob die zur Entstehungszeit der Bundeswehr als Garant gegen „totalitären Ungeist" politisch plausible Unabhängigkeit der Militärgeistlichen heute noch „nachzuvollziehen" sei (vgl. Bernd Presse, Militärseelsorge für Muslime in der Diskussion, in: if. Zeitschrift für Innere Führung (2/2017) 55–59, hier S. 56). Dazu Klaus Beckmann, Ist Gehorsam eine Tugend? Ethische Anstöße, ausgehend von Martin Luther und der Theologie der Bekennenden Kirche, in: Angelika Dörfler-Dierken (Hrsg.), Reformation und Militär. Wege und Irrwege in fünf Jahrhunderten, Göttingen 2019, 37–45, hier: S. 44, der „aus eigenem Erleben sowie aus Berichten im Kollegenkreis" von „genügend Beispielen versuchter Übergriffe" auf die seelsorgerische Autonomie spricht.

[569] Vgl. Huber ebd. 286–294.

An *jedem Militärpfarramt* sollen *Gemeindeleitungsgremien* gewählt und *nicht* nach ‚Gutsherrenart' berufen werden. Diese Gemeindeleitungsgremien sollen zu 50% aus konfessionsgebundenen evangelischen Soldaten (Mannschaftssoldaten, Unteroffiziere und Offiziere) und zu 50% aus zivilen Mitgliedern der Ortskirchengemeinde bestehen. Es soll darauf geachtet werden, dass Betroffene typischer dienstlicher bzw. sozialer Problemlagen (wie etwa Soldaten in Fernbeziehungen) in dem Anteil vertreten sind, wie es dem Durchschnittswert am Standort entspricht. Die Gemeindeleitungsgremien beraten und beschließen die Schwerpunkte des Jahresprogramms der Militärseelsorge am Standort, beraten und verabschieden die Verwendung der zugewiesenen Mittel aus dem kirchlichen Haushalt der evangelischen Seelsorge in der Bundeswehr und sind stimmberechtigt bei der Auswahl der Pfarrhelfer/innen und Militärgeistlichen am Standort. Sie sind auch erste Anlaufstelle bei Konflikten.

In jedem der *vier Dekanatsbereiche* soll ein *Bereichsbeirat* aus den lokalen Gemeindeleitungsgremien gewählt werden, der auf der Ebene des Dekanatsbezirks die Aufsicht über die Verteilung der Haushaltsmittel aus dem kirchlichen Haushalt der evangelischen Seelsorge in der Bundeswehr an die Standortpfarrämter *innerhalb* eines Bezirks hat, über Schwerpunkte (wie z.B. Tagungen und Rüstzeiten) entscheidet, Ansprechpartner bei Konflikten ist und bei Stellenbesetzungen oder Verlängerungsanträgen von Militärgeistlichen gehört werden muss.

Der EKD-Beirat der Militärseelsorge soll *nicht* mehr aus *berufenen,* sondern aus *gewählten* Mitgliedern bestehen. Folgender Schlüssel wäre sinnvoll: zu 50% aus Mitgliedern der vier Bereichsbeiräte der vier Dekanate und zu 50% aus von der EKD-Synode gewählten Vertretern der Landeskirchen, die aber nicht zwingend selbst der EKD-Synode angehören müssen. Der EKD-Beirat soll kein rein beratendes Gremium mehr sein, dessen Zusammensetzung nicht öffentlich bekannt ist, sondern ein *EKD-Leitungsausschuss,* dessen Zusammensetzung öffentlich bekannt gemacht werden muss. Beispielsweise folgende Aufgaben sollten beim EKD-Leitungsausschuss liegen:

- Beratung und Entscheidung über das vom kirchlichen Haushalt der evangelischen Seelsorge in der Bundeswehr finanzierten Schrifttum der Militärseelsorge einschließlich des Soldatengesangbuchs gemeinsam mit dem Militärbischof/der Militärbischöfin und Delegierten des Pfarrerrates der evangelischen Militärseelsorge.
- Beratung und Entscheidung gemeinsam mit dem Pfarrerrat über die Jahresschwerpunkte der Militärseelsorge auf EKD-Ebene wie z.B. Tagungsreihen an evangelischen Akademien bzw. Fortbildungen für Hauptamtliche in der Militärseelsorge und über die Teilnahme bzw. Durchführung sogenannter Pastoralreisen von Mitgliedern des evangelischen Kirchenamtes für die Bundeswehr.
- Beratung und Entscheidung über die Haushaltszuweisungen aus dem kirchlichen Haushalt der evangelischen Seelsorge in der Bundeswehr an die Standortpfarrämter in den vier Militärdekanaten bzw. an übergeordnete Projekte.

– Ansprechpartner bei Konflikten, die auf der Ebene der Bereichsbeiräte nicht gelöst werden konnten.
– Beteiligung bei der Entscheidung über Stellenausschreibungen und Stellenbesetzungen im evangelischen Kirchenamt für die Bundeswehr gemeinsam mit dem Pfarrerrat.
– Beteiligung beim Ausschreibungsverfahren und bei der Wahl der Militärbischöfin/des Militärbischofs gemeinsam mit dem Rat der EKD nach Anhörung der Kirchenkonferenz.

5. Konsequente Befristung der Amtszeit aller Geistlichen in der evangelischen Soldatenseelsorge

Konsequent wäre es, den bisherigen Staatsbeamtenstatus der Militärgeistlichen zugunsten eines kirchlichen Status zu verändern – wie dies von den östlichen Gliedkirchen der EKD bis 2003 auch praktiziert wurde.[570]

Um die Militärseelsorge kirchlichen Standards anzunähern, wäre ein erster und relativ einfach zu gehender Schritt, das umzusetzen, was die EKD längst auf der Agenda hat, nämlich die Amtszeit *aller* Militärgeistlichen konsequent zu befristen. Damit würde erreicht, dass gerade die Inhaber von Leitungspositionen ihr berufliches Handeln in kirchlichem Horizont wahrnehmen und sich nicht als Funktionäre der staatlichen Bürokratie begreifen, was insbesondere in Konfliktfällen zwischen dem *kirchlichen* Auftrag der Militärseelsorge und *staatlichen* bzw. *militärischen* Interessen und Erwartungen zum Tragen kommen kann. Bisher scheiden gerade die Personen, die für die *Personalauswahl* und die *Personalführung* in der Militärseelsorge zuständig sind, in der Regel *nicht* nach spätestens zwölf Jahren aus der Militärseelsorge und der Bundeswehr aus, sondern bleiben als Bundesbeamte *auf Lebenszeit* bis zu ihrer Pensionierung in der Militärseelsorge. Sie tragen als Dienstvorgesetzte zur *Formung* ihres Personals bei – das aufgrund des Fehlens synodaler Kontrollgremien und der mehrstufigen Befristung der eigenen Dienstzeit in der Militärseelsorge in einem *Abhängigkeitsverhältnis* zu den leitenden Personen steht, dessen Ausmaß das aus den Zivilkirchen Gewohnte weit übertrifft. Zu den Lebenszeitbeamten in der Militärseelsorge gehören die Leitenden Militärdekane der vier Dekanatsbezirke. Ferner sind die Leiter der Referate I (Personal) und II (Theologische Grundsatzfragen) im evangelischen Kirchenamt für die Bundeswehr Lebenszeitbeamte, und natürlich ist auch der Militärgeneraldekan Bundesbeamter auf Lebenszeit. Solche Karriere- und Abhängigkeitsstrukturen können sich in Loyalitäten niederschlagen, die mit der im Militärseelsorgevertrag eigentlich festgeschriebenen Unabhängigkeit der Militärseelsorge kollidieren. Wem die Rückkehr in ein zivilkirchliches Dienstverhältnis nach einer Zeit in der Militärseelsorge vor Augen steht, der wird damit rechnen, dass das eigene Handeln in der Militärseelsorge von zivilkirchlichen Gremien hinterfragt wird, und Entscheidungen daran messen.[571]

—————

[570] Vgl. Thonak, ebd. 2013, 617–620.
[571] In der Protokollnotiz vom 13. Juni 2002 zur Auslegung des Militärseelsorgevertrags vom 22. Februar 1957, BGBl. 1957 II S. 1229, Abl. EKD 1957 Nr. 162 Sonderheft, Ziff.

Die seit Jahren mögliche Option, die Leitung des evangelischen Kirchenamtes für die Bundeswehr einem Juristen anzuvertrauen – an Stelle des Generaldekans, der in seiner ‚Zwitterstellung' als ordinierter Theologe Leiter einer Bundesoberbehörde (somit in Organisation und Führungsinteressen des Verteidigungsministeriums involviert) und Disziplinarvorgesetzter der Militärgeistlichen ist, – könnte maßgeblich zu organisatorischer Klarheit und inhaltlicher Eindeutigkeit beitragen.[572] Die Leitung des Kirchenamtes mit seinen hohen verwaltungstechnischen Anforderungen könnte, pragmatisch gesehen, kaum einem Militärgeistlichen mit befristeter Dienstzeit übertragen werden. Ein Jurist als Lebenszeitbeamter könnte dies hingegen sehr wohl leisten; inhaltlich-theologisch wäre er ohne Befugnis, doch sehr wohl in der Lage, die äußere Dienstaufsicht über die Militärgeistlichen auszuüben. Damit wäre der staatliche Charakter des „Kirchenamtes" als Verwaltungsbehörde im Zuständigkeitsbereich des Verteidigungsministeriums klarer herausgestellt. Die Leitungsfunktion des höchsten Beamten „im Hause" wäre von vornherein zweifelsfrei auf das Administrative beschränkt, während die theologische Linie eindeutig allein durch den von der EKD besoldeten Militärbischof bestimmt würde.

Im Vergleich zu den Strukturen in den Landeskirchen der EKD wirkt die Hierarchie der Militärseelsorge überbordend[573], und das Kräfteverhältnis zwischen Leitung und Basis scheint nicht ausbalanciert, ja regelrecht auf den Kopf gestellt. In den Landeskirchen wählen Laien und Gemeindepfarrer in den Bezirkssynoden ihren Dekan/Superintendenten bzw. ihre Dekanin/Superintendentin, wobei diese Ämter in den meisten Landeskirchen zeitlich befristet sind. Auch die Presbyterien, Kirchenvorstände, Kirchengemeinderatsgremien werden für eine befristete Amtszeit gewählt und müssen sich bewähren, um wieder gewählt zu werden. Die leitenden Geistlichen (wie z.B. Präses, Kirchenpräsident/in, Landesbischof/-bischöfin, Landessuperintendent/in usw.) werden in der Mehrzahl der Landeskirchen ebenfalls durch eine Synode auf *befristete* Zeit gewählt. So wird in zivilkirchlichen Dienstgemeinschaften zwischen ‚unten' und ‚oben' ein gewisser Machtausgleich hergestellt, indem die Einflussreicheren (und besser Besoldeten) sich ‚von unten' wählen lassen und sich im Amt bewähren müssen.

Die leitenden Militärdekane und der Generaldekan als Bundesbeamte auf Lebenszeit sind in einem keineswegs von allen als transparent empfundenen Ver-

―――――

3 heißt es: „Leitungsämter nach Art. 19 Abs. 1,2. Halbsatz MSV können auch befristet vergeben werden."

572 Vgl. eben diese Protokollnotiz. Seit 2017 ist der Referatsleiter I (Personal) im EKA ein Jurist. Die EKD beabsichtigt, künftig – analog zur juristischen Leitung der Konsistorien in vielen Landeskirchen – das Amt des Militärgeneraldekans mit einem Juristen zu besetzen (und die Leitung des Personalreferates dann wieder mit einem Theologen).

573 Vgl. Thonak ebd. 2013, 620.

fahren maßgeblich an der Entscheidung beteiligt, welche Militärgeistlichen länger als sechs Jahre in der Militärseelsorge bleiben können und wer die Militärseelsorge nach sechs Jahren verlassen muss.[574]

5. Eine abschließende Bitte an alle Gliedkirchen, den Rat und die Synode der EKD

Militärpfarrer Klaus Beckmann hat die Aufgabe der Militärseelsorge im Gefüge der Bundeswehr so umrissen: „Auftrag der Militärseelsorge ist weder, Soldaten zu willigen militärischen Befehlsempfängern zu machen, noch ihnen vorzuschreiben, die Waffen niederzulegen. Vielmehr ist der Militärseelsorge die permanente Gewissensschärfung und -stärkung aufgetragen. [...] So bildet die Militärseelsorge einen rechtlich geschützten ‚Störenfried' im Gefüge der Hierarchie. Sie ist ein Garant (oder zumindest Impulsgeber), dass das zwangsläufig autoritäre System Militär nicht totalitär wird."[575]

Dies verdeutlicht, wie wichtig das Angebot der Militärseelsorge sein kann, wenn Soldatinnen und Soldaten es annehmen. Es geht darum, die Individualität im Sinne eines an evangelischer Ethik orientierten Menschenbilds innerhalb des hierarchischen Systems Militär zu bewahren bzw. gegenüber Befehlsstrukturen das eigene Gewissen zu stärken. Die Stellung der Militärpfarrer/innen innerhalb der militärischen Ordnung ist naturgemäß angefochten. Die evangelische Militärseelsorge soll als Gemeinschaftsaufgabe *aller* Gliedkirchen der EKD wahrgenommen werden. Sie ist keine ‚ecclesiola in ecclesia', kein eigenständiges ‚Kirchlein' in der EKD mit eigenen ‚unprotestantischen' Regeln, auch wenn die neue Hauptamtlichkeit des Militärbischofs diese Wahrnehmung verstärkt. Durch ihre starke institutionelle Einbindung in die Bundeswehr wirkt sie allerdings, als wäre sie eine ‚ecclesiola extra ecclesiam', ein ‚Kirchlein' außerhalb der Kirche. Dass der Dienst der Militärseelsorge in kirchlicher Perspektive mehr – und zwar konstruktiv-kritische – Aufmerksamkeit verdient, liegt auf der Hand. Eine ernsthafte Beschäftigung mit den Strukturen gehört deshalb ganz nach oben auf die Tagesordnung der verantwortlichen Gremien der EKD-Gliedkirchen sowie der EKD.

---

[574] Dies wurde mir durch Aussagen verschiedener Militärgeistlicher klar. Laut Auskunft des EKA werde seit 2018 ein transparenteres Verfahren zur Dienstzeitverlängerung bei Militärgeistlichen praktiziert, bei dem die Zuständigkeiten und Beteiligungsebenen allen Betroffenen/Mitwirkenden bekannt seien, um gefühlte Abhängigkeiten zu vermindern.

[575] Beckmann, Damit ‚autoritär' nicht ‚totalitär' wird, a.a.O., 465f.

11

Ein „Hochwertziel" für Anschläge: Als Militärbischof hauptamtlich auf Reisen [576]

Sylvie Thonak

Die Frage, warum es einen evangelischen Militärbischof geben müsse, beantwortete der frühere Militärbischof Martin Dutzmann[577] mit dem Hinweis, die Militärseelsorge sei eine Gemeinschaftsaufgabe der Landeskirchen und der EKD unter kirchlicher Aufsicht. Er betonte wörtlich: „Das heißt, die Gesamtleitung der Militärseelsorge ist kirchlich, und damit ist dieses Moment der kritischen Solidarität in der Spitze verankert. Übrigens nimmt der Militärbischof sein Amt immer nebenamtlich wahr. Das ist wichtig; die EKD legt Wert darauf – und ich auch: Das vermindert die Gefahr, dass sich militäraffine Scheuklappen bilden."[578] Nach meinen Recherchen war das Amt des Militärbischofs das einzige bezahlte EKD-Nebenamt, das über Jahrzehnte von leitenden Geistlichen aus dem Bereich der Landeskirchen in der EKD wahrgenommen wurde. Im Gegensatz dazu ist z.B. das Amt des Ratsvorsitzenden der EKD trotz des ungeheuren Arbeitsaufwands kein bezahltes Nebenamt, sondern bisher immer ein reines Ehrenamt.[579] Jeder hat ein Menschenrecht auf gewandelte Gesinnung, auch ein Militärbischof. Martin Dutzmann, der einst mit überzeugenden Argumenten die Nebenamtlichkeit des Militärbischofamtes als Schutz vor militäraffinen Scheuklappen begründete, nahm es in Anspruch und hat – dem Vernehmen nach im Zusammenhang seines Mitte 2013 öffentlich gemachten Rücktritts[580] vom Amt als leitender Geistlicher der lippischen Landeskirche – die EKD davon überzeugt, dass das Amt des evangelischen Militärbischofs nicht mehr länger nebenamtlich zu führen sei. Es wurde zu einem Hauptamt aufgewertet.

—————

[576] Eine Kurzfassung erschien als Buchrezension unter dem Titel: Gerechte Kriege? Militärbischof hinterfragt Position, in: Zeitzeichen (10/2019) 63–65.
[577] Vgl. Martin Dutzmann, „Ich befürchte ein abruptes Erwachen." Militärbischof Martin Dutzmann über die Zukunft der Bundeswehr und die Soldatenseelsorge, Interview geführt von Kathrin Jütte und Helmut Kremers, in: http://zeitzeichen.net/interview/ militaerseelsorge/ (Zeitzeichen 1/2011; am 26.9.12).
[578] Dutzmann, ebd.
[579] Die Frage liegt nahe, warum die jeweiligen Ratsvorsitzenden der EKD für dieses arbeitsintensive Amt nicht entlohnt werden, während die Arbeit der nebenamtlichen Militärbischöfe finanziell honoriert wurde.
[580] Vgl. ekd.de am 1.7.13.

Seit 2014 hat die EKD also erstmals einen hauptamtlichen evangelischen Militärbischof und damit eine bikephale[581] theologische Doppelspitze aus einem von der EKD bezahlten Militärbischof und einem – gleichfalls nach B6 eingestuften – Militärgeneraldekan, der als Bundesbeamter dem Bundesministerium der Verteidigung (BMVg) untersteht. Nikolaus Schneider, der damals EKD-Ratsvorsitzender war, begründete die *Hauptamtlichkeit* des Militärbischofs wie folgt:

> In den vergangenen Jahren ist deutlich geworden, dass das Amt des Militärbischofs in nebenamtlicher Wahrnehmung den Herausforderungen nicht mehr in der Weise gerecht werden kann, die wir als notwendig erachten. Deshalb hat sich der Rat der EKD entschlossen, das Amt des Militärbischofs als Hauptamt zu besetzen.[582]

Gemäß Schneider[583] seien die Herausforderungen für die evangelische Seelsorge in der Bundeswehr und für das Amt des Militärbischofs nicht zuletzt durch die Auslandseinsätze der Bundeswehr in hohem Maße gewachsen.

Wie der erste hauptamtliche Militärbischof seine Hauptamtlichkeit verstand, konnte man sowohl den zahlreichen Berichten seines persönlichen Pressereferenten Roger Töpelmann auf der Homepage[584] der evangelischen Militärseelsorge wie auch dem von Töpelmann betreuten Facebook-Auftritt des Arbeitsbereiches entnehmen – oder Rinks Buchpublikation „Können Kriege gerecht sein?“ von 2019. Deutlich wird: Rink hat Truppenbesuche im In- und Ausland zu einer seiner Hauptaufgaben als evangelischer Militärbischof gemacht.

Sehen wir uns also Sigurd Rinks Veröffentlichung „Können Kriege gerecht sein?“[585] näher an. Der Titel verblüfft. Ziel ist weder eine Neuauflage der abendländischen „bellum-iustum-Lehre“ noch vertritt Rink die v.a. in den USA diskutierte neue „just war theory“.[586] Als Militärbischof konstatiert er überraschend:

> Ich kann und will in diesem Buch keine Antworten geben. Stattdessen möchte ich mich meinen Zweifeln aussetzen, möchte meine Position hinterfragen, mein Gewissen schärfen“[587]. Es sei ein „tastender, fragender Versuch“, der „keine definitiven Antworten geben will“[588]. Einerseits betont Rink seine Unabhängigkeit[589] als

———

[581] Siehe Niklas Peuckmann, Kirche(n) unter Soldaten. Zur Ökumene in der Militärseelsorge, in: Lebendige Seelsorge 4/2018, 288–293, hier: S. 290.
[582] Nikolaus Schneider, www.eka.militaerseelsorge.bundeswehr.de (am 27.3.14).
[583] Siehe www.evangelisch.de (am 27.3.14). Die katholische Militärseelsorge hält indessen bis heute bewusst an der Nebenamtlichkeit ihres Militärbischofs fest.
[584] Siehe den Link „Übersicht von Berichten über den Evangelischen Militärbischof“ auf der Homepage der evangelischen Militärseelsorge (www.eka.militaerseelsorge. bundeswehr.de) sub voce „Militärbischof“ (eingesehen am 29.8.19).
[585] Sigurd Rink, Können Kriege gerecht sein? Glaube, Zweifel, Gewissen. Wie ich als Militärbischof nach Antworten suche, Berlin 2019. Vgl. auch: Sylvie Thonak: Gerechte Kriege? Militärbischof hinterfragt Position, in: zeitzeichen (10/2019) 63–65.
[586] Vgl. Rink (2019) 71.
[587] Rink (2019) 28.
[588] Rink (2019) 11.
[589] Vgl. Rink (2019) 104f.

> Mann der Kirche, andererseits dankt er der Presseabteilung des Verteidigungsministeriums für die „sehr genaue Durchsicht des Manuskripts, einen Faktencheck gleichsam[590].

Das Buch basiert neben der Verarbeitung ausgewählter Literatur auf Berichten von und Gesprächen mit Militärgeistlichen, Soldaten und Personen des öffentlichen Lebens bei über 130 Truppenbesuchen im In- und Ausland. Während ein ehemaliger Verteidigungsminister auf einem früheren Kirchentag selbstkritisch äußerte, dass er seine Besuche bei deutschen Soldaten im Auslandseinsatz selbst begrenzte, da es *nach* seinen Aufenthalten verstärkt Anschläge gab, betont der erste hauptamtliche Militärbischof der EKD er „fliege regelmäßig auch zu den im Ausland stationierten deutschen Truppen"[591].

Nicht ausreichend reflektiert wirkt manchmal sein Umgang mit Dienstreisen in den sozialen Medien: Unbekümmert scheint z.B. ein Posting, in welchem Sigurd Rink am 30. Oktober 2019 auf seiner Facebook-Seite den immerhin 1.966 „Freunden" bekannt gab, er sei *„on my way to ‚Horn von Afrika' [...] Bis Sonntag Abend viele Besuche und Gespräche. Ich freue mich schon sehr darauf!*" Damit riskiert der hauptamtliche Militärbischof m.E. einschlägige im Bereich des Verteidigungsministeriums geltende Sicherheits- und Geheimhaltungsauflagen zu unterlaufen, die v.a. dem Schutz des Personals dienen sollen. Nun kann man zwar argumentieren, dass er selbst dem Verteidigungsministerium nicht untersteht. Jedoch: Als Militärbischof setzt er dadurch nicht nur sich selbst, sondern vor allem auch die mit seiner Reise vor Ort befassten Soldatinnen und Soldaten, die teilweise zu seinem Schutz abgestellt werden und an anderen Stellen abgezogen werden, einem unnötigen zusätzlichen Risiko aus. Seiner eigenen Gefährdung ist sich der Bischof gleichwohl bewusst, denn in seinem Buch schreibt er: „Ich bin in den Kriegsgebieten als ‚religiöser Führer' ein sogenanntes ‚Hochwertziel' für Terroristen und werde dementsprechend geschützt."[592] Es ist gewiss zu begrüßen, dass Rink sich durch die Truppenbesuche im Ausland ein eigenes Bild machen wollte. Aber hätte man diese Truppenbesuche nicht etwas diskreter organisieren können?

Durch die (zahlreichen) Truppenbesuche des hauptamtlichen Militärbischofs speziell bei Auslandseinsätzen scheint sich die Anzahl der Truppenbesuche, die vor der Zeit eines hauptamtlichen Militärbischofs üblicher Weise vom Militärgeneraldekan und vom Referent Einsatzbegleitung (einem speziell für die Auslandseinsätze zuständigen Militärdekan im evangelischen Kirchenamt für die Bundeswehr) durchgeführt wurden, insgesamt deutlich vermehrt zu haben. Da auf der Homepage der Militärseelsorge weiterhin häufig Berichte über abgeschlossene Truppenbesuche des Referenten für Einsatzbegleitung und des Militärgeneraldekans stehen, die allerdings aus Sicherheitsgründen nicht vorab öffentlich angekündigt werden, spricht vieles dafür, dass es sich um *zusätzliche*

---

[590] Rink (2019) 13.
[591] Rink (2019) 119.
[592] Rink (2019) 134.

Reisen des Militärbischofs handelt. So wie ich einen ehemaligen Verteidigungsminister bei einer Kirchentagsveranstaltung und die Auskünfte einiger Soldaten verstanden habe, stellen solche Truppenbesuche bei Auslandseinsätzen durch prominente Zivilisten für alle dort stationierte Soldatinnen und Soldaten eine große Arbeitsbelastung und ein erhöhtes Sicherheitsrisiko dar. Sie selbst mögen ohne Probleme verlaufen. Aber man sollte sich dessen bewusst sein, dass der „Vergeltungsblutzoll" oft – wegen der erhöhten Sicherheitsvorkehrungen – erst in zeitlicher Verzögerung durch Anschläge (auch auf die Zivilbevölkerung!) eingefordert wird.

Neben Sigurd Rink werden die Philosophin Uta Rüenauver und Militärdekan Klaus Beckmann als *Co-Autoren* genannt.[593] Wer welche Passagen geprägt hat, steht nicht dabei. Oft und zuweilen unvermittelt wechseln Sprachstil und Gattung:

In *biografischen Reminiszenzen* wird z.B. Rinks Großvater beschrieben, wie er sich eine Rinn & Cloos anzündete und sich des 13-jährigen Sigurds als Halbwaisen annahm.[594] Ausführlich werden berufliche Stationen Rinks bis zur Amtseinsetzung als Militärbischof nachgezeichnet. Es schien Rink nicht in die Wiege gelegt, 2014 Militärbischof zu werden. Unter der Überschrift „Ruanda und die Abkehr vom Fundamentalpazifismus"[595] wird Rinks Entwicklung zu der Position beschrieben, die er als „relativierter Pazifismus"[596] bezeichnet: „Die Geschehnisse in Ruanda führten mir vor Augen, dass mein rigoroser Pazifismus eine Lizenz zum Nichtstun und Geschehenlassen noch des größten Unrechts darstellte, einen Freischein für archaische Gewalt letztendlich"[597]. Inhaltlich bleibt leider stark unterbestimmt, was Pazifismus im besten Sinn unter Einschluss seiner Aktionsformen bedeutet. Irritierend wirkt, dass Rink sich selbst einerseits als ehemaligen Vertreter eines *„bedingungslosen Fundamentalpazifismus"*[598] charakterisiert, aber andererseits pazifistisch-gewaltfreie Konfliktlösungsansätze in die Nähe zum *‚Nichtstun und Geschehenlassen' bzw. zu einem ‚Freischein für archaische Gewalt'* rückt und dadurch die Haltung aktiver Gewaltfreiheit zur reinen Passivität verkürzt.

Der Bergpredigt als Zentrum der Ethik Jesu widmet der Militärbischof nur wenige Zeilen – nicht einmal eine halbe Seite[599] seines Buches. Hinweise auf eine

———

[593] Siehe Rink (2019) 12. – Beckmann hatte zuvor mehrere Beiträge zur Militärseelsorge veröffentlicht: Klaus Beckmann, Gelöbnis ohne Gewissensprüfung? Die Militärseelsorge und der „Staatsbürger in Uniform", in: Deutsches Pfarrerblatt 112 (2012) 256–261; ders., Damit „autoritär" nicht „totalitär" wird. Thesen vom 9. November 2013 zu Militär und Seelsorge, in: Pfälzisches Pfarrerblatt 103 (2013) 464–467; ders., *Treue. Bürgermut. Ungehorsam.* Anstöße zur Führungskultur und zum beruflichen Selbstverständnis in der Bundeswehr, Berlin 2015 (Standpunkte und Orientierungen, Band 7); ders., Ein zweites Afghanistan? Persönliche Erfahrungen eines Militärpfarrers aus dem westafrikanischen Mali, in: Evangelische Aspekte 27 (2017) 27–29.
[594] Vgl. Rink (2019) 36.
[595] Rink (2019) 62.
[596] Rink (2019) 63.
[597] Rink (2019) 63.
[598] Rink (2019) 62.
[599] Siehe Rink (2019) 77.

Auseinandersetzung mit Literatur zur Bergpredigt bzw. zu Jesu Aufruf zum Gewaltverzicht und zu seiner Wirkungsgeschichte findet man in Rinks Buch in diesem Zusammenhang ebenso wenig wie Literaturhinweise über die Wirksamkeit von gewaltfreien Konfliktlösungsstrategien.[600] Auch auf den zweijährigen Diskussions- und Konsultationsprozess[601] zum Thema Frieden, der parallel zur Entstehung von Rinks Buch innerhalb der EKD in vollem Gang war, geht Rink in diesem Zusammenhang nicht ein. Ebenso wenig findet sich eine Auseinandersetzung mit der von der evangelischen Landeskirche in Baden 2018 angestoßenen friedensethischen und sicherheitspolitischen Diskussion *„Sicherheit neu denken"*[602]*,* in der es darum gehen soll, die deutsche Sicherheitspolitik in Kooperation mit anderen Ländern bis 2020 auf eine nachhaltige *zivile* Sicherheitspolitik umzustellen. Es wäre zu erwarten gewesen, dass ein hauptamtlicher Militärbischof auf die aktuellen friedensethischen und sicherheitspolitischen Überlegungen im Protestantismus eingeht und sich mit ihnen in diesem Buch auseinandersetzt.

Wie ein *Reisetagebuch* wirken viele Schilderungen: „Afghanistan ist ein zauberhaftes Land, von einer Stille, Kargheit und Erhabenheit […] In Kabul […] ein Sonnenaufgang wie eine Offenbarung"[603], bzw. die Charakterisierung des Leiters der Diakonie im Kosovo als gütigen, tatkräftigen „Bilderbuchgroßvater"[604].

Man kann das Werk als *Militärethik* lesen, welcher das Leitbild des gerechten Friedens der EKD-Friedensdenkschrift „Aus Gottes Frieden leben – für gerechten Frieden sorgen" aus dem Jahr 2007 mit der Vorrangstellung ziviler Konfliktprävention und der Abkehr von der Lehre vom gerechten Krieg als friedensethischer

―――――

[600] Zur Bergpredigt siehe z.B.: William C. Mattison, The Sermon on the Mount and moral theology, New York 2017. Ulrich Luz, Die Bergpredigt – ein Text für engagierte Minoritäten, in: Bibel und Kirche 72 (2017) 223–230. Frank Crüsemann, Die Bergpredigt als Schriftauslegung – und insofern als „Predigt", in: Bibel und Kirche 72 (2017) 233–245. Wiltrud Rösch-Metzler, Wir sollten die Gewaltfreiheit des Evangeliums wieder entdecken und fördern! in: Bibel und Kirche 72 (2017) 273–274. Carola Diebold-Scheuermann, Gewaltverzicht und Feindesliebe – die ethische Relevanz der Bergpredigt, in: Jesus im Glaubenszeugnis des Neuen Testaments, hrsg. v. Lorenz Oberlinner/Ferdinand R. Postmeier, Freiburg u.a. 2015, 205–228. Martin Stiewe/François Vouga, Die Bergpredigt und ihre Rezeption als kurze Darstellung des Christentums. Neutestamentliche Entwürfe zur Theologie 2, Tübingen/Basel 2001. Zu den Themen Frieden, Friedenstheologie und Ökumene vgl. z.B.: Kirchenamt der EKD (Hg), Auf dem Weg zu einer Kirche der Gerechtigkeit und des Friedens – ein friedenstheologisches Lesebuch, Leipzig 2019. Matthias-W. Engelke, Zelt der Friedensmacher. Die christliche Gemeinde in Friedenstheologie und Friedensethik, BoD 2019. Fernando Enns, Ökumene und Frieden. Theologische Anstöße aus der Friedenskirche. Theologische Anstöße Bd. 4, Neukirchen 2012. Zur Wirksamkeit gewaltfreier Konfliktlösungsstrategien siehe z.B.: Erica Chenoweth/Maria J. Stephan, Why civil resistance works: the strategic logic of nonviolent conflict, New York 2011. Dies., How the world is proving Martin Luther King right about nonviolence, Washington 2016.

[601] Vgl. www.ekd.de/friedenskonsultation-37092.htm.

[602] Siehe www.ekiba/friedensszenario bzw. www.sicherheitneudenken.org.

[603] Rink (2019) 23.

[604] Rink (2019) 134.

Orientierungsrahmen dient.[605] Wie die Denkschrift bejaht auch Rink im Extremfall den Einsatz „rechtserhaltender Gewalt“[606], doch er warnt selbstkritisch: „Es ist die Crux eines nicht mehr bedingungslosen Pazifismus, der unter äußersten Umständen, als Ultima Ratio rechtserhaltende militärische Gewalt akzeptiert, dass er dazu neigt, seine Kriterien und seine Kritikfähigkeit abschleifen zu lassen“[607]. Rink konzediert: „Wer militärische Gewalt einsetzt, begeht einen eklatanten Zivilisationsbruch, macht sich schuldig“[608].

Obwohl Rink ankündigte, keine Antworten zu geben, bewertet er ethische und politische Entscheidungen zu einzelnen Militäreinsätzen wie z.B. zum Engagement der Bundeswehr in Mali, wogegen aus „ethischer Perspektive nichts einzuwenden“[609] sei. Es sei eine sinnvolle Entscheidung, dass die EU und die Bundesregierung Mali und die Sahelzone zur Schwerpunktregion erkoren hätten.[610] Die militärischen Interventionen im Irak und in Libyen beurteilt Rink zurückhaltend: „Die Bundesregierungen unter Schröder und Merkel waren also gut beraten, sich an diesen beiden Militärschlägen nicht zu beteiligen“[611]. In der Schleuserbekämpfung vor Libyen sieht Rink eine militärische Symptombehandlung.[612] Die Seenotrettung von Flüchtlingen durch die Bundeswehr im Mittelmeer stuft Rink als friedensethisch „völlig unproblematischen Einsatz“[613] ein. Im Blick auf den Begriff „Asyltourismus“ kritisiert Rink Bayerns Ministerpräsidenten Markus Söder als „zynisch“[614], während Rink selbst von einer regelrechter „Schleuserindustrie“[615] spricht. Mit einer Bewertung der verschiedenen NATO- und Bundeswehrmandate in Afghanistan tut Rink sich schwer.[616] Die Offensive gegen Afghanistan erschien ihm „als zweifelhafter Akt, der mehr mit Rache zu tun hatte als mit einer besonnenen Reaktion.“[617] Dem Militäreinsatz habe es an einer Einbettung in einen Friedens- und Wiederaufbauplan gefehlt, der auf Kenntnis des Landes fußte.[618] Unter der Überschrift „Failed States nach kurzfristigen Interventionen“ resümiert er ernüchtert: „Es entbehrt nicht einer gewissen Ironie – wenn es nicht so tragisch wäre –, dass zwei der dreizehn Auslandseinsätze, an denen die Bundeswehr beteiligt ist, Folgen von militärischen Interventionen internationaler Kräfte sind.“[619]

———

[605] Vgl. Rink (2019) 92.
[606] Siehe Rink (2019) 92.
[607] Rink (2019) 208f.
[608] Rink (2019) 258.
[609] Rink (2019) 157.
[610] Vgl. Rink (2019) 156.
[611] Rink (2019) 172.
[612] Siehe Rink (2019) 174.
[613] Rink (2019) 178.
[614] Siehe Rink (2019) 168.
[615] Rink (2019) 173.
[616] Vgl. Rink (2019) 215–245.
[617] Rink (2019) 218.
[618] Vgl. Rink (2019) 240.
[619] Rink (2019) 170.

Darüber hinaus dient Rinks Beitrag als *Übersetzungshilfe für Bundeswehr-Terminologie* und als ein „*Militär-Erklärbuch*": „Was manch einer in Westeuropa nicht weiß: Israel und Libanon befinden sich nach wie vor im Kriegszustand. Es wurde nie ein Friedensvertrag unterzeichnet. Die UN-Mission hat die Aufgabe, den Waffenstillstand zwischen beiden Ländern zu überwinden"[620]. Die UN-Mission in Mali beschreibt Rink als „gefährlichsten, oder wie es im Militärdeutsch heißt, ‚robustesten' Auslandseinsatz der Bundeswehr"[621]. Im Bericht seines Besuchs beim Luftwaffenstützpunkt Incirlik in der Türkei erklärt der Bischof: „Auch ein Land, das ‚nur' Aufklärungsflüge fliegt, ist Teil der militärischen Intervention. Es ist am Geschehen beteiligt, obwohl es – wie es im Militärdeutsch heißt – keine ‚kinetische' Energie aufwendet, also keine Waffengewalt einsetzt"[622].

Ein wenig grenzwertig wirkt es, wenn ein Bischof von Gesprächen mit Soldaten, die ihm äußerst persönliche Dinge wie z.B. Schuldgefühle anvertraut haben, öffentlich berichtet. Wir lesen bei Rink: „Ein Sanitäter wurde von den Bildern eines Einsatzes verfolgt: Man hatte ihn zu einem Militärfahrzeug gerufen, die Kameraden im Wagen waren alle verwundet, und er hatte entscheiden müssen, wer von den schwer verletzten Menschen zuerst behandelt wurde, bei wem sich die Hilfe sozusagen am meisten lohne. ‚Triage' sagen die Mediziner dazu […]. Den Sanitäter plagten Schuldgefühle"[623]. Dass generell über solche Grenzsituationen berichtet wird, um Verständnis für die schwierige Situation von Soldaten in Auslandseinsätzen bei uns zu schaffen, ist gewiss zu begrüßen. Da es aber bisher zum Glück nur eine begrenzte Anzahl von Triage-Fällen gab, bei denen Bundeswehrsoldaten solche schwierigen Entscheidungen treffen mussten, wäre es unter Umständen in der Bundeswehr rekonstruierbar, über welchen Sanitätssoldaten Rink hier schreibt. Unklar bleibt für die Leserschaft, ob jener Sanitätssoldat vorab sein Einverständnis zur Veröffentlichung seiner Situation gab. Auch fragt man sich als Leser/in, welche Vorbildwirkung der Umgang des Bischofs mit dem Seelsorge- und Beichtgeheimnis auf die ihm unterstellten Militärgeistlichen haben kann. Das Seelsorgegeheimnis markiert ein „zentrales Signum des Profils der Militärseelsorge"[624]. So steht es in einer Anfang 2019 erschienenen Veröffentlichung des evangelischen Kirchenamts für die Bundeswehr zum Seelsorgeverständnis der evangelischen Seelsorge in der Bundeswehr – dies sollte dann auch für den Militärbischof im Blick auf seinen Umgang mit ihm Anvertrautem gelten.

———

[620] Rink (2019) 180.
[621] Rink (2019) 144.
[622] Rink (2019) 199.
[623] Rink (2019) 23f.
[624] Begleitung im Licht des Evangeliums. 10 Thesen zum Seelsorgeverständnis, hrsg. v. evangelischen Kirchenamt für die Bundeswehr im Auftrag des evangelischen Militärbischofs, Berlin 2019, 30.

Im evangelischen Magazin Chrismon[625] – als Vergleichsbeispiel – gibt Militärbischof Rink erstaunlich genaue persönliche Daten einer Soldatin und eines Soldaten preis, die sich ihm mit persönlichen Problemen anvertraut haben. Er nennt die Vornamen dieser Soldatin und des Soldaten, den ersten Buchstaben des jeweiligen Nachnamens, die Namen der Militärmissionen und zum Teil den Einsatzort, das Alter und im Falle des Soldaten sogar das Körpergewicht: „Da ist Sandra P., Sanitätsoffizier auf einer Fregatte. Sie hat im sogenannten EUNAVFORMed-Einsatz „Sophia" Schleuser bekämpft und dabei Flüchtlinge aus den billigen Schlauchbooten im Mittelmeer gezogen [...] Da ist Marco F. Er ist in Gao stationiert, im Nordosten Malis [...] Er selbst, 22 Jahre alt, wiegt 70 Kilo. Er gehört zu einem UN-Blauhelmkontingent und überwacht ein Friedensabkommen [...]."[626] Diese konkreten Angaben irritieren sehr. Zum Beispiel ist es aufgrund der geringen Anzahl vorhandener Fregatten für andere Soldaten und Vorgesetzte oder zivile Mitarbeiter der Bundeswehr ggf. einfach zu rekonstruieren, um welche Sandra P. im Rang eines Sanitätsoffiziers es sich hier handelt. Die Anzahl der 22jährigen Soldaten, die Marco F. heißen, 70 Kilo wiegen und in Gao eingesetzt waren, dürfte in der Bundeswehr überschaubar sein.

Es kann und soll hier nicht darum gehen, Rink ein disziplinarisch relevantes Vergehen gegen die Verschwiegenheitspflicht vorzuwerfen. Dass für ihn als einen leitenden Geistlichen eine besondere Verpflichtung zum sorgsamen Umgang mit Fragen seelsorgerlicher Diskretion besteht und er sich seiner Vorbildrolle bewusst sein muss, steht jedoch außer Frage. Für die Wirkung und Beurteilung von Rinks Umgang mit naturgemäß Diskretem spielt es auch keine entscheidende Rolle, ob es sich bei „Marco F." und „Sandra P." eventuell gar nicht um reale, sondern lediglich um fiktive Bundeswehrangehörige handelt. In jedem Fall erweckte der seinerzeit oberste Repräsentant der evangelischen Militärseelsorge in seinen publizierten Äußerungen den Eindruck, mit seelsorgerlichen Inhalten recht leichtfertig umzugehen und sie in sein „Story-Telling"[627] einzubauen. Ohne sich auf diese konkreten Fälle zu beziehen, sprechen Peter Carstens und Thomas Jansen in ihrer Analyse der Ablösung Sigurd Rinks vom Amt des Militärbischofs von einer allgemeinen Neigung zur „Selbstdarstellung"[628].

------

[625] Vgl. Sigurd Rink, Danke, Soldatin! In: Chrismon (2019) 34–35; abgekürzt: Rink (2019b).
[626] Rink (2019b) 34f.
[627] Reinhard Bingener, Wer den Frieden will, der rüste sich für die EKD-Synode, in: FAZ (aktualisiert am 30.10.19) https://www.faz.net/aktuell/politik/politische-buecher /kirche-und-frieden-16444295.html.
[628] Anlässlich der Ablösung Rinks als Militärbischof analysierte die FAZ: „Aus den Reihen der Militärgeistlichen ist zu hören, Rink sei wegen seines sehr selbstbewussten und auf Selbstdarstellung fixierten Führungsstils unbeliebt und gelte als theologisches Leichtgewicht." Jedoch wurde angefügt, Rink sei innerhalb der Bundeswehr „weithin respektiert" gewesen, „sein Engagement und sein Interesse fanden Anerkennung. Tausende Kilometer im Jahr ist Rink von Berlin aus unterwegs gewesen, um in Kasernen in Deutschland oder auch an den Orten der Auslandseinsätze eigene Eindrücke zu gewinnen und sich für die Militärseelsorge zu engagieren. Dass er sich dabei nicht nur für kirchliche Räume in den Kasernen interessierte, sondern sich etwa bei einem Besuch in Munster im vergangenen Herbst auch einen Simulator für Kampfpanzer zeigen ließ, war Teil seines Selbstverständnisses. Dass ihm Aufmerksamkeit für seine Person nicht grundsätzlich missfallen hat, gehörte dazu." Vgl. Peter Carstens/Thomas Jansen, Sigurd Rink, Vom Militärbischof zum Büroleiter, in: FAZ vom 1.4.20.

Der Umgang mit dem Seelsorgegeheimnis stellt in der Militärseelsorge nicht nur für den Militärbischof als Vorbild, sondern auch für die Militärgeistlichen insgesamt eine nicht zu unterschätzende professionsethische Herausforderung dar. Im Gegensatz zu Klinikseelsorgerinnen und Klinikseelsorgern, die eine spezielle klinische Seelsorgeausbildung benötigen, scheint es aber – abgesehen von den für alle evangelischen Pfarrerinnen und Pfarrer geltenden Bildungsvoraussetzungen – keine spezifischen Qualifikationen als Zulassungsvoraussetzung für Militärgeistliche zu geben, sondern nur interne Fortbildungen. Das kann man der Anfang 2019 erschienenen Thesenreihe des evangelischen Kirchenamts der Bundeswehr zum Seelsorgeverständnis der evangelischen Seelsorge in der Bundeswehr entnehmen, in welcher es heißt, Militärgeistliche seien ethisch geschult durch ihr Studium und durch Fortbildungen und könnten sich auch auf extreme persönliche und soziale Situationen einstellen."[629] Das scheint aber nicht immer ganz zu gelingen.

Der „Stern" veröffentlichte ein Interview von Georg Wedemeyer[630] mit einem evangelischen Militärpfarrer über dessen Zeit in Afghanistan. Hier ein Auszug: Wedemeyer: „Sie haben viel von Stress im Lager Kabul gesprochen. Worin bestand der?"[631] Militärpfarrer Argow: „Das Nichtausleben des Sexualtriebs bringt große Schwierigkeiten. Die Soldaten haben ja nicht luxuriös gewohnt [...] man konnte immer alles hören. Also auch, wenn sich einer selbst befriedigt hat. Es fehlte jegliche Intimität. Sex mit Frauen ging nicht. Man war ja nirgendwo alleine. Außer auf dem Klo. Da wurde dann tatsächlich auch Sex gemacht. Mit Frauen und unter Männern. Bei anderen Nationen, die auch im Camp Warehouse lagerten, ging es noch heftiger zu."[632] Wedemeyer: „Die üblichen wilden Geschichten?"[633] Argow: „Wenn zum Beispiel bei einer Truppe aus einem südosteuropäischen Land neue Soldaten ankamen, wurden die von den alten am ersten Abend systematisch zum Sex gezwungen. Der Kodex war: Du bist der Frischling, du musst erst mal den Arsch hinhalten. Die mussten dann am nächsten Tag wegen Verletzungen am After zum Truppenarzt. Das wurde mir aus dem Sanitätsbereich bestätigt. Ich erzähle das nur, um ein Beispiel dafür zu geben, dass unter Soldaten Dinge passieren, an die wir im zivilen Leben niemals denken würden. In Ermangelung von Intimität und der Möglichkeit zum Ausleben von Sexualtrieben werden die unglaublichsten Ventile gesucht."[634] Militärpfarrer Argow bedient mit diesen Äußerungen ein altes Klischee über Soldaten und verbreitet m.E. in diesem Interview ein ziemlich pauschales Bild über Soldaten. Dass er sich dabei nicht auf Soldaten der Bundeswehr bezieht, sondern auf Soldaten eines anderen

―――――

[629] Begleitung im Licht des Evangeliums. 10 Thesen zum Seelsorgeverständnis, hrsg. v. evangelischen Kirchenamt für die Bundeswehr im Auftrag des evangelischen Militärbischofs, Berlin 2019, 26.
[630] Siehe Georg Wedemeyer, „Unglaublichste Ventile", in: Stern 45 (2006)46–48.
[631] Ebd., 47.
[632] Ebd., 47.
[633] Ebd., 47.
[634] Ebd., 47.

Landes, macht die Sache nicht besser, sondern könnte ungewollt ethnozentrische Stereotype bedienen. Seiner Darstellung nach scheinen Soldaten im Auslandseinsatz auf den Mangel an Möglichkeiten zur sexuellen Befriedigung fixiert zu sein. Ferner fragt man sich, wie er das alles so genau mitbekommen haben will, denn er sagt von sich selbst: „Wir Pfarrer gehörten dort unten zu der Handvoll Leute, die den Luxus eines Einzelzimmers hatten. Wir waren meist gut aufgelegt.“[635] Sofern betroffene Soldaten sich ihm persönlich mit ihren sexuellen Problemen anvertraut haben, wäre dies ein positives Zeichen großen Vertrauens ihm gegenüber. Jedoch: Warum macht Argow die skandalösen Vorgänge ausgerechnet im Interview mit einer Illustrierten öffentlich? Problematisch im Blick auf Argows Verpflichtung das Seelsorgegeheimnis zu wahren, ist m.E. folgender Gesprächsgang: Wedemeyer: „Kamen die Soldaten auch mit Problemen zu Ihnen?“[636] Argow: „Ich hatte viel mit Menschen zu tun, die es nicht mehr ausgehalten haben und nach Hause wollten. [...] Wenn die entbehrlich waren, hat man gesagt: ab mit Schaden. Aber einen Fahrer zum Beispiel wollten sie nicht gehen lassen, weil es zu wenig Fahrer gab.“[637] Der Militärpfarrer sagt selbst, dass es wenig Fahrer gab. Entspricht es seiner *Verpflichtung zur Wahrung des Seelsorgegeheimnisses,* wenn er als Militärgeistlicher öffentlich über die Probleme eines Fahrers während seiner Zeit als Militärpfarrer in Afghanistan im deutschen Kontingent spricht? Man stelle sich vor: Vorgesetzte, Kameraden oder Ehefrauen von Soldaten dieses Kontingentes lesen dieses Interview im *Stern* und können sich eventuell einen Reim darauf machen, wessen persönliche Situation der Militärpfarrer hier öffentlich macht? Das wirkt recht leichtfertig. Unter Soldaten(familien) führte das Interview m.W. zu Zweifeln an der Glaubwürdigkeit der evangelischen Militärseelsorge. Ist Vorsicht gegenüber Militärgeistlichen angesagt?

Eine hier naheliegende Frage ist, ob der Drang eines Militärgeistlichen, sich mit der besonderen Nähe zu Soldaten und seinem Wissen über deren Intimleben zu brüsten, nicht darin seine tiefere Ursache haben könnte, dass Militärpfarrer innerhalb der maskulin bestimmten und v. a. stark körperbetonten Lebenswelt des Militärs sich manchmal als intellektuelle „Weichlinge“ klassifiziert sehen. Derartige, auf möglichst breite Wahrnehmung zielende Berichte in Massenmedien senden dann auf unbeholfene Weise die Botschaft: „Ich habe dazu gehört!“ Ähnliches ließe sich vielleicht auch dort vermuten, wo bis in die oberste Leitungsebene hinein ein Vertreter der Militärseelsorge besonders öffentlichkeitswirksam persönliche Gesprächsinhalte von Truppenbesuchen in den Mittelpunkt stellt.

Ein Offizier erzählte mir, dass das Interview aus dem „Stern“ mit Militärpfarrer Argow bei Lehrgängen als abschreckendes Beispiel dafür eingesetzt wird, was man bei Interviews auf jeden Fall vermeiden soll. Wichtig ist m.E., dass ein Militärbischof den Militärgeistlichen auch im Zusammenhang mit Auslandseinsätzen vorlebt, wie mit dem Seelsorgegeheimnis umzugehen ist.

---

[635] Ebd., 48.
[636] Ebd., 48.
[637] Ebd., 48.

Rink sieht in seinem Buch sehr deutlich, dass Militärgeistliche in einer schwierigen Lage und einem Anpassungsdruck ausgesetzt sind. Er schreibt anerkennend: „Vor allem in den Auslandseinsätzen, wenn die oder der Militärgeistliche vier Monate lang mit den Soldatinnen und Soldaten im geschlossenen, eigengesetzlichen Kosmos des Camps lebt, verlangt es eine ungeheure innere Festigkeit und Widerstandsfähigkeit, um die Rolle als einzig ‚Anderer' auszuhalten und den Auftrag der Gewissensschärfung wie der vertraulichen Seelsorge zu erfüllen. Die psychische Herausforderung, die es bedeutet, in der vollständigen Fremde und einem isolierten Sozialverband eine Außenseiterposition zu wahren, lässt sich kaum überschätzen."[638]

Vieles, was man in den ersten drei Kapiteln von Militärbischof Rinks Buch liest, wurde von anderen bereits beschrieben.

Eine *Stärke* des Buches zeigt sich im vierten Kapitel zum Thema „Zukunftsfragen"[639], in welchem sich Rink zu bisher weniger breit diskutierten Fragen äußert. Kritisch weist er auf die ethischen und juristischen Herausforderungen durch unbemannte Kampfdrohnen hin: „Krieg ist immer inhuman, wird er aber von der ‚Playstation' ausgeführt, ist er monströs. Er zerstört die Grundlagen der Menschlichkeit und Zivilität. Denn die Distanzierung des Menschen vom Kriegsgeschehen verhindert und zerstört jegliche Form von Empathie. Empathie jedoch ist die Bedingung der Möglichkeit eines friedlichen Miteinanders"[640]. Die Dehumanisierung des Krieges sei bereits im Gange, da die USA inzwischen mehr Drohnenbediener als Jetpiloten ausbildeten.[641] Gemäß Rink sehen Militärexperten die Zukunft des Krieges in autonomen, mit künstlicher Intelligenz ausgestatteten Waffensystemen, die selbständig feindliche Ziele auswählen und über Kampfmaßnahmen entscheiden.[642] Demgemäß entwickeln die USA, Russland und China selbst fahrende U-Boote, unbemannte Panzer oder Kampfroboter.[643] Angesichts aktueller Herausforderungen[644] fordert Rink analog zum Ethikrat für Medizin die Einrichtung einer interdisziplinären Ethikkommission für militärische Fragen. Diesem sollten neben Militärexperten auch Persönlichkeiten des zivilen Lebens, Philosophen, Theologen, Psychologen, Informatiker, Ökonomen und Bürgervertreter angehören.[645]

Rinks Buch, das freilich in seinem Inhalt auch von der Mitarbeit anderer Personen lebt, umfasst Reflexionen und Schilderungen aus persönlicher Perspektive. Daher darf auch ich aus persönlicher Sicht meinen Eindruck wiedergeben: Wirbt

———

638 Rink (2019) 107.
639 Siehe Rink (2019) 246ff.
640 Rink (2019) 275.
641 Vgl. Rink (2019) 275.
642 Siehe Rink (2019) 276.
643 Vgl. Rink (2019) 276.
644 Zur Thematik vgl. Ines-Jacqueline Werkner, Neue friedensethische Herausforderungen. Autonome Waffen, Cyberwar und nukleare Abschreckung, in: „Kirche auf dem Weg zu Gerechtigkeit und Frieden", Leipzig 2019, 141–158.
645 Siehe Rink (2019) 279.

hier ein Militärbischof nach zwei Seiten hin um Zustimmung? Den Soldaten stellt er sich selbst als einen ihre Bereitschaft zur Schuldübernahme achtenden Kirchenvertreter dar, der einem „relativierten Pazifismus" verpflichtet ist und im Extremfall militärische Gewalt bejaht, den Pastoren offenbart er seine Herkunft aus pazifistischen Kreisen. Zweifellos sind dialogbereite Menschen hilfreich, die sich in beiden ‚Welten' bewegen. In seiner Biographie verbindet Rink sie. Wäre es dann aber nicht konsequent, wenn er sie auch institutionell verbinden würde? Bisher hatte jeder Militärbischof gleichzeitig ein kirchenleitendes Amt in einer Landeskirche. Rink ist der erste, der nur Militärbischof ist. Die katholische Kirche hält bis heute ganz bewusst an der Nebenamtlichkeit ihres Militärbischofs fest. Rink begründet seine Hauptamtlichkeit mit der veränderten Weltlage, in der die Bundeswehr zur Berufsarmee wurde.[646] Kann man in einem Buch verbinden, was institutionell getrennt wurde?

Der m.E. nicht immer ausreichend reflektiert wirkende Umgang Rinks mit Grundbedingungen des militärischen Handelns auf der Ebene elementarer Sicherheitsfragen – z.B. hinsichtlich der mit seinem Schutz bei seinen Reisen in Kriegsgebiete beauftragten Soldaten – wie auch sein Umgang mit seelsorgerlicher Diskretion bzw. dem Seelsorgegeheimnis werfen grundsätzliche Fragen auf.[647] Man spürt seiner Selbstdarstellung den guten Willen ab, dem schwierigen Amt eines Militärbischofs gerecht zu werden. Manchmal wird dieser gute Wille dadurch beeinträchtigt, dass er sich öffentlich darstellen will. Schon die Bergpredigt mahnt beim Tun des Guten, es im Verborgenen zu tun (Mt 6,1–18), nachdem sie freilich vorher dazu aufgefordert hat, das eigene Licht vor den Menschen leuchten zu lassen, damit sie sehen, was man an guten Werke tut (Mt 5,16). Es ist nicht leicht, beidem gerecht zu werden. Das Gute zu tun, anderen aber zu überlassen, darüber zu reden, fällt unter modernen Kommunikationsbedingungen nicht leicht.

———

[646] Vgl. Rink (2019) 31.

[647] Im März 2020 gab der Rat der EKD bekannt, Rink nicht über die reguläre Amtszeit von sechs Jahren hinaus im Amt des Militärbischofs belassen zu wollen. Die Art, wie Roger Töpelmann, der von der EKD angestellte Pressereferent des Militärbischofs, die Entscheidung, Rink fortan mit einer Aufgabe in der Leitung der Diakonie zu betrauen, öffentlich als „totale Degradierung" Rinks charakterisierte, verwunderte Kenner/innen der Szene (vgl. Wiesbadener Kurier vom 28.3.20). Die FAZ urteilte dezenter, „dass ein evangelischer Militärbischof aus dem Amt scheidet und anschließend Büroleiter wird, ist auch für evangelische Verhältnisse keine ganz normale Karriereentwicklung" (Peter Carstens/Thomas Jansen, Sigurd Rink: Vom Militärbischof zum Büroleiter, in: FAZ vom 1.4.20).

12

Christliche Friedensethik – Biblisches Ethos oder modernes Konstrukt? [648]

Gerd Theißen

Christen sind dem Frieden verpflichtet, aber sind sich in der Regel dessen bewusst, dass es dennoch Gründe gibt, manchmal zu den Waffen zu greifen.[649] Jahrhundertelang waren nur kleine christliche Gruppen Pazifisten. Zwei Weltkriege im 20. Jh. haben diese Situation verändert. Die Wende geschah maßgeblich, als gegen Japan 1945 atomare Waffen eingesetzt wurden, die in der Lage sind, die Lebensgrundlagen aller Menschen zu zerstören. Um den Frieden angesichts dieser Gefahr dauerhaft zu sichern, wurde 1945 die UNO gegründet. Die Diskussion über Krieg und Frieden verlief in den einzelnen Ländern aufgrund jeweils anderer kollektiver Leiderfahrungen unterschiedlich. In Deutschland gab es einen Konsens: „Nie wieder Krieg!" Hier wird bis heute „aufgrund der Erfahrungen des Zweiten Weltkriegs die Möglichkeit eines gerechten Krieges grundsätzlich bestritten", während im angelsächsischen Raum dagegen „ein Wiederaufleben der Tradition des gerechten Krieges in Form der Just-and-Limited-War-Theory" zu beobachten ist.[650] In Polen oder Israel ist die prägende „Lehre" des 20. Jahrhunderts dagegen eher: „Nie wieder wehrlos!"[651]

---

[648] Einige Thesen dieses Aufsatzes wurden auf einem Studientag des Kirchenbezirks Kraichgau am 22.10.2012 in Sinsheim vorgetragen und seitdem weiterentwickelt. Eine erste Fassung erschien unter dem Titel: „Christliche Friedensethik – neuzeitliches Konstrukt oder Fortsetzung der biblischen Geschichte?, International Journal of Orthodox Theology 8 (2017) 7–50, http://orthodox-theology.com/meia/PDF/3.2017/Gerd Theissen.pdf. Der Text wurde gründlich überarbeitet und an vielen Stellen weitergeführt und ergänzt. Ich danke Sylvie Thonak für viele Anregungen.

[649] Zur gesamten Problematik nenne ich nur wenige Arbeiten: Wolfgang Huber, Art. Frieden V. Kirchengeschichtlich und ethisch, TRE 11 (1983) 618–646; Heinz-Horst Schrey, Art. Krieg IV. Historisch/Ethisch, TRE 20 (1990) 28–55; Wolfgang Huber/Hans-Richard Reuter, Friedensethik, Stuttgart 1990; Arnold Angenendt, Toleranz und Gewalt. Das Christentum zwischen Bibel und Schwert, Münster ^{5}2009. Wilfried Härle, Ethik, Berlin 2011, 392–428. Kirchenamt der EKD (Hrsg.), Auf dem Weg zu einer Kirche der Gerechtigkeit und des Friedens. Ein friedenstheologisches Lesebuch, Leipzig 2019. Darin besonders die Übersicht über die Geschichte der Friedensethik im deutschen Protestantismus seit 1945: H.-R. Reuter, „Auf der Gewalt ruht kein Segen". Sechs Jahre Friedensethik der EKD im Rückblick, 67–79.

[650] Vgl. Dirck Ackermann, Das Leitbild vom gerechten Frieden – auch ein säkulares Konzept? In: Sarah Jäger/Reiner Anselm (Hrsg.), Ethik in pluralen Gesellschaften (Grundsatzfragen Band 3), Berlin 2019, 33–45, hier: 43.

[651] Vgl. Klaus Beckmann, Treue, Bürgermut, Ungehorsam. Anstöße zur Führungskultur und zum beruflichen Selbstverständnis in der Bundeswehr (Standpunkte und Orientierungen 7), Berlin 2015, 59f.

Die Kirchen wissen sich in besonderer Weise dem Frieden verpflichtet. Die Gründungsversammlung des Ökumenischen Rates der Kirchen 1948 in Amsterdam verkündigte: „Krieg soll nach Gottes Willen nicht sein“.[652] In Deutschland spaltete die Gründung der Bundeswehr 1955 die protestantischen Kirchen in eine nuklear-pazifistische und eine verteidigungsbereite Strömung. Nach intensiven Diskussionen gelangten beide Strömungen zu dem Konsens, dass beim Einsatz für den Frieden „komplementäre“ Entscheidungen unvermeidlich seien, d.h. dass sich ein Friedensdienst ohne Waffen und ein Militärdienst mit Waffen zwar inhaltlich widersprechen, aber im Blick auf das gemeinsame Ziel des Friedens ergänzen. Beide Optionen seien notwendig. Dieses sogenannte „Komplementaritätsprinzip“ wurde 1959 in den „Heidelberger Thesen“ formuliert und trug dazu bei, die Spaltung des Protestantismus, aber auch der Gesellschaft zu überwinden.[653] Man hatte erkannt: Im atomaren Zeitalter ist es eine Frage des Überlebens, zwischenstaatliche Kriege so einzuschränken, dass sie nicht zu atomaren Auseinandersetzungen eskalieren. Pazifisten erinnern durch Kriegsdienstverweigerung an die Notwendigkeit, Kriege ganz zu vermeiden. Soldaten sorgen für ein Abschreckungspotential, um Angriffe unwahrscheinlich zu machen. In den „Heidelberger Thesen“ galt der Friedensdienst mit Waffen dabei nur als eine befristete Notlösung, die Kriegsdienstverweigerung dagegen als das deutlichere Zeichen für den Frieden. Schon 1967 wurde dieses asymmetrische Komplementaritätsprinzip auf einem Kirchentag in Hannover so umgedeutet, als seien beide Optionen als Friedensdienst mit und ohne Waffen gleichberechtigt. Nach dem Ende des Kalten Krieges 1989 schien eine Zeit lang die Hoffnung auf einen vertraglich und institutionell abgesicherten dauerhaften Weltfrieden berechtigt zu sein. Diese Hoffnung wurde in der EKD-Denkschrift von 2007: „Aus Gottes Frieden leben für gerechten Frieden sorgen“, auch angesichts zunehmender Konflikte und Krisen erneuert und verteidigt: Ziel politischen Handelns müsse ein gerechter Frieden im Rahmen der UNO mithilfe einer multilateralen Friedenspolitik sein. Ein

---

[652] Vgl.: Die erste Vollversammlung des ökumenischen Rates der Kirchen, Tübingen/Stuttgart 1948, 116. Dazu: Wolfgang Huber/Hans-Richard Reuter, Friedensethik, 1990, 161.

[653] Die „Heidelberger Thesen“ zur Frage gegensätzlicher Gewissensentscheidungen angesichts von Atomwaffen hat Carl Friedrich von Weizsäcker verfasst. Sie entfalteten ihre Wirkung, ohne dass sie durch eine Synode beschlossen worden waren; vgl. Günter Howe (Hrsg.), Atomzeitalter. Krieg und Frieden, Frankfurt/Berlin 1959. Die 6. These besagt: „Wir müssen versuchen, die verschiedenen im Dilemma der Atomwaffen getroffenen Gewissensentscheidungen als komplementäres Handeln zu verstehen“. Der Begriff „Komplementarität“ bezeichnet in der Quantenphysik ein Erkenntnisproblem, das aufgrund nicht aufeinander reduzierbarer Beschreibungrn oder Versuchsanordnungen entsteht. Die Erklärung dafür ist: Physikalische Messmethoden verändern das Erkannte, sodass sein Gegenstand einmal als Teilchen, dann als Welle erscheint. Die Frage ist hier, was wir *erkennen* können. In der Ethik fragen wir dagegen, was wir *tun* sollen. Die Übertragung des Begriffs „Komplementarität“ müsste eigentlich darin bestehen, dass das Ziel des Handelns als gegensätzlich erscheint, je nachdem, mit welchen Methoden wir dieses Ziel anstreben. Jedoch ist in der Friedensethik das Ziel immer der Friede. Komplementarität besagt hier, dass dieses Ziel mit entgegengesetzten Mitteln – mit und ohne Waffen, durch Kriegsdienstverweigerung und Militärdienst – angestrebt wird und dass beide Verhaltensweisen einander ergänzen und aufeinander angewiesen sind.

neues Leitbild, das des „gerechten Friedens", müsse endgültig die Tradition vom angeblich „gerechten Krieg" überwinden. Schon 2007 widersprach diese Zuversicht einem politischen Trend zur Zunahme militärischer Aktionen.[654] Westliche Staaten hatten 1999 in humanitären militärischen Interventionen in Jugoslawien ohne Legitimation durch die UNO eingegriffen. Seit dem terroristischen Angriff am 11.09.2001 auf das World Trade Center in New York vermehrten sich die militärischen Konflikte: Westliche Staaten destabilisierten durch den zweiten Irakkrieg 2003 die arabische Welt. Frankreich, Deutschland, Belgien und Österreich beteiligten sich nicht an diesem Krieg. Islamistische Terroristen gründeten 2003 den Islamischen Staat. Friedenseinsätze im Auftrag der UNO in Afghanistan und Libyen scheiterten. Nach einem kurzen „arabischen Frühling" 2011 versanken Syrien und Jemen durch Bürgerkriege in ein Chaos. Russland gewann seit 2014 verlorene Einflussgebiete durch die völkerrechts-widrige Okkupation der Krim und einen subversiv unterstützten Krieg zur Abspaltung der Ostukraine zurück. Die USA zogen sich in dieser Zeit immer mehr aus ihrer Rolle als globaler Ordnungsmacht zurück. Seit dem Regierungsantritt von Donald Trump im Januar 2017 kündigten sie internationale Verträge zur Abrüstung. Es entstand Unsicherheit, ob sich Europa verteidigungspolitisch auch in Zukunft auf die USA verlassen könne. Deutschland sieht sich daher vor die Notwendigkeit gestellt, einen größeren eigenen Beitrag zur Verteidigung zu leisten. Neue automatisierte Waffen, digitale Kriegsführung und modifizierte atomare Abschreckungsstrategien hatten zudem die Situation verändert.[655] In dieser veränderten Lage droht erneut eine Spaltung des deutschen Protestantismus. Ein linksprotestantischer pazifistischer Flügel verlangt nun erst recht verstärkte Anstrengungen, um in absehbarer Zeit den Krieg zu überwinden.[656] Ein konservativer Flügel hält dieses an sich gute Ziel für utopisch und bejaht bis auf weiteres die Notwendigkeit von Aufrüstung

—————

[654] Die EKD Denkschrift von 2007 setzt ein großes Vertrauen in internationale Institutionen voraus. Vgl. Robert Leicht, Wir glauben an die UN. Zwischen Pazifismus und Interventionspolitik, in: „...für gerechten Frieden sorgen." Die neue Friedensdenkschrift der EKD in der Diskussion, epd-Dokumentation 19/20 (2008) 70–71. Dieses Vertrauen wurde danach immer mehr erschüttert, u.a. in der Finanzkrise 2008 und in der Migrationskrise 2015.

[655] Zu der durch neue Waffen und die Digitalisierung der Kriegsführung entstandenen veränderten Situation vgl. Ines-Jaqueline Werkner, Neue friedensethische Heraus- forderungen. Autonome Waffen, Cyberwar und nukleare Abschreckung, in: Auf dem Weg zu einer Kirche der Gerechtigkeit und des Friedens, Leipzig 2019, 141–158.

[656] Als Beispiel sei der Beschluss der Badischen Landessynode 2013 genannt, der fordert, dass die EKD-Denkschrift von 2007 „hin zu einer eindeutigeren Option für Gewaltfreiheit im Sinne des umfassenden Verständnisses des gerechten Friedens weiterentwickelt wird". Vgl.: „Richte unsere Füße auf den Weg des Friedens" (Lk 1,79). Ein Diskussionsbeitrag aus der Evangelischen Landeskirche in Baden, 2013, 14, Beschluss Nr. 10.; https://www.ekiba.de/html/media/dl.html?i= 83315. Im Anhang zu dieser Erklärung der Badischen Landeskirche wird S. 27 mein vermittelndes Votum zitiert: „Entgegengesetzte Gewissensentscheidungen für einen konsequenten Pazifismus und für begrenzte Militäreinsätze sind als komplementär zu akzeptieren."

und legitimer Gewalt zur Friedenserhaltung.[657] Als die Synode der EKD „Auf dem Weg zu einer Kirche der Gerechtigkeit und des *Friedens*" im November 2019 in Dresden tagte, war nur so viel klar: Es wäre viel gewonnen, wenn wenigstens die Kirche weiter auf dem Weg zu einem gerechten Frieden bliebe, auch wenn die Welt auf dem Weg ist, asymmetrische und versteckte Kriege immer mehr als Mittel der Politik einzusetzen.[658]

In dieser veränderten Situation ist es umso notwendiger, dass die Kirche mit Nachdruck die Friedensbotschaft der Bibel vertritt. In Zeiten des Kalten Kriegs waren Krieg und Frieden eine klare Alternative. Heute ist die Lage komplexer, denn es wird immer mehr zur wichtigsten Aufgabe des Militärs, Frieden herzustellen, zu sichern und zu erhalten. Militärische Auslandseinsätze der Bundeswehr sind ihrer Intention nach friedenssichernde Einsätze. Umgekehrt unterstützen Friedenseinsätze in unterentwickelten Gesellschaften Staaten mit asymmetrischen militärischen Konflikten. Wenn nämlich Friedensarbeit dazu beiträgt, diese Gesellschaften zu stabilisieren, hilft sie ihnen indirekt, sich in diesen Konflikten militärisch zu behaupten. Auch ist die Gefahr von Atomkriegen keineswegs verschwunden, sondern sie wurde sogar erhöht, weil sich immer mehr Staaten um den Besitz von Atomwaffen bemühen und neue taktische Atomwaffen entwickelt wurden. Daher stellt sich die Frage: Muss oder soll die komplementäre Friedensethik des Protestantismus in dieser Situation weitergeschrieben werden?

Von Anfang an war es in dieser Diskussion um Krieg und Frieden eine offene Frage: Kann die Bibel heute überhaupt Wegweiser für Entscheidungen in dieser Frage sein? Die Bibel stammt aus einer ganz anderen Zeit, in der Kriege selbstverständlich waren. Unsere im Folgenden zu entfaltende These ist: In der Bibel finden wir im Alten und im Neuen Testament verschiedene Friedenskonzeptionen, die erst in moderner Zeit kombiniert wurden und deren Kombination die

------

[657] Ein Votum für eine Friedensethik, die eine Option für den Krieg einschließt, ist: Reiner Anselm, Gerechtigkeit und Frieden. Gegenwärtige Herausforderungen für eine am Leitbild des gerechten Friedens orientierte evangelische Friedensethik, in: Auf dem Weg zu einer Kirche der Gerechtigkeit und des Friedens, Leipzig 2019, 213–223. Ebenso Hartwig von Schubert, Pflugscharen und Schwerter. Plädoyer für eine realistische Friedensethik, Leipzig 2019, Ders., Frieden durch Barmherzigkeit und Frieden durch Recht, in: „Kirche auf dem Weg zu Gerechtigkeit und Frieden", Leipzig 2019, 207–212. Schubert unterstellt pazifistischen Erklärungen aus der Badischen und Rheinischen Landeskirche eine „Forderung nach einem vollkommenen Gewaltverzicht aller Bürger". Doch polizeiliche Gewalt zur Durchsetzung des Rechts wird von „pazifistischen" Positionen oft mit besonderem Nachdruck bejaht, um die Lücke auszufüllen, die ein militärischer Gewaltverzicht aufreißt.

[658] Zur Vorbereitung der Synode wurde das oben zitierte „Friedenstheologisches Lesebuch": Auf dem Weg zu einer Kirche der Gerechtigkeit und des Friedens., Leipzig 2019, veröffentlicht. Darin analysiert Michael Haspel, Frieden im Zeitalter der Unsicherheit. Friedensethik in neuen Kontexten, 53–65, die neu entstandene Situation. Die Wegmetapher meint einen „Pilgerweg" und soll kirchliche Friedensarbeit vom Einsatz säkularer Gruppen unterscheiden. Vgl. Fernando Enns, Der „Pilgerweg der Gerechtigkeit und des Friedens". Ein ökumenischer Weg, ebd. 81–92. Die Metapher vom Pilgerweg wurde durch die 10. Vollversammlung des Ökumenischen Rates der Kirchen (ÖRK) in Busan 2013 zu einer ökumenischen Leitmetapher. Charakteristisch für den nüchternen deutschen Protestantismus ist aber, dass er nur vom „Weg", nicht vom „Pilgerweg" spricht.

moderne christliche Friedenstheologie und Friedensethik ermöglicht hat. Im Alten Testament begegnet uns eine Friedensutopie mit politischen Dimensionen, aus der keine Friedensethik für konkretes menschliches Handeln abgeleitet wird. Nicht der Mensch, sondern Gott oder ein von ihm beauftragter Heilskönig verwirklicht den Frieden. Gleichzeitig werden Kriege als selbstverständliche Realität vorausgesetzt. Im Neuen Testament finden wir dagegen konkrete Verhaltensanweisungen – einerseits für ein friedensstiftendes, gewaltfreies Verhalten von Menschen, andererseits für Soldaten, die als selbstverständliche Realität akzeptiert werden. Weder die Tätigkeit von Friedensstiftern noch die von Soldaten werden aber mit einer politischen Friedensvision verbunden, sondern mit einer kosmischen Veränderung der Welt: Friedensstifter antizipieren eine neue Welt in kleinen Gemeinden, Soldaten repräsentieren die alte Welt, tragen aber dazu bei, den Frieden im Römischen Reich, die Pax Romana, in der Gesamtgesellschaft aufrechtzuerhalten. Das Wirken beider Gruppen wird aber im Neuen Testament noch nicht in einer politischen Ethik zusammengedacht. Dies geschah erst in der Neuzeit. Erst in ihr wurden die Friedensvisionen des Alten Testaments als Ziel mit den praktischen Verhaltensweisen im Neuen Testament als Weg zu diesem Ziel kombiniert und dadurch die komplementäre christliche Friedensethik geschaffen: Soldaten halten in dieser vergehenden Welt einen Frieden aufrecht, Pazifisten antizipieren eine sich anbahnende neue Welt. Die moderne christliche Friedensethik ist daher ein gesamtbiblisches Konstrukt, das erst Leser in der Gegenwart geschaffen haben, indem sie Elemente aus beiden Testamenten verbunden und sie im Lichte ihrer Situation gedeutet haben.

Im Folgenden wird (1) die Geschichte der Auseinandersetzung mit dem Krieg im Alten Testament, dann (2) im Neuen Testament erzählt, um danach (3) die von diesen biblischen Impulsen bestimmten Ansätze einer Friedensethik in der Kirchengeschichte zu skizzieren. Am Ende werden systematisch (4) die Voraussetzungen zusammengestellt, die in diese Friedensethik eingegangen sind.

1. Krieg und Frieden im Alten Testament

Das Alte Testament beginnt friedlich. Der Brudermord Kains zeigt den Einbruch der Gewalt in diese friedliche Welt. Seine weitere Geschichte zeugt von einer erstaunlichen Humanität und kritisiert eine auf „gerechte" Vergeltung abzielende allgemein-menschliche Straferwartung. Selbst das Leben Kains wird von Gott geschützt, weil es in dessen Augen genauso viel wert ist wie das Leben des von ihm getöteten Bruders. Kains Nachfahren sind wichtig für die Entwicklung der Menschheit: Sie erfinden den Städtebau, die Musik, die Schmiedekunst und damit die Waffen (Gen 4,17–22). Auch die in Gen 12 beginnende Geschichte der Patriarchen ist friedlich. Abraham, Isaak und Jakob sind Migranten in einem Land, das ihnen nicht gehört, und wollen in Frieden mit ihren Nachbarn leben. Nur einmal kommt es zu einem Krieg, in dem Abraham aber nur aktiv wird, um seinen Verwandten Lot aus den Händen der Gegner zu befreien (Gen 14). Die eigentliche Geschichte des Volkes Israel beginnt erst mit dem Auszug aus Ägypten im Buch Exodus. An ihrem Anfang steht eine Flucht aus der Sklaverei in

Ägypten, nicht durch Krieg, sondern im Gegenteil, durch die Vernichtung des großen ägyptischen Heeres durch die Fluten des Roten Meeres. Man könnte dies als Symbol dafür deuten, dass der Weg zu Frieden und Gerechtigkeit die Vernichtung von Waffen und Krieg voraussetzt. Die Vorgeschichte des Volkes Israel im Buch Genesis ist auf jeden Fall eine Geschichte des Friedens und des Ausgleichs mit den Nachbarn. Der Beginn seiner Geschichte im Buch Exodus ist durch Flucht vor unterdrückender Gewalt und durch deren Untergang bestimmt.

Die Geschichte der Kriege Israels beginnt erst mit der Landnahme. Am Anfang sind diese Kriege HEILIGE KRIEGE. Gottes Geist ergreift die Krieger, besonders ihre charismatischen Anführer. Die Feinde müssen vernichtet werden und wer sie schont, vergeht sich gegen Gottes Gebot. Diese Kriege sind Verteidigungskriege des kleinen Israels gegen übermächtige Feinde. Die Sage von David und Goliath hat sie anschaulich dargestellt. Aber es wird auch von Eroberungskriegen bei der Landnahme erzählt und ethnische Säuberungen des Landes von den Ureinwohnern gutgeheißen (Dtn 7,1–5; 20,16–18). Wichtig aber ist: Der dauernde Landbesitz wird nachdrücklich an die Bedingung geknüpft, dass Israel das Gesetz hält. Wenn Israel das Gesetz nicht hält, droht ihm die Vertreibung aus seinem Land.[659] Nicht militärische Macht, sondern Gerechtigkeit schafft für Israel die Voraussetzungen für ein dauerhaftes friedliches Leben im Land. Die Geschichte Israels ist dennoch voll von Kriegen. Es beruhigt wenig, wenn Alttestamentler uns versichern, dass viele dieser Kriege erdichtet seien, die Landnahme sei z.B. viel friedlicher vor sich gegangen, als es in der Bibel dargestellt werde. Das Zusammenleben von Philistern und Israeliten sei lange ein friedliches Nebeneinander gewesen. Denn nicht die Geschichte selbst, sondern die durch Erzählungen geschaffenen Bilder von ihr wirken in den Köpfen nach. Diese Bilder sind das Entscheidende.

Es ist daher verständlich, wenn auch die Zukunftserwartungen Israels[660] voller kriegerischer Bilder sind, voller Träume von der Vernichtung feindlicher Völker (Sach 14,1; Mi 4,11–13; Jes 34,1–4) oder von ihrer Unterwerfung. Die fremden Völker werden ihren Reichtum als Tribut nach Jerusalem bringen (Jes 60,1–14; 61,5–6; Hag 2,6f).

Aber neben diesen kriegerischen Bildern stehen als Korrektiv Zukunfts-visionen von einem universalen Frieden durch das Recht, der nicht auf einem Sieg im Krieg, sondern von Gott ohne Krieg herbeigeführt wird. Dieser zukünftige Frieden basiert auf Gerechtigkeit. Die Überzeugung, dass Israel nur durch Gerechtigkeit in seinem eigenen Land Frieden haben wird, wird dabei zu einer Vision für alle Völker ausgeweitet. Die biblischen Texte, die dieses Verlangen nach

---

[659] Lev 26,32f; Dtn 4,26f; 11,17; 28,21.63; 29,21–27; Jos 23,13.15; 1Kön 8,46f; 9,6–9 usw.

[660] Vgl. den Überblick bei Klaus Koenen, Art. Eschatologie (AT), in: Wibilex. Das Wissenschaftliche Bibellexikon im Internet (https://www.bibelwissenschaft.de/stichwort/20917/), 2007.

Frieden durch Gerechtigkeit zum Ausdruck bringen, sind Texte, um derentwillen allein man das Alte Testament lieben kann.[661]

An erster Stelle seien zwei Prophetensprüche genannt. Nach einem dieser Sprüche, der in Jes 2,1–5 wie in Micha 4,1–5 zweimal zitiert wird, werden die Völker einst zum Zion ziehen, um das Recht Gottes zu lernen. In einer durch Gott geschaffenen „internationalen" Rechtsordnung werden Schwerter zu Pflug- scharen umgeschmiedet. Gott selbst setzt hier den Frieden durch Recht durch. Grundlage seines Friedens ist Gerechtigkeit. Diese Prophetie ist wohl erst nach dem Verlust der staatlichen Selbständigkeit Israels entstanden. Nach einem zweiten Prophetenspruch in Jes 32,15–20 entsteht der Friede, weil „Geist Gottes" aus der Höhe ausgegossen wird – nicht auf Menschen, sondern auf die Natur. Auch dieser Friede in kosmischer Weite hat Gerechtigkeit zur Voraussetzung: „Und der Gerechtigkeit Frucht wird Friede sein, und der Ertrag der Gerechtigkeit wird ewige Stille und Sicherheit sein, dass mein Volk in friedlichen Auen wohnen wird, in sicheren Wohnungen und in stolzer Ruhe" (Jes 32,17f). Man fragt sich hier: Wer soll diese Gerechtigkeit verwirklichen? Weitere Texte nennen Gott und den König als Stifter des Friedens.

In Ps 85 ist der Friede dadurch gekennzeichnet, dass sich „Güte und Treue einander begegnen, Gerechtigkeit und Friede sich küssen" (85,10f).[662] Hier bewirkt Gott allein den Frieden. Das ist auch in Ps 46 der Fall, der dem Lied „Ein feste Burg ist unser Gott" zugrunde liegt. Der Friede, den Gott durch das Zerbrechen der Waffen herstellt, hat kosmische Weite. Er steht in Gegensatz zum Chaos der Urflut. Der umfassende Friedensbegriff des Alten Testaments meint dabei weit mehr als die Abwesenheit des Krieges, er meint eine gerechte kosmische Ordnung, die der Unordnung und dem Chaos entgegengesetzt ist. Aber nicht nur Gott führt diesen Frieden herbei, auch Menschen sind dabei beteiligt, freilich in sehr begrenztem Maße.

Unter den Menschen gilt lediglich der König als Friedensstifter, der nach Ps 72 den Frieden durchsetzt. Zu Zeiten des hier gelobten idealen Königs werden Gerechtigkeit und Frieden blühen. Diese Gerechtigkeit steht nicht neutral über den Parteien, sondern tritt für die Schwachen ein. Zu ihr gehört ein ökonomischer und sozialer Ausgleich: Der Friedenskönig wird für Arme und Elende eintreten. Militärische Züge, wie wir sie in anderen Königspsalmen (z.B. in Ps 2) finden, fehlen. Unklar bleibt: Handelt es sich um Hoflyrik beim Herrschaftsantritt eines Königs? Oder um einen messianischen Traum von einem Heilskönig, wie er uns in prophetischen Texten wie Jes 9,1–6 und 11,1–10 begegnet? Beim Propheten

———————

[661] Einen Überblick, der auch das Neue Testament einschließt, gibt Walter Dietrich, Gerechtigkeit und Frieden. Eine biblische Grundlegung, in: Kirchenamt der EKD (Hrsg.), Auf dem Weg zu einer Kirche der Gerechtigkeit und des Friedens, 2019, 37–52.

[662] Die EKD-Friedensdenkschrift: Aus Gottes Frieden leben – für gerechten Frieden sorgen, Gütersloh 2007, beruft sich auch auf diese Stelle. In Ziffer 74 heißt es: „Die Einheit von Frieden und Gerechtigkeit ist in den biblischen Überlieferungen Gegenstand göttlicher Verheißung. Die Psalmen sprechen in überschwänglichen Worten davon, dass ‚Gerechtigkeit und Friede sich küssen' (Ps 85,11)."

Sacharja hat dieser zukünftige König auf jeden Fall betont unmilitärische Züge und verbindet Frieden und Gerechtigkeit:

> Du, Tochter Zion, freue dich sehr, und du, Tochter Jerusalem, jauchze! Siehe, dein König kommt zu dir, ein Gerechter und ein Helfer, arm und reitet auf einem Esel, auf einem Füllen der Eselin. Denn ich will die Wagen vernichten in Ephraim und die Rosse in Jerusalem, und der Kriegsbogen soll zerbrochen werden. Denn er wird Frieden gebieten den Völkern, und seine Herrschaft wird sein von einem Meer bis zum andern und vom Strom bis an die Enden der Erde.
> (Sach 9,9f)

Das Alte Testament enthält die Vision eines Völkerfriedens auf der Grundlage von Recht und Gerechtigkeit. Die Verknüpfung des Friedens mit Gesetz und Gerechtigkeit verpflichtet alle Menschen, sich für den Frieden einzusetzen. Denn das Tun der Gerechtigkeit wird im Alten Testament von allen Menschen verlangt. Aber im Blick auf den Frieden wird konkret nur der König genannt, wobei offen bleibt, ob es ein realer oder erträumter König ist. Manchmal setzt dieser König mit Gewalt seine Herrschaft durch (Ps 110). Oft aber ist er ein Friedensfürst. Manchmal ist führt Gott allein den endzeitlichen Frieden herbei. Menschen sind jedoch bei der Durchsetzung des Friedens nicht beteiligt. Wären sie es, so würde ihre Beteiligung unvermeidlich kriegerische Züge annehmen. Es ist also gerade die Alleinwirksamkeit Gottes, die diese Visionen eines zukünftigen Friedens ohne Krieg ermöglicht. Die Vision dieses völkerumfassenden Friedens auf der Grundlage der Gerechtigkeit setzt in der Bibel auf jeden Fall den Durchbruch zum Monotheismus im 6. Jh. v. Chr. voraus. Nach der Logik des Alten Orients führten die Götter Krieg im Himmel miteinander, wenn sich ihre Völker auf Erden bekriegten. Israel aber entdeckte den einen und einzigen Gott – und damit war der Weg frei für die Vorstellung, dass auch die Kriege nicht notwendig zur Weltordnung gehörten.

Doch muss betont werden: Die Friedensvisionen des Alten Testaments stehen in Spannung zu den Traditionen des Heiligen Krieges, die immer wieder aufleben. Auch nach dem Exil ruft der Prophet Joel zum Heiligen Krieg auf und widerruft die Friedensvision vorheriger Propheten durch seine Devise: „Macht aus euren Pflugscharen Schwerter und aus euren Sicheln Spieße! Der Schwache spreche, ich bin stark!“ (Joel 4,10). Die Makkabäerkriege im 2 .Jh. v. Chr. wurden als Heilige Kriege geführt und verklärt. Es waren Defensivkriege. Die Juden verteidigten in ihnen die Erhaltung ihrer Religion gegenüber einer einheimischen Oberschicht, die im Bündnis mit den seleukidischen Herrschern die Besonderheit des Judentums gegenüber anderen Völkern minimieren und beseitigen wollte. Diese Kriege hatten Erfolg und führten noch einmal zur Errichtung eines selbständigen jüdischen Staates, was eine Remilitarisierung der religiösen Phantasie in der Zeit nach den Makkabäerkriegen erklärt.

Aber unser Dilemma ist noch größer: Gerade der Monotheismus, der die Friedensvisionen des Alten Testaments inspiriert hat, gilt heute oft als kriegs- und gewaltfördernd.[663] Wer wie Israel den einen und einzigen Gott entdeckt hat, beansprucht der nicht, die eine und einzige Wahrheit entdeckt zu haben? Wurde durch diesen Monotheismus nicht ein militärischer Imperialismus durch einen religiösen Machtanspruch überhöht? Obwohl der Gott Israels seinen Frieden weltweit durchsetzen will, sagt er in Ps 46,11: „Ich will der Höchste sein unter den Völkern, der Höchste auf Erden." Wenn einer der Höchste sein will, ob das nun ein Herrscher, ein Volk, eine Religion oder ein Gott ist, wehren sich verständlicherweise die anderen. Alleinherrschaftsansprüche provozieren immer Widerstand. Das Dilemma ist bis heute geblieben, auch in einer säkularen Friedensordnung: Jede auf Recht basierende Friedensordnung wird in einer partikularen Kultur geboren – und immer erhebt sich gegen sie der Verdacht, ob nicht ihr Universalismus in Wirklichkeit partikularen Interessen dient. Auch die Menschenrechte werden deshalb heute oft als Instrumente eines westlichen Imperialismus verdächtigt.[664]

Wir müssen die Kritik am Gewaltpotenzial der Religion und insbesondere in monotheistischen Religionen ernstnehmen. Schon die Bibel weiß darum. Erinnert sei noch einmal daran: Sie erzählt vom Einbruch von Mord und Totschlag in das menschliche Leben in der Sage von Kain und Abel. Kain wird aus religiösen Gründen zum Mörder. Er ist überzeugt, dass Gott sein Opfer nicht angenommen hat, dass Abels Opfer aber angenommen wurde. Aber auch Kain erhält die Verheißung: „Du wirst über sie (die Sünde) herrschen!" Übersetzen kann man das auch als Imperativ: „Herrsche über sie!" (Gen 4,7).

Unser Fazit zum Alten Testament ist: Obwohl das Alte Testament ein sehr kriegerisches Buch ist, ist es eine der wichtigsten Quellen gegenwärtiger Friedensethik. Wir finden darin die Vision eines „gerechten Friedens", d.h. eines Friedens, der aufgrund von Gerechtigkeit dauerhaft ist. Dieser Friede hat unverkennbar politische Dimensionen. Es handelt sich nicht nur um einen inneren Frieden der Seele.

- Erstens umfasst er eine internationale Rechtsordnung mit der zentralen Institution des Jerusalemer Tempels. Friede setzt eine Minimierung von Unrecht voraus.
- Zweitens eine Rechtsordnung im Innern des Landes, die Schutz vor Gewalt gibt. Friede bedeutet Minimierung von Gewalt.
- Drittens einen ökonomischen Ausgleich im Innern: Diese Gerechtigkeit besteht in einem Einsatz für die Elenden und Schwachen. Friede bedeutet: Minimierung von Not.

―――――

[663] Jan Assmann, Die Mosaische Unterscheidung oder der Preis des Monotheismus, München/Wien 2003. Dazu seine Stellungnahme: Ders., Monotheismus der Treue. Korrekturen am Konzept der „Mosaischen Unterscheidung" im Hinblick auf die Beiträge von Marcia Pally und Micha Brumlik, in: Rolf Schieder (Hrsg.), Die Gewalt des einen Gottes. Die Monotheismus-Debatte zwischen Jan Assmann, Micha Brumlik, Rolf Schieder, Peter Sloterdijk und anderen, Berlin 2014, *249–266*.

[664] Dazu: Heiner Bielefeldt, Philosophie der Menschenrechte. Grundlagen eines weltweiten Freiheitsethos, Darmstadt 1998.

– Viertens finden sich Ansätze eines Minderheitenschutzes. Das Nächstenliebegebot wird in Lev 19,34 auf den Fremden im Lande ausgedehnt. Frieden umfasst auch eine Minimierung von Diskriminierung.[665]

Das Konzept vom „gerechten Frieden" wurde in der Gegenwart zum ökumenischen Konsens[666] sowohl im Katholizismus als auch im europäischen Protestantismus.[667] Es ist vom umfassenden Friedensbegriff des Alten Testaments inspiriert, daher bezeichnet man den umfassenden Friedensbegriff oft mit dem hebräischen Wort „Schalom", um zu signalisieren: Friede ist mehr als Abwesenheit von Krieg. Er ist die Frucht der Gerechtigkeit. Aber alle alttestamentlichen Friedensaussagen, so ergreifend sie sind, haben eine Grenze. Sie kollidieren nicht nur mit der kriegerischen Wirklichkeit, sondern sie lassen offen, was die Menschen für den Frieden *tun* können. Im Alten Testament wird er nicht von Menschen verwirklicht, sondern Gott, sein Geist oder ein messianischer Friedensfürst, der menschliche Dimensionen übersteigt. Ethik aber will die Frage beantworten: Was sollen Menschen tun? Wir finden diese Friedensvision im Alten Testament nicht in Gesetzestexten oder in weisheitlichen Mahnungen. Mit anderen Worten: Diese Friedensvision ist nicht Ausdruck einer alttestamentlichen Friedensethik, sondern Ausdruck einer Friedenssehnsucht mit politischen Dimensionen. Aber diese Sehnsucht hat weitergewirkt. Sie sucht nach Menschen, die den Frieden realisieren.

Wenden wir uns nun dem Neuen Testament zu. Wie wurden hier einfache Menschen zu „Friedensstiftern"? (Mt 5,9).

2. Krieg und Frieden in der Jesusüberlieferung

Das Alte Testament ist die Literatur eines Volkes. Es musste Fragen von Krieg und Frieden und einer umfassenden sozialen Gerechtigkeit zu seinem Thema machen. Das Neue Testament ist dagegen Literatur von Kleingruppen in einigen Nischen des Römischen Reichs. Die römischen Legionen sorgten in ihm für den Frieden. Die urchristlichen Gemeinden mussten sich nicht den Kopf darüber zerbrechen, ob sie den Wehrdienst verweigern wollten, denn sie waren politisch ohnmächtig. Zu ihnen gehörten zwar Menschen aus vielen Schichten, aber nicht aus der imperialen Oberschicht, die für Krieg und Frieden verantwortlich war. Eben deswegen wissen wir nie, ob die neutestamentlichen Friedensaussagen überhaupt den politischen Frieden mit im Blick haben. Gerade das war vielleicht eine Chance, um neue Friedensvorstellungen zu entwickeln.

———

665 Die Friedensforschung unterscheidet als Indikatoren des Friedens: Minimierung von Not, Gewalt und Unfreiheit. Vgl. Huber/Reuter, Friedensethik, 20–26.

666 Die United Church of Christ erklärte sich 1985 zu einer „Kirche des gerechten Friedens". Die Ökumenische Versammlung in Dresden/Magdeburg bekannte sich 1989 zum „gerechten Frieden" und löste mit diesem Leitbild die Lehre vom „gerechten Krieg" ab. Gleichzeitig übernahm die katholische Kirche dieses Leitbild in „Gerechtigkeit schafft Frieden" (1983) und in dem Hirtenwort „Gerechter Friede" (2000). In der protestantischen Theologie wurde es vor allem von W. Huber und E. Reuter ausgearbeitet.

667 In den USA haben Spielarten einer „New Just War Theorie" dagegen viele Anhänger!

Wir hatten gesehen, im Alten Testaments war die Frage offengeblieben: Wie wird der Friede von *Menschen* unter irdischen Bedingungen verwirklicht? Im Alten Testament kommt der Friede wie ein Wunder und Traum. Drei Akteure werden genannt: Gott (Jes 2,1–5), der Geist Gottes (Jes 32,15–20) und ein messianischer Friedenskönig (Ps 72 u.ö.). Das Neue Testament sagt darüber hinaus: Menschen sollen den Frieden machen. Es denkt dabei nicht an Könige, die politische Macht haben, im Gegenteil. Wenn es sagt: „Selig sind die, die Frieden machen, denn sie werden Söhne Gottes genannt werden" (Mt 5,9), wendet es sich an alle Menschen. Die alternative Übersetzung: „Selig sind die Friedfertigen" ist ebenso falsch wie die Übersetzung von „Söhnen Gottes" mit „Kindern Gottes". Diese Übersetzung macht undeutlich, dass diese Seligpreisung ein Königsideal auf alle Menschen überträgt: Das Wort „Friedensmacher" war in der Antike ein Prädikat von Königen. Diese wurden außerdem „Söhne Gottes" genannt.[668] So begrüßten die Athener den König Demetrios Poliorketes im Jahre 291/290 v. Chr. mit den Worten: „Du *Sohn* des mächtigen Gottes …". Sie baten ihn: „Zuerst *mache Frieden*, Liebster, denn Herr bist du".[669] Caesar wird dort „Friedensstifter" genannt (Dio Cassius 44.49,2).[670] Augustus gilt in der Inschrift von Priene als „Gott", der „den Kriegen ein Ende macht und den Frieden ordnet".[671] Solche Vorstellungen waren bis nach Palästina gedrungen. Nach erfolgreicher Bekämpfung von Aufständischen in Galiläa feierte man den jungen Herodes in Stadt und Dorf, „weil er Frieden und Sicherheit geschaffen hatte" (Josephus ant 14,160, vgl. 15,348). Die Bergpredigt mutet allen Menschen die Aufgabe des Friedensstiftens zu, die bisher eine Aufgabe von Königen war. Man kann diese „Demokratisierung" von Königsidealen sehr gut im MtEv beobachten. Dort ist der Messias das „Licht", das für ein Volk in der Finsternis aufgegangen ist (Mt 4,16). Als Beleg zitiert es die alttestamentliche Verheißung eines mächtigen Friedensfürsten (Jes 8,23–9,1). Die dann folgende Bergpredigt überträgt das Prädikat des „Lichts" auf alle Jünger: Sie sollen „Licht der Welt" sein (Mt 5,14). Die Bergpredigt ruft alle dazu auf, Friedensstifter zu sein, auch dann, wenn sie keine politische Macht haben. Dazu kommen in der Bergpredigt zwei weitere Motive.

Das erste Motiv ist: Frieden soll nicht durch einen militärischen Sieg geschaffen werden, sondern durch Feindesliebe. Undeutlich ist, ob dieser Friede wie im Alten Testament ein politischer Friede ist, der Kriege überwindet. Handelt es sich

―――――

[668] Die Erkenntnis, dass hier ein Königsideal übernommen wurde, geht auf Hans Windisch, Friedensbringer – Gottessöhne. Eine religionsgeschichtliche Interpretation der 7. Seligpreisung, ZNW 24 (1925) 240–60, zurück.

[669] FrGrHi 76 F 13 (= F. Jakoby, Die Fragmente der griechischen Historiker, Berlin 1923–1958).

[670] Auch Commodus wird Friedensstifter genannt (Dio Cass 73,15,5). Gewiss schreibt Dio Cassius erst in nachneutestamentlicher Zeit. Die Pax-Propaganda ist jedoch älter, wie die oben zitierte Inschrift von Priene zeigt.

[671] Inschrift und Übersetzung bei: Stefan Schreiber, Weihnachtspolitik, Lukas 1–2 und das goldene Zeitalter, NTOA 82, Göttingen 2009, 122–127.

vielleicht nur um einen „sozialen Frieden" in kleinen Gemeinden und ihrem Umfeld? Oder sogar nur um einen „inneren Frieden" zwischen Mensch und Gott wie in Röm 5,1, wo Paulus sagt: „Da wir nun gerecht geworden sind durch den Glauben, haben wir Frieden mit Gott durch unsern Herrn Jesus Christus"?

Das zweite Motiv ist: Es werden in der Bergpredigt Elemente einer Strategie sichtbar, wie Menschen aus der Position der Ohnmacht heraus etwas für den Frieden tun können, nämlich durch Gewaltverzicht. Auch hier stellt sich die Frage, inwiefern dieser Gewaltverzicht politische Auswirkungen haben soll. Luther meinte, Christen dürften als „Amtsinhaber" Gewalt im Interesse anderer Menschen ausüben, seien aber verpflichtet, bei der Verfolgung ihrer privaten Interessen als „Person" auf Gewalt zu verzichten. Als Person sollen sie im Sinne der Bergpredigt lieber Unrecht leiden als Unrecht tun. Umstritten ist daher geblieben: Wie politisch ist der Gewaltverzicht gemeint? Ist der Gewaltverzicht der Bergpredigt nur eine Strategie für das private Verhalten?

Zunächst seien einige Argumente gegen die Einschränkung der Feindesliebe in Mt 5,43–48 auf den Privatfeind genannt. Daraus folgt zwar noch nicht, dass die Feindesliebe im Urchristentum auch den politischen und militärischen Feind umfasst, wohl aber, dass sie prinzipiell auch jenseits des Privaten anwendbar wäre – selbst dann, wenn diese Folgerung im Neuen Testament noch nicht gezogen worden wäre. Jedoch spricht viel dafür, wie wir sehen werden, dass die von Jesus gelehrte Feindesliebe schon im Kontext der damaligen Zeit eine politische Dimension hatte.

Das erste Argument ist eine grammatische Beobachtung zu Mt 5,43f. Zitiert wird das Gebot der Nächstenliebe in der 2. Person Singular: „*Du* sollst *deinen* Nächsten lieben und *deinen* Feind hassen!" Die dagegen gesetzte Antithese der Feindesliebe wechselt in den Plural. Jesus sagt: „Ich aber sage euch: Liebet *eure* Feinde!" Wäre der Privatfeind im Dorf gemeint, hätte es näher gelegen, im Singular fortzufahren: „Liebe Deinen Feind!", was biblischer Sprachtradition entspräche. In Prov 25,21 heißt es im Singular: „Wenn *deinen* Feind hungert, gib ihm zu essen" (vgl. Röm 12,20). Die Feindesliebe der Bergpredigt meint eindeutig mehr als eine Feindesliebe gegenüber einzelnen Personen.

Das zweite Argument: Die feindlichen Gruppen, die im Blick sind, verfügen über Machtmittel. Sie können andere Menschen verfolgen. Darum heißt es: „Bittet für die, die euch verfolgen". Verfolgung setzt Macht voraus. Diese kann leichter von Kollektiven ausgeübt werden als nur von Einzelpersonen.

Das dritte Argument: Mit der Feindesliebe wird das Verhalten von Zöllnern und Heiden kontrastiert. „Und wenn *ihr* nur zu euren Brüdern freundlich seid, was tut ihr Besonderes? Tun nicht dasselbe auch die *Heiden*?" Zwar könnten die „Brüder" leibliche Brüder und Verwandte meinen, wahrscheinlich aber sind Juden im Unterschied zu Nichtjuden gemeint. In diesem Sinne wird der Brudername auch sonst in der Bergpredigt verwandt – etwa, wenn man sich mit seinem Bruder vor dem Opfer im Jerusalemer Tempel versöhnen soll (Mt 5,23f). Der Kontrast der Feindesliebe zum Verhalten der Heiden impliziert: Die Feindesliebe soll auch den Fremden gelten, die nicht „Brüder" sind. Die Feindesliebe überwindet daher die Grenze zwischen den Völkern.

Das vierte Argument: Eine universale Intention der Feindesliebe basiert auf den Naturbildern von Sonne und Regen nahegelegt. Feindesliebe ist Nachahmung

Gottes, der über Böse und Gute seine Sonne aufgehen und über Gerechte und Ungerechte regnen lässt. Dieses Handeln Gottes umfasst die ganze Schöpfung. Das spricht gegen jede Einschränkung der Feindesliebe.[672]

Das fünfte Argument: Genauso wie die Seligpreisung der Friedensstifter ist auch die Feindesliebe Übertragung eines Königsideals auf einfache Menschen.[673] Plutarch überliefert den Ausspruch eines Königs:

> Jemand lobte den von Kleomenes berichteten Grundsatz, der gefragt, was ein guter König tun müsse, gesagt hatte: ,Den Freunden Gutes tun, den Feinden Böses tun!' Da antwortete er: ,Wieviel besser ist es, Freund, den Freunden Gutes zu tun, die Feinde aber zu Freunden zu machen.'
> (Plutarch, Mor 218A = Lakonische Sprüche, Ariston §1)[674]

Wenn die Feindesliebe ursprünglich ein Königsideal war, kann man sie kaum entpolitisieren.

Dieses humane Königsideal hatte nachweislich Auswirkungen im Gebiet von Judäa und Galiläa.[675] Josephus berichtet von König Agrippa I., dass er sich mit einem seiner Kritiker, Simon überraschend versöhnt habe. Dieser Simon hatte gefordert, Agrippa müsse wegen seiner nicht-jüdischen Herkunft vom Kult ausgeschlossen werden. Damit bezweifelte er die Legitimität dessen Königtums. Agrippa aber stellte ihn zur Rede und entließ Simon, nachdem der um Verzeihung gebeten hatte, mit einem Geschenk: „Denn er hielt Sanftmut für einen königlicheren Zug als Zorn, und er war der Meinung, dass Milde den Großen besser

———————

[672] Wenn man durch Feindesliebe „vollkommen wird" wie der Vater im Himmel vollkommen ist, dann ist sie Verwirklichung der Ebenbildlichkeit des Menschen. Weil der Mensch nach dem Schöpfungsbericht zum Ebenbild Gottes geschaffen ist, hat er Verantwortung für die ganze Erde und für alle Kreaturen (Gen 1,26–30).

[673] Die folgenden Gedanken sind angeregt durch Luise Schottroff, Gewaltverzicht und Feindesliebe in der urchristlichen Jesustradition, Mt 5,38–48/Lk 6,27–36, in: Jesus in Historie und Theologie, FS H. Conzelmann, Tübingen 1975, 197–221. Zum antiken Herrscherideal der Clementia vgl. Traute Adam, Clementia Principis, Stuttgart 1970; Gerd Theißen, Gewaltverzicht und Feindesliebe (Mt 5,38–48/Lk 6,27–38) und deren sozialgeschichtlicher Hintergrund, in: Ders., Studien zur Soziologie des Urchristentums, Tübingen ²1983, 160–197.

[674] Ariston (ca. 560–510 v.Chr.). Die Fortsetzung lautet: „Dieser nach allgemeiner Meinung von Sokrates stammende Grundsatz wird auch Ariston zugeschrieben." Bei der Maxime, „den Freunden Gutes zu tun, den Feinden jedoch zu schaden", handelt es nicht nur um ein Königsideal, sondern um eine allgemeine Maxime, die sich so jedoch nicht in der sokratischen Überlieferung findet (vgl. jedoch Plato, Pol 335Bff). Eben diese Maxime gehört nach Seneca (Ira II 34,4) zur politischen Weisheit der Römer, aus Feinden Bundesgenossen zu machen. Die oben zitierte Plutarchüberlieferung findet sich bei Klaus Berger/Carsten Colpe, Religionsgeschichtliches Textbuch zum Neuen Testament, NTD Textreihe 1, Göttingen 1987, 97, Nr. 142.

[675] Für das Diasporajudentum ist es gut bezeugt. Der Aristeasbrief, eine Anleitung an den König zum guten Herrschen, stellt die Milde des Herrschers als dessen Tugend heraus und verbindet sie mit dem Gedanken der *imitatio dei*. Weil Gott die Welt gütig und ohne Zorn regiert, soll auch der König seine Untertanen ohne Zorn regieren (Arist 254). Weil Gott gütig ist, soll er die Schuldigen nicht so streng bestrafen, wie sie es verdienen (Arist 188). Er soll barmherzig sein, da auch Gott barmherzig ist (Arist 208).

stünde als Heftigkeit“ (Josephus ant 19,334). Seine Milde hat diesen König freilich nicht daran gehindert, die Christen zu verfolgen und Jakobus Zebedaios hinrichten zu lassen (Apg 12,1f).

Unser Fazit ist: Die Feindesliebe der Bergpredigt schließt niemanden aus, auch nicht den politischen Feind. Sie ist ursprünglich ein Königsideal. Könige haben so viel Macht, dass sie selbst mit ihren Feinden nachsichtig umgehen können. Jesus aber verlangt diese königliche Haltung von allen Menschen, auch wenn sie keine Könige sind. Im Alten Testament wird die Verwirklichung des Friedens von einem König erwartet, der oft messianische Züge hat. Im Neuen Testament wird sie von normalen Menschen verlangt, die damit in die Rolle von Königen eintreten. Durch die Ausweitung der Nächstenliebe auch auf die Feinde, wird die globale Friedensvision mit einem vom *Menschen* geforderten Verhalten verbunden. Sie wird zur Friedensethik.

Die Strategie der Feindesliebe ist Gewaltverzicht (Mt 5,38–42). Oft wird behauptet, solch ein Gewaltverzicht widerspräche jedem politischen Denken. Denn hier unterwerfe sich der Gewaltlose dem Willen des anderen. Politik aber bestehe darin, seinen Willen gegen den Willen anderer durchzusetzen und dem Bösen zu wehren. Aber auch der Gewaltverzicht der Bergpredigt will auf den Konfliktpartner einwirken, damit er sein Verhalten ändert. Dafür sprechen zwei Argumente.

Das erste Argument dafür ist: Der Gewaltverzicht wird an vier Beispielen konkretisiert. Man soll die Backe hinhalten, den Mantel als Pfand zum Hemd hinzugeben, von Soldaten erpresste Transportleistungen doppelt so lange leisten.[676] Am Ende steht dann aber überraschenderweise die Mahnung: „Gib dem, der dich bittet, und wende dich nicht ab von dem, der etwas von dir leihen will“ (Mt 5,42). Erschien der aggressive Konfliktpartner in den ersten drei Fällen als der Überlegene, so ist er hier ein Bittsteller, der einen Kredit haben will. Überlegen ist der Gebetene: Wer anderen Menschen Geld leiht, macht sie durch eine Verpflichtung von sich abhängig; sie müssen ihm etwas zurückzahlen. In diesem Lichte muss man auch die vorhergehenden Beispiele lesen: Die demonstrative Gewaltlosigkeit soll den anderen moralisch verpflichten. Sie will ihn zum „Schuldner“ machen, der dem Misshandelten etwas zu geben verpflichtet ist. Weil der andere freiwillig mehr erhält, als er verlangt hat, wird der Angreifer und Bedränger zum „Schuldner“ dessen, an dem er seine Macht ausüben wollte.[677]

---

[676] Das *jus talionis* „Gleiches um Gleiches“ wird hier in einer kreativen Weise neu angewandt. Wenn man auf die Backe geschlagen wird, soll man das Gleiche noch einmal erleiden. Wenn einem das Hemd genommen wird, soll man den Mantel freiwillig dazugeben. Wenn man eine Meile zum Transportdienst erpresst wird, soll man freiwillig noch einmal die gleiche Distanz, eine weitere Meile, Transportdient leisten (Mt 5,43–42 /Lk 6,29).

[677] Soziologen nennen dieses Verhalten „Selbststigmatisierung“. Vgl. Wolfgang Lipp, Selbststigmatisierung, in: M. Brusten/J. Hohmeier (Hrsg.), Stigmatisierung, Bd. 1: Zur Produktion gesellschaftlicher Randgruppen, Darmstadt 1975, 25–53. Zur Anwendung dieses Konzepts auf das Urchristentum vgl. Helmut Mödritzer, Stigma und Charisma im Neuen Testament und seiner Umwelt. Zur Soziologie des Urchristentums, NTOA 28, Freiburg/Göttingen 1994: Durch demonstrative Übernahme einer Rolle, in der man nach den üblichen Werten und Regeln keine Chance hat, Anerkennung zu finden, stellt man

Das zweite Argument sind zeitgeschichtliche Analogien. In der Zeit Jesu wurde gewaltfreies Verhalten zweimal politisch eingesetzt. Pilatus hat versucht – wahrscheinlich kurz nach seinem Amtsantritt in Judäa 26 n.Chr. – Kaiserbilder nach Jerusalem zu bringen.[678] Diese galten als Götzenbilder, die in der Heiligen Stadt eine Provokation waren. Die aufgebrachte Jerusalemer Bevölkerung strömte nach Cäsarea und umringte den Palast des Pilatus. Nach fünf Tagen ließ Pilatus sie in ein Stadion kommen, wo er sich auf den Richterstuhl setzte. Alle erwarteten, er würde die umstrittene Sache entscheiden. Stattdessen ließ er die demonstrierenden Juden von Soldaten umringen. Die protestierenden Juden aber weigerten sich auch jetzt, die Kaiserbilder zu tolerieren. Da drohte Pilatus, sie zu töten, und ließ die Soldaten die Schwerter ziehen. Josephus erzählt weiter: „Die Juden aber warfen sich wie auf Verabredung hin dicht gedrängt auf den Boden, boten ihren Nacken dar und schrien, sie seien eher bereit zu sterben, als dass sie die väterlichen Gesetze überträten. Zutiefst erstaunt über die Glut ihrer Frömmigkeit gab Pilatus den Befehl, die Feldzeichen sofort aus Jerusalem zu entfernen" (bell 2,174). Dies geschah wahrscheinlich kurz vor dem Auftreten Jesu von Nazareth. In dieser Atmosphäre und in solch einem Sozialmilieu hatte seine Lehre vom gewaltlosen Widerstand eine Chance.

Weil der gewaltlose Widerstand erfolgreich war, wurde er noch einmal ca. ein Jahrzehnt nach Jesu Auftreten wiederholt. 39 n.Chr. wollte der Kaiser Gaius Caligula sein Standbild im Jerusalemer Tempel aufstellen. Wieder setzten die Juden auf gewaltlosen Widerstand. Sie strömten zum syrischen Statthalter Petronius, der mit der Errichtung der Statue beauftragt war und mit Legionen von Norden her in ihr Land einmarschierte. In der Ebene von Ptolemais in Nordpalästina trafen die protestierenden Juden auf ihn. Petronius drohte mit Gewalt. Er sagt:

> ‚Wollt ihr also mit dem Kaiser Krieg führen, ohne an seine Rüstungen und an eure Ohnmacht zu denken?' Sie aber entgegneten: ‚Wir wollen ganz und gar keinen Krieg führen, sondern lieber sterben, als dem Gesetz entgegen handeln', und bei diesen Worten warfen sie sich zur Erde, boten ihren Nacken dar und erklärten sich bereit, denselben Augenblick zu sterben. So fuhren sie vierzig Tage lang fort, ohne das Land zu bestellen, obschon es Saatzeit war, und sie blieben, fest bei ihren Worten und dem Entschluss, eher zu sterben, als die Bildsäule aufrichten zu sehen (Jos. ant 18,271f).

Möglicherweise waren unter diesen protestierenden Juden auch Menschen, die von Jesu Lehre gehört hatten.

Unser Fazit zum Gewaltverzicht ist daher: Schon zu Jesu Zeiten wurde ein gewaltloses Vorgehen im Judentum politisch eingesetzt, um Widerstand zu üben.

—————

diese Werte und Regeln infrage und kann Menschen mit anderen Einstellungen in ihrer Haltung erschüttern. Psychologen sprechen von „paradoxer Intervention": Ein unerwünschtes Verhalten wird positiv verstärkt oder „belohnt" (dem Angreifer wird die rechte Backe gezeigt, der Mantel wird zum Hemd dazu gegeben). Aber solch eine paradoxe Intervention zielt darauf, dieses Verhalten durch ein anderes Verhalten zu ersetzen.

[678] Vgl. Josephus bell 2,169–174; 18,55–59.

Auf diese zeitgeschichtlichen Zusammenhänge wies ich 1979 in einem Aufsatz über Gewaltverzicht und Feindesliebe hin und schrieb:

> Gerade bei Jesus finden sich [...] jene drei Verhaltensmuster, deren Kombination jeder Macht gefährlich werden kann: 1. der Mut zur öffentlichen Kritik (und eine entsprechende Resonanz), 2. die Bereitschaft zu provokatorischen Handlungen, durch die bestehende Regeln kompromittiert werden, und 3. eine demonstrative Wehrlosigkeit. Jesus hat diese Verhaltenselemente so wenig zu einer systematischen Strategie gewaltloser Konfliktlösung ausgebaut wie jene Zeitgenossen, die Pilatus zur Zurücknahme einer Maßnahme zwangen. Aber von ihm her wurde immer wieder ein Verhalten inspiriert, das sich weder dem Stärkeren beugt noch zur Gewalt greift. Und hier wird der einzige Weg sichtbar, der bleibt, wenn man sowohl von der Dringlichkeit sozialer Veränderungen überzeugt ist wie von der Notwendigkeit, den Frieden im Inneren und Äußeren zu wahren.[679]

Meine Überlegungen wurden in der wissenschaftlichen Exegese kaum aufgegriffen, dafür politisch in der damals noch bestehenden DDR. Der Leipziger Pfarrer Stephan Bickhardt, der mit anderen die Montagsmärsche in Leipzig organisiert hatte, erzählte mir sehr viel später, im Januar 1999, dass mein Aufsatz zur Feindesliebe und Gewaltverzicht in ihrem Kreis bekannt war und dazu beigetragen hat, sie zu ihren gewaltfreien Protestaktionen zu ermutigen.

Meine These ist auch heute noch: In Gewaltverzicht und Feindesliebe steckte von Anfang an ein politisches Potenzial. Dass sie schon im 1. Jh. n.Chr. eine Chance haben konnten, war in der politischen Situation begründet. Der letzte große Krieg lag, als Jesus mit seiner Verkündigung auftrat, 30 Jahre zurück. Damals hatte ein Schriftgelehrter, Judas Galilaios, die Menschen zum Aufstand durch Steuerverweigerung angestachelt, indem er behauptete, dass Gott alleine herrschen sollte und ihm alleine das Land und seine Erträge gehörten. Dieser Aufstand war von Quintilius Varus blutig niedergeschlagen worden, der später in Germanien sein Ende fand. Die Juden hatten bereits eine Generation vorher die Erfahrung gemacht: Gewaltsamer Widerstand lohnt sich nicht. Solche Erfahrungen sind vorausgesetzt, wenn 20–40 Jahre später gewaltfreie Formen des Widerstands unter Pilatus und Petronius begegnen und erfolgreich sind.

Solche Erfahrungen sind m.E. auch vorausgesetzt, wenn sich Jesus scharf gegen eben diesen Judas Galilaios ausspricht. Gegen dessen Lehre bezieht er Stellung, wenn er im Streitgespräch über die Steuern sagt: „Gebt dem Kaiser, was des Kaisers ist, und Gott, was Gottes ist“ (Mk 12,17). Es geht hier nicht nur um Steuern, sondern um den Frieden. Steuerverweigerung war Tributverweigerung, Tributverweigerung war aber eine Kriegserklärung. Der jüdische Krieg begann 40 Jahre später mit der Einstellung der Steuerzahlungen und der Opfer im Namen des Kaisers im Tempel.

Ferner hat Jesus seinen Jüngern streng verboten, im Lande in der Aufmachung von Kynikern herumzuziehen. Er verbot ihnen in der Aussendungsrede Bettelsack, Stab und doppelt gefalteten Mantel (Mk 6,8f). Vermutlich ist Judas Galilaios in eben dieser Aufmachung im Lande herumgezogen und hat für den Aufstand geworben. Er stammte aus dem Ostjordanland, wo kynische Traditionen

———————

[679] Vgl. meine Aufsatzsammlung Gerd Theißen, Studien zur Soziologie des Urchristentums, 1979 ^{2}1983, 195.

nachweisbar sind. Auch Josephus rückt ihn in die Nähe der Kyniker. Wenn Jesus seine Jünger mit einer Friedensbotschaft durch die Dörfer schickte, musste er vermeiden, dass ihre Mission mit der Kampagne des Judas Galilaios verwechselt wurde.[680]

Es ist m.E. unbestreitbar: Jesus trat für den Frieden ein. Aber auch sein Eintreten für den Frieden war keine zeitlose Lehre. Auch Jesu Haltung ist kontextbedingt. Jesus trat in einer Zwischenzeit zwischen zwei großen Kriegen auf, zwischen dem Räuberkrieg nach dem Tod Herodes I. (4 v.Chr.) und dem Jüdischen Krieg (66–70 n.Chr.). Es ist eine Zeit, die zwar voller verborgener Spannungen war, aber über die Tacitus mit Recht sagte: *sub Tiberio quies* (hist. V 9,2). Unter Tiberius herrschte Ruhe im Land, ao dass zu seiner Zeit friedliche Lösungen eine größere Chance hatten. Solche Entstehungszusammenhänge sagen aber nichts über Geltungsansprüche. Feindesliebe und Gewaltverzicht sind universal gemeint. Sie lassen sich auch nicht entpolitisieren, sondern stehen von Anfang an auch in einem politischen Kontext und wirken in ihm. Kann man deswegen unter Berufung auf das Neue Testament gewaltfreie Konfliktlösungen zur einzig legitimen Option in der heutigen Friedensethik machen? Dazu müssen wir noch andere Stimmen im Neuen Testament hören.

Im MtEv begegnet Jesus nach der Bergpredigt dem heidnischen Hauptmann von Kapernaum (Mt 8,5–13). Er lobt ihn wegen seines Glaubens. Es gibt keinen Hinweis darauf, dass sein Soldatentum für Jesus oder das MtEv ein Problem war oder dass der Matthäusevangelist einen Widerspruch zwischen der Bergpredigt und diesem Soldaten gesehen hat, im Gegenteil: Der Hauptmann von Kapernaum wird nach der Bergpredigt eingeführt, um ein Beispiel dafür zu geben, dass man Jesu Wort gehorchen soll.

Noch zahlreicher sind die Hinweise im lk Doppelwerk für eine Akzeptanz von Soldaten. Der Hauptmann von Kapernaum wird bei Lk noch positiver als bei Mt gezeichnet: Er hat eine Synagoge gestiftet und liebt das Volk (Lk 7,5). Damit wird er als „Gottesfürchtiger" charakterisiert, d.h. als Heide, der mit dem Judentum sympathisierte. In der Apostelgeschichte ist der römische Centurio Cornelius der erste bekehrte Heide (Apg 10f). Niemand erwartet von ihm, dass er aus der Armee ausscheidet. Lukas ist deswegen kein Befürworter von Kriegen, im Gegenteil, Lukas weiß etwas von der friedensstiftenden Macht der Botschaft Jesu. Er ist überzeugt, dass durch Befolgung der Lehre Jesu ein realer Krieg hätte vermieden werden können. Bei ihm weint Jesus über Jerusalem und sagt: „Wenn doch auch du erkenntest zu dieser Zeit, *was zum Frieden dient*. Aber nun ist's vor deinen Augen verborgen" (Lk 19,42).

―――――

[680] Vgl. Gerd Theißen, Jesus as an Itinerant Teacher, Reflections from Social History on Jesus' Roles, in: J.H. Charlesworth/P. Pokorný (Hrsg.), Jesus Research. An International Perspective. The First Princeton-Prague Symposium on Jesus Research, Grand Rapids/Cambridge 2009, 98–122. Ders., Jesus unter den Philosophen? Über die kynische Interpretation Jesu, EvTh 74 (2014) 262–274.

Hinzu kommt, dass Soldaten nicht nur als Realität in der Gemeinde und als Vorbild des Glaubens im Neuen Testament akzeptiert werden. Wir finden auch an sie gerichtete normative Aussagen: Der Täufer mahnt im LkEv in seiner ethischen Predigt, sie sollten niemandem Gewalt oder Unrecht tun und sich mit ihrem Sold begnügen (Lk 3,14). Die hier benutzten Vokabeln für Gewalt antun (*diaseíein*) und Schickanieren: (*sykophanteîn*) bedeuten: Sie sollen aus niemandem Geld erpressen und dadurch den eigenen Sold eigenmächtig zu erhöhen. Es geht nicht darum, dass Soldaten etwa nicht kämpfen dürfen.

Lukas ist ferner ein Bewunderer des Paulus. Auch bei Paulus hat der Staat das Recht zur Gewaltanwendung. Er führt das Schwert, um das Böse einzudämmen (Röm 13,4). Richtig ist, dass Paulus dabei primär an Polizeifunktionen denkt, zumal er an Christen in Rom schreibt: In Rom hatten die Prätorianer Polizeifunktion, Legionen von Soldaten waren in der Regel nicht in Rom.[681] Doch in den Provinzen gab es damals keinen grundsätzlichen Unterschied zwischen Soldaten und Polizisten. Auch später gilt in der Alten Kirche: Soldaten dürfen Christen werden, aber auch: Christen sollen nicht Soldaten werden. Röm 13 macht klar, dass das Recht, mit Gewalt vorzugehen, ein legitimes Vorrecht des Staates ist. Jedoch darf man deshalb aus Röm 13 keine unkritische Anerkennung der Machthaber herauslesen, wie man es oft getan hat. Im Gegenteil: Paulus spricht hier von mehreren *exousíai* „Mächten", d.h. von einer Vielzahl von legitimen, machtausübenden Instanzen. Er setzt die republikanische Verfassung Roms voraus und schweigt in einer unüberhörbaren Weise in seinem Brief nach Rom vom dort regierenden Kaiser. Dieser legitimierte seine Machtfülle durch eine Kombination republikanischer Ämter. Implizit ist er also in den „Mächten", den *exousíai*, eingeschlossen. Wenn Paulus nun jedem, der sich gegen deren Autorität auflehnt, androht, dass er sich selbst das Urteil zuzieht, meint er nicht nur Aufständische von unten, sondern auch Usurpatoren von oben. Konkret könnte er z.B. an den Kaiser Gaius Caligula denken, der die republikanische Verfassung missachtete und von einem legitimen Amtsinhaber, nämlich vom Prätorianerpräfekt Cassius Chaerea, 41 n.Chr. getötet worden war. Gaius Caligula hatte sich durch sein Verhalten selbst das Urteil gesprochen.[682]

Für uns ist wichtig: Die im Neuen Testament auftretenden Soldaten gehören zwar Armeen an, die in den Kriegen an der Grenze des Römischen Reiches eingesetzt wurden, die im Neuen Testament begegnenden Soldaten aber sind faktisch Polizisten mit der Aufgabe, den inneren Frieden aufrechtzuerhalten. In dieser Funktion werden sie unter den Christen anerkannt. Einmal erleben wir sie sogar in einer Polizeiaktion zum Schutz von Paulus: Ein römischer Hauptmann nimmt ihn im Vorhof des Tempels in Schutzhaft, nachdem Paulus dort von einer aufgebrachten Menge bedroht wurde (Apg 21,27–40). Paulus selbst legitimiert in Röm 13,1–7 ausdrücklich staatliche polizeiliche Gewalt. Sie dient dort nicht nur der Durchsetzung staatlicher Ordnung gegen Unruhestifter von unten, sondern auch gegen Usurpatoren von oben. Die Soldaten des Neuen Testaments sind mit

———————

[681] J. Brian Campbell, Art. Prätorianer, DNP 10 (2001) 262–364.

[682] Vgl. unsere ausführliche Begründung in: Gerd Theißen/Petra v. Gemünden, Der Römerbrief. Rechenschaft eines Reformators, Göttingen 2016, 117–123. Paulus könnte ferner an Claudius gedacht haben, der die Christen aus Rom vertrieben hatte.

den Soldaten in der Gegenwart vergleichbar: Sie sind ausgebildet für den Krieg, aber setzen ihre Fähigkeiten vor allem für die Aufrechterhaltung des Friedens ein – damals im Rahmen des Römischen Reichs, heute im Rahmen einer globalisierten Welt. Dabei gibt es freilich einen wichtigen Unterschied: die Friedenseinsätze der Soldaten im Römischen Reich geschehen im Innern des Reiches. Die Friedenseinsätze moderner Armeen geschehen außerhalb ihres Herkunftslandes.

Mein Ergebnis ist: Das Alte Testament enthält eine großartige Vision vom Frieden zwischen den Völkern und bettet sie ein in einen umfassenden Frieden durch Gerechtigkeit. Hier finden wir eine Vision vom Ziel. Der Weg dahin bleibt undeutlich. Allenfalls die Hoffnung auf einen idealen Heilskönig deutet seine zukünftige Realisierung an. Im Alten Testament wird daher keine Friedensethik entfaltet, sondern ein Friedenstraum geträumt. Das Neue Testament zeigt dagegen konkrete *Schritte* in Richtung auf den Frieden, die auch Menschen ohne politische oder militärische Macht gehen können. Was sonst Sache von Königen und Machthabern war, wird im Neue Testament zur Angelegenheit aller Menschen. Dabei bleibt es undeutlich, ob damit ein umfassender politischer Frieden als Überwindung von Gewalt und Ungerechtigkeit gemeint ist. Das Ziel ist die Gottesherrschaft. Sie besteht in einer wunderbaren Verwandlung der Welt durch Gott und den Menschen wird zugetraut, dass sie dabei mitwirken. Wir können exegetisch ferner so viel sagen: Friedenmachen, Feindesliebe und Gewaltverzicht sind nicht auf den Privatbereich beschränkt. Luthers Ansatz, die Gebote der Bergpredigt auf die „Person" zu beschränken, während dieselben Menschen in einem „Amt" (mit Rom 13) Gewalt ausüben dürfen, ist zwar genial, bleibt aber hinter den Intentionen der Bergpredigt zurück. Die neutestamentlichen Texte formulieren allgemeine Mahnungen, die für alle Menschen in allen ihren Rollen gelten. Zudem wurden gewaltfreie Strategien gerade in der Zeit Jesu im Judentum in der Auseinandersetzung mit dem römischen Staat erfolgreich praktiziert, hatten also damals auch eine politische Bedeutung. Schon im Neuen Testament finden wir daher zwei entgegengesetzte Haltungen: Eine primäre Option für gewaltfreies Handeln, daneben eine Bejahung von Soldaten und staatlich ausgeübter Gewalt, die in den Provinzen in Friedenszeiten de facto Polizeigewalt war. Über die Spannung zwischen beiden Optionen wird jedoch nicht reflektiert. Mit dieser Spannung konnte man in kleinen Gruppen unterhalb der Machteliten gut leben.

Meine These in diesem Aufsatz ist daher: Wir gelangen erst heute zu einer politisch relevanten „Friedensethik", wenn wir die Friedensaussagen beider Testamente zusammenfügen. Das Alte Testament zeigt in visionären Bildern das Ziel eines Friedens in Gerechtigkeit, das Neue Testament zeigt einen Weg zu diesem Ziel. Der gewaltfreie Weg hat dabei einen Vorrang, aber auch Soldaten werden akzeptiert. Erst heute denken wir beides zusammen, das Ziel und den Weg dahin. Erst heute machen wir aus Friedensträumen ein zu verwirklichendes Friedensziel. Erst heute entdecken wir in gewaltfreien Handlungen einen effektiven Weg zu diesem Ziel. Möglich wurde dies, weil atomare Waffentechnik Kriegsvermeidung zu einer Überlebensbedingung gemacht hat. Wir hätten aber dieses Friedensziel der Kriegsvermeidung und den Weg dorthin nicht verbinden können, wenn nicht Reformation und Humanismus, Revolutionen und Aufklärung, Weltkriege und Friedensordnungen uns unsere Verantwortung für den Frieden bewusst gemacht hätten. Wir bringen daher in einem zweiten Teil eine Skizze bisheriger Friedens- und Kriegskonzeptionen in der Geschichte des Christentums. Dabei fragen wir insbesondere nach Vorläufern einer komplementären Friedensethik. Nach diesem historischen Teil stellen wir abschließend die Frage, warum die gegenwärtige komplementäre christliche Friedensethik nur aus der Perspektive der Neuzeit konzipiert werden konnte. Sie ist m.E. eine gesamtbiblische „Synthese" aus neuzeitlicher Perspektive.

3. Friedens- und Kriegskonzeptionen in der Kirchengeschichte

Die Verkündigung Jesu verpflichtet zum Frieden. Aber auch in ihr gibt es kriegerische Bilder. Jesus selbst sah sich nämlich als Kämpfer in einem mythischen Krieg: Gott wird in einem HEILIGEN KRIEG alle satanischen Mächte besiegen.[683] Jesus ist überzeugt: Die entscheidende Wende ist schon geschehen. Gottes Sieg zeigt sich im Sturz des Satans vom Himmel und in den Exorzismen Jesu auf Erden (Lk 10,18; 11,20). In der urchristlichen Ethik wurde dieser „heilige Krieg" spiritualisiert: Die Christen sollen die Waffen Gottes ergreifen, um „einzutreten für das Evangelium des Friedens" (Eph 6,15). Gekämpft wird mit friedlichen Waffen, mit Wahrheit, Gerechtigkeit, Glauben und mit dem Wort Gottes (Eph 6,14–17). Die Tradition des „Heiligen Krieges" lebt in diesen Texten als Metapher vom SPIRITUELLEN KRIEG weiter, der freilich konsequent entmilitarisiert wird. Alle Christen sollen Friedensstifter" sein (Mt 5,9).

In der Tat lehnten Christen vor der Konstantinischen Wende den Kriegsdienst für sich ab. Da es keine Wehrpflicht gab, war dies kein Problem. Man verhielt sich nach der unausgesprochenen Maxime: Christen sollen keine Soldaten sein, Soldaten können Christen werden. Es gab, wie wir gesehen haben, schon früh christliche Soldaten. Gleichzeitig wurde die Friedensfunktion des Heeres anerkannt: Die Christen beteten für den Kaiser und seinen militärischen Sieg. Origenes (185–254) deutet das als „komplementäres" Verhalten.

> Während die anderen in den Krieg ziehen, nehmen wir als Priester und Diener Gottes am Feldzug teil, indem wir unsere Hände rein bewahren und für die gerechte Sache, den rechtmäßigen König und seinen Sieg beten […] Wir bilden durch unsere Gebete ein eigenes Heer, ein Heer der Frömmigkeit, das dem Kaiser dadurch bessere Dienste leistet als alle sichtbaren Soldaten. (c.Cels. VIII 73)

Es handelt sich dabei freilich nicht um komplementäre Entscheidungen innerhalb ein und derselben Gruppe der Christen, sondern von Christen auf der einen Seite und Nicht-Christen auf der anderen Seite. Da es aber zur Zeit des Origenes schon christliche Soldaten gab, wurden auch schon damals innerhalb der Kirche „komplementäre" Haltungen zum Kriegsdienst vertreten.

Nach der Konstantinischen Wende war der Kaiser selbst ein Christ, zunehmend dienten Christen in seiner Armee. Das Christentum musste sich Gedanken darüber machen, wann ein Krieg vertretbar ist. Augustinus (354–430) entwickelte

-----

683 Harald Hegermann, Art. Krieg III. Neues Testament, TRE 20 (1990) 25–28.

aufgrund antiker Traditionen die Lehre vom GERECHTEN KRIEG, die in der Scholastik systematisiert wurde.[684] Danach ist ein Krieg nur gerechtfertigt, wenn er (1) einen gerechten „Grund" (eine *causa iusta*) wie die Abwehr eines Angriffs hat, (2) von einer legitimen Instanz (einer *legitima potestas*) erklärt wird und (3) in der Absicht (der *intentio recta*) geführt wird, den Frieden wieder herzustellen. Im Mittelalter kam ein „Diskriminierungsgebot" hinzu, das zwischen Kombattanten und Nichtkombattanten unterscheidet,[685] und in der Neuzeit ein „Proportionalitätsgebot", das dazu verpflichtet, die Mittel verhältnismäßig einzusetzen.[686] Es entwickelte sich im Christentum eine komplementäre Ethik: Kleriker und Mönche blieben vom Kriegsdienst verschont, für Laien war er kein Problem. Damit folgte man alten Traditionen. Origenes hatte sich schon vor der Konstantinischen Wende dafür auf heidnische Traditionen berufen, wenn er schreibt:

> Selbst die heidnischen Priester, welche den Dienst in den Tempeln versehen, dürfen wegen der Opfer ihre Hände nicht beflecken, auf dass sie mit Händen, an denen kein Menschenblut klebt, den Göttern die gebührenden Opfer darbringen können. (c.Cels. VIII 73)

Origenes verteidigt damit die Ablehnung des Kriegsdienstes für alle Christen. Im Mittelalter wurde jedoch unter den Christen differenziert: Nur die Mönche folgten den *consilia evangelii* für die Vollkommenen, den Geboten der Bergpredigt zur Gewaltlosigkeit, die Laien aber den *praecepta* für alle, die den Kriegsdienst von Christen zuließen. Auch das waren komplementäre Entscheidungen.

Gegen die Praxis des „gerechten Kriegs" setzte sich mit den Kreuzzügen noch einmal die Tradition des HEILIGEN KRIEGES durch.[687] Schon Gregor VII. (ca. 1015–1085) hatte den „geistlichen Kriegsdienst", die *militia spiritualis* des Klosterlebens, auf den bewaffneten Kriegsdienst für das Reformpapsttum ausgeweitet.[688] Nach diesem Muster propagierte man die Kreuzzüge als heilige Kriege im Auftrag Gottes. Dabei verbanden sich Wallfahrtsgedanken und Ablassversprechungen mit dem Modell der Makkabäerkriege. Auch sie hatten den Gottesdienst in Jerusalem wiederherstellen wollen. Wieder finden wir komplementäre Haltungen: Der Mönch Bernhard von Clairvaux (71090–1153) entwickelte gleichzeitig

---

[684] Augustinus folgte bei seiner Lehre vom „gerechten Krieg" antiken, naturrechtlichen Traditionen. In der Bibel erscheint solch eine Tradition nur in Röm 13: Der Staat hat danach die Aufgabe, das Gute zu fördern und das Böse mit dem Schwert zu unterdrücken. Hier knüpft Paulus an allgemeine antike Topoi an. In der Kirchengeschichte hat diese rationale Lehre vom *bellum justum* bis heute nachgewirkt. Sie findet sich auch in der Gegenwart. So berief sich der amerikanische Präsident Obama in seiner Rede zur Verleihung des Friedensnobelpreises am 11. Dez 2009 auf sie.

[685] Das „Diskriminierungsgebot" wurde von Thomas von Aquin (ca. 1224–1274) eingeführt. Vgl. H.-H. Schrey, Art. Krieg IV, 37f.

[686] Das Prinzip der „Proportionalität" wurde vor allem von Francisco de Suarez (1548–1617) vertreten; vgl. H.-H. Schrey, Art. Krieg IV, 39.

[687] A. Angenendt, Toleranz und Gewalt, 419–436; Jonathan Riley-Smith, Art. Kreuzzüge, TRE 20 (1990) 1–10.

[688] A. Angenendt, Toleranz und Gewalt, 421.

eine subtile Christusmystik, lehnte zwar als Mönch für sich jede Gewalt ab, hielt aber flammende Kreuzzugspredigten, mit denen er christliche Laien zum Krieg aufforderte.[689]

Die Reformationszeit war ein Einschnitt: Martin Luther (1483–1546) verlagerte das Nebeneinander komplementärer *consilia* und *praecepta* für Kleriker und Laien in jeden Christen hinein: Als Amtsperson darf der Christ Gewalt zugunsten anderer Menschen anwenden, als Privatperson soll er den Geboten der Bergpredigt folgen und lieber Unrecht leiden als Gewalt anwenden. Das allgemeine Priestertum verpflichtete alle Christen auf die Bergpredigt, privatisierte aber dessen Ethos. Das weltliche Amt wiederum verpflichtete alle Menschen zum Einsatz friedensschaffender Gewalt und machte deren verantwortlichen Gebrauch zur öffentlichen Pflicht. Luther mutete die komplementäre Spannung zwischen verschiedenen Haltungen jedem einzelnen Christen zu. Jeder war zugleich als Privatperson zur Gewaltlosigkeit, als Amtsperson zur Ausübung rechtlicher Gewalt verpflichtet.[690] Die Confessio Augustana Artikel 16 beruft sich daher (für den Christen als Amtsperson) wieder auf den GERECHTEN KRIEG. Diese Spannung zwischen Privat- und Amtsperson konnten die Christen aber nicht in sich zu einem Ausgleich bringen. De facto verwirklichte die Mehrheit das Amtsethos disziplinierter Gewaltausübung, nur eine kleine Minderheit das Privatethos pazifistischer Gewaltverweigerung.

Da Luther das allgemeine Priestertum in seiner Schrift „An den christlichen Adel deutscher Nation" (1520) vor allem einführt, um Fürsten und Magistraten ein gutes Gewissen zu geben, die Leitung der Kirche zu übernehmen, d.h. Aufgaben zu übernehmen, die bisher Bischöfen vorbehalten waren, unterwandert bei ihm das Modell des zu Zwang und Gewalt verpflichteten Herrschers den „Pazifismus" der Bergpredigt. Gleichzeitig hat Luther aber auch sehr deutlich in der Tradition des „gerechten Kriegs" Angriffs- und Glaubenskriege abgelehnt. Der Mehrheitsprotestantismus folgte seiner Ethik der rechtlich disziplinierten Gewaltausübung.

Andere aktivierten jedoch (gegen den Mehrheitsprotestantismus) die in der christlichen Tradition angelegten utopisch wirkenden Friedensimpulse und legten damit die Grundlage für den PAZIFISMUS der Neuzeit: Eine alternative Reformation lehnte Gewaltausübung für alle Christen ab. Was Sebastian Franck (ca. 1499–1542) in seinem „Kriegsbüchlein des Friedens" (1539) forderte, wurde von

---

689 Die Rhetorik des Heiligen Krieges wurde auch später immer wieder reaktiviert – gegen Ketzer und Türken, in der Neuzeit z.B. gegen den Faschismus. Auch heute lebt der Heilige Krieg in der Rhetorik weiter. In Afghanistan konnte ein evangelischer Militärgeistlicher in einer Totengedenkstunde für in Afghanistan gefallene Soldaten die Gefallenen „Krieger des Lichts" – wohl in Anlehnung an einen Popsong der Gruppe Silbermond – nennen (vgl. den Aufsatz von S. Thonak, Evangelische Militärseelsorge und Friedensethik, in diesem Buch Nr. 5). Ebenso anfällig sind in der Gegenwart amerikanische Evangelikale für Heilige Kriegstraditionen. Auch sie wollen den Kampf des Lichtes gegen die Finsternis führen, auch wenn sie ihre Kriegsideologie die *new just war theory* nennen – also verbal an eine ganz andere Tradition anknüpfen.

690 Darüber hinaus gab er Soldaten ein gutes Gewissen, ihren Beruf auszuüben. Vgl. Volker Stümke, Der Soldat. Freier Herr und dienstbarer Knecht, in: A. Dörfler-Dierken, Reformation und Militär. Wege und Irrwege in fünf Jahrhunderten, Göttingen 2019, 19–26.

den Friedenskirchen[691], den Mennoniten, Brüdergemeinden und Quäkern, verwirklicht. Sie lehnten den Kriegsdienst für ihre Mitglieder ab, dazu oft auch die Übernahme von Ämtern, zu denen Gewaltausübung gehörte. Parallel dazu forderte der Humanist Erasmus von Rotterdam (1469–1536) in seinen „Querela pacis" (1517) von allen Christen, den Frieden dem Krieg vorzuziehen. Das Neue bei ihm ist nicht nur die dezidierte ethische Verurteilung des Krieges, sondern dass er nicht nur Fürsten und Magistrate für den Frieden verantwortlich machte. Er ruft am Ende seiner Schrift nachdrücklich *alle* Christen auf, sich für den Frieden einzusetzen.

Wenn der Protestantismus heute eine Friedensethik entwickelt, die den Militärdienst nur als „Interimslösung" betrachten kann, so knüpft er sachlich mehr an die Impulse der alternativen und humanistischen Reformation an als an Luther. Auch hier gilt: „Die Friedensbewegungen des 19. und 20. Jh. sind ohne die Tradition und die Präsenz der Historischen Friedenskirchen nicht zu denken."[692]

Die Reformation hatte gegen ihre Absicht verheerende *Konfessionskriege* zur Folge. Luther hatte seine Reformation den Fürsten anvertraut und ihnen das Kriegsrecht qua Amt zugestanden. Der erste Konfessionskrieg war der Schmalkaldische Krieg 1546/47, dem ein (rechtlich unzulässiges) Verteidigungsbündnis protestantischer Fürsten und Reichsstädte in Schmalkalden 1531 vorangegangen war, mit dem diese das Recht auf Reformen in der Kirche sichern wollten. In den Hugenottenkriegen Frankreichs und im Dreißigjährigen Krieg in Deutschland (1618–48) ging es darum, ob sich die Zentralregierungen in Frankreich und Deutschland mit dem Konzept einer einheitlichen Konfession durchsetzten oder die Regierungen der Partikularstaaten, die in ihren Gebieten ebenfalls auf einer konfessionellen Homogenität insistierten. Das wichtigste Ergebnis der Konfessionskriege war das Recht, in Glaubensfragen abzuweichen – auch innerhalb desselben staatlichen Territoriums. 1557 gingen Siebenbürgen[693], 1573 Polen[694] und 1579 die Niederlande[695] dabei voraus, verschiedene Konfessionen in ihrem Gebiet zuzulassen oder zu dulden. Der Westfälische Frieden (1648) gestand schließlich allen Hausvätern die private Ausübung ihrer abweichenden christlichen

—————

691 Vgl. Astrid von Schlachta, „Du sollst nicht töten!" Täuferische Wehrlosigkeit als Lebenshaltung in der Reformationszeit, in: A. Dörfler-Dierken, Reformation und Militär, 49–61. Wehrlosigkeit wurde in den kleinen täuferischen Gruppen nicht vom Staat erwartet. „Erst Mitte des 20. Jahrhunderts wurden die Mennoniten zu „Pazifisten", wenn man der strengen begrifflichen Definition folgt" (S. 61).

692 W. Huber, Art. Frieden, 628.

693 Das Herzogtum Siebenbürgen erkannte 1557 durch Landtagsbeschluss vier Religionsparteien an: Katholiken, Lutheraner, Reformierte und Unitarier. In seiner Verfassung von 1595 wird diese Religionsfreiheit bestätigt.

694 Die Warschauer Konföderation von 1573 garantierte (auch in Reaktion auf die Bartholomäusnacht in Paris 1572) für Polen und Litauen Religionsfreiheit.

695 In den Niederlanden wurde in der Utrechter Union 1579 die reformierte Kirche privilegiert, aber die Freiheit des Gewissens anerkannt. Abweichende Konfessionen durften sich in „Hauskirchen" organisieren. In den Niederlanden fanden Dissidenten aus ganz Europa Zuflucht.

Glaubensüberzeugung zu. Die Idee der religiösen Toleranz wurde zwar gegen die ursprüngliche Absicht der kriegsführenden Mächte geboren, aber am Ende von ihnen bejaht.

Um diese Konfessionskriege einzudämmen, entwickelte die Frühe Neuzeit ein Völkerrecht, das sich in einem Punkt vom *bellum justum* entfernt. Das Kriterium der *legitima potestas* wurde zum entscheidenden Kriterium: Souveränen Staaten wurde das Recht zugesprochen, einander den Krieg zu erklären, wenn sie ihn als „Fortsetzung der Politik mit anderen Mitteln" für zweckmäßig hielten. Der Leitgedanke des gerechten Kriegs wurde damals durch den LEGITIMEN KRIEG SOUVERÄNER STAATEN abgelöst und dabei säkularisiert.[696] Das Völkerrecht sollte gelten *etsi deus non daretur* (H. Grotius 1583–1645). Denn nur ein neutrales Recht konnte bewirken, dass die unvereinbaren Wahrheitsansprüche der Konfessionen friedlich koexistierten. Die Begründung der Kriege wurde zugleich „entmoralisiert". Man erkannte an: Beide Konfliktpartner konnten einen *bellum justum* führen (einen *bellum justum ex utraque parte*), d.h. man gestand beiden Konfliktpartnern zu, dass sie Kriege aus moralisch vertretbaren Gründen führten. In den Friedensverträgen der Neuzeit fehlt konsequenterweise bis ins 19. Jahrhundert hinein eine moralische Schuldzuweisung. Man versicherte sich für die Zukunft Friede und Freundschaft (*pax et amicitia*) zu und sprach eine Amnestie für vergangene Gewalttaten aus. Erst im Friedensvertrag von Versailles begegnet als neues Element ein moralisches Element – ausgerechnet als „gerechter Frieden" (*paix juste*), der eine gerechte Bestrafung der Verlierer einschließt.[697] Diese Vorstellung vom „gerechten Frieden" (nicht zu verwechseln mit dem nach 1945 entwickelten Leitbild des „gerechten Friedens") hat verhängnisvoll gewirkt: Dem Deutschen Reich wurde (wahrscheinlich nicht zu Unrecht) die Schuld am Ausbruch des 1. Weltkriegs gegeben. Die protestantischen Kirchen wiederum machten die Polemik gegen diese „Kriegsschuldlüge" zu ihrer Sache und trugen damit zur Destabilisierung der Weimarer Republik bei. Die Abkehr von einer sehr pragmatischen Kriegsauffassung „legitimer Kriege" durch die moralische Vorstellung von einem „gerechten Frieden" hat damals nicht den Frieden gefördert.

Das Versagen der deutschen Kirchen bei der Aufarbeitung des 1. Weltkriegs hat freilich einen tieferen Grund: Der deutsche Protestantismus war damals weithin Nationalprotestantismus, der den KRIEG ALS SCHÖPFUNGSORDNUNG mit sozialdarwinistischen Zügen verstand: Nationen sind Gedanken Gottes, die miteinander um Macht und Einfluss konkurrieren. Kriege sind gottgewollt. Warum aber konnte man auf die Idee kommen, dass Deutschland ein besonderes Verhältnis zu Gott hat? Dies wurde möglich, weil die Erneuerung des Evangeliums in der Reformation in Deutschland geschehen war. Für viele Protestanten hatte da-

-----

[696] Verborgene „religiöse" Züge hatte diese profane Kriegsbegründung nur insofern, als die für den Staat in Anspruch genommene Souveränität als Übertragung der Souveränität Gottes auf eine irdische Instanz verstanden werden kann. Der Staat wurde zum Herrn über Leben und Tod.

[697] Eike Wolgast, Pax Optima Rerum. Theorie und Praxis des Friedensschlusses in der Neuzeit, Jahrbuch der Heidelberger Akademie der Wissenschaften für 2007, Heidelberg 2008, 37–59.

her Gott ein besonderes Verhältnis zu dieser Nation. Diese nationalprotestantische Verklärung der Reformation entstand im Kontext der „verspäteten“ deutschen Nationsbildung im 19. Jh. Die Hoffnung auf einen Nationalstaat war nach 1815 enttäuscht worden, seine Verwirklichung 1848 durch eine liberale Revolution „von unten“ gescheitert. Er wurde erst durch die deutschen Fürsten „von oben“ 1871 nach militärischen Siegen über Österreich, Dänemark und Frankreich realisiert. Dieser Nationalstaat war nicht immun gegen militaristische Tendenzen. Während das Alte Reich mit den Habsburgern an der Spitze katholisch dominiert war, war das neue Deutsche Reich protestantisch geprägt. In ihm wurde Luther zur Ikone des Nationalprotestantismus und musste dazu dienen, eine nationale Überheblichkeit religiös zu überhöhen: Wenn sich in der Reformation Gott selbst zu Wort gemeldet hatte, musste da nicht das deutsche Volk, in dem diese Reformation geschehen war, eine besondere Beziehung zu Gott haben? Bald schon setzte im deutschen Nationalstaat mit Karl Holl (1866–1926) eine Lutherrenaissance ein. Viele Schüler von K. Holl gingen später nationalsozialistisch in die Irre: Emanuel Hirsch, Hanns Rückert, Heinrich Bornkamm, Erich Vogelsang, Helmuth Kittel, Hermann Wolfgang Beyer. Ihr Nationalprotestantismus konnte die Niederlage Deutschlands im 1. Weltkrieg nicht akzeptieren. Erst die politische und moralische Katastrophe des 2. Weltkriegs führte hier zu einer Umkehr. Die Verpflichtung auf den Frieden wurde zum ökumenischen Konsens. Jetzt erst setzte sich im Protestantismus die Absage an den Krieg, auch an vermeintlich „legitime Kriege“, durch.[698]

An Stelle des Leitbilds vom politisch legitimen Krieg trat das Leitbild des GERECHTEN FRIEDENS: Die erste Weltkonferenz und Gründungsversammlung des Ökumenischen Rates der Kirchen (ÖRK) 1948 in Amsterdam lehnte die Lehre vom gerechten Krieg für das Atomzeitalter ab und verkündigte: *„Krieg soll nach Gottes Willen nicht sein*“.[699] In dieser Erklärung wurden freilich noch immer verschiedene Positionen unverbunden nebeneinander gestellt: einerseits eine Pflicht zum Krieg, weil man ihn zur Durchsetzung des Rechts für nötig hielt, obwohl Kriege eigentlich nicht sein sollten, andererseits eine Pflicht zur Kriegsverweigerung. Man ließ verschiedene Möglichkeiten offen, ohne sie als *komplementär* aufeinander zu beziehen. Denn man sah in solchen entgegengesetzten Entscheidungen noch keine Optionen, die sich notwendigerweise ergänzten. In der Folgezeit spaltete sich der deutsche Protestantismus in der Diskussion um die Wiederbewaffnung in „Nuklearpazifisten“ und Abschreckungsbefürworter. Ihr

———

[698] Eine Minderheit im deutschen Protestantismus dokumentierte ihre Abkehr vom nationalprotestantischen Militarismus im „Darmstädter Wort“ (1947) des Bruderrats der Ev. Kirche. In These 2 heißt es dort: „Es war verhängnisvoll, daß wir begannen, unseren Staat nach innen allein auf eine starke Regierung, nach außen allein auf militärische Machtentfaltung zu begründen.“

[699] Vgl. dazu: Die erste Vollversammlung des ökumenischen Rates der Kirchen, Tübingen/Stuttgart 1948, 116. Dazu W. Huber/H.-R. Reuter, Friedensethik, 161; W. Härle, Ethik, 392f.

Gegensatz wurde durch das ethische „Komplementaritätsprinzip“ der „Heidelberger Thesen“ von 1959 überbrückt. Es besagt: Beide Positionen sind in der Gegenwart vertretbar. Nun begegnet uns ein Nebeneinander von einander entgegengesetzten Positionen in der Friedensfrage schon vorher in der Kirchengeschichte immer wieder. Neu ist die Erkenntnis: Die eine Position kann nur dann mit gutem Gewissen vertreten werden, wenn gleichzeitig von anderen Menschen die entgegengesetzte Position eingenommen wird. Dann erst sind beide Positionen „komplementär“. Erst die Bedrohung durch den Atomkrieg brachte folgende Erkenntnis: Die Aufrüstung mit nuklearen Waffen ist nur vertretbar, wenn man sie betreibt, um diese Waffen nicht einsetzen zu müssen. Daher musste man dem potentiellen Feind gleichzeitig mit einer Aufrüstung Friedenssignale schicken, die der Botschaft dieser Aufrüstung widersprachen. Man wollte ihn so davon überzeugen, dass die Aufrüstung keine Kriegsvorbereitung ist, sondern dass sie den Frieden erhalten will. Diese Situation hatte es vorher nie gegeben. Deshalb enthalten die Heidelberger Thesen auch notwendigerweise eine Asymmetrie: Die Drohung mit Atombomben galt nur als vorläufig noch vertretbar, Kriegsdienstverweigerung aber galt als das deutlichere Zeichen für den Frieden. Die später aus dem Komplementaritätsprinzip abgeleitete Formel vom „Friedensdienst mit und ohne Waffen“ (1967) suggerierte dann freilich eine Gleichwertigkeit beider Optionen.[700]

Das in diesen Debatten entwickelte Leitbild vom GERECHTEN FRIEDEN, das auch der EKD-Friedensdenkschrift von 2007 zugrunde liegt, kann man insgesamt als eine Fortsetzung der Lehre vom „gerechten Krieg“ unter veränderten Rahmenbedingungen betrachten. Die neue Rahmenbedingung war das kollektive Sicherheitssystem der UNO. Es lässt als Kriegsgrund souveräner Einzelstaaten nur das Recht zur Selbstverteidigung gegen Angriffe zu, und das auch nur so lange, wie der Sicherheitsrat nicht aktiv werden kann. Legitime Militäraktionen kann ansonsten nur der Sicherheitsrat anordnen. Diese Militäraktionen wurden immer häufiger notwendig: Mit dem Wegfall des Kalten Kriegs nahmen asymmetrische Kriege, zerfallende Staaten, internationaler Terrorismus zu und führten zu begrenzten Militäreinsätzen. Die Militäraktionen der UNO sollen in solch einer Situation entweder

– den Frieden durch Trennung der Konfliktparteien erhalten (*peace keeping*),
– die Kampfhandlungen beenden (*peace making*),
– den Frieden sichern (*peace enforcement*) oder
– den Frieden langfristig ermöglichen (*peace bulding*).

Heute wollen alle Staaten nach ihren eigenen Aussagen den Frieden. Die offiziell erklärten zwischenstaatlichen Kriege sind verschwunden. Aber trotzdem werden die Kriege nicht weniger. Es wurden immer mehr versteckte Kriege, in denen die staatlichen Mächte verborgen agieren. Das Leitbild eines „gerechten Friedens“ ist dennoch ein großer Fortschritt gegenüber dem Leitbild des „gerechten Kriegs“: Ein Krieg ist ein Übel, das man in jedem Fall vermeiden soll. Friede ist ein Ziel, das man in jedem Fall anstreben soll – durch Minimierung von Gewalt,

———————

[700] Der Deutscher Evangelische Kirchentag 1967 in Hannover hat diese Formel geprägt.

Unfreiheit und Not.[701] Fortschritte in diese Richtung machen Kriege unwahrscheinlicher. Dies ist umso notwendiger, als die Gefahr eines atomaren Kriegs durch die Verbreitung von Atomwaffen auf mehrere, z.T. instabile Staaten nicht geringer geworden ist und die innerstaatlichen Konflikte in asymmetrischen Kriegen sogar zugenommen haben.

Man muss sich freilich darüber im Klaren sein: Das Leitbild vom „gerechten Frieden" ist an Rahmenbedingungen gebunden, die zwar in diesem Konzept postuliert werden, aber in der Realität nicht gegeben sind. Die Großmächte beanspruchen weiterhin das Recht zum souveränen Krieg, der zwar als „gerechter Krieg" legitimiert wird, aber in der Tradition „legitimer Kriege souveräner Staaten" steht, mit denen Staaten ihre Interessen durchsetzen, wo immer sie meinen, sie mit militärischen Mitteln durchsetzen zu können. Geändert hat sich nur eins: Die Großmächte tun es mit schlechtem Gewissen. Sie kaschieren ihre militärischen Aktionen, indem sie einheimische Aufstandsgruppen in anderen Ländern bewaffnen, von denen sie sich aber gleichzeitig öffentlich distanzieren. Seit 1945 wurde kein Krieg mehr mit einer formellen Kriegserklärung eröffnet. Wenn man die Großmächte wegen ihrer versteckten militärischen Aktivitäten in der UNO zur Rechenschaft ziehen will, lähmen sie den Sicherheitsrat durch ihr Veto. Hinzu kommt, dass auch die von der UNO legitimierten Friedenseinsätze oft in Kriege umschlagen. Die Rhetorik vom „gerechten Frieden" steht dann in Gefahr, Kriege zu bemänteln, die niemand „Kriege" nennen darf. Ein Grund dafür ist: Die Militäreinsätze für den Frieden erweisen sich oft als ohnmächtig, Frieden herzustellen.[702] Selbst die humanitären Kriegseinsätze, die eigentlich nur dazu dienen sollen, Minderheiten in Extremlagen zu schützen, werden für die Interessen der Großmächte instrumentalisiert. Das war mit humanitären Militäreinsätzen und Einsätzen im Dienste eines „gerechten Friedens" nicht gemeint.

Die Frage, die gegenwärtig zur Diskussion steht, ist: Soll kirchliche Friedensethik für einen konsequenten Pazifismus eintreten und aus der *vorrangigen* Option für gewaltfreie Friedensarbeit die *einzig legitime* Möglichkeit für christliches Handeln werden? Hintergrund dieser Diskussion ist die Erfahrung mit Auslands-

---

[701] Vgl. den Vergleich zwischen dem Leitbild des „gerechten Kriegs" mit dem vom „gerechten Frieden" bei W. Härle, Ethik, 425f.

[702] Vgl. Peter Rudolf, Sind Militäreinsätze erfolgreich? Zur Evaluation von Militäreinsätzen, in: Auf dem Weg zu einer Kirche der Gerechtigkeit und des Friedens, 245–250, dort S. 247: „Empirische Studien zu militärischen Interventionen nach 1945 zeigen eines: Territorien lassen sich verteidigen oder erobern, Regime stürzen, aber politische Ziele nur schwer mit militärischer Gewalt erzwingen, besonders dann, wenn der Einsatz sich gegen nichtstaatliche Akteure richtet." Etwas positiver ist die Bilanz bei Einsätzen, die dem Frieden dienen: „Peacekeeping funktioniert – gewiss nicht immer und nur zu einem gewissen Grad. Friedensoperationen, das heißt vor allem die Entsendung von Friedenstruppen, können gewaltmindernd und gewaltverhindernd wirken." Langfristig aber wirken solche Friedenseinsätze nur, wenn sie durch politische Initiativen abgesichert werden.

einsätzen der Bundeswehr, die 1994 durch das Verfassungsgericht gebilligt wurden.[703] Seitdem gab es viele Auslandseinsätze, die meisten von ihnen ohne Einsatz militärischer Gewalt. Einige aber wie der Einsatz in Afghanistan begannen als friedenssichernde Einsätze, wurden aber bald zum Krieg und müssen wahrscheinlich im Endeffekt als gescheitert betrachtet werden. Zu hoffen ist, dass sie auch positive Spuren in Afghanistan hinterlassen, deren Nachhaltigkeit freilich abzuwarten bleibt. Erfolgreicher könnte der noch nicht beendete Einsatz im Kosovo sein.[704] Darauf berufen sich diejenigen, die sagen: Wir können noch nicht auf die Option für Militäreinsätze verzichten. Einigkeit besteht weiterhin darin, dass es die Aufgabe aller ist, auf einen Zustand hinzuwirken, in dem Kriege geächtet sind. Auch heute gilt daher unter veränderten Vorzeichen das Komplementaritätsprinzip.

Der aus der Kernphysik stammende Begriff der „Komplementarität" war in den 1950–er Jahren neu. War aber deshalb auch die Sache neu? Wir haben gesehen; Wenn man die Vorgeschichte der heutigen christlichen Friedensethik betrachtet, findet man bereits in der Vergangenheit entgegengesetzte Haltungen zum Krieg, die nebeneinander akzeptiert wurden. Dabei wurde oft die *moralische* Notwendigkeit anerkannt, dass einige Gruppen wie die Priester qua Amt auf Gewalt verzichten mussten. Vor diesem Hintergrund wird das Neue erkennbar, das die Konzeption einer „komplementären Friedensethik" nach 1945 brachte. Erst die atomare Bedrohung hat aus der Option für Gewaltfreiheit, die in der bisherigen Geschichte nur von tolerierten Minoritäten vertreten wurde, z.B. von Mönchen und Friedenskirchen, eine *politische* Notwendigkeit werden lassen, die im Interesse aller unverzichtbar ist. Sie hat in den Augen vieler Menschen heute den gleichen Wert wie eine durch Recht und Politik disziplinierte militärische Gewaltausübung. In der jüngsten Gegenwart kommt hinzu, dass die schroffe Alternative „Krieg oder Frieden" oft nicht gegeben ist. Militäreinsätze der Bundeswehr sollen der Durchsetzung des Friedens und seiner Erhaltung dienen. Das Militär übernimmt hier oft die Funktion einer „Polizei", was zweifellos zu einer Aufwertung des Militärs im ethischen Diskurs geführt hat.

4. Die modernen Voraussetzungen der christlichen Friedensethik

Versuchen wir als Fazit unserer historischen Skizze eine systematische Auswertung. Unsere These ist: Die gegenwärtige christliche Friedensethik ist ein modernes Konstrukt, weil sie erstmalig die Friedensvision des Alten Testaments als Ziel mit friedlichen Verhaltensweisen des Neuen Testaments als Weg zu diesem Ziel verbindet. Das Neue Testament akzeptiert die Tätigkeit von Soldaten, die meist

———

[703] Urteil vom 12. Juli 1994.

[704] Die Webseite der Bundeswehr (www.einsatz.bundeswehr.de) zählt 27 abgeschlossene und 13 aktuelle Einsätze der Bundeswehr auf ihren Landkarten auf (Zugriff 20.07.2019). Es gab aber weit mehr davon. Je begrenzter ihr Ziel definiert wurde und der Zeitraum des Einsatzes befristet war, umso erfolgreicher waren sie. So gab es im Kongo 2006 einen zeitlich und inhaltlich klar begrenzten Auftrag, an dem die Bundeswehr beteiligt war: Dort sollten die Wahlen abgesichert werden (EUFOR RD CONGO). Diese wurden erfolgreich durchgeführt, auch wenn das politische Gesamtziel einer Stabilisierung des Kongo dadurch nicht erreicht wurde.

nur Polizeiaufgaben hatten, und wirbt eindringlich für Gewaltverzicht in der Nachfolge Jesu. Erst in moderner Zeit wurden die Friedensträume des Alten Testaments zu einem politisch anvisierten Ziel, das man mit den Verhaltensweisen des Neuen Testaments als zwei sich ergänzenden Methoden erreichen will: einerseits mit der demonstrativen Gewaltlosigkeit der Feindesliebe, andererseits mit dem Einsatz friedensbewahrender Soldaten. Der Weg zu dieser „komplementären" Friedensethik lässt fünf Stadien erkennen:

(1) Im Alten Testament ist Gott der Friedensstifter: „Ich will Frieden geben in eurem Lande, dass ihr schlafet und euch niemand aufschrecke" (Lev 26,6). Gott selbst wird „Frieden schaffen" (Jes 26,12). Er handelt dabei durch Menschen, vor allem durch einen Friedenskönig (Ps 72; Jes 9,7). Aussagen über ihn wurden bald zu messianischen Erwartungen. Diese messianische Friedenssehnsucht ist ein erster Ansatz, um aus einer Friedenssehnsucht eine Friedensethik zu entwickeln. Aber sie ist eine Herrscherethik, begrenzt auf Könige und Mächtige. Nur ausnahmsweise begegnet der Frieden im Alten Testament in allgemeinen ethischen Aufforderungen an alle Menschen, etwa in Ps 34,15: „Lass ab vom Bösen und tu Gutes; suche Frieden und jage ihm nach!"

(2) Im Neuen Testament wurde das messianische Königsideal des Friedensstifters auf alle Christen übertragen. Die Seligpreisung der Friedens-macher verheißt allen Jüngern Jesu, dass sie zu „Söhnen Gottes" werden, wenn sie Frieden stiften (Mt 5,9). Sie treten damit in die Rolle von Königen und Herrschern.[705] Aber ein Friede mit politischen Dimensionen ist dabei nicht im Blick, es sei denn, man kombiniert diese neutestamentlichen Aussagen mit den alttestamentlichen Friedenstexten, wie es die moderne christliche Friedensethik tut. Schon im Neuen Testament begegnen „komplementär" eine Wertschätzung von Soldaten, die meist Polizeifunktion hatten, und von Gewaltverzicht in der Nachfolge Jesu.

(3) In Reformation und Humanismus fordern kleine Gruppen innerhalb der alternativen Reformation und einzelne humanistische Autoren, dass *alle* Christen (und nicht nur Mönche) ihre Verpflichtung für den Frieden in Taten umsetzen. Erasmus von Rotterdam (1469–1536) und Sebastian Franck (ca. 1499–1542) verbinden dabei christliche und humanistische Motive. Nach Erasmus sollen sich alle Christen an dem großen Friedensfürst Christus orientieren. Wenn sie sich in Kriege verstricken, setzen sie die Leidensgeschichte Christi fort. Parallel zu ihm verlangen Mennoniten und Brüdergemeinden, später auch Quäker eine konsequente Absage an Krieg und Gewalt. Hier ist die Wende von einer Friedenssehnsucht zu einer verpflichtenden Friedensethik vollzogen. Sie ist aber nur die Sonderethik kleiner Gruppen, die es meist nicht wagten, ihr Friedensethos auch vom ganzen Staat zu verlangen und die in ihrer Geschichte insgesamt nicht konsequent

———————

[705] Alle Christen erhalten als „Söhne Gottes" den Geist Gottes (Gal 4,6). Und umgekehrt: Dieser Geist macht sie zu Söhnen Gottes (Röm 8,16). „Das Sinnen des Geistes ist Frieden" (Röm 8,6). Seine Gaben sind Gerechtigkeit, Frieden und Freude (Röm 14,17; vgl. Gal 5,22). Er ist ein „Band des Friedens" (Eph 4,3). Der Geist motiviert zu menschlichem Friedenshandeln.

Distanz hielten zur Überhöhung des staatlichen Machtanspruchs.[706] Den Quäkern gelang jedoch 1681 vorübergehend die Gründung einer staatlichen Organisation in Pennsylvanien durch William Penn (1644–1718). Sie wurde zum Zufluchtsort vieler religiöser Minoritäten aus Europa. Aber 1756 zogen sich die Quäker bei Ausbruch des Siebenjährigen Krieges aus der Regierungsverantwortung zurück. Sie wollten auf keinen Fall für Kriegshandlungen verantwortlich sein.[707] In der Geschichte der modernen Friedensethik spielen Friedenskirchen wie die Quäker auf jeden Fall eine entscheidende Rolle.

(4) Der nächste Schritt geschah in der Zeit der Aufklärung. Die Unabhängigkeitserklärung der Vereinigten Staaten und die Französische Revolution zeigten: Menschen können die Gesellschaft selbst gestalten und umgestalten. Damals entwarf Immanuel Kant (1724–1804) in seiner Schrift „Zum ewigen Frieden" (1795) ein faszinierendes Programm für einen politischen Frieden. Er erwartet ihn nicht von „Friedensherrschern", sondern von republikanisch verfassten Gesellschaften. Alle Menschen, nicht nur kleine Friedensgruppen, müssen an diesem Frieden mitwirken. Kant war damit seiner Zeit weit voraus. Denn damals war die Sehnsucht nach Frieden immer noch Hoffnung auf einen Friedensfürsten: Von Napoleon erwarteten seine Anhänger, er werde diesen Frieden bringen, obwohl gerade er Europa in blutige Kriege stürzte. Aber kurz nach seiner Zeit werden die ersten „Friedensgesellschaften" gegründet, die für Menschenrechte, soziale Verbesserungen, Freihandel, Abschaffung der Sklaverei eintraten und Militärgewalt ablehnten: die American Peace Society (1815), die London Peace Society (1816) und die Genfer Friedensgesellschaft (1830). Erst 1892 wurde auch in Deutschland die „Deutsche Friedensgesellschaft" gegründet. Auch wenn diese Friedensgesellschaften kleine Gruppen waren, hielten sie eine Friedensethik in einem Jahrhundert wach, das von einem zunehmenden nationalistischen Bellizismus geprägt war, der im 20. Jh. zwei verheerende Weltkriege zur Folge hatte. Neben die kleinen christlichen Friedenskirchen treten damit im 19. Jahrhundert Friedensgruppen in der säkularen Gesellschaft.

(5) Durch den drohenden Nuklearkrieg wurde der Friede nach den beiden Weltkriegen des 20. Jh.s zu einer allgemeinen politischen Verpflichtung. Die Selbstverständlichkeit, mit der man bisher Kriege als Mittel der Politik eingesetzt hatte, wurde problematisch. Erst in der Situation einer atomaren Bedrohung wurde die Friedenssehnsucht des Alten Testaments als Zielbestimmung mit der allgemeinen Friedensethik des Neuen Testaments als Wegbereitung des Friedens zu einem politischen Programm verbunden. Zwei verschiedene Situationen forderten diese Friedensethik heraus: Einerseits veränderte das atomare Patt zwischen Ost und West die militärische Logik zwischenstaatlicher Konflikte. Zwischen dem Beschluss, in den 1980–er Jahren Abwehrraketen aufzustellen, und den Protesten der Friedensbewegung besteht ein komplementäres Verhältnis. Die Ostblockstaaten erhielten eine Doppelbotschaft, die ihnen sowohl Verteidigungs-

———

[706] Vgl. Diether Götz Lichdi, Die Mennoniten in Geschichte und Gegenwart. Von der Täuferbewegung zur weltweiten Freikirche, Weisenheim am Berg ^{2}2004, bes. 190ff; Marion Kobelt-Groch/Astrid von Schlachta (Hrsg.), Mennoniten in der NS-Zeit. Stimmen, Lebenssituationen, Kirchheimbolanden 2017.

[707] William A. Cooper, Art. Quaker, TRE 28 (1997) 35–41, S. 36.

als auch Friedensbereitschaft signalisierte. Wahrscheinlich hat erst die Kombination beider „Botschaften“ den Kalten Krieg 1989 überwunden. Andererseits stellte nach dem Ende des Kalten Kriegs die Zunahme asymmetrischer und versteckter hybrider Kriege vor eine neue Herausforderung. Innerstaatliche Konflikte werden immer unlösbarer, weil in ihnen indirekt Interessenkonflikte von Großmächten ausgetragen werden. Die Welt musste lernen: Recht und Ordnung lassen sich nicht allein durch militärischer Einsätze herbeiführen, selbst wenn sie durch ein UN-Mandat wie im Afghanistan- und Libyeneinsatz legitimiert sind.

Nach wie vor erfordert unsere Situation wie in den 1950–er Jahren des letzten Jahrhunderts einander entgegengesetzte Gewissensentscheidungen. Diese „Komplementarität“ schließt wie in den 1950–er Jahren einen qualitativen Vorrang der Friedensarbeit und den Vorbehalt bei Militäreinsätzen ein, dass sie dazu dienen sollen, militärische Aktionen in Zukunft immer überflüssiger zu machen. Ziel aller Menschen muss die Ächtung und Überwindung des Krieges sein. Zurzeit sehe ich aber noch nicht, wie wir auf eine Armee zur Verteidigungsbereitschaft in einem größeren Bündnis und auf deren Auslands-einsätze zur Erhaltung und Durchsetzung von Frieden verzichten können. Genauso wenig können wir aber auch auf pazifistisch motivierte Gruppen verzichten. Ohne sie wird es keinen langfristigen Frieden geben.

13

Schlussbetrachtung: Der komplementäre Weg zum Frieden

Gerd Theißen / Sylvie Thonak

Die in diesem Buch gesammelten Studien setzen die Tradition der „komplementären Friedensethik" fort, die in den Heidelberger Thesen von 1959 formuliert wurde: Auf dem Weg zum Frieden sind entgegengesetzte Haltungen notwendig, pazifistische Gewaltlosigkeit und militärische Verteidigungspolitik. Ihr Verhältnis ist asymmetrisch: Gewaltlosigkeit ist das deutlichere Zeichen auf dem Weg zu einer zukünftigen Friedensordnung, militärische Verteidigungspolitik aber derzeit noch unverzichtbar zur Sicherung des vorhandenen Friedens. 1959 diente die Verteidigungsbereitschaft der Abschreckung potenzieller Gegner, der damalige Pazifismus dagegen der Entspannung. Die Verbindung von Abschreckung und Pazifismus war vor allem eine Botschaft an die potenziellen Gegner: „Wir wollen den Frieden". Es ging darum, einen Weltkrieg zu verhindern, der durch die atomare Bewaffnung der Großmächte eine Katastrophe gewesen wäre. Der Konflikt zwischen Abschreckungsbefürwortern und Kriegsdienstverweigerern wurde so durch die komplementäre Friedensethik umgewandelt in eine Kooperation im Interesse der Friedenssicherung. Was wir in einer Demokratie in der Politik erfolgreich praktizieren, fand damals in der Verteidigungspolitik eine Analogie: So wie Regierungspartei und Opposition gerade durch ihren Gegensatz die Freiheit sichern, so wird auch der Frieden durch die entgegengesetzte Haltung von Soldaten und Pazifisten stabilisiert.

Seit der Formulierung der Heidelberger Thesen hat sich die Situation verändert. Zwar existiert das Gleichgewicht des Schreckens auch heute noch, es wurde aber durch Verträge ein Gleichgewicht ohne Schrecken, auch wenn heute wieder neu daran gearbeitet werden muss, dies Gleichgewicht aufrecht zu erhalten. Mit dem Ende des Kalten Krieges 1989 wuchs jedoch eine Zeit lang die Zuversicht, durch eine internationale Friedensordnung zwischenstaatliche Kriege auf Dauer verhindern zu können. Seit 1945 gab es keine offiziell erklärten zwischenstaatlichen Kriege mehr. Dafür vermehrten sich verdeckte asymmetrische Kriege in instabilen Staatsgebieten, in denen lokale und globale Großmächte ihre Konflikte stellvertretend austragen lassen. Diese Situation hat die Tätigkeit von Soldaten und Friedensarbeitern verändert.

Es gibt nicht mehr wie in den 1950er Jahren nur die Alternative zwischen Militärdienst und Pazifismus. Das „Komplementaritätsprinzip" verbindet daher heute nicht nur Abschreckungsbefürworter und Kriegsdienstverweigerer, sondern begrenzte militärische Friedenseinsätze und regionale zivile Friedensarbeit. Soldaten sind in Friedenseinsätzen im Auftrag der UNO tätig, um Kämpfe zu beenden, Konfliktparteien zu trennen, Frieden durchzusetzen. Sie können nur erfolgreich sein, wenn Politik und zivile Friedensarbeit soziale Strukturen fördern, die den Frieden langfristig sichern. Umgekehrt kann zivile Friedensarbeit oft nur wirksam werden, wenn militärische Einsätze asymmetrische Konflikte eindämmen. Zivile Entwicklungshelfer sind auf den Schutz von „rechtsdurchsetzender Gewalt" durch Polizisten und Soldaten angewiesen.

Diese Entwicklung hat die komplementäre Friedensethik verändert: Soldaten schützen in ihren Einsätzen Friedensarbeit, Friedensarbeiter schaffen Bedingungen, unter denen friedensstiftende Militäreinsätze erfolgreich sein können. Ihre Arbeit kann gleichzeitig oder nacheinander geschehen: Nicht selten hat die zivile Friedensarbeit erst eine Chance, wenn der Frieden durch militärische Macht durchgesetzt wurde. Wichtig ist: Es geht hier nicht mehr um eine Komplementarität von Verteidigungsbereitschaft und Pazifismus, um Angriffe von außen zu verhindern und Atomkriege zu vermeiden. Es geht um die Verwirklichung eines regional begrenzten Friedens, um lokale Kriege zu verhindern und zu beenden. Dabei darf nie vergessen werden, dass sich auch solche lokal begrenzte Konflikte zu weltumfassenden Konflikten ausweiten können.

Eigentlich dürfte in dieser veränderten Situation die Mehrheit der Militärseelsorge weit weniger Probleme haben, die zivile Friedensarbeit von Pazifisten anzuerkennen. Ebenso könnte es Pazifisten vielleicht leichter fallen, die Notwendigkeit von Militäreinsätzen zu akzeptieren. Trotzdem scheint es beiden Seiten in der Kirche heute zunehmend schwer zu fallen, die jeweils andere Seite zu respektieren und zu akzeptieren. Wer militärische Verteidigungsbereitschaft für notwendig hält, beansprucht manchmal exklusiv für sich eine realitätsnahe „Verantwortungsethik" und kritisiert pazifistische Friedensarbeiter als realitätsferne „Gesinnungsethiker". In Gesprächen hört man manchmal unbefangen die Rede von „Pazifisten und Spinnern". Der zunehmende Einsatz von Soldaten in Friedenseinsätzen bestärkt Militärgeistliche darin, dass Vorbehalte gegenüber einer einsatzbereiten Armee inzwischen lange überholt sein müssten. Umgekehrt unterstellen Pazifisten der militärischen Seite oft eine „Gesinnung", die sie für unverantwortlich halten, weil sie die letzte Frist zur dauerhaften Stabilisierung des Friedens verstreichen lässt. Sie registrieren, dass Friedenseinsätze in Gefahr stehen, zu Kriegen zu werden, und befürchten, dass sie eine schleichende Remilitarisierung der Politik beschleunigen. Katalysator für diese neue Polarisierung war vor allem der Afghanistaneinsatz der Bundeswehr, der mit Recht kontrovers beurteilt wird. Der evangelischen Friedensethik fällt es heute immer schwerer, beide Seiten komplementär zu vereinen.

In diesem Buch machen wir den Versuch, einerseits die komplementäre Friedensethik des Protestantismus durch Rückgriff auf die Bibel und ihre Wirkungsgeschichte zu vertiefen, andererseits durch Analysen zur Situation der protestantischen Militärseelsorge zu konkretisieren. Wir akzeptieren, dass viele Fragen kontrovers beurteilt werden, aber suchen nach Wegen, damit zu leben.

Der erste Schwerpunkt der hier vorgelegten biblischen und historischen Studien ist der Nachweis, dass Elemente einer komplementären Friedensethik in beiden Testamenten der Bibel entwickelt wurden, aber erst in der Neuzeit angesichts der atomaren Kriegsgefahr kombiniert wurden. Im Alten Testament begegnet die Vision einer durch Gott herbeigeführten gewaltfreien Welt als universale Friedensvision. Dass Gott sie herbeiführt, ermöglichte den Gedanken, dass dieser Frieden ohne militärische Siege kommt. Gott integriert alle Völker in einer universalen

Rechtsgemeinschaft. Das ist keine Friedensethik, sondern ein politischer Friedenstraum. Was Menschen durch ihr Handeln zu diesem Frieden beitragen können, bleibt offen. Es fehlt eine Friedensethik. Im Neuen Testament begegnet dagegen eine Ethik der Gewaltfreiheit, die auch dem Feind gilt. Sie sagt, was Menschen tun können, um Gewalt zu minimieren. Hier finden wir eine profilierte Ethik der Gewaltfreiheit. Offen bleibt aber, ob sie mit dem Ziel einer Friedensordnung in dieser Welt politisch realisiert werden soll. Die faktische Existenz von staatlicher Gewalt und Soldaten wird als notwendige Tatsache wie selbstverständlich vorausgesetzt. Die neutestamentliche Ethik der Gewaltfreiheit ist Vorschein einer neuen Welt, ein Schritt ins Reich Gottes, das freilich schon in der Gegenwart beginnt. Die Tätigkeit von Soldaten widerspricht ihr nicht, solange die alte Welt besteht. Das Alte Testament formuliert also das politische Ziel jeder Friedensethik: eine von Kriegen freie Welt, das Neue Testament konkretisiert den Weg dorthin, aber lässt kein politisch realisierbares Ziel erkennen. Es akzeptiert Soldaten in der Gegenwart, hofft aber auf ein gewaltfreies Reich Gottes in einer schon jetzt beginnenden Zukunft. Beide Ansätze wurden erst in der Gegenwart kombiniert, als ein gewaltfreier Weg zu einem politischen Frieden Teil einer komplementären Friedensethik wurde, die auf einen zukünftigen Frieden zielt, aber zur Erhaltung des gegenwärtigen Friedens eine defensive militärische Abschreckung für notwendig hält.

Wir zeigen ferner: Das Neue Testament musste sich mit realer staatlicher Gewalt auseinandersetzen. Seine Schriften entstanden zwar in einer relativ friedlichen Zeit, sie sind aber durch den jüdisch-römischen Krieg geprägt. Jesus und Paulus wirkten im Vorfeld dieses Krieges, Jesus im jüdischen Heimatland, Paulus in der Diaspora. Auch macht sich das Neue Testament keine Illusionen über die Aggressivität der Menschen.

Jesus formulierte seine Botschaft in der Peripherie des römischen Reichs, wo die Römer in einer Provinz als Fremdherrscher erlebt wurden. Seine Ethik der Gewaltlosigkeit hat ihren „Sitz im Leben“ im Konflikt zwischen dem römischen Staat und dem jüdischen Volk. Jesu Ethik des demonstrativen Gewaltverzichts hat eindeutig eine politische Dimension: Gewaltverzicht wurde zu seiner Zeit von Juden gegen Pilatus (ca. 26 n.Chr.) eingesetzt und kurz nach seiner Zeit gegen den syrischen Statthalter Petronius (39/40 n.Chr.). Beide Aktionen hatten durch demonstrativen Gewaltverzicht Erfolg. Im zweiten Fall konnte sogar ein Krieg verhindert werden. Gleichzeitig verwarf Jesus die Steuerverweigerungskampagne des Judas Galilaios, die im Grunde zu einem Aufstand gegen Rom anstachelte. Denn die Verweigerung des Tributs (d.h. der Steuern) war eine Kriegserklärung. Wir finden daher schon bei Jesus eine komplementäre Friedensethik. Sie erkennt den Staat an, auch mit seinem Recht zu Steuern als „Zwangsabgaben“. Aber sie tritt für einen Weg demonstrativer Gewaltlosigkeit ein. Während für seine jüdischen Zeitgenossen mit dem Kommen der Gottesherrschaft die Herrschaft der Römer ein Ende hatte, konnte für Jesus die Herrschaft der Römer mit der beginnenden Gottesherrschaft koexistieren. Die Gottesherrschaft sollte sich nur durch friedliche Mittel durchsetzen. Diese Verkündigung Jesu hatte politische

Relevanz, und das wurde schon damals registriert: Das Lukasevangelium sagt: Hätte man auf Jesu Predigt gehört, wäre der Jüdische Krieg vermieden worden (Lk 19,41–44).

Paulus formuliert seine Gedanken zu Gewalt und Frieden im Brief an die römische Gemeinde, die im Zentrum römischer Macht lebte. In diesem Brief fordert er von *allen* Menschen, also nicht nur von den Christen, dass sie sich den „übergeordneten Instanzen" (Röm 13,1) unterordnen, die zur Durchsetzung einer Friedensordnung legitime Gewalt ausüben. Er schweigt in diesem Brief nach Rom, wo der Kaiser residierte, in auffälliger Weise vom Kaiser. Die „übergeordneten Instanzen" sind die republikanischen Ämter der Republik Rom. Da auch die Rolle des Kaisers theoretisch eine Kombination republikanischer Ämter war, meint Paulus indirekt auch ihn. Man kann daher sagen: Legitim ist für Paulus die Gewalt, die republikanisch kontrolliert ist. Sie wurde in Rom durch die Prätorianer ausgeübt, deren Polizeiaufgaben in der Stadt Rom von der Aufgabe der Legionen bei der Beherrschung der Provinzen und der Verteidigung des Reiches getrennt wurden. Wer sich dieser Ordnung widersetzt (und hier denkt Paulus wohl auch an Kaiser wie Gaius Caligula, der die republikanische Ordnung verletzte), zieht sich selbst das Gericht zu: Gaius wurde durch einen Präfekten der Prätorianer getötet.

Das Neue Testament kennt neben dieser staatlichen Gewalt, die es akzeptiert, auch staatliche Gewalt, die es dezidiert ablehnt: In der Johannesapokalypse ist der Staat ein widergöttliches Tier (Apk 13,1–10), das sich von einem zweiten Tier (im Kaiserkult; Apk 13,11–18) propagandistisch legitimieren lässt. Hier wird staatliche Gewalt von nur einer einzigen Person kontrolliert, mit der wahrscheinlich Kaiser Domitian gemeint ist. Wir können daher aus dem Neuen Testament ein wichtiges Kriterium zur Beurteilung staatlicher Gewalt entwickeln: Sofern Gewalt durch mehrere Instanzen kontrolliert und an das Recht gebunden bleibt, kann sie legitim sein. Sofern sie von absolutistischen Einzelherrschern ausgeübt wird, ist sie immer in Gefahr, unmenschlich zu werden.

Auch bei Paulus finden wir eine komplementäre Ethik: Paulus stellt neben die legitime Gewaltausübung von Röm 13,1–7 ein Ethos der Gewaltlosigkeit. Er umgibt die allgemeine Staatsparänese mit Mahnungen speziell an Christen (vgl. Röm 12,1–21 und 13,1–14). Dabei betont er, dass die Christen einen Leib bilden, und überträgt damit eine Idealvorstellung, die in der Antike für die Gemeinschaft in Stadt und Staat entwickelt worden war, auf die christliche Gemeinde. Wovon viele in der Antike träumten, dass sie in ihrem Staat so eng verbunden sind wie die Glieder in einem Körper, das sagt Paulus nur von der Gemeinde.

Ferner umgibt er die Staatsparänese mit Mahnungen zur Liebe (12,9–21; 13,8–10), nicht deshalb, weil die Akzeptanz der staatlichen Ordnung ein Fall von Liebe sei, vielmehr kontrastiert er die Zwangsordnung des Staates mit der Liebesgemeinschaft der Christen. Christen sollen auf „Rache" verzichten, da sie allein Gott vorbehalten sei (12,19–21). Der Staat aber muss „Rache" an Übeltätern üben (13,4). Dem Staat schuldet man Steuern und Zoll (13,7). Christen aber sollen niemandem etwas schuldig sein (13,8). Staatsethos und Gemeindeethos stehen zweifellos in Spannung zueinander. Beide sind aber komplementär. Denn Gewaltverzicht wirkt vor allem dort als Botschaft, wo das Gute durch Gewalt durchgesetzt werden könnte, aber auf Gewalt demonstrativ verzichtet wird.

Auch die Verkündigung des Paulus wollte dem Frieden dienen: Seine letzte Reise nach Jerusalem hatte zum Ziel, den Tempel für Heiden zu öffnen und Spannungen zwischen Juden und Nicht-Juden zu reduzieren, die später zum Ausbruch des Jüdischen Krieges führten. Paulus hatte keinen Erfolg. Ein Schüler entwickelt nach dem Jüdischen Krieg im Epheserbrief eine Friedensvision mit dem Ziel, die Feindschaft zwischen Juden und Nichtjuden zu überwinden.

Jesus und Paulus haben sich beide für die Reduktion von Spannungen eingesetzt, die zu einem realen Krieg geführt haben. Jesus formulierte in der Provinz ein komplementäres Ethos, das den Staat anerkennt und gleichzeitig gewaltfreies Handeln befürwortet. Paulus entwickelt für Christen in Rom eine „komplementäre Ethik", bei der sich republikanisch kontrollierte Gewalt und Liebesethos der Gemeinde ergänzen.

Das biblische Nebeneinander von kontrollierter Gewaltausübung und demonstrativem Gewaltverzichts blieb in der Kirchengeschichte erhalten. Hin und wieder begegnet sogar die Erkenntnis, dass beide komplementär aufeinander angewiesen sind. Das Ethos des Gewaltverzichts wurde freilich nur in kleinen Gruppen praktiziert, vor allem in katholischen Mönchsorden und protestantischen Freikirchen. Vorübergehend errichteten die Quäker in Pennsylvanien von 1681–1756 sogar eine staatliche Ordnung, die pazifistisch den Krieg ablehnte. In der Gegenwart aber wurde dieses gewaltfreie Ethos ein Teil der komplementären Friedensethik des Protestantismus, während militärische Verteidigungs- und Einsatzbereitschaft der ergänzende Teil wurde.

Der zweite Schwerpunkt unserer Studien liegt in der Gegenwart, in der Konzeption einer Friedensethik und einer Militärseelsorge, die ihr entspricht. Man muss dabei immer wieder daran erinnern: Der deutsche Protestantismus hat einen großen Wandel in seiner Einstellung zu Krieg und Militär hinter sich. Lange war in ihm ein militärisches Ethos selbstverständlich. Der praktische Theologe Günther Dehn (1882–1970)[708] erzählte einmal, wie er erlebte, dass in einem Pastorenkonvent in Preußen vor 1914 ein Pastor es gewagt hatte, die Legitimität von Kriegen zu bezweifeln; man entzog ihm das Wort, er wurde niedergebrüllt. Der damalige deutsche Protestantismus identifizierte sich oft unkritisch mit einem Nationalstaat, der sich in drei Kriegen (gegen Dänemark 1864, Österreich 1866 und vor allem gegen Frankreich 1870/71) gebildet hatte und gegen militaristische Tendenzen nicht immun war. Selbst nach dem Ersten Weltkrieg war Kritik am Krieg oft ein Tabu. Günther Dehn hielt am 6. November 1928 in Magdeburg einen Vortrag über „Kirche und Völkerversöhnung". In ihm bejahte er das Recht zu Verteidigungskriegen, lehnte Kriegsdienstverweigerung ab, kritisierte aber, dass das Bibelwort: ‚Niemand hat größere Liebe denn die, dass er sein Leben lässt für

---

[708] Gerd Theißen hat dem halb erblindeten Günther Dehn in den späten 60er Jahren als Vorleser gedient und sich dabei mit ihm über seine Tätigkeit in der Weimarer Republik, im „Dritten Reich" und der Nachkriegszeit unterhalten.

seine Freunde' (Joh 15,13) auf die Gefallenen des Krieges angewendet wird. Soldaten seien bereit gewesen zu töten, ehe sie getötet wurden. Daher sei zu überlegen, ob es nicht besser sei, den Gefallenen Denkmäler in der bürgerlichen Gemeinde zu errichten anstatt in den Kirchen. Sein Vortrag rief Empörung hervor. Ihm wurde unterstellt, er betrachte Soldaten als Mörder. Als er 1930 an die Universität Heidelberg berufen wurde, wurde der schon beschlossene Ruf rückgängig gemacht, weil nationalistische Kreise gegen ihn wegen seiner Magdeburger Rede protestierten. 1932 wurde Dehn trotzdem nach Halle berufen. Auch dort kam es zu Protesten der nationalistischen Studierenden. Nur unter Polizeischutz konnte er seine Vorlesung halten. Als die Situation eskalierte, wurde er beurlaubt. Während seiner Beurlaubung kam Hitler im Januar 1933 an die Macht. Unter ihm wurde Günther Dehn von Mai 1941 bis Juni 1942 mit kurzer Unterbrechung inhaftiert. Nach 1945 änderte sich die Mentalität im deutschen Protestantismus. Kritik an der oft noch vordemokratischen Einstellung vieler Kirchenvertreter beantwortete Dehn damals so: Er kenne viele dieser Kirchenführer aus ihrer Zeit vor 1945 und danke Gott dafür, wie sehr sie sich geändert hätten. Es sei ein Wunder! Es war freilich nicht nur ein Wunder, sondern Ergebnis einer bewussten Umkehr, die in zwei Erklärungen sichtbar wurde. Das „Stuttgarter Schuldbekenntnis" der EKD vom 19. Oktober 1945 sagt im Blick auf den Nationalsozialismus: „Wir klagen uns an, daß wir nicht mutiger bekannt, nicht treuer gebetet, nicht fröhlicher geglaubt und nicht brennender geliebt haben." Dieses Schuldbekenntnis wurde damals von vielen Kirchenmitgliedern vehement abgelehnt, wird heute dagegen oft kritisiert, weil sich hier die Kirche indirekt bescheinigt, im Prinzip das Richtige getan, aber nicht genug getan zu haben.[709] Noch eindeutiger ist das „Darmstädter Wort zum politischen Weg unseres Volkes", das der Bruderrat der EKD, das nach dem Krieg fortbestehende Leitungsorgan der Bekennenden Kirche am 8. August 1947 formulierte. Es formuliert programmatisch eine Abkehr vom Militarismus der Vergangenheit als notwendige Umkehr.[710]

In der Tat, der deutsche Protestantismus hat durch seine Friedensethik mit seiner militäraffinen Vergangenheit gebrochen. Unter ehrenamtlichen und hauptamtlichen kirchlichen Mitarbeitern der mittleren und älteren Generation gibt es viele, die den Wehrdienst aus Glaubens- und Gewissensgründen verweigert und Zivildienst geleistet haben. Ehemalige Zivildienstleistende findet man auch unter

---

[709] In der Öffentlichkeit ist zu wenig bekannt, dass es 1943 kirchliche Proteste gegen Tötungen aus eugenischen und rassischen Gründen gab: einen Hirtenbrief des katholischen Episkopats vom August 1943 und eine synodale Erklärung der altpreußischen Bekenntnissynode am 16./17. Oktober 1943, die auf vielen Kanzeln verlesen wurde. In der synodalen Erklärung heißt es: „Begriffe wie ‚Ausmerzen', ‚Liquidieren' und ‚unwertes Leben' kennt die göttliche Ordnung nicht. Vernichtung von Menschen, lediglich, weil sie Angehörige eines Verbrechers, alt oder geisteskrank sind, oder einer anderen Rasse angehören, ist keine Führung des Schwertes, das der Obrigkeit von Gott gegeben ist." Vgl. zu beiden Erklärungen: Christoph Strohm, Die Kirchen im dritten Reich, Beck Wissen 2720, München 2011, S. 99. Er überscheibt den Abschnitt mit Recht „Die Kirche reagiert zögerlich". Jedoch machen solche zögerlichen Proteste verständlich, warum die Stuttgarter Erklärung die Schuld der Kirche darin sieht, nicht genug gegen die Verbrechen des Nationalsozialismus getan zu haben.

[710] Vgl. den Text in der Einleitung unseres Buches.

den evangelischen Bischöfen[711] und Landesbischöfen.[712] Viele Protestanten lehnen heute in Abkehr von vergangenen nationalprotestantischen Verirrungen jeden Militarismus dezidiert ab, auch wenn sie die Notwendigkeit der Verteidigung bejahen. Ihre Sympathien gehören pazifistischen Strömungen, Soldaten haben es schwerer. Die „komplementäre Friedensethik" des Protestantismus akzeptiert zwar Militärs und Pazifisten als ihre legitimen Kinder, aber der Pazifismus wurde ihr Lieblingskind, die Militärseelsorge das ungeliebte Kind. Schon in den Heidelberger Thesen von 1959 galt die Kriegsdienstverweigerung als das deutlichere Zeichen für den Frieden. Die Notwendigkeit militärischer Verteidigungsbereitschaft nahmen viele nur vorläufig in Kauf. Verständlicherweise dringt daher der pazifistische Flügel des Protestantismus heute ein halbes Jahrhundert später darauf, mit der Verwirklichung eines Friedens ohne Waffen endlich Ernst zu machen. Dabei stellt er zu wenig in Rechnung, dass sich die Situation in einer Hinsicht deutlich geändert hat: Die *negative* Komplementarität von Abschreckung und Kriegsdienstverweigerung zur Erhaltung des globalen Friedens wurde weiter entwickelt zu einer *positiven* Komplementarität der Arbeit von Soldaten und Zivilisten zur Durchsetzung und Sicherung des Friedens in regionalen Friedenseinsätzen.

Warum droht dem Protestantismus dennoch eine neue Zerreißprobe? Warum entfernen sich die Positionen der Militärseelsorge und der kirchlichen Friedensarbeit voneinander, während militärische und zivile Friedenseinsätze sich annähern und ergänzen? Drei Gründe seien genannt.

Der erste Grund ist: Die Militärseelsorge ist in der Gesamtkirche ziemlich isoliert. Sie wurde eine *ecclesiola in ecclesia* und läuft Gefahr, eine *ecclesiola extra ecclesiam* zu werden. Die Aussetzung der allgemeinen Wehrpflicht förderte sowohl in der Bundeswehr wie in der Militärseelsorge Tendenzen zur Entstehung einer militärischen Sonderkultur: Der Militärbischof amtiert seit 2014 nicht mehr im Nebenamt und hat, da er nicht mehr gleichzeitig hauptamtlich als leitender Geistlicher einer Landeskirche fungiert, eine geringere kirchliche Anbindung und „Hausmacht". Die Einführung des ersten hauptamtlichen Militärbischofs geschah nicht in einem öffentlichen Gottesdienst. Nicht allen, die bei der kirchlichen Amtseinführung des Militärbischofs dabei sein wollten, wurde die Teilnahme gestattet, obwohl es nach Auskunft der Gedächtniskirchengemeinde noch sehr viele freie Plätze in dieser großen Kirche gab. Ein früherer, noch nebenamtlicher Militärbischof trat sogar dafür ein, bei Trauergottesdiensten für gefallene Soldaten

———

711 Bischof Gothart Magaard der Evangelisch-lutherischen Kirche in Norddeutschland im Sprengel Schleswig und Holstein leistete seinen Zivildienst für die Aktion Sühnezeichen/Friedensdienste in Taizé und Kalkutta – siehe https://www.nordkirche.de/ueber-uns/die-bischoefin-und-bischoefe/bischof-gothart-magaard/ (am 13.6.20).

712 So hat etwa Ralf Meister, der amtierende Landesbischof der Evangelisch-lutherischen Landeskirche Hannovers und Leitende Bischof der Vereinigten Evangelisch-lutherischen Kirche Deutschlands (VELKD) von 1982 bis 1983 Zivildienst geleistet – vgl. https://landesbischof.wir-e.de/biografie (abgerufen am 13.6.20).

das kirchliche Hausrecht an die Bundeswehr abzutreten. Die Militärseelsorge legitimiert sich insgesamt primär durch ihre Nähe zur Truppe. Die Friedensethik der EKD scheint im Berufsalltag der meisten Militärgeistlichen und in den Veranstaltungen der Militärseelsorge eine eher marginale Rolle zu spielen; der Dialog mit der Gesamtkirche findet an diesem wichtigen Punkt viel zu wenig statt. Wenn man dies ändern will, stößt man auf institutionelle Grenzen: Es gibt in der Militärseelsorge keine legitimierte und entscheidungsbefugte Basisvertretung im Sinne der evangelischen Kirchenordnungen, weshalb auch eine effektive synodale Begleitung und Kontrolle der Militärseelsorge fehlt. Die Mitglieder des Beirats der evangelischen Militärseelsorge werden *nicht* gewählt, sondern *berufen,* ihre Namen sind öffentlich nicht bekannt. Die Militärseelsorge kapselt sich gegen Kritik ab. Selbst einige Beiträge, die in diesem Band veröffentlicht wurden, hat sie nach ihrem ersten Erscheinen nur als Angriff verstanden statt als konstruktive Kritik auf der Basis einer Zustimmung zur Notwendigkeit der Seelsorge an Soldatinnen und Soldaten.

Der zweite Grund ist, dass Friedenseinsätze nicht immer gelingen. Der Friedenseinsatz in Afghanistan war zwar durch UNO-Mandat legitimiert, aber er war von Anfang an problematisch. Er sollte auch die Weigerung Deutschlands, am zweiten Irakkrieg teilzunehmen, ausgleichen und war von vornherein wenig aussichtsreich. Deutsche Generäle waren hier, soweit sie sich zu Wort meldeten, realistischer als viele Politiker. Generäle sind oft weit besser als ihr Ruf, den sie in manchen kirchlichen Kreisen und im „progressiven“ gesellschaftlichen Spektrum haben. So wurde etwa Brigadegeneral a. D. Heinz Karst (1914–2002) im Jahr 2001 mit der Aussage zitiert: „Ob man in Afghanistan bei der Jagd auf Bin Laden oder zum Sturz des Taliban-Regimes ‚Recht und die Freiheit des deutschen Volkes tapfer verteidigt‘, ist eine Frage, die die Bundesregierung noch nicht beantwortet hat. Weiß Kanzler Schröder, was das heißen kann, wenn er von ‚uneingeschränkter Solidarität‘ redet? Hat er sich überlegt, was das bedeuten kann, wenn es wirklich ein langer Krieg wird?“[713] Den Einsatz der Soldaten sollte man in jedem Fall respektieren. Sie haben es geschafft, dass der Einsatz in Afghanistan eine Zeit lang Raum gab zu gesellschaftlicher Befriedung und Entwicklung, auch wenn er insgesamt vielleicht nur „erfolgreich scheitern“ kann und der Bestand erreichter gesellschaftlicher Zwischenresultate unsicher ist. Eine demokratische Gesellschaft, die eine Parlamentsarmee unterhält und sie in Auslandseinsätze entsendet, ist verpflichtet die Soldaten, die im Ausland in solchen Friedensmissionen im Einsatz sind, zu unterstützen. Man kann nicht von Menschen erwarten, dass sie für eine Sache bereit sind zu sterben, die von ihrer Kirche als ethisch „hinnehmbar“[714] oder als höchst bedenklich abgewertet wird und gesellschaftlich überwiegend auf Desinteresse stößt. Wenn man sich für die Legitimität von Mi-

—————

[713] Vgl. Ein Gespräch mit General Karst, in: Neue Solidarität 46/2001. https://www.solidaritaet.com/neuesol/ 2001/46/karst.htm (Zugriff 5.6.20)

[714] Nikolaus Schneider, in: Elliesen, Tillmann/Ludermann, Bernd, Interview mit Nikolaus Schneider aus der März-Ausgabe des ökumenischen Magazins „welt-sichten“. http://www.evangelisch.de/themen/politik/schneider-sofortiger-abzug-ist-nicht-zu-verantworten35357 (am 6.3.11).

litäreinsätzen zur Durchsetzung, Sicherung und Erhaltung des Friedens entschei-det, sollte man zu dieser Entscheidung auch stehen. Aber man hat eben deshalb auch das Recht und die Pflicht, Kritik und Bedenken anzumelden, wie Heinz Karst es tat, wenn diese Friedenseinsätze ohne Erfolgschancen sind. Anzuerkennen ist auch, dass es Friedenseinsätze gab, die vom Ergebnis her betrachtet, die Lage befriedeten wie der rechtlich höchst umstrittene Einsatz im Kosovo, der nicht durch ein UNO-Mandat abgesichert war, sondern als humanitäre Intervention gerechtfertigt wurde.

Der Öffentlichkeit scheint ferner zu wenig bewusst, dass auch der zivile Friedensdienst gefährlich ist. Die Ausbreitung asymmetrischer und subversiver Kriege macht Friedensarbeit für alle Teilnehmenden in ähnlicher Weise risikoreich wie Militäreinsätze. Die zukünftigen Friedensprojekte werden wahrscheinlich noch gefährlicher sein, als die gegenwärtigen es schon sind. Wir müssen auch zu diesen Friedensarbeitern demonstrativ stehen. Sie sind genauso auf unsere Unterstützung angewiesen wie unsere Soldaten. Anzuerkennen ist, dass sie das langfristige Ziel des Friedens *deutlicher* vertreten als alle Militärs. Die Kirche sollte daher weiterhin jeder Abwertung solcher pazifistischer Friedensdienste widersprechen. Die Herstellung eines dauerhaften Friedens ist ein so großes Ziel, wie es die Abschaffung der Sklaverei einmal gewesen ist. Lange glaubte man, es sei unmöglich, die Sklaverei zu überwinden. Aber es war möglich. Ebenso glauben heute viele, der Krieg ließe sich nicht überwinden. Seine Formen haben sich aber schon geändert. Militärische Aktionen wurden immer mehr zu international kontrollierten Polizeiaktionen.

Das charakteristische Merkmal der gegenwärtigen christlichen Friedensethik ist nach wie vor die „Komplementarität" von Militärdienst und Gewaltlosigkeit mit dem gemeinsamen Ziel des „gerechten Friedens", das Vorrang hat. Die Synode der EKD hat im November 2019 in Dresden diese asymmetrische Komplementarität bestätigt, wenn sie erklärte: Die Evangelische Kirche hat sich dem „Leitbild des Gerechten Friedens verpflichtet und sich für einen klaren Vorrang für gewaltfreie, zivile Instrumente der Konfliktbearbeitung ausgesprochen. Sie betont den engen Zusammenhang von Frieden und Gerechtigkeit und von Frieden und Recht. Den Einsatz militärischer Mittel hält sie ausschließlich als ‚rechtserhaltende Gewalt', die als äußerstes Mittel (ultima ratio) erwogen werden darf, unter engen Kriterien für legitim. Der Einsatz von Gewalt ist immer eine Niederlage und stellt uns vor die Frage, ob wir im Vorfeld alles zur Prävention und gewaltfreien Konfliktlösung getan haben."[715] Dennoch war die Kundgebung der

---

[715] Vgl. „Kirche auf dem Weg der Gerechtigkeit und des Friedens". Kundgebung der 12. Synode der Evangelischen Kirche in Deutschland auf ihrer 6. Tagung: vom 13.12.2019; vgl. https://www.ekd.de/kundgebung-ekd-synode-frieden-2019-51648.htm. Diese Synode schweigt zur krisenhaften Situation der Bundeswehr. Seit Jahren gibt es immer wieder Besorgnis erregende Meldungen über rechtsextreme Tendenzen bei einzelnen Bundeswehrsoldaten. Darüber hinaus: Die Bundeswehr ist zurzeit zwar in der Lage, Friedensmissionen durchzuführen, aber es gibt Zweifel an ihrer Verteidigungsfähigkeit. Ein gro-

Synode in Dresden gemessen an den Kriterien einer komplementären Friedensethik einseitig. Probleme der Bundeswehr wurden ausgeklammert, auch wenn manche Probleme wie z.B. Fälle von Rechtsextremismus damals bekannt waren. Doch wurden sie erst nach der Synode Anfang 2020 in ihrem vollen Umfang erkannt.[716]

———————

ßer Teil der Geräte und Waffen ist nicht einsatzfähig, das Beschaffungswesen ist reformbedürftig. Eine komplementäre Friedensethik, die gewaltloser Friedensarbeit den Vorrang einräumt, ist nur dann wirklich komplementär, wenn sie auch die Verpflichtung zu einer zur Verteidigung einsatzfähigen Bundeswehr ernst nimmt. Und sie ist nur dann realistisch, wenn sie auch die Dilemmata anerkennt, mit denen sowohl pazifistische wie militärische Einsätze für den Frieden konfrontiert werden. Mit Recht kritisiert Johannes Fischer, Kirche als Gesinnungsmilieu? Eine kritische Anfrage in Erinnerung an Dietrich Bonhoeffer, in: DtPfBl (2020) 201–204, die Kundgebung vom November 2019, weil sie diese Dilemmata nicht thematisiert, aber er verzeichnet die Position der Kundgebung, wenn er ihr die Meinung unterstellt, es gäbe nur „eine eindeutige Antwort in Gestalt des Weges konsequenter Gewaltfreiheit" (S. 201) Die Kundgebung hält (mit der EKD-Denkschrift von 2007) den Einsatz militärischer Mittel als rechtserhaltende Gewalt und ultima ratio unter engen Kriterien für legitim. Auch ist eine Ethik der Dilemmata nur dann überzeugend, wenn sie in gleicher Weise die Dilemmata bei Einsätzen von Soldaten wie von pazifistischen Friedensarbeitern anerkennt.

716 Zur krisenhaften Situation der Bundeswehr gehören auch Fälle von Rechtextremismus in ihr: Seit Jahren gibt es immer wieder Meldungen über rechtsextreme Tendenzen bei einzelnen Bundeswehrsoldaten. Sie haben sich deutlich vermehrt. Anfang des Jahres 2020 sprach der militärische Geheimdienst von 550 Verdachtsfällen (vgl. www.tagesschau.de/inland/mad-rechstextreme-bundeswehr-101.html, eingesehen am 30.6.20). Ende Juni 2020 sei die Zahl der Verdachtsfälle von Rechtsextremisten und so genannten Reichsbürgern auf mehr als 600 angestiegen; der Militärische Abschirmdienst (MAD) sieht eine „neue Dimension" des Rechtsextremismus in der Bundeswehr. (vgl. www.tagesschau. de/inland/ksk-reform-105.html, abgerufen 30.06.2020). Besonders erschreckend ist der Rechtsextremismus bei der Eliteeinheit Kommando Spezialkräfte (KSK) in Calw, wo sich nach Angaben des MAD mindestens neun von rund 20 Verdachtsfällen bestätigt hatten (vgl. dazu https://www.spiegel.de/politik/ deutschland/bundeswehr-geheimdienst-mad-enttarnt-neun-rechtsextreme-soldaten-beim-ksk-a-72803ae1-72bb-4e04 -0a7-b80 993e1eeee, eingesehen am 5.3.20). Nach Informationen des Spiegels wandte sich Anfang Juni 2020 ein Offizier des KSK in einem Brandbrief „mit seinem teils dramatischen Hilferuf direkt an die Ministerin. In dem Brief beklagt der Hauptmann, dass innerhalb der Einheit rechtsextreme Tendenzen geduldet und vertuscht würden. Hinweise auf rechtsextreme Kameraden innerhalb des rund tausend Mann starken Eliteverbands würden ‚intern zwar wahrgenommen, aber aus unterschiedlicher Motivlage kollektiv ignoriert oder gar toleriert' […] Den Missständen sei nur ‚durch eine vollständige externe Untersuchung und anschließende Reformierung Herr zu werden'. Es habe sich ein nicht austrockenbarer Sumpf innerhalb des KSK entwickelt, dieser sei ‚tiefgreifender und struktureller als derzeit im Ministerium bekannt sein dürfte'. Die Führung des KSK sei mit der Aufklärung ‚offenbar überfordert'." (https://www.spiegel.de/politik/deutschland/bundeswehr-brandbrief-von-ksk-soldat-druck-auf-annegret-kramp-karrenbauer-waechst-a-f1bc0a3a-6e33-46b4-95d7-c56e65b34ed9, am 11.7.20 eingesehen). Bundesverteidigungsministerin Annegret Kramp-Karrenbauer will die Elitetruppe KSK grundlegend umstrukturieren. Die zweite Kompanie, in der die Vorfälle stattfanden, werde ersatzlos aufgelöst (vgl. www.tagesschau.de/inland/ksk-teilaufloesung-101.html, am 30.6.20). Jüngst wurde im KSK auch ein Islamist vom Militärischen Abschirmdienst (MAD) enttarnt (vgl. https://www.sueddeutsche.de/politik/islamist-ksk-bundeswehr-1.4939084; eingesehen am 18.6.20). Von allen Soldaten unserer Parlamentsarmee ist Verfassungstreue zu erwarten.

Unsere Sorge ist, dass aus der komplementären Friedensethik unter der Hand eine sogenannte „Verantwortungsethik“ wird, die das Nebeneinander von genereller militärischer Verteidigungsbereitschaft und militärischen Friedenseinsätze irrtümlich für eine Verwirklichung der komplementären Ethik des Protestantismus hält, pazifistische Proteste gegen Aufrüstung und gewaltfreie Friedenseinsätze dagegen als weltfremde „Gesinnungsethik“ diskreditiert. Die Verantwortung für diese Welt erfordert heute von allen den Einsatz für eine Überwindung des Krieges und die Verwandlung militärischer Gewalt in international kontrollierte Polizeimacht. Ohne eine am Frieden orientierte Gesinnung in vielen Völkern ist das nicht zu erreichen. Eine komplementäre Friedensethik, die ihre *Verantwortung für den Frieden* ernst nimmt, umfasst daher beides: die Bereitschaft zu kontrollierter militärischer Verteidigung und die Notwendigkeit pazifistischer Aktivitäten. Beides ist Ausdruck von Verantwortungsethik. Beides kann in moralische Dilemmata führen. Beides ist auf eine Gesinnung als Kompass angewiesen, der in Richtung auf den Frieden weist.

Diese komplementäre Friedensethik ergibt sich nicht direkt aus der Bibel, ist aber dennoch biblisch in einem weiteren Sinn. Sie beruht auf einer Kombination von alttestamentlicher Friedenssehnsucht mit zwei praktischen Verhaltensweisen im Neuen Testament, auf der einen Seite einer pazifistischen Ethik der Feindesliebe, auf der anderen Seite einer als Faktum akzeptierten militärischen Praxis der Friedenssicherung. Im Vordergrund steht im Neuen Testament der Weg der Feindesliebe, im Hintergrund die Praxis friedenserhaltender Soldaten. Eine Verbindung von alttestamentlicher Friedenssehnsucht als Ziel und neutestamentlicher Praxis als Weg dahin wurde erst in Zeiten der atomaren Bewaffnung zur Notwendigkeit. Gewaltlosigkeit und Militärdienst ergänzen sich seitdem „komplementär“ auf dem We8g zum Frieden. Das vorrangige Ziel des Friedens wird dadurch nicht infrage gestellt, dass der Weg zu ihm komplizierter geworden ist. Er muss in vielen begrenzten Konflikten immer wieder neu unter Berücksichtigung der konkreten Konfliktsituationen gesucht werden. Es gibt keine Erfolgsgarantie. Aber wer sich nicht darum bemüht, durch zivile und ggf. auch militärische Friedenseinsätze komplementär den Frieden zu fördern, versagt angesichts einer zentralen Herausforderung unserer Zeit. Dabei sollte bewusst bleiben: *Beide* komplementäre Wege zum Frieden können *in Dilemmata* führen. *Beide* können scheitern, *beide* entsprechen einer *realistischen* Sicht, *beide* sind *Ausdruck von Verantwortungsethik.* Es ist zu wünschen und noch stärker daran zu arbeiten, dass in der Kirche ein Klima herrscht, in dem sich beide verständigen, verstehen und respektieren. Unsere Gedanken zu einer komplementären Friedensethik sind in folgendem meditativen Text zusammengefasst:[717]

---

[717] Gerd Theißen, Glaubenssätze, Gütersloh ^{4}2018, Nr. 173.

Darf man im Krieg töten?

Lässt sich militärischer Einsatz ethisch rechtfertigen?
Leben hat immer Vorrang vor dem Tod.
Krieg ist Töten und Sterben.
Er mutet Menschen Ungeheuerliches zu:
Andere umzubringen und sich umbringen zu lassen,
Pläne in sicheren Büros zu entwerfen,
nach denen andere anderswo

Tod und Zerstörung bewirken.
Jeder Krieg ist eine Katastrophe,
„gerechte" Kriege gibt es nicht.
Allenfalls ließe sich militärische Gewalt rechtfertigen,
wenn sie zu einem gerechten Frieden führt
in einer unerlösten Welt.
Aber wo liegt der Unterschied zwischen Gewalt,
die sich rechtfertigen lässt,
und verwerflicher Gewalt?

Gibt es legitime Gründe,
militärische Gewalt für den Frieden auszuüben?
Ethnische Vertreibungen?
Bedrohung kleinerer Nachbarn?

Gibt es anerkannte Autoritäten,
die Gewalt beschließen dürfen?
Die Vereinten Nationen?
Ein demokratisches Parlament?

Was wäre eine akzeptable Absicht
beim Einsatz militärischer Gewalt?
Ermöglichung von Recht?
Erzwingung des Friedens?

Wann ist der Einsatz von Gewalt
wirklich *ultima ratio*?
Können Diplomatie und wirtschaftlicher Druck
nicht meist mehr erreichen?

Wie groß sind die Aussichten auf Erfolg?
Verführt Gewalt nicht immer
zur illusionären Hoffnung auf schnelle Lösungen?
Schnell ist ein Land zerstört,
es mit Gewalt in Ordnung zu bringen,
ist fast unmöglich.

Nie ist es bisher gelungen,
Kriegsführung durch Recht zu zähmen.
Der Krieg bleibt ein Tyrann:
Immer sterben Unschuldige.
Immer werden Zivilisten Geiseln politischer Ziele.
Immer schaffen Kollateralschäden Verzweiflung und Hass.
Verbrechen werden nur ausnahmsweise geahndet.

Wer will die schreienden Kinder verantworten?
Wer die verstümmelten Menschen?
Wer die Leichenberge?
Wer die Traumata derer, die überleben?
Kriege enden meist in einem großen politischen Desaster,

in jedem Fall aber
in vielen menschlichen Katastrophen.
Wer durch zivile Arbeit
gewaltfreie Konfliktlösungen wahrscheinlicher macht
und militärische Interventionen unwahrscheinlicher,
gibt dem Leben Vorrang
vor dem Tod.

Dennoch kann es in einer unerlösten Welt
die Pflicht geben,
mit Gewalt zu intervenieren:
Ein Volk muss vor seinen Diktatoren geschützt,
ein Völkermord verhindert,
Anarchie überwunden,
Erpressung durch Aufrüstung
beantwortet werden.

Wir haben komplementäre Optionen:
Kriegsdienstverweigerer und Friedensarbeiter
profitieren vom Einsatz des Soldaten.
Soldaten stehen von ferne bereit,
wenn sie scheitern sollten.
Soldaten profitieren
vom Einsatz der Verweigerer und Friedensarbeiter.
Gewaltfreie Lösungen
schützen ihr Leben.
Beide haben die ethische Pflicht,
daran zu arbeiten,
den Krieg zu ächten.
Einmal wird er ein Alptraum der Vergangenheit sein.
Schon immer war er ein Zusammenbruch
von Politik
und Menschlichkeit.

Heidelberger Studien zur Praktischen Theologie
hrsg. von Prof. Dr. Wolfgang Drechsel, Prof. Dr. Johannes Eurich, Prof. Dr. Annette Daniela Haußmann, Prof. Dr. Fritz Lienhard, Prof. Dr. Christian Möller, Prof. Dr. Heinz Schmidt, Prof. Dr. Ingrid Schoberth, und Prof. Dr. Helmut Schwier

Max Bühler; Miriam Pönnighaus; Florian Volke (Hg.)
Kasualgespräche im Wandel
Eine kirchliche Praxis im Spannungsfeld von Tradition und gesellschaftlichem Umbruch (Fachtagung vom 16. – 17. 05. 2019 Tagungshaus St. Bernhard)
Die evangelische Kasualkultur durchläuft seit einigen Jahren einen tiefgreifenden Wandel. Einerseits erodieren traditionelle Formen der Kasualpraxis, andererseits bleiben Kasualien wichtige Berührungspunkte mit Kirche. Das Kasualgespräch wurde als wichtiges Handlungsfeld meist vernachlässigt. Gerade hier dürfte jedoch der kulturelle Wandel einen deutlichen Abdruck hinterlassen haben. Der vorliegende Sammelband widmet sich erstmals auf empirischer Basis und aus unterschiedlichen kommentierenden Perspektiven der Frage nach den gegenwärtigen Formen und Funktionen von Kasualgesprächen.
Bd. 24, 2020, 390 S., 34,90 €, br., ISBN 978-3-643-14461-4

Isabelle Grellier;, Fritz Lienhard (Hg.)
Religiöse Erwartungen im Protestantismus in Deutschland und Frankreich
Pastoraltheologische Beobachtungen
Unter den zahlreichen Forschungen zur religiösen Lage in Europa wird die Originalität dieses Buches durch zwei Aspekte deutlich: Einerseits werden privilegierte Beobachter, die zugleich Akteure sind, befragt, und zwar die evangelischen PfarrerInnen. Andererseits beschäftigt sich das Buch mit drei bezeichnenden Regionen: Innerfrankreich, Elsaß-Mosel und Baden. Die Perspektive der Forschung sind die religiösen und spirituellen Erwartungen, wie sie insbesondere bei der Vorbereitung von Taufen, Trauungen und Trauerfeiern zum Ausdruck kommen. Zu diesem Zweck werden Gesprächsprotokolle sorgfältig untersucht; PfarrerInnen reflektieren ihre Praxis – Überlegungen, die in theoretischen Beiträgen zur Funktion der Religion, zur religiösen Entwicklung der Einzelnen und zu pastoralen Konsequenzen aufgenommen werden.
Bd. 23, 2017, 336 S., 34,90 €, br., ISBN 978-3-643-13395-3

Fritz Lienhard; Christian Grappe (Hg.)
Religiöser Wandel und Laizität
Eine theologische Annäherung
Bd. 22, 2016, 178 S., 29,90 €, br., ISBN 978"3-643-13368-7

Manfred Ferdinand
Lebenswelten – Lebensschnüre
Konzeptionen von Zeit und Raum junger Menschen einer Straßenszene in Medellín. Ein partizipatives Forschungsprojekt
Bd. 21, 2014, 296 S., 29,90 €, br., ISBN 978-3-643-12546-0

Dietmar Coors
Theater als Gottesdienst
Das geistliche Schauspiel als moderne Verkündigungsform. Rezeption eines historischen Modells
Bd. 20, 2015, 446 S., 49,90 €, br., ISBN 978-3-643-12353-4

Georg Lämmlin
Protestantische Religionspraxis in der post-säkularen Gesellschaft
Studien zur Zukunft der Volkskirche
Bd. 19, 2013, 280 S., 29,90 €, br., ISBN 978-3-643-12058-8

LIT Verlag Berlin – Münster – Wien – Zürich – London
Auslieferung Deutschland / Österreich / Schweiz: siehe Impressumsseite

Friedensgutachten

der Hessischen Stiftung Friedens- und Konfliktforschung (HSFK), des Bonn International Center for Conversion (BICC) und des Instituts für Friedensforschung und Sicherheitspolitik an der Universität Hamburg (IFSH)

Bonn International Center for Conversion BICC, Leibniz-Institut Hessische Stiftung Friedens- und Konfliktforschung HSFK, Institut für Friedensforschung und Sicherheitspolitik an der Uni Hamburg IFSH, Institut für Entwicklung und Frieden INEF
Friedensgutachten 2019
Bd. 27, 2019, 146 S., 12,90 €, br., ISBN 978-3-643-14351-8

Bonn International Center for Conversion BICC; Leibniz-Institut Hessische Stiftung Friedens- und Konfliktforschung HSFK, Institut für Friedensforschung und Sicherheitspolitik an der Uni Hamburg IFSH, Institut für Entwicklung und Frieden INEF
Friedensgutachten 2018
Bd. 26, 2018, 112 S., 12,90 €, br., ISBN 978-3-643-14023-4

Friedensgutachten 2017
herausgegeben von Bruno Schoch, Andreas Heinemann-Grüder, Corinna Hauswedell, Jochen Hippler, Margret Johannsen
Bd. , 2017, 310 S., 12,90 €, br., ISBN 978-3-643-13758-6

Friedensgutachten 2016
herausgegeben von Margret Johannsen, Bruno Schoch, Max M. Mutschler, Corinna Hauswedell, Jochen Hippler
290 S., 12,90 EUR, br., ISBN 978-3-643-13370-0

Friedensgutachten 2015
herausgegeben von Janet Kursawe, Margret Johannsen, Claudia Baumgart-Ochse, Marc von Boemcken, Ines-Jacqueline Werkner
258 S., 12,90 EUR, br., ISBN 978-3-643-13038-9

Friedensgutachten 2014
herausgegeben von Ines-Jacqueline Werkner, Janet Kursawe, Margret Johannsen, Bruno Schoch, Marc von Boemcken
368 S., 12,90 EUR, br., ISBN 978-3-643-12556-9

Friedensgutachten 2013
herausgegeben von Marc von Boemcken, Ines-Jacqueline Werkner, Margret Johannsen, Bruno Schoch
336 S., 12,90 EUR, br., ISBN 978-3-643-12151-6

Friedensgutachten 2012
herausgegeben von Bruno Schoch, Corinna Hauswedell, Janet Kursawe, Margret Johannsen
352 S., 12,90 EUR, br., ISBN 978-3-643-11598-0

Friedensgutachten 2011
herausgegeben von Margret Johannsen, Bruno Schoch, Corinna Hauswedell, Tobias Debiel, Christiane Fröhlich
404 S., 12,90 EUR, br., ISBN 978-3-643-11136-4

Friedensgutachten 2010
herausgegeben von Christiane Fröhlich, Margret Johannsen, Bruno Schoch, Andreas Heinemann-Grüder, Jochen Hippler
424 S., 12,90 EUR, br., ISBN 978-3-643-10602-5

Schriften des Instituts für Theologie und Ethik der Universität der Bundeswehr München

hrsg. von Prof. Dr. Thomas Bohrmann, Prof. Dr. Gottfried Küenzlen und Prof. Dr. Friedrich Lohmann

Nils Kluger

Nachwuchswerbung und Öffentlichkeitsarbeit der Bundeswehr

Kommnikationsethische Analysen am Beispiel der audiovisuellen Medien

Die Bundeswehr wirbt seit Ihrer Aufstellung in Werbefilmen um Nachwuchs. Dabei haben sich die Rahmenbedingungen seit der Aufstellung der Streitkräfte radikal verändert: Aus einer Wehrpflicht- und Verteidigungsarmee wurde eine Berufs- und Einsatzarmee. Die vorliegende Studie zeigt mit Hilfe von kommunikationsethischen Analysen auf, wie sich Nachwuchswerbung und Öffentlichkeitsarbeit der Bundeswehr in den audiovisuellen Medien (von ihren Anfängen in den 1950er Jahren bis heute) verändert haben und entwickelt daraus ethische Leitlinien für ihre Werbung und Öffentlichkeitsarbeit.

Bd. 7, 2020, ca. 360 S., ca. 49,90 €, br., ISBN 978-3-643-14791-2

Wolfgang Runge

Der Gottesdienst als Ort religiöser Erfahrung

Eine systematisch-theologische Untersuchung über die Grundlagen religiöser Praxis im Anschluss an Eilert Herms

Die gegenwärtige Lage gottesdienstlicher Praxis verlangt nach einer theologischen Besinnung. Die Theologie von Eilert Herms bietet eine moderne Theorie für die religiöse Praxis in demokratischen Gesellschaften. Sie gründet sich auf die unmittelbare Selbsterfahrung des Einzelnen im Zusammenspiel von Evangelium und personaler Verfassung des Menschen. Herms macht die Relevanz eines erfahrungsbezogenen Gottesdienstes für den Einzelnen wie auch für die Gesamtgesellschaft deutlich und leitet zu einer erfahrungsbezogenen Gottesdienstgestaltung an.

Bd. 6, 2020, 546 S., 49,90 €, br., ISBN 978-3-643-14527-7

Gottfried Küenzlen

Die Entzauberung der Welt

Studien zu Kultur, Gesellschaft und Religion in der Moderne

Die Rede von der Entzauberung der Welt ist zu einem gängigen Interpretament der westlichen Moderne geworden – über den innerwissenschaftlichen Diskurs hinaus. Danach ist die Genese und Verlaufsgeschichte der Moderne wesentlich bestimmt von den Botschaften und Erfahrungen einer grundstürzenden Entzauberung der vormodernen Welt, ihrer Lehren und Daseinsdeutungen. Doch die Geschichte der Moderne geht in dem Paradigma von der Entzauberung allein nicht auf: Sie ist auch eine Geschichte von (Wieder-)Verzauberung, von der Kraft neuer und dem Fortwirken alter Mythen. Vor diesen Hintergrund sind die hier vorgelegten Studien gestellt. Mit einem Schwerpunkt zum Werk Max Webers, geben sie Einblick in unterschiedliche Zugänge der Diagnose und Deutung der Moderne und ihrer Entzauberungsgeschichte.

Bd. 5, 2019, 130 S., 29,90 €, br., ISBN 978-3-643-14394-5

Thomas Koch

Der künstliche Mensch im populären Spielfilm

Anthropologische und ethische Zugänge

Bd. 4, 2019, 316 S., 39,90 €, br., ISBN 978-3-643-14371-6

Sebastian Schmitz

Das soldatische Selbstverständnis im Wandel

Berufsethische Perspektiven für den deutschen Einsatzsoldaten

Bd. 3, 2017, 456 S., 49,90 €, br., ISBN 978-3-643-13765-4

LIT Verlag Berlin – Münster – Wien – Zürich – London

Auslieferung Deutschland / Österreich / Schweiz: siehe Impressumsseite

Entwürfe zur christlichen Gesellschaftswissenschaft
hrsg. von Prof. Dr. Günter Brakelmann, Prof. Dr. Traugott Jähnichen (Bochum), Prof. Dr. Karl-Wilhelm Dahm Prof. Dr. Hans-Richard Reuter (Münster) und Prof. Dr. Arnulf von Scheliha (Münster)

Dimitrij Owetschkin
Religion, Politik und solidarisches Handeln
Kirchliche Jugendarbeit und Dritte-Welt-Engagement im Spannungsfeld von Verband und Bewegung (1970 – 1990)
Kirchliche Jugendarbeit und ihre verbandlichen Träger spielen eine wesentliche Rolle in Prozessen der religiösen und kirchlichen Sozialisation. In den 1970er und 1980er Jahren war die Jugendarbeit in beiden großen Kirchen einem tiefgreifenden Wandel unterworfen. In der Studie wird dieser Wandel und insbesondere seine Bedeutung für das Verhältnis von Religion und Politik, von kirchlicher Organisation und sozialer Bewegung anhand der Selbstverständnisdiskussionen um die Jugendarbeit sowie am Beispiel des Dritte-Welt-Engagements der konfessionellen Jugenddachverbände AEJ und BDKJ analysiert.
Bd. 42, 2020, ca. 400 S., ca. 49,90 €, gb., ISBN 978-3-643-14716-5

Sungsoo Kim
Menschenrechte sichern durch gerechten Frieden
Zur Grundlegung der Sozialethik bei Wolfgang Huber
Sungsoo Kim rekonstruiert in seiner Dissertationsschrift eindrucksvoll die grundlegende Bedeutung der Ekklesiologie für die Sozialethik Wolfgang Hubers. Dabei wird deutlich, wie bei Huber theologische Theorie und kirchliche Praxis – etwa im Blick auf die Denkschriften der EKD – einen einheitlichen Bezugsrahmen für die christliche Verantwortung für den Schutz der Menschenrechte und die Entwicklung eines gerechten Friedens bilden. Kim zeigt, dass Hubers Friedenskonzept den starren Gegensatz von Gewaltfreiheit und Gewalt in der Friedensethik überwindet mit dem Ziel der Durchsetzung und Sicherung der Menschenrechte.
Bd. 41, 2020, 198 S., 29,90 €, br., ISBN 978-3-643-14654-0

Roland Mierzwa
Gutes Arbeiten, das Zukunft hat
Eine Arbeitsethik
„Wer sich über die gegenwärtige Diskussion in Wissenschaft und Öffentlichkeit über das Thema „Arbeit“ umfassend informieren möchte; wer Interesse daran hat, sich mit dem Thema „Arbeit“ theologisch und ethisch auseinanderzusetzen; wer wissen möchte, wie sich die Arbeitswelt in der Zukunft verändern wird und wer in diesem Diskurs eine klare Position beziehen möchte, der sollte dieses Buch kaufen und mit großem Gewinn lesen“. (OKR a.D. Dr. Wolfgang Leineweber)
Bd. 40, 2020, 126 S., 24,90 €, br., ISBN 978-3-643-14553-6

Clemens Wustmans; Maximilian Schell (Hg.)
Hermeneutik
Fundamentaltheologische Abwägungen – materialethische Konsequenzen
Bd. 39, 2019, 208 S., 34,90 €, br., ISBN 978-3-643-14473-7

Günter Brakelmann
Kirche, Protestantismus und Soziale Frage im 19. und 20. Jahrhundert
Band 2: Beiträge zur Theologie, Anthropologie und Ethik der Arbeit – Zukunft der Arbeit – Gestaltung der „Sozialen Marktwirtschaft“
Bd. 38, 2018, 286 S., 39,90 €, gb., ISBN 978-3-643-14185-9

LIT Verlag Berlin – Münster – Wien – Zürich – London
Auslieferung Deutschland / Österreich / Schweiz: siehe Impressumsseite